Einführung in PASCAL

Rodnay Zaks

Einführung in PASCAL

und UCSD-PASCAL

DÜSSELDORF · SAN FRANCISCO · PARIS · LONDON

Anmerkung:
UCSD PASCAL ist ein geschütztesWarenzeichen des Dekanats der University of California, USA.

Originalausgabe in Englisch.
Titel der englischen Ausgabe: Introduction to PASCAL including UCSD PASCAL.
Original Copyright ©1981 by Sybex Inc., Berkeley, USA

Deutsche Übersetzung: Bernd Pol, Stuttgart

Technische Illustrationen: J. Trujillo Smith
Satz: tgr - typo-grafik-repro GmbH, Remscheid
Gesamtherstellung: Druckerei Hub. Hoch, Düsseldorf

Printed in Germany
Copyright ©1982, SYBEX-Verlag GmbH, Düsseldorf

ISBN 3-88745-004-3
1. Auflage 1982
2. Auflage 1982
3. Auflage 1983
4. Auflage 1983
5. Auflage 1984
6. Auflage 1984
7. Auflage 1985
12. Auflage 1987
13. Auflage 1988

Dank

Das Manuskript für dieses Buch hat viele Phasen durchlaufen, und Viele haben dazu Stellung genommen. Alle Anmerkungen und Anregungen sind in die endgültige Fassung eingegangen. Insbesondere möchte ich den folgenden Lehrern und Pascal-Programmierern danken, die wertvolle Kritik und Anregungen zum ursprünglichen Manuskript geliefert haben: Michael Farr, Jacques Tiberghien, Michael Powell, Eric Novikoff und Elein Mustain. Außerdem sei Salley Oberlin und Julie Sickert für die vielen redaktionellen Verbesserungen gedankt. Bernd Pol möchte ich besonders danken für die vielen Verbesserungen die er in die deutsche Ausgabe eingearbeitet hat. Insbesondere seine Übertragungen der Programme in lauffähige deutsche Fassungen, sind ein Gewinn für die Verständlichkeit des Buches.

Ich bin des weiteren dankbar für alle weiteren Anmerkungen und Verbesserungsvorschläge, die von seiten der Leser noch kommen werden.

Inhaltsverzeichnis

Einführung. Programmierung von Computern. Algorithmen und
Datenstrukturen. Pascal. UCSD- und andere Pascal-Versionen.
Ein einfaches Pascal-Programm. Noch ein Programmbeispiel.
Zusammenfassung. Übungen.

Einführung. Wie man ein Pascal-Programm schreibt. Die Pascal-
Syntax. Die Form eines Pascal-Programms. Deklarationen. Der
Programmkörper. Zusammenfassung zum Programmaufbau.
Der formale Aufbau eines Pascal-Programms. Pascal-Symbole.
Reservierte Symbole. Reservierte Wörter. Standardbezeichner.
Bezeichner. Kommentare in UCSD-Pascal. Programmköpfe in
UCSD-Pascal. Programmauslistungen in UCSD-Pascal. Zusam-
menfassung. Übungen.

Einführung. Ganze Zahlen (INTEGER). Operatoren für ganze
Zahlen. Standardfunktionen für ganze Zahlen. Reelle Zahlen
(REAL). Operatoren für reelle Zahlen. Reellwertige Funktionen. Alphanumerische Zeichen (CHAR). Operatoren und Funktionen für alphanumerische Zeichen. Boolesche Wahrheitswerte
(BOOLEAN). Operatoren für Boolesche Wahrheitswerte.
Boolesche Funktionen. Benutzerdefinierte Datentypen. Die Definition von Datentypen. Die Variablendeklaration (VAR). Implizite Typendeklaration (Konstanten). Benutzerdefinierte Datentypen. Lange Ganzzahlen in UCSD-Pascal. Umwandlung von
langen Ganzzahlen. Arithmetische Standardfunktionen in
UCSD-Pascal. Zusammenfassung. Übungen.

Einleitung. Audrücke. Arithmetische Ausdrücke. Der Vorrang
von Operatoren. Zum Einsatz von Standardfunktionen. Zusammenfassung zu den arithmetischen Ausdrücken. Boolesche Ausdrücke. Die Grundregeln der Booleschen Algebra. Anweisungen. Die leere Anweisung. Der Anweisungsblock. Zusammenfassung. Übungen.

Einführung. Kommunikation mit einer Datei bzw. mit dem Bild-
schirmgerät. READ und READLN. Beenden der Eingabe.
WRITE und WRITELN. Formatieren der Ausgabe. Ein- und
Ausgabe in UCSD-Pascal. Zusammenfassung. Übungen.

Anhang

Bildunterschriften

Vorwort

Ich habe viele Bücher über Computer geschrieben, die von einführenden Arbeiten (Mein erster Computer) bis hin zur anspruchsvollen technischen Ebene (A Microprogrammed APL Implementation) reichen. Dessenungeachtet war dieses Buch hier von allen am schwierigsten zu schreiben. Es sollte so abgefaßt sein, daß es von jedem gelesen und verstanden werden kann, der, gleich ob Anfänger oder erfahrener Programmierer, rasch lernen möchte, wie man in Pascal programmiert.

Pascal ist eine leistungsfähige Programmiersprache, die eine Reihe ausgefeilter Möglichkeiten bietet. Alle diese Eigenschaften einfach und doch umfassend genug zu beschreiben, ohne dabei den Kontakt zum Anfänger zu verlieren und ohne gleichzeitig den erfahrenen Programmierer zu langweilen, hat beachtliche Mühe gekostet.

Die einzelnen Kapitel sind so angeordnet, daß der Leser von einfachen Konzepten bis hin zu komplexen Datenstrukturen geführt wird, wobei alle Eigenschaften von Pascal in der Reihenfolge ihres Schwierigkeitsgrads behandelt werden.

Die ersten sechs Kapitel umfassen die grundlegenden Definitionen, die zum Einsatz und Verständnis von Pascal wichtig sind. Nach ihrem Studium sollte es dem Leser möglich sein, einfache Programme selbst zu schreiben. Darauf folgend werden besondere Techniken und Datenstrukturen beschrieben, die dem Leser das Erstellen komplexerer Programme ermöglichen.

Pascal erfordert wie jede leistungsfähige Programmiersprache eigene Praxis zu ihrer Beherrschung. So stehen zum Test der erreichten Fähigkeiten und zum Verständnis des Stoffs viele Übungen bereit.

Die ursprüngliche Pascal-Definition von Niklaus Wirth wird im vorliegenden Buch als Standard-Pascal bezeichnet. Eine modernere Fassung, UCSD-Pascal, hat in letzter Zeit im Kleincomputerbereich große Verbreitung erfahren. So beschreibt jedes Kapitel sowohl Standard-Pascal als auch die Besonderheiten von UCSD-Pascal zum gegebenen Thema. Die komplexeren Besonderheiten von UCSD-Pascal werden am Ende jedes Kapitels für sich zusammengefaßt dargestellt.

Ein umfangreicher Anhang listet alle Symbole, reservierten Wörter und Syntaxregeln von Pascal auf. Dieser Anhang stellt eine komprimierte Zusammenfassung dar, die zum Nachschlagen gedacht ist.

Die Übungen sind ein wichtiger Bestandteil des Lernprozesses und solten im Zuge der Stofferarbeitung immer wieder zum Verständnistest und zur Verfeinerung der eigenen Fertigkeiten herangezogen werden. Die Lösungen einiger ausgewählter Übungen finden sich am Schluß des Buches.

Wie dieses Buch gelesen werden sollte

Dieses Buch ist in erster Linie als Lehrmittel, daneben aber auch als Nachschlagewerk angelegt. Der Entwurf eines Buchs als Lehrmittel erfordert eine lineare Darstellung: Jeder Punkt muß eingeführt sein, bevor er angewendet werden kann. Der Entwurf eines Buchs als Nachschlagewerk wiederum erfordert eine exakte Gliederung: Alle zu einem Punkt gehörige Information muß im gegebenen Abschnitt zusammengefaßt sein.

Wegen der Grundanlage des Buchs als Lehrmittel werden alle Punkte einer nach dem anderen sorgfältig eingeführt. So sollten selbst solche Leser ohne Programmiererfahrung keine Verständnisschwierigkeiten haben.

Da andererseits beim Programmieren immer wieder einmal ein Nachschlagen zu diesem oder jenem Punkt erforderlich ist, sind alle Kapitel so gegliedert worden, daß sie auch zu diesem Zweck benutzt werden können. Die einfachsten Punkte werden am Anfang eines jeden Kapitels eingeführt, komplexere Informationen stehen mehr am Ende. Außerdem sind Verweise auf andere Abschnitte mit eingearbeitet worden.

Beim ersten Lesen kann man die komplexeren Abschnitte am Ende jedes Kapitels, einschließlich der UCSD-Besonderheiten, überspringen. Wenn später genügend Programmierpraxis vorliegt, dann können diese Teile gezielt nachgeschlagen werden.

Um so schnell wie möglich das Programmieren in Pascal zu lernen, sei folgende Vorgehensweise vorgeschlagen:

Erster Durchgang:

– Lesen Sie sorgfältig Kapitel 1 bis 6.
– Lösen Sie die Übungen.
– Lesen Sie Kapitel 15.
– Überschlagen Sie die UCSD-Pascal-Informationen im jeweiligen Kapitel.

Es ist an dieser Stelle besonders wichtig, so viele eigene Programme wie möglich zu schreiben und auszutesten. Die ersten sechs Kapitel sollen hierzu die nötige Hilfestellung geben.

Zweiter Durchgang:

– Lesen Sie Kapitel 7, 8 und 9.
– Wenn Sie eine UCSD-Pascal-Version verwenden, dann lesen Sie alle zugehörigen Informationen bis dahin.
– Schreiben Sie so viele Programme wie möglich.

Bis hier sind dann die meisten Techniken zum Erstellen üblicher Pascal-Programme erarbeitet worden.

Dritter Durchgang:

- Die besonderen Datenstrukturen, die für komplexe Programme nötig werden, sind in Kapitel 10, 11, 12 und 13 dargestellt.
- Kapitel 14 stellt Pascal-Eigenschaften für Fortgeschrittene vor.
- Der Entstehungsprozeß eines Programms wird in Kapitel 15 beschrieben.

Die zum Erlernen einer Programmiersprache nötige Zeit ist von Fall zu Fall verschieden. Der Autor kann daher hier nur seiner Hoffnung Ausdruck geben, daß dieses Buch es jedem möglich macht, schnell und mit Freude Pascal zu erlernen.

Kapitel **1**

Grundlagen

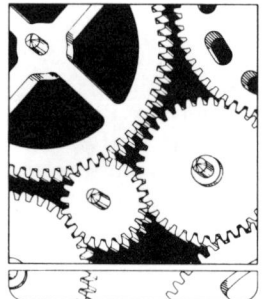

Einführung

In diesem Kapitel werden die Grundlagen des Programmierens mit Pascal vorgestellt. Sinnvolle Programmbeispiele sollen ein erstes Gefühl für diese Programmiersprache vermitteln. Die formale Grundlegung und Definition von Pascal wird dann in Kapitel 2 in Angriff genommen.

Programmierung von Computern

Ein *Computerprogramm* ist eine Folge von Befehlen, die so entworfen wurde, daß ihre Abarbeitung durch den Computer zu einem genau bestimmten Ergebnis führt. So kann man z. B. Computerprogramme für Spiele schreiben, für wissenschaftliche Berechnungen oder für kommerzielle Aufgaben.

Der Computer selbst kann allerdings nur eine begrenzte Anzahl verschiedener Befehle ausführen, die in einem *Binärkode,* d. h. als Folge von Nullen und Einsen dargestellt werden müssen. Derartige in binärer Form geschriebene Programme sind jedoch für die meisten Anwender sehr schwierig und zeitraubend zu schreiben und zu lesen. In Anbetracht dieses Problems wurde eine Vielzahl von Programmiersprachen geschaffen, die das Erstellen von Programmen erleichtern sollen.

Eine *Programmiersprache* stellt einen Ausschnitt aus der (zumeist englischen) Umgangssprache dar, der so gewählt ist, daß der Programmierer dem Computer unverwechselbare Befehle geben kann. Natürlich wäre es erstrebenswert, könnte man dem Computer Befehle in normalem Englisch (oder sonst einer natürlichen Sprache) erteilen. Untersuchungen haben jedoch ergeben, daß keine der normal gesprochenen Sprachen – einschließlich Englisch – für einen solchen Zweck geeignet ist. Die englische Sprache ist *mehrdeutig.* Man kann die in ihr gegebenen Anweisungen je nach Zusammenhang auf vielerlei Art auslegen. Daher können die sogenannten „natürlichen Sprachen" nicht zum Programmieren von Computern verwendet werden. Nur ein stark eingeschränkter und genau definierter Ausschnitt, also eine Programmiersprache, läßt sich hierfür einsetzen. Dafür allerdings gibt es die verschiedensten Möglichkeiten: Hunderte, ja tausende von Programmiersprachen sind im Lauf der Zeit für Computer vorgeschlagen worden.

Es gibt zwei verschiedene Arten von Programmiersprachen: Assemblersprachen und höhere Sprachen. Eine *Assemblersprache* ist eine symbolische Darstellung der binären Befehle, die der Computer versteht. Diese Sprache ist schwierig zu verwenden, da der Programmierer interne Register und bis ins Einzelne ausgeführte interne Operationen des Computers vorschreiben muß. Assemblersprachen werden überall dort eingesetzt, wo es auf höchste Arbeitsgeschwindigkeit ankommt. Sie erschweren die Programmierarbeit jedoch beträchtlich.

Höhere Programmiersprachen wurden geschaffen, um Computerprogramme für besondere Anwendungsgebiete einfacher erstellen zu können. Das umfaßt z. B. den Bereich von Wissenschaft und Forschung, den kommerziellen Bereich oder den Bereich von Unterricht und Schulung.

Pascal ist eine solche höhere Programmiersprache. Damit diese vom Computer verarbeitet werden kann, muß ein besonderer Übersetzungsmechanismus vorhanden sein, zumeist in Form eines Interpreters oder eines Compilers. Ein solcher überträgt die Anweisungen der höheren Programmiersprache in Folgen von binären Befehlen, die der Computer verstehen kann.

Soviel zur Verwendung von Sprachen. Sehen wir uns jetzt an, wie man ein Computerprogramm erzeugt.

Algorithmen und Datenstrukturen

Ein Computerprogramm wird entweder zur Automatisierung eines Vorgangs oder zur Lösung eines gegebenen Problems erstellt.

Die Lösung einer jeden derartigen Aufgabe wird mit einer Folge von Einzelschritten durchgeführt, die *Algorithmus* genannt wird.

Ein Beispiel mag verdeutlichen, was man unter einem Algorithmus versteht. Es sei z. B. das Problem zu lösen, ein Ei weichzukochen. Ein möglicher Algorithmus dazu lautet:

1. Einen Topf mit Wasser füllen.
2. Wasser zum Kochen bringen.
3. Das Ei in das kochende Wasser legen.
4. Das Ei drei Minuten später aus dem Wasser nehmen.

Dieser Algorithmus ist eine schrittweise Beschreibung des Vorgangs, durch den unser Problem gelöst werden kann. Da er für einen Menschen geschrieben wurde, ist er allerdings nicht allzu streng definiert. Man könnte ihn um einige Schritte erweitern, die beispielsweise angeben:

1. die in den Topf zu füllende Wassermenge,
2. die Art und Weise, in der das Ei in den Topf gelegt wird (vorsichtig),
3. wie der Topf auf das Feuer zu stellen und wie er nachher wieder vom Feuer zu nehmen ist.

Die Methode, den Algorithmus erst grob zu skizzieren und anschließend immer weiter zu verfeinern, wird oft als „Top-Down"-Entwurf oder als „schrittweises Verfeinern" bezeichnet. Wir werden das in Kapitel 15 genauer besprechen.

Sehen wir uns ein anderes Beispiel für einen Algorithmus an. Diesmal sollen Anweisungen gegeben werden, wie man ein ganz bestimmtes Haus in Berkeley (Kalifornien) findet. Dabei sei angenommen, daß der Fahrer aus San Francisco kommt.

Das Gebäude Nummer 2344 in der Sixth Street in Berkeley erreicht man beispielsweise nach folgendem Algorithmus:

1. Die Bay Bridge überqueren.
2. Highway 17 in Richtung Norden folgen.

3. Die Straße in Berkeley an der University Avenue verlassen.
4. An der ersten Ampel nach rechts in die Sixth Street einbiegen.
5. Bis zur Kreuzung von Sixth Street und Channing Way fahren. Das Gebäude befindet sich dort auf der Nordweststrecke.

Dieser einfache Algorithmus gibt die Folge von Einzelschritten an, die man zum Aufsuchen des betreffenden Hauses durchführen muß. Er ist klar und eindeutig beschrieben.

Um mit dem Computer ein Problem lösen zu können, muß man die Lösung zunächst als Algorithmus fassen. Damit der Computer diesen Algorithmus auch ausführen kann, muß dieser von einem Programmierer mit Hilfe einer Programmiersprache in ein Programm übersetzt werden.

Dazu kommen weitere Arbeiten: Sehr oft müssen Datenstrukturen zur Wiedergabe der benötigten Information festgelegt werden. D. h. die vom Programm zu benutzende Information, seine Daten, muß logisch und effektiv zusammengestellt und gegliedert sein. Dies bezeichnet man als Entwurf der Datenstruktur.

Um es zusammenzufassen: *Programmieren* beinhaltet den Entwurf eines *Algorithmus* und den Einsatz geeigneter Datenstrukturen. Insbesondere gilt:

- Ein *Algorithmus* ist die schrittweise Angabe einer Befehlsfolge, durch die ein gegebenes Problem gelöst werden kann.
- Eine *Datenstruktur* ist die logische Darstellung der Information. Beispiele für Datenstrukturen sind Tabellen, Listen und Felder (Matrizen). Sie werden in diesem Buch in anderen Kapiteln besprochen.

Die Programmiersprache Pascal ist sowohl dazu entwickelt worden, das Übertragen von Algorithmen in Programme zu vereinfachen, als auch dazu, komplexe Datenstrukturen aufzubauen und wiederzugeben. Sehen wir uns Herkunft und Natur von Pascal einmal näher an.

Pascal

Pascal ist das Ergebnis der Suche nach einer Programmiersprache, die vollständig und doch leicht zu lernen und einfach auf einem Computer implementierbar sein sollte. Die Eigenschaften von Pascal spiegeln diese Zielsetzung wider.

Sieht man sich die Geschichte von Programmiersprachen an, so findet man als eine der frühesten FORTRAN (FORmula TRANslator − Formelübersetzer). FORTRAN ist eine der im Bereich wissenschaftlicher Anwendungen am häufigsten benutzten Sprachen. Da es sich dabei um eine frühe Programmiersprache handelt, wurde FORTRAN im Lauf der Zeit unsystematisch um eine Vielzahl von „Möglichkeiten" erweitert, die zwar nützlich sind, deren Einsatz aber schwer erlernbar ist.

Der Versuch, eine einfach erlernbare und interaktiv (im Dialog mit dem Benutzer) verwendbare Sprache zu entwickeln, führte auf der Basis von FORTRAN zu BASIC (Beginner's All-Purpose Symbolic Instruction Code − symbolischer Allzweckkode für Anfänger). Die Programmiersprache BASIC ist auf einem Computer einfach zu implementieren und belegt dort nur wenig Speicherplatz. Dieser beiden Vorzüge wegen wurde BASIC zur meistgebrauchten Sprache für Mikrocomputer. Es besitzt aufgrund seiner Anwendungsregeln (seiner „Syntax) jedoch viele Beschränkungen und ist für komplexe Programme kaum geeignet.

Eine andere Sprache. ALGOL (ALGOrithmic Language − algorithmenorientierte Sprache), ist das Ergebnis der Bemühungen, neben FORTRAN eine Sprache zu schaffen, die in sich geschlossen und besonders zur Verarbeitung komplexer Algorithmen geeignet sein soll. ALGOL hat große Verbreitung im Bereich von Forschung und Lehre erfahren, wird jedoch in der Industrie kaum verwendet. Obwohl ALGOL ein augezeichnetes Werkzeug zur Beschreibung von Algorithmen ist, ist diese Sprache doch relativ schwierig zu erlernen und auf einem Computer zu implementieren.

In Pascal gingen die Erfahrungen mit ALGOL und PL/I (Programming Language Number One − Programmiersprache Nummer Eins) ein, wobei der Versuch unternommen wurde, eine Programmiersprache zu schaffen, die einfach zu lernen ist und sich doch gut für die Gestaltung von Algorithmen und Datenstrukturen eignet.

Pascal wurde 1970/71 von Niklaus Wirth an der Eidgenössischen Technischen Hochschule (ETH) Zürich (nach seiner Rückkehr von der Stanford University) geschaffen. Es wurde rasch von Ausbildungsinstituten als ein gutes Programmierlehrwerkzeug übernommen. Dazu kommt, daß Pascal wegen seiner relativen Einfachheit und seiner Dichte für den Einsatz in einem Computer als Compiler in einem kleinen Speicherbereich implementiert werden kann. Das führte gegen Ende der 70er Jahre mit dem Aufkommen preiswerter Mikrocomputer mit begrenzten Speichermöglichkeiten zu verschiedenen Pascal-Implementationen, die diese Sprache jedem Interessierten erschließen.

Benannt wurde die Sprache nach dem französischen Mathematiker Blaise Pascal, der 1690 mit 19 Jahren eine der ersten mechanischen Rechenmaschinen erfunden hatte.

UCSD- und andere Pascal-Versionen

Die Pascal-Version, wie sie ursprünglich von Niklaus Wirth definiert wurde (siehe Literaturangabe [1]) soll der Einfachheit halber im folgenden Text als „Standard-Pascal" bezeichnet werden. Es gibt jedoch − trotz einiger Standardisierungsbemühungen − zur Zeit praktisch keinen solchen allgemeingültigen Pascal-Standard mehr.

Mit neuen Pascal-Implementationen wurde die Sprache immer wieder verändert. Man fügte Eigenschaften hinzu und faßte nicht ganz eindeutig definierte Operationen in verschiedener Weise auf.

Wie jede andere Programmiersprache auch wurde Pascal abhängig von der jeweiligen Implementation. So ist es theoretisch zum Erlernen von

Pascal nötig, sich nicht nur „Standard-Pascal" anzusehen, sondern auch die Eigenschaften und Unterschiede zur jeweils eingesetzten Version zu erlernen.

Zum Glück umfassen alle derzeit implementierten Pascal-Versionen die Möglichkeiten von „Standard-Pascal" zusammen mit einigen Zusatzeigenschaften und einigen wenigen Änderungen.

Man erlernt Pascal daher am besten, wenn man zunächst Standard-Pascal lernt und sich dann die Zusatzeigenschaften und die Unterschiede zur gerade benutzten Implementation ansieht.

Ursprünglich wurde Pascal zum Einsatz in herkömmlichen Computern mit „Stapelverarbeitung" entworfen, wo ein Programm in Form eines Lochkartenstapels angeliefert und die Ergebnisse auf Lochkarten oder Magnetband ausgegeben werden.

Mit wachsender Verbreitung von Pascal wurde die Sprache auch auf Time-Sharing-Systemen und Kleincomputern verfügbar, bei denen der Anwender unmittelbaren Zugriff auf eine Bedienungsstation, ein Terminal, besitzt.

Im Ergebnis des mit solchen Systemen möglichen unmittelbaren Zusammenwirkens von Benutzer und Computer wurden zusätzliche Eigenschaften wünschenswert, was zur weiten Verbreitung einer UCSD-Pascal genannten Version führte. Diese Version wurde an der „University of Cali-

Bild 1.1   Ein Bildschirmgerät (Terminal)

fornia at San Diego" (UCSD) entwickelt und ist gut an die Bedürfnisse von Kleincomputeranwendungen angepaßt. Wegen seiner Bedeutung wird in diesem Buch auch auf UCSD-Pascal näher eingegangen.

Es gibt noch viele Pascal-Versionen mehr. Eine zusammengefaßte Beschreibung dieser Versionen findet sich z. B. im Literaturverzeichnis [II].

Damit haben wir die Grundlagen der Programmierung von Computern und eine kurze Geschichte von Pascal betrachtet. Sehen wir uns jetzt ein Pascal-Programm an. Dieses Beispiel soll die Eigenschaften der Sprache verdeutlichen und die Grundlage für die nachfolgenden Definitionen legen.

Ein einfaches Pascal-Programm

Für die Programmbeispiele in diesem Kapitel sei angenommen, daß Sie ein Sichtgerät mit Bildschirm und Tastatur ähnlich dem in Bild 1.1 zur Verfügung haben.

Die Tastatur wird als Eingabeeinheit bezeichnet. Der Bildschirm (oder Drucker) ist die Ausgabeeinheit. Bei Stapelverarbeitungsanlagen, wo das Programm zunächst auf Lochkarten gestanzt und dann erst vom Computer abgearbeitet wird, erfolgt die Eingabe in der Regel über Lochkarten und die Ausgabe über einen Drucker.

Unser erstes Pascal-Programm sieht so aus:

```
PROGRAM GRUSS (OUTPUT);                                        (1)
(* DIES IST EIN EINFACHES PASCAL-PROGRAMM *)
                                          (* KOMMENTAR *)      (2)
BEGIN                                                          (3)
    WRITELN ('HALLO')                     (* ANWEISUNG *)      (4)
END.                                                           (5)
```

Dieses Programm wird bei seiner Abarbeitung „HALLO" ausdrucken. Es mag überraschen, daß für eine solch einfache Arbeit fünf Programmzeilen notwendig sind. Das kommt u. a. daher, daß wir das Programm der Übersichtlichkeit halber besonders formatiert haben. Man hätte dasselbe Programm auch in zwei Zeilen unterbringen können.

An diesem Beispiel können wir einige der Grundeigenschaften von Pascal erarbeiten. Sehen wir es uns daher etwas genauer an.

Die erste Zeile lautet:

```
PROGRAM GRUSS (OUTPUT);
```

Diese Zeile wird als *Programmdefinition* oder *Programmkopf* bezeichnet. Sie teilt dem Computer (genauer gesagt, dem *Compiler*) mit, daß die dem Kopf folgenden Zeilen ein „GRUSS" genanntes Programm bilden. Außerdem enthält diese Zeile eine *Dateideklaration* (englisch: „file declaration"): „OUTPUT" (Ausgabe). Immer, wenn ein Programm auf externe

Daten (bezüglich des Programms) zugreifen soll, schreibt es in oder liest es aus einer sogenannten *Datei* (File), und diese Datei muß im Programmkopf angegeben werden. Dabei bezieht sich INPUT (Eingabe) auf die Datenübertragung an das Programm, während OUTPUT die Datenübertragung durch das Programm an seine Umgebung beinhaltet. INPUT und OUTPUT werden als Sonderfälle von Dateien angesehen. In diesem Beispiel hier teilt das Programm dem Compiler mit, daß eine Ausgabeoperation stattfinden wird, d. h. daß Daten ausgedruckt oder auf dem Bildschirm dargestellt werden sollen. Standard-Pascal fordert die Angabe derartiger Dateideklarationen zusammen mit der Programmdefinition.

Beachten Sie, daß das Wort „PROGRAM" halbfett gedruckt ist. Dies geschieht hier zur Unterscheidung des Worts „PROGRAM" von dem Wort „GRUSS". PROGRAM hat für den Compiler eine bestimmte, festliegende Bedeutung, wogegen GRUSS ein vom Anwender definiertes Wort ist. Vordefinierte Wörter in Pascal werden *reservierte Wörter* oder *Standardbezeichner* genannt. In einem Programmausdruck, wie er von einem Computerausgabegerät erzeugt wird, erscheinen in der Regel „PROGRAM" und „GRUSS" gleichartig. Beim Lesen eines Buchs ist es jedoch hilfreich, wenn man die reservierten Wörter von anderen unterscheiden kann. Aus diesem Grund werden alle reservierten Wörter in diesem Buch halbfett gedruckt.

In Pascal können Groß- und Kleinbuchstaben nach Belieben verwendet werden. So hätte die erste Zeile unseres Programms z. B. auch so geschrieben werden können:

program gruss (output);

Man kann diese Möglichkeit nutzen, um reservierte Wörter auch am Computer von anderen zu unterscheiden. Es ist in diesem Fall üblich, die reservierten Wörter groß und den Rest klein zu schreiben, so daß der Programmkopf dann folgende Form erhält:

PROGRAM gruss (output);

Einige Versionen machen hier jedoch Einschränkungen.

Beachten Sie schließlich, daß diese Zeile vom Rest des Programms durch einen Strichpunkt abgesetzt ist. Ein Strichpunkt trennt zwei aufeinanderfolgende Anweisungen oder Deklarationen. Das ermöglicht es, zwei durch „;" begrenzte Anweisungen auf dieselbe Zeile zu setzen. Man braucht jedoch nicht alle Anweisungen mit einem Strichpunkt abzuschließen. So kann beispielsweise vor END der Strichpunkt entfallen.

Die zweite Programmzeile lautet:

(* DIES IST EIN EINFACHES PASCAL-PROGRAMM *) (* KOMMENTAR *)

Diese Zeile enthält einen *Kommentar*. Derartige Kommentare werden vom Computer übersprungen und erlauben es so, an jeder beliebigen Stelle im Programm Erläuterungen anzubringen, die verdeutlichen, was das Programm macht. Wie in unserem Beispiel muß ein Kommentar durch „(*" oder „ { " eingeleitet und durch „*)" oder „ } " abgeschlossen werden.

Außerdem läßt der Computer Leerzeilen, Einrückungen (Einzüge) und mehrfache Leerschritte unberücksichtigt. Sie können wie Kommentare zur Gliederung des Programmtexts eingesetzt werden.

Auf den Kommentar folgt in unserem Beispiel der eigentliche Programmkörper:

```
BEGIN
      WRITELN ('HALLO')                          (* ANWEISUNG *)
END.
```

Dieses Programm enthält nur eine einzige ausführbare Anweisung: „WRITELN ('HALLO')". Ihr geht das reservierte Wort BEGIN voran und folgt das reservierte Wort END. Dieser Dreizeilenabschnitt wird *Programmblock* genannt. Jedem *Programmkopf* muß ein solcher *Programmblock* folgen. Zwischen den beiden reservierten Wörtern BEGIN und END werden die eigentlichen Programmbefehle, die *Anweisungen* an den Computer, aufgeführt. Pascal wurde so entworfen, daß das Programmieren in Blöcken unterstützt wird. Wir werden im Folgenden noch andere Beispiele von Blöcken innerhalb eines Programms kennenlernen. Durch diese Eigenschaft unterstützt Pascal das sogenannte *strukturierte Programmieren*.

Die einzige *ausführbare Anweisung* in unserem Programmbeispiel ist:

```
WRITELN ('HALLO')
```

„WRITELN" ist die Abkürzung von „write line" – eine Zeile schreiben. Die Anweisung besagt damit: „Schreibe ‚HALLO' auf der Ausgabeeinheit und beginne eine neue Zeile!" Die Ausgabeeinheit ist üblicherweise der Bildschirm oder Drucker der Bedienungsstation. Das betrachtete Programm macht also nichts weiter, als die Zeichen „HALLO" über die Bedienungsstation auszugeben, gefolgt von einer weiteren Aktion: Die Zeile wird abgeschlossen und der Kursor (auf dem Bildschirm) oder der Druckkopf (des Druckers) an den Anfang einer neuen Zeile gesetzt.

Fassen wir die wichtigsten Eigenschaften unseres ersten Pascal-Programms zusammen:

Die Anweisungen werden voneinander durch Strichpunkte getrennt. Die Lesbarkeit des Programms wird durch Kommentare und durch Einrücken verbessert. So kann man z. B. den Programmkörper auch so schreiben:

```
BEGIN WRITELN ('HALLO')        (* ANWEISUNG *) END.
```

Diese Zeile haben wir im Beispiel in „Blockdarstellung" geschrieben:

```
BEGIN
      WRITELN ('HALLO')      (* ANWEISUNG *)
END.
```

Es empfiehlt sich, die Programme in einer solchen Blockdarstellung abzufassen, obwohl das nicht unbedingt notwendig ist. Der Vorteil liegt darin, daß auf diese Weise jeder durch BEGIN und END geklammerte Block eindeutig erkennbar hervorgehoben wird. Das wird dadurch erreicht, daß die zusammengehörenden BEGIN-END-Paare untereinander gestellt werden (d. h. in derselben Spalte anfangen), während die Anweisungen im Block selbst etwas eingerückt werden.

Beachten Sie schließlich, daß das *letzte* END in einem Pascal-Programm durch einen Punkt abgeschlossen werden muß. Dieser Punkt bezeichnet für den Computer das Programmende.

Noch ein Programmbeispiel

Sehen wir uns ein weiteres Pascal-Programm an:

```
PROGRAM SUMME (INPUT,OUTPUT);
VAR A, B, GESAMT: INTEGER;
BEGIN
      WRITELN ('GEBEN SIE ZWEI ZU ADDIERENDE ZAHLEN EIN:');
      READ (A, B);
      GESAMT: = A + B;
      WRITELN ('DIE SUMME VON ',A,' UND ',B,' IST ', GESAMT)
END.
```

Dieses Programm ist komplexer als das erste und enthält einige neue Eigenschaften. Beim Abarbeiten dieses Programms wird zunächst

GEBEN SIE ZWEI ZU ADDIERENDE ZAHLEN EIN:

ausgetippt bzw. am Bildschirm angezeigt. Daraufhin müssen zwei − im Programm A und B genannte − ganze Zahlen (englisch: integers) durch Leerschritte getrennt über die Tastatur eingegeben werden. Das Programm addiert diese beiden Zahlen und druckt eine weitere Zeile:

DIE SUMME VON (Zahl A) UND (Zahl B) IST (Gesamtwert)

Bevor wir auf dieses Programm näher eingehen, sollten wir dem Programmiervorgang selbst etwas Aufmerksamkeit schenken. Der Deutlichkeit halber wollen wir die drei dabei vorzunehmenden Schritte mit A, B und C bezeichnen:

A. Das zu lösende *Problem* lautet: Lies zwei ganze Zahlen und addiere sie.

B. Dem entspricht der *Algorithmus*:
1. Die erste ganze Zahl lesen.
2. Die zweite ganze Zahl lesen.
3. Beide Werte addieren und das Ergebnis anzeigen.

Dieser Algorithmus bringt ein neues Problem mit sich: Die beiden eingegebenen Zahlen müssen irgendwo festgehalten werden, man muß sich an
sie „erinnern", d. h. aus dem „Gedächtnis", dem *Speicher* des Computers
zurückholen können, bevor sie addiert werden.

C. Eine einfache *Datenstruktur* löst dieses Problem: Die beiden ganzen
Zahlen werden innerhalb des Computers als zwei *Variable* dargestellt.
Und da es nicht x-beliebige Werte sind, die sie festhalten, sondern gan-
ze Zahlen, „integers" also, bezeichnet man sie als Variable vom *Typ*
Integer.

Der Gesamtwert der beiden Variablen ist ebenfalls eine ganze Zahl und
wird daher in einer Variablen „GESAMT" vom Typ Integer festgehalten.
Was „Variable" und „Typ" genau bedeuten, werden wir betrachten, wenn
wir mit unserer Besprechung an die betreffenden Programmstellen ge-
kommen sind. Sehen wir uns das Programm zunächst einmal im Einzelnen
an:

Die erste Zeile trägt den Programmkopf:

PROGRAM SUMME (INPUT,OUTPUT);

Das Programm trägt den Namen „SUMME". „PROGRAM" ist halbfett
gedruckt, da es sich um ein reserviertes Wort handelt. Erinnern Sie sich:
Reservierte Wörter besitzen für den Pascal-Compiler eine ganz bestimmte
Bedeutung. Das Wort „PROGRAM" kann daher nur im Zusammenhang
mit einem Programmkopf verwendet werden. Beachten Sie weiter, daß
man das Programm selbst nicht wieder „PROGRAM" nennen darf, denn
„PROGRAM" hat eine feste Bedeutung, und eine solche Verwendung
würde vom Compiler sofort als Fehler angesehen. Man darf derartige reservierte Wörter nur in dem durch die Regeln von Pascal, in dem durch
seine *Syntax* bestimmten Rahmen, verwenden. Sie sind für bestimmte
Aufgaben reserviert und müssen es bleiben.

Im obigen Kopf des obenstehenden Programms steht des weiteren die Angabe „(INPUT,OUTPUT)". Das bedeutet, daß das Programm sowohl
Eingaben von der Tastatur übernimmt (INPUT-Operation) und etwas auf
den Drucker oder den Bildschirm ausgibt (OUTPUT-Operation).

Die zweite Programmzeile lautet:

VAR A,B,GESAMT: INTEGER;

Diese Anweisung ist eine *Variablendeklaration*. Sie führt zwei Funktionen
aus. Zum einen teilt sie dem Compiler mit, daß es sich bei A, B und GE-
SAMT um Variable handelt. Zum andern gibt sie an, daß diese Variablen

vom Typ INTEGER, also ganzzahlig sind. Diese Mitteilungen ermöglichen es dem Compiler, für die drei Variablen passenden Speicherplatz zu reservieren.

Betrachten wir das einmal genauer. Zunächst wollen wir uns mit *Variablen* und dann mit ihrem *Typ* beschäftigen. Eine jede Variable hat einen Namen, einen Typ und einen Wert. Im vorliegenden Programm dient das Zeichen „A" als Name einer Variablen, die den Wert der ersten ganzen Zahl festhalten soll. Die „B" genannte Variable hält die zweite ganze Zahl fest. Und die Variable mit dem Namen „GESAMT" speichert den Wert der Summe dieser beiden Zahlen. Eine Variable kann jeden (sinnvollen) Wert annehmen. Dieser Wert kann sich im Lauf der Programmbearbeitung ändern. Beim ersten Programmlauf z. B. könnte A den Wert 2 und B den Wert 11 erhalten. Ein andermal mag A den Wert 251 und B den Wert 3 bekommen. Auf diese Weise sind die Werte, die in A und B festgehalten werden, von Programmlauf zu Programmlauf verschieden. Demgemäß bezeichnet man A, B und GESAMT als Programmvariable. Die Zeichen „A", „B" und „GESAMT" dagegen sind die *Namen*, unter denen die betreffenden Speicherstellen erreicht werden können. Bild 1.2 verdeutlicht diese Beziehung.

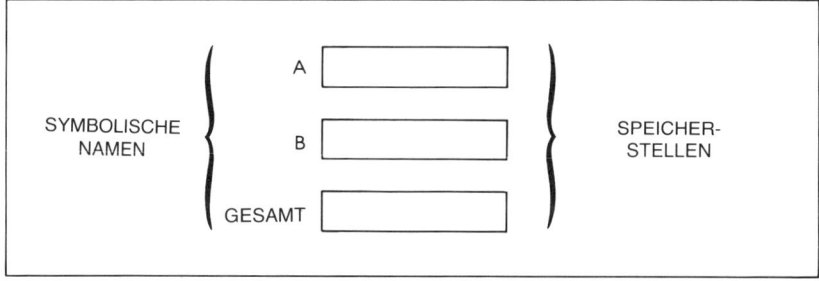

Bild 1.2   Eine Variable dient als Namen für eine Speicherstelle

Zu Beginn des Programmlaufs sind die Werte von A, B und GESAMT noch undefiniert. Später dann stellt sich ihr Inhalt unter der Annahme, daß die Werte 2 und 11 eingetippt worden sind, so dar wie in Bild 1.3. Wenn zu diesem Zeitpunkt der Wert von GESAMT noch nicht berechnet worden ist, so ist der Inhalt des Speichers für GESAMT noch immer undefiniert.

Der Vollständigkeit halber sei erwähnt, daß die als 2 und 11 wiedergegebenen Variablenwerte im Speicher selbst in einer binären Darstellung (bestehend aus Nullen und Einsen) festgehalten sind.

Kehren wir zur Variablendeklaration

VAR A,B,GESAMT: INTEGER;

zurück. Sie deklariert die Symbole „A", „B" und „GESAMT" als Variable und bewirkt so automatisch die Bereitstellung von Speicherstellen, in denen später die zugehörigen Werte abgelegt werden können. Darüberhinaus wird festgelegt, daß diese drei Variablen ganzzahlig, d. h. vom Typ INTEGER, sind.

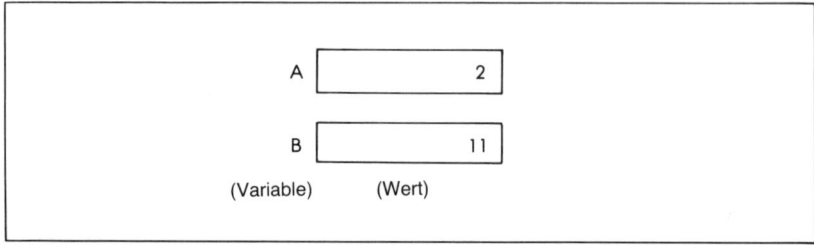

Bild 1.3   Variable mit Werten

Man nennt den Namen einer Variablen *Bezeichner* (englisch: identifier). Wir werden uns die formale Definition von Bezeichnern im nächsten Kapitel ansehen. Worum es sich bei einer *Variablen* handelt, haben wir betrachtet. Wir müssen uns noch darum kümmern, was man unter einem *Typ* versteht.

Eine Typendeklaration hat zwei Vorteile. Zum einen vereinfacht sie den Entwurf des Pascal-Compilers. Zum andern hilft sie dem Programmierer beim Verhüten und beim Aufspüren von Fehlern. Das sollten wir uns näher ansehen.

Wenn eine Variable deklariert wurde, dann muß der Compiler für sie passenden Platz im Speicher bereitstellen. Das sieht so aus, daß intern je nach Variablentyp verschieden viele Bytes zur Aufnahme des Variablenwerts reserviert werden. („Byte" ist eine Maßeinheit für den Speicher. Ein Byte stellt eine Gruppe von 8 Bits dar, wobei ein Bit die kleinste Informationsmenge [1 oder 0] ist, die man im Speicher festhalten kann.) So wird in vielen Computern z. B. einem alphanumerischen Zeichen ein Byte zugeordnet, eine ganze Zahl belegt zwei Bytes, und eine Dezimalzahl kann vier Bytes im Speicher benötigen. Es ist für den Compiler daher eine große Hilfe, wenn er im Voraus weiß, wieviel Speicherplatz für eine gegebene Variable bereitgestellt werden soll.

Ist der Variablentyp erst einmal festgelegt, dann kann der Compiler sehr einfach eine Reihe von Fehlern im Programm aufdecken. So können z. B. ganze Zahlen miteinander multipliziert werden, alphanumerische Zeichen dagegen nicht. Wenn so für zwei Variable der Typ „CHAR" (character – alphanumerisches Zeichen) festgelegt wurde, dann wird der Versuch, sie zu addieren, vom Computer als Fehler betrachtet. Unter einem (alphanumerischen) Zeichen versteht man Buchstaben wie „F", „X" oder „T", Ziffern wie z. B. „5" oder „9" oder sonstige Zeichen auf der Tastatur, wie „.", „?" oder „$". Wenn eine Ziffer wie „5" als alphanumerisches Zeichen deklariert wurde, dann wird sie im Computer anders dargestellt als die ganze Zahl mit dem Wert 5. Ein Zeichen wird in der Regel in einem

Byte (8 Bits) im sogenannten ASCII-Kode dargestellt (American Symbolic Code for Information Interchange – amerikanischer Standardkode zum Informationsaustausch; „Ass-ki" gesprochen), während eine ganze Zahl zwei oder mehr Bytes in einer anderen internen Kodierung festgehalten wird.

Kehren wir zu unserem Programmbeispiel zurück. Da A und B als ganze Zahlen deklariert sind, wird jeder Versuch, ihnen unzulässige Werte wie z. B. „TRUE" (d. h. „WAHR", womit hier ein logischer Zustand gemeint ist) oder „D" zuzuweisen, automatisch zurückgewiesen.

Um es zusammenzufassen: Die Deklaration von Variablen vereinfacht den Entwurf eines Compilers und zwingt zu mehr Programmierdisziplin. Man kann allerdings Compiler für bestimmte Sprachen entwerfen, die solche Variablendeklarationen nicht benötigen. Der Nachteil wäre hier eine erhöhte Compilerkomplexität und eine größere Fehlerempfindlichkeit der Programme.

Pascal benötigt Typenfestlegungen. Diese Erfordernis wird von Programmierern oft als lästiger Umstand betrachtet, insbesondere wenn sie vorher mit BASIC programmiert haben. Jedoch gehört diese Eigenschaft zum Grundentwurf von Pascal als einer Sprache, in der man diszipliniert programmieren muß, und sie erhöht die Wahrscheinlichkeit dafür, daß die erstellten Programme fehlerfrei sind.

Sehen wir uns nach dieser Darlegung der Variablen- und Typdeklaration den Programmkörper in unserem Beispiel an, der mit dem reservierten Wort „BEGIN" anfängt. Der VAR-Deklaration folgen die beiden Zeilen:

```
BEGIN
    WRITELN ('GEBEN SIE ZWEI ZU ADDIERENDE ZAHLEN EIN:');
```

Diese Anweisung kennen wir bereits aus unserem ersten Beispiel. Sie stellt den Text „GEBEN SIE ZWEI ZU ADDIERENDE ZAHLEN EIN:" auf dem Drucker oder Bildschirm dar. Beachten Sie dabei, daß in der Anweisung der auszudruckende Text zwischen *einfache* Anführungszeichen (Apostrophe) eingeschlossen ist. Man nennt diese Folge von Zeichen eine *Zeichenkette* (englisch: „character string").

Ein Strichpunkt trennt diese Anweisung von der nächsten, welche lautet:

```
READ (A,B);
```

Das besagt: „Lies (read) zwei Werte von der Tastatur und nenne Sie A und B." Da A und B als ganze Zahlen deklariert wurden, wartet das Programm jetzt darauf, daß der Benutzer zwei Zahlen eintippt. Solange diese Zahlen nicht eingegeben worden sind, so geschieht außer Warten auf die Eingabe gar nichts. Sind sie dagegen eingetippt, dann ist die Anweisung erledigt, und das Programm kann fortschreiten. „A" und „B" sind dabei die *Namen* zweier Variablen. „A" bezeichnet den Speicherplatz, welcher die erste eingetippte Zahl enthält, während „B" die Variable angibt, deren Wert die zweite eingegebene Zahl ist.

Wie oben dargelegt, sind A und B deshalb *Variable,* weil ihr Wert im Verlauf des Programms verändert werden kann oder von Programmlauf zu Programmlauf verschieden ist. In diesem Programm hier wurden A und B in der zweiten Zeile als „INTEGER", d. h. als ganze Zahlen deklariert. Das bewirkt, daß der Computer nachprüft, ob es sich bei einem Wert, welcher der einen oder der anderen Variable zugewiesen werden soll, tatsächlich um eine ganze Zahl handelt. Das ganze Programm hindurch halten A und B ganze Zahlen fest, und der Compiler prüft diese Eigenschaft bei jedem Bezug auf A oder auf B nach.

Es handelt sich dabei um eine charakteristische Eigenschaft von Pascal: Der Typ jeder Variablen muß vor ihrer ersten Verwendung festgelegt und das ganze Programm hindurch beibehalten werden.

Die nächste Zeile in unserem Programmbeispiel lautet:

```
GESAMT := A + B;
```

Diese Anweisung befiehlt: „Berechne die Summe A + B und nenne das Ergebnis ‚GESAMT'!" Es handelt sich dabei um eine *Zuweisung* der Summe A+B an die Variable GESAMT. Das wird durch das Zuweisungssymbol „:=" zum Ausdruck gebracht. Dieses Symbol entsteht durch Tippen eines Doppelpunkts „:", gefolgt von einem Gleichheitszeichen „=" und heißt auch *Zuweisungsoperator.* Dieser Operator löst eine Operation aus, in der die Summe der Werte von A und B der Variablen GESAMT als Wert übergeben, ihr zugewiesen wird. Wenn wir die Werte von A und B über die Tastatur als 2 und 3 vorgegeben hätten, so würde die sich daraus ergebende Summe 5 der Variablen GESAMT als Wert zugewiesen werden.

Die Summe zweier ganzer Zahlen ist natürlich selbst wieder eine ganze Zahl, weshalb der Typ der Variablen GESAMT in der zweiten Programmzeile ebenfalls als „INTEGER", d. h., als ganze Zahl, festgelegt wurde.

„A + B" ist eine Addition. Eine solche Folge von Variablen und Operatoren wird als *numerischer Ausdruck* bezeichnet. Die Regeln für derartige numerische Ausdrücke werden in den folgenden Kapiteln noch besprochen.

Mit der nächsten Programmzeile

```
WRITELN ('DIE SUMME VON ',A,' UND ',B,' IST ',Gesamt)
```

wird auf dem Drucker oder Bildschirm (mit den zuletzt angenommenen Beispielswerten) folgender Text wiedergegeben:

```
DIE SUMME VON 2 UND 3 IST 5
```

Auch hier sind die auszudruckenden Textteile (die Zeichenketten) in einfache Anführungszeichen eingeschlossen. Ferner ist wichtig, daß die Angabe der Variablen A, B und GESAMT *außerhalb der Zeichenketten* zum Ausdrucken ihres Werts geführt hat. Der Name einer Variablen steht immer für den Wert, den sie enthält.

Der Programmkörper wird schließlich wie vorher auch durch END abgeschlossen. Ihm folgt ein Punkt, der das Ende des Programms bezeichnet.

Dieses Programmbeispiel ist länger als das erste und sollte sorgfältig untersucht werden, bis seine Bedeutung in allen Einzelheiten klar ist.

Zusammenfassung

Es wurden die Grundlagen des Programmierens von Computern dargestellt, darin einbezogen die Bedeutung von Algorithmen, Datenstrukturen und des Programms selbst. Das Ganze wurde anhand von Beispielen verdeutlicht.

Pascal wurde als höhere Programmiersprache vorgestellt, die zum disziplinierten Programmieren, zum einfachen Einsatz und hinsichtlich möglichst großer Vollständigkeit und Einfachheit der Implementation entwickelt wurde.

Eine andere oft von Pascal beanspruchte Eigenschaft ist seine angebliche *Portabilität*. Darunter versteht man, daß ein in Pascal auf einem Computer geschriebenes Programm auf einen anderen Computer übertragen werden kann und dort ohne Änderungen lauffähig ist. Dies gilt allerdings nur, wenn beide Rechner mit genau derselben Sprachversion betrieben werden. Damit aber ging die echte Portabilität in dem Moment verloren, in dem verschiedene Pascal-Versionen eingeführt wurden. In aller Regel muß man am Programm Änderungen vornehmen, wenn man einen anderen Compiler verwenden möchte.

In diesem Kapitel wurden zwei einfache Programme in allen Einzelheiten besprochen und im Zusammenhang damit zusätzliche Pascal-Eigenschaften eingeführt. Das umfaßt den Programmkopf, Programmblöcke, Kommentare, Variablendeklarationen, Ein- und Ausgabebefehle, Zuweisungen, numerische Ausdrücke und reservierte Wörter.

Diese Eigenschaften lassen sich anhand des zweiten Programmbeispiels wie folgt illustrieren:

Programmkopf	**PROGRAM** SUMME (INPUT,OUTPUT);
Variablen- und	
Typendeklaration	**VAR** A,B,GESAMT: INTEGER;
Programmblock	**BEGIN**
	...
	END
Kommentar	(* DIESES PROGRAMM ADDIERT ZWEI ZAHLEN *)
Ein- und Ausgabe	READ (A,B); WRITELN (GESAMT);
Zuordnung	GESAMT := A + B;
numerischer Ausdruck	A + B
reserviertes Wort	**PROGRAM**

Es ist wichtig, daß diese Eigenschaften vollständig verstanden sind. Alle zum Schreiben und Verstehen eines Pascal-Programms wichtigen Sprachbestandteile sollen in Kapitel 2 noch einmal systematisch untersucht werden.

Übungen

1.1: Ändern Sie das Programm SUMME so ab, daß es das Produkt von A und B ermittelt. (Das Multiplikationssymbol in Pascal ist ein Stern „*").

1.2: Ändern Sie das Programm SUMME so ab, daß es die drei Zahlen A, B und C einliest und ihre Summe ermittelt.

1.3: Kann man in Pascal eine Variable ohne Deklaration benutzen?

1.4: Was versteht man unter einem Programm? Was ist ein Algorithmus?

1.5: Ist die folgende Anweisung korrekt?
GESAMT (* DIES IST EINE SUMME *) := A (* 1. ZAHL *) + B (* 2. ZAHL *)

1.6: Ist ein Algorithmus das Gleiche wie ein Programm?

Kapitel 2

Programmieren mit Pascal

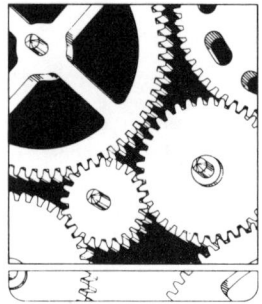

Einführung

In Kapitel 1 hatten wir betrachtet, was man unter Algorithmus, Datenstruktur und Programm versteht und dazu zwei einfache Pascal-Programme in allen Einzelheiten untersucht. In diesem zweiten Kapitel werden wir uns dem Aufbau von Pascal-Programmen zuwenden und die Grundlagen von Syntax und modularer Programmorganisation, das „strukturierte Programmieren" vorstellen. Ziel ist dabei, die grundlegenden Regeln von Pascal zu lernen, um so einfache Probleme durch Pascal-Programm lösen zu können.

Die Syntax von Pascal legt mit Bezeichnern, Skalaren und Operatoren drei besondere Einheiten fest, deren Bedeutung für die Erstellung einfacher Pascal-Programme verstanden sein muß. Sind diese Einheiten erst einmal verstanden, dann können Ausdrücke aufgebaut und Pascal-Anweisungen geschrieben werden.

In diesem Kapitel werden Bezeichner behandelt. Skalare und Operatoren werden in Kapitel 3 untersucht, und Kapitel 4 ist Ausdrücken und Anweisungen gewidmet.

Wie man ein Pascal-Programm schreibt

Wenn die Lösung eines Problems erst einmal als Algorithmus abgefaßt ist, dann muß dieser in ein Pascal-Programm übertragen werden. Ist das Programm erstellt, dann wird es vom Compiler übersetzt und abgearbeitet. Bei einem interaktiv mit dem Benutzer arbeitenden Computer läßt sich dieser Prozeß mit verschiedenen anderen Programmen wie einem Editor und dem Dateisystem vereinfachen. Diese Programme werden in Kapitel 15 beschrieben.

Im folgenden werden wir uns bis auf weiteres auf die Übersetzung von Algorithmen in Programme und Datenstrukturen konzentrieren. Die Gesamtheit der Regeln, nach denen ein Pascal-Programm aufgebaut werden muß, wird als *Pascal-Syntax* bezeichnet. Wir werden nach und nach alle Syntaxregeln von Pascal betrachten. Die ersten dieser formalen Regeln sollen im vorliegenden Kapitel eingeführt werden.

Die Pascal-Syntax

Pascal ist eine höhere Programmiersprache. Es gestattet die Angabe von Befehlen in einer dem Englischen ähnlichen Sprache, die gegenüber der Umgangssprache stark eingeschränkt ist. Um alle Mehrdeutigkeiten auszuschließen und um die Übersetzung des Programms in binäre Befehlskodes durch den Compiler zu vereinfachen, unterliegt die Sprache strengen Regeln, die als Syntax zusammengefaßt sind.

Programmieren erfordert Einfallsreichtum und Intelligenz. Es erfordert aber auch strengste *Disziplin*. Jeder Befehl, jede Anweisung in einem Pascal-Programm muß haargenau den in der Pascal-Syntax niedergelegten Regeln folgen. Ein jeder Befehl, der sich nicht an diese Regeln hält, bewirkt ein falsches Programmverhalten. Das gilt ohne jede Ausnahme! Es ist daher wichtig, die Syntaxregeln vollständig zu kennen, zu verstehen und ohne „Wenn und Aber" anzuwenden. Ein einfacher Punkt an der falschen Stelle, ein einfaches Komma kann zur Fehlfunktion des ganzen Programms führen. Das ist nicht übertrieben: Die weitaus häufigste Fehlerquelle in Computerprogrammen liegt im Nichtbeachten der zugrundeliegenden Sprachregeln. Beim Programmieren strengste Disziplin einzuhalten, ist eine Notwendigkeit, die nicht überbetont werden kann.

Man kann die Regeln von Pascal auf vielerlei Art und Weise beschreiben. So kann man sie beispielsweise mit Worten darstellen, man kann die BNF-Notierung (Backus-Naur Form, eine formelartige Beschreibungsweise) verwenden, oder man setzt Syntaxdiagramme ein. In diesem Kapitel hier werden wir die Syntax verbal mit Worten beschreiben. Im nächsten Kapitel werden dann Syntaxdiagramme eingeführt, mit deren Hilfe man eine vollständige und genaue Darstellung der Regeln erhält.

Die Form eines Pascal-Programms

Pascal wurde in Hinblick auf modulare Programmierung entworfen. Aus diesem Grund kann jeder Schritt, jede zusammengehörige Gruppe von Schritten normalerweise in einen Pascal-Baustein übersetzt werden. Diese Bausteine eines Pascal-Programms werden *Blöcke, Funktionen* oder *Prozeduren* genannt, je nachdem, wie sie im Programm eingesetzt werden.

Die Pascal-Syntax verlangt weiterhin, daß alle Deklarationen und Definitionen am Programmanfang stehen müssen. Daraus ergibt sich die in Bild 2.1 wiedergegebene Grundorganisation eines Pascal-Programms.

Wie Bild 2.1 zeigt, werden alle Deklarationen am Programmanfang zusammengefaßt. Ihnen folgt der Hauptblock des Programms, der durch die Wörter BEGIN und END umrahmt wird. Ein Punkt nach dem letzten END schließt das Programm ab.

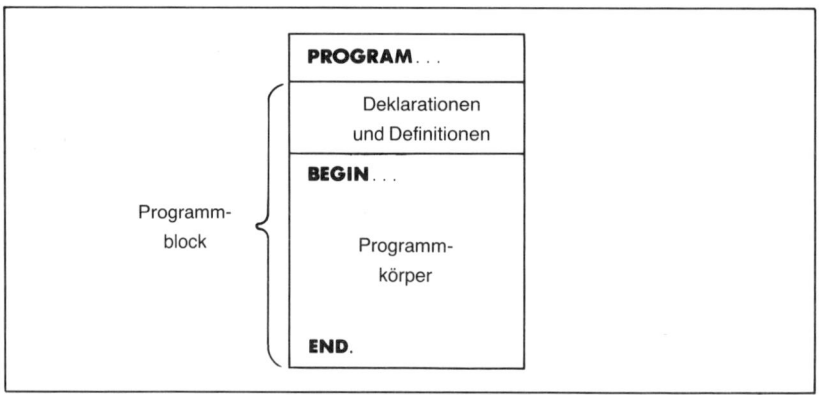

Bild 2.1   Grundorganisation eines Pascal-Programms

Sehen wir uns den Aufbau dieser Programmbausteine näher an. Bild 2 zeigt die Struktur eines Pascal-Programms im Einzelnen. Betrachten wir davon die Deklarationen und den Programmkörper genauer.

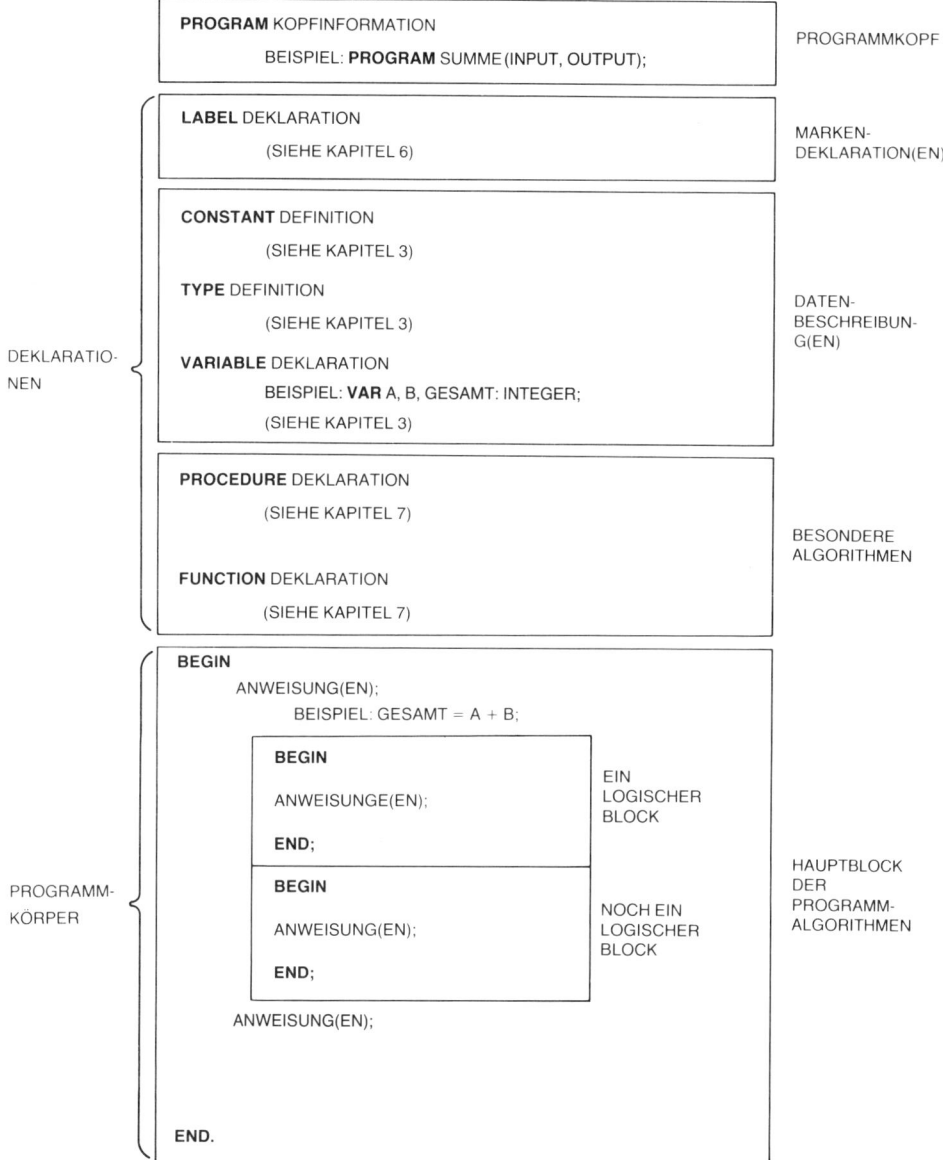

Bild 2.2 Einzelheiten zum Aufbau eines Pascal-Programms

Deklarationen

Die verschiedenen Deklarationen in einem Pascal-Programm müssen genau in der in Bild 2.2 dargestellten Reihenfolge auftreten: zuerst die Marken (englisch: „labels"), dann die Konstanten und so weiter. Das bedeutet allerdings nicht, daß sie immer aufgeführt werden müssen. So fehlen in unserem ersten Programmbeispiel

```
PROGRAM GRUSS (OUTPUT);
(* DIES IST EIN EINFACHES PASCAL-PROGRAMM *)
BEGIN
    WRITELN ('HALLO')
END.
```

die Deklarationen völlig. Dieses Beispiel umfaßt nur den Programmkopf, dem der Programmkörper folgt. Kommentare zählen dabei nicht, wie Sie sich erinnern werden: Sie werden vom Compiler übersprungen.

In der Regel jedoch verwendet jedes mehr als ein paar Zeilen lange Pascal-Programm Variable und muß daher eine oder mehrere Variablendeklarationen einschließen. Das war in unserem zweiten Programmbeispiel der Fall:

```
PROGRAM SUMME (INPUT,OUTPUT);
VAR A,B,GESAMT: INTEGER;
BEGIN
    WRITELN ('GEBEN SIE ZWEI ZU ADDIERENDE ZAHLEN EIN:');
    READ (A,B);
    GESAMT := A + B;
    WRITELN ('DIE SUMME VON ',A,' und ',B,' IST ',GESAMT)
END.
```

Dieses Programm umfaßt den Programmkopf und die Variablendeklaration, gefolgt vom eigentlichen Programmkörper.

Die in Bild 2.2 aufgeführte Markendeklaration (LABEL) wird nur selten benötigt, und Funktionen oder Prozeduren werden nur in langen Programmen eingesetzt. Für kurze Programme braucht man nur drei Deklarationen: Konstanten (CONSTANT), Typen (TYPE) und Variable (VAR). Sie werden in Kapitel 3 beschrieben. Die übrigen Deklarationen sind Thema von Kapitel 6 und Kapitel 7.

Der Programmkörper

Der in Bild 2.2 wiedergegebene Programmkörper enthält die Anweisungsfolge, durch welche die jeweiligen Algorithmen abgearbeitet werden können. Man kann in Pascal verschiedene Arten von Anweisungen benutzen. Die drei wichtigsten davon sind:

1. die Zuweisung (siehe Kapitel 4),
2. Ein- und Ausgabeanweisungen (Kapitel 5),
3. Steueranweisungen (Kapitel 6).

Die anderen Anweisungsarten umfassen Prozeduraufrufe, „GO-TO"-Anweisungen und „WITH"-Anweisungen. Sie werden in den nachfolgenden Kapiteln beschrieben.

Zusammenfassung zum Programmaufbau

Fassen wir zusammen: Jedes Pascal-Programm muß mindestens den Programmkopf und eine Anweisung enthalten. Darüber hinaus kann das Programm verschiedene auf den Programmkopf (in der richtigen Reihenfolge) folgende Deklarationen und Definitionen umfassen, wozu dann noch eine beliebige Anzahl von Anweisungen treten kann. Durch Kommentare, mehrfache Leerzeichen und Einrücken kann man die Lesbarkeit des Programms ganz nach Bedarf verbessern.

Der formale Aufbau eines Pascal-Programms

Wenn Sie bereits Syntaxdiagramme lesen können, dann sollten Sie die formale Syntaxdefinition eines Pascal-Programms in Anhang F zum Vergleich heranziehen.

Der zugehörige Programmaufbau findet sich in Bild 2.3. Beachten Sie dabei, daß gemäß der formalen Definition sich ein „Programmblock" auf alles bezieht, was dem Programmkopf folgt.

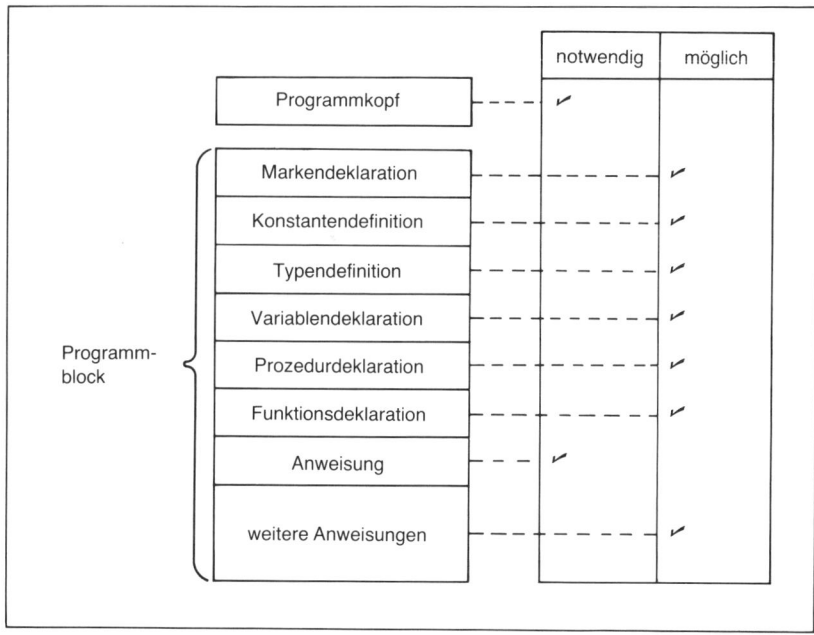

Bild 2.3   Formale Gliederung eines Pascal-Programms

Pascal-Symbole

Man kann alle auf der Tastatur des jeweiligen Computers vorhandenen Zeichen in einem Pascal-Programm benutzen. Die meisten Computer verwenden hier den ASCII-Kode, wie er in Anhang G wiedergegeben ist, und bieten 128 verschiedene Zeichen an. Es ist dabei allerdings zu beachten, daß viele dieser Zeichen oder Zeichenfolgen in Pascal eine besondere Bedeutung besitzen und nur für bestimmte Zwecke verwendet werden können.

Diese Spezialsymbole werden im folgenden Abschnitt besprochen. Darauf folgend werden die Regeln vorgestellt, nach denen weitere Symbole und Bezeichner aufgebaut werden können.

Reservierte Symbole

Die von Pascal für bestimmte Aufgaben reservierten Symbole sind in Bild 2.4 zusammengestellt.

+	−	*	/	: =	.	,	;
:	/	=	< >	<	< =	> =	>
(	)	[	]	(* or {	*) or }	↑	..

Bild 2.4   In Pascal reseriverte Symbole

Die meisten dieser Symbole bezeichnen Operationen, wie z. B. „+", „−", „*" (Multiplikation) oder „/" (Division). Andere Symbole dienen besonderen Syntaxaufgaben. So haben wir Beispielsweise den Strichpunkt „;" zur Trennung aufeinanderfolgender Anweisungen eingesetzt, und in „(*" und „*)" werden Kommentare eingeschlossen. Diese und andere Symbole können in einem vom Programm verarbeiteten *Text* ohne Einschränkung verwendet werden, nicht aber im Programm selbst. Innerhalb des Programms besitzen diese Symbole eine wohldefinierte, von vornherein festliegende Bedeutung.

Reservierte Wörter

Neben den reservierten Symbolen besitzen auch einige Wörter in einem Pascal-Programm besondere Bedeutung. Einige dieser Wörter werden *reservierte Wörter* genannt, die vom Programmierer nicht umdefiniert werden dürfen. Andere können im Programm neue Bedeutung annehmen. Sie heißen *Standardbezeichner*.

Die in Pascal reservierten Wörter zeigt Bild 2.5. Einige dieser reservierten Wörter bezeichnen Operationen: AND, OR, NOT, DIV. Andere reservierte Wörter dienen für Deklarationen oder Definitionen: PROGRAM,

AND	END	NIL	SET
ARRAY	FILE	NOT	THEN
BEGIN	FOR	OF	TO
CASE	FUNCTION	OR	TYPE
CONST	GOTO	PACKED	UNTIL
DIV	IF	PROCEDURE	VAR
DO	IN	PROGRAM	WHILE
DOWNTO	LABEL	RECORD	WITH
ELSE	MOD	REPEAT	

Bild 2.5   In Pascal reservierte Wörter

CONST, VAR, TYPE. Und wieder andere sind Bestandteil von Anweisungen: IF, WHILE, REPEAT.

Reservierte Wörter werden in den Programmen in diesem Buch immer halbfett wiedergegeben. Beachten Sie, daß diese Wörter vom Programmierer niemals anders als in ihrer vorgegebenen Bedeutung benutzt werden dürfen. Ein Programm z. B. kann nicht den Namen „PROGRAM" tragen.

Sehen wir uns an, wie diese reservierten Wörter vom Compiler benutzt werden. Dazu betrachten wir zunächst noch einmal das erste, einfache Programmbeispiel von Kapitel 1:

```
PROGRAM GRUSS (OUTPUT);
BEGIN
    WRITELN ('HALLO')
END.
```

Die drei im Programm halbfett gedruckten Wörter sind reserviert.

Das reservierte Wort PROGRAM muß am Anfang eines jeden Programms stehen. Nach diesem Wort erwartet der Compiler den Namen des Programms. Folgt dann eine Klammer, dann weiß der Compiler, daß Dateien verwendet werden. In unserem Beispiel ist es die Datei OUTPUT. Bei „OUTPUT" handelt es sich nicht um ein reserviertes Wort, doch ist seine Bedeutung vorbestimmt. Ein solches Wort wird *Standardbezeichner*

genannt. Wir werden das im nächsten Abschnitt genauer betrachten. Der
Programmkopf schließt mit einem Strichpunkt „;".

Als nächstes findet der Compiler das reservierte Wort BEGIN vor, das
ihm mitteilt, daß eine oder mehrere Anweisungen folgen.

Im betrachteten Programm ist nur eine Anweisung vorhanden:

    WRITELN ('HALLO')

wobei WRITELN ein Standardbezeichner und „HALLO" eine Zeichenkette ist.

Das Schlüsselwort END schließt das Beispiel ab. Das gilt allgemein: Ein
jedes Programm muß mit END, gefolgt von einem Punkt aufhören.

Wir werden in Kapitel 6 sehen, daß derartige Anweisungsblöcke, geklammert durch BEGIN und END, an verschiedenen Stellen im Programm
auftreten können. Von ihnen darf aber nur das letzte END im Programm
von einem Punkt gefolgt werden.

Nachdem so Rolle und Bedeutung von reservierten Wörtern klargestellt
sind, wollen wir uns Standardbezeichnern zuwenden, wie es z. B.
WRITELN und OUTPUT darstellen.

Standardbezeichner

Unter Standardbezeichnern versteht man in Pascal Wörter, deren Bedeutung zwar vorbestimmt ist, die aber vom Programmierer für andere Zwek-
ke umdefiniert werden können. Standardbezeichner sind alle die vordefinierten Wörter, die in den Programmen *nicht* halbfett hervorgehoben
sind. Diese Wörter werden in Bild 2.6 aufgeführt.

Die Möglichkeit, diese Bezeichner umzudefinieren, solte nur von erfahrenen Programmierern und nur in ausgesprochenen Spezialfällen genutzt
werden, d. h. nur dann, wenn man mit dem Standardbezeichner nicht genau das erreichen kann, was im Programm benötigt wird.

In der Praxis sollten Standardbezeichner genau wie reservierte Wörter behandelt werden, wenn nicht sehr gute Gründe *zwingend* nahelegen, sie
nicht in dieser Art zu verwenden.

Sehen wir uns das zweite Programmbeispiel aus Kapitel 1 noch einmal an:

```
PROGRAM SUMME (INPUT,OUTPUT);
VAR A,B,GESAMT: INTEGER;
BEGIN
    WRITELN ('GEBEN SIE ZWEI ZU ADDIERENDE ZAHLEN EIN:');
    READ (A,B);
    GESAMT: = A + B;
    WRITELN ('DIE SUMME VON ',A,' und ',B,' IST ',GESAMT)
END.
```

Dieses Programm enthält die reservierten Wörter:

PROGRAM, VAR, BEGIN, END

und die *Standardbezeichner:*

INPUT, OUTPUT, INTEGER, WRITELN, READ.

STANDARDBEZEICHNER

DATEIEN:

INPUT	OUTPUT

KONSTANTEN:

FALSE	TRUE	MAXINT

TYPEN:

BOOLEAN	CHAR	INTEGER	REAL	TEXT

FUNKTIONEN:

ABS	EOF	ODD	SIN
AND	EOLN	OR	SQR
ARCTAN	EXP	ORD	SQRT
CHR	LN	PRED	SUCC
COS	NOT	ROUND	TRUNC

PROZEDUREN:

GET	PAGE	READLN	UNPACK
NEW	PUT	RESET	WRITE
PACK	READ	REWRITE	WRITELN

Bild 2.6   Standardbezeichner von Pascal

Schließlich gibt es dort noch einen dritten Bezeichnertyp: die *benutzerdefinierten Bezeichner.* Sie lauten hier:

SUMME, A, B, GESAMT

Über Rolle und Bedeutung solcher Bezeichner müssen wir uns noch klar werden.

Bezeichner

Ein *Bezeichner* ist ein Name. Dieser Name kann einer Variablen, einem Programm, einem Typ, einer Konstanten, einer Funktion, einer Prozedur usw. gegeben werden. Dabei unterscheidet Pascal drei Arten von Bezeichnern:

− Reservierte Wörter
− Standardbezeichner
− Benutzerdefinierte Bezeichner.

Reservierte Wörter und Standardbezeichner haben wir bereits betrachtet. Sehen wir uns noch an, was man unter benutzerdefinierten Bezeichnern versteht.

In unserem zweiten Programmbeispiel von Kapitel 1 finden sich vier derartige Bezeichner, nämlich:

− der Programmname: SUMME
− die drei Variablennamen: A, B, GESAMT

Ein Bezeichner muß mit einem Buchstaben beginnen und kann ansonsten eine beliebige Folge von Buchstaben und Ziffern enthalten. Dabei unterliegt die Bezeichnerlänge keinen Beschränkungen, jedoch wertet der Compiler nur die ersten acht Zeichen zur Unterscheidung zwischen verschiedenen Bezeichnern aus. Ein Bezeichner darf allerdings niemals ein reserviertes Wort sein, da diese für den Compiler eine besondere Bedeutung haben.

Gültige Bezeichner sind z. B.:

```
A
B
Alpha
Alpha1
ANZAHLANANGESTELLTEN
ANZAHLANKUNDEN
```

Beachten Sie, daß diese Bezeichner zwar alle gültig sind, daß der Compiler jedoch nur maximal acht Zeichen davon benutzt. Die beiden letzten Bezeichner lauten daher beidemale „ANZAHLAN" und benennen so − im selben Programm angewendet − für den Compiler ein- und dieselbe Sache. Lange Namen können zur Verbesserung der Lesbarkeit des Programms zwar verwendet werden, doch muß man aufpassen, daß die ersten acht Zeichen sich von Bezeichner zu Bezeichner unterscheiden.

Beispiele ungültiger Bezeichner sind u. a.:

EINS-A	(enthält ein „-")
222ter	(beginnt mit einer Ziffer)
program	(ein reserviertes Wort)
BETA 2	(enthält ein Leerzeichen)

U C S D

Kommentare in UCSD-Pascal

Kommentare können sowohl durch „(*. . .*)" als auch durch „ { . . . } " gekennzeichnet sein. Darbei darf die eine Art in die andere geschachtelt werden. Wenn ein Kommentar mit „(*" beginnt, dann muß er mit „*)" enden, und wenn er mit „ { " beginnt, dann muß er mit } " enden.

Beispielsweise sind folgende Kommentare in UCSD-Pascal zugelassen:

    (* DIES IST EIN { BESONDERES } PROGRAMM *)
    (* DIES IST EIN (* BESONDERES PROGRAMM *)

Beachten Sie im zweiten Beispiel, daß die erste „(*"-Folge den „Kommentarmodus" einleitet. Alle folgenden Zeichen − einschließlich des zweiten „(*" − werden ignoriert, bis die zugehörige „*)"-Folge aufgefunden ist.

Ein Dollarzeichen „$" in der ersten Kommentarspalte, d. h. unmittelbar nach der einleitenen Klammerfolge wird jedoch als besonderer Compilerbefehl interpretiert. Derartige Compilerbefehle sind allerdings von Modell zu Modell verschieden.

Programmköpfe in UCSD-Pascal

Anders als Standard-Pascal benötigt UCSD-Pascal im Programmkopf keine Dateiparameter wie (INPUT,OUTPUT). Man kann derartige Dateiparameter zwar angeben, doch werden sie ignoriert.

So sind die beiden Programmköpfe

    PROGRAM TEST;

und

    PROGRAM TEST (INPUT,OUTPUT);

in UCSD-Pascal völlig gleichbedeutend.

Zeilennummer	Sonstige Information (abschaltbar)			Programmtext
1	1	1:D	1	(*$L*)
2	1	1:D	1	Deklaration-en
3	1	1:C	0	Programm-anweisungen
.	.	.	.	
.	.	.	.	
.	.	.	.	

Bild 2.7   Das Auslistungsformat von UCSD-Pascal

Programmauslistung in UCSD-Pascal

Beim Auflisten eines Programms bietet UCSD-Pascal die Möglichkeit, links von jeder Zeile besondere Zeilennummern einzufügen. Das Format, in dem das geschieht, gibt Bild 2.7 wieder.

An der linken Programmseite wird automatisch eine Zeilennummer angefügt. Weitere Information folgt nach Bedarf in einem zweiten Feld, rechts von der Zeilennummer. Um solche Programmauflistungen mit Zeilennummern zu erzeugen, gibt man im Programmtext einfach den Compilerbefehl „(*$L*)" an. Es handelt sich hier um eine UCSD-spezifische Eigenschaft, die von anderen Versionen nicht oder nicht in dieser Form geboten wird.

Zusammenfassung

In diesem Kapitel wurde die Grundstruktur eines Pascal-Programms beschrieben. Jedes Programm beginnt mit einem Programmkopf, dem je nach Bedarf verschiedene Deklarationen folgen. Es wird von einer oder mehreren durch BEGIN und END geklammerten Anweisungen abgeschlossen.

Pascal-Programme verwenden drei verschiedene Arten von Bezeichnern: reservierte Wörter, Standardbezeichner und benutzerdefinierte Bezeichner. Alle drei Arten wurden in diesem Kapitel vorgestellt.

An dieser Stelle angelangt, sollte es Ihnen nicht schwer fallen, den Aufbau der beiden im ersten Kapitel gegebenen Programmbeispiele zu verstehen. Um komplexere Programme mit Pascal erstellen zu können, müssen wir noch die Regeln kennenlernen, nach denen Berechnungen durchgeführt werden. Wir werden daher im nächsten Schritt untersuchen, auf welche Weise Zahlen dargestellt werden und wie die Operationen aussehen, die man mit ihnen vornehmen kann.

Übungen

2.1: Sind die folgenden Bezeichner in Pascal zugelassen?
a) A
b) 2B
c) A1B3D2
d) ALPHA+1
e) EIN NAME

2.2: Was bewirken die folgenden in demselben Programm auftretenden Bezeichner?
PERSONNR1,   PERSONNR2,   PERSONNR3
Sind diese Bezeichner zugelassen?

2.3: Schreiben Sie, ohne in den Beispielen nachzuschlagen, ein Programm, das „HALLO", gefolgt von Ihrem Namen ausdruckt.

Kapitel 3

Skalare Typen und Operationen

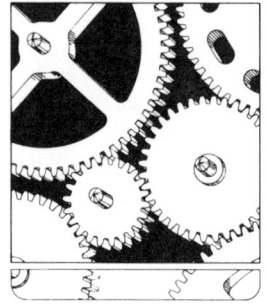

Einführung

Auch für einfache Pascal-Programme benötigt man paar Regeln, welche die Daten und die Operationen betreffen, die mit diesen Daten ausgeführt werden können.

Es gibt in Pascal *vier* grundlegende *Datentypen*, die als *skalare Standardtypen* bezeichnet werden: *integer* (ganze Zahlen), *real* (reelle Zahlen), *character* (alphanumerische Zeichen) und *boolean* (Boolesche Wahrheitswerte). Diese vier Datentypen und die für sie geltenden Regeln wollen wir im vorliegenden Kapitel untersuchen. Sind diese Datentypen und die zugehörigen Operatoren erst einmal verstanden, dann können wir sie zu *Ausdrücken* zusammenstellen und mit ihnen *Programmanweisungen* schreiben.

Es gibt zwei verschiedene Arten von skalaren Datentypen in Pascal: eingebaute und benutzerdefinierte Typen. Wir werden beide untersuchen. Betrachten wir zunächst die vier eingebauten skalaren „Standard"-Datentypen: INTEGER, REAL, CHAR und BOOLEAN.

Ganze Zahlen (INTEGER)

Ganze Zahlen (englisch: „integers") können positiv oder negativ sein. In einem Pascal-Programm ist ihre Größe allerdings beschränkt. Der höchste und der niedrigste Wert, den eine ganze Zahl in einer Pascal-Version annehmen kann, hängt von der jeweils möglichen Genauigkeit ab. Es ist in der Praxis nur möglich, ganze Zahlen zwischen den Werten −MAXINT und +MAXINT darzustellen, wobei MAXINT (von „maximum integer") die von der gegebenen Version größte darstellbare Zahl ist. MAXINT ist eine vordefinierte Pascal-Konstante und kann im Programm zur Bestimmung des größten verfügbaren ganzzahligen Werts herangezogen werden.

In UCSD-Pascal können ganze Zahlen bis zu 36 Stellen (sogenannte „long integers") wiedergegeben werden.

In Pascal zugelassene ganze Zahlen sind z. B.:

```
1234
0
1
−234
MAXINT
+10
```

Nicht möglich sind dagegen:

```
1,234      (ein Komma ist nicht zugelassen)
1.2        (das ist keine ganze Zahl)
```

Beachten Sie dabei, daß in amerikanischen Zahldarstellungen − denen Pascal folgt − Komma und Punkt anders als bei uns verwendet werden: Das Komma dient zur Zusammenfassung von Dreiergruppen von Ziffern,

d. h. zur Zahlgliederung; der Punkt dagegen bezeichnet die Dezimalgrenze. Der Punkt ersetzt also das Dezimalkomma, und das Komma steht dort, wo in unserer Schreibweise ein Punkt stehen würde.

Operatoren für ganze Zahlen

Pascal legt für jeden Datentyp bestimmte Operationen fest, die durch besondere *Operatoren* gekennzeichnet werden. Derartige Operatoren verarbeiten einen oder zwei Operanden (die zu verknüpfenden Werte). Üblicherweise werden solche Operatoren als mathematische Symbole wiedergegeben (z. B. durch „+" oder durch „−") oder man verwendet reservierte Wörter für diesen Zweck (beispielsweise das Wort „DIV" zur Division ganzer Zahlen).

Stellen wir zuerst die Operatoren vor und sehen wir uns dann Beispiele für ihren Gebrauch an.

Für ganze Zahlen sind in Pascal Rechenoperatoren und Vergleichsoperatoren vordefiniert. Die fünf Rechenoperatoren (arithmetischen Operatoren) lauten:

+	Addition (oder als Vorzeichen für positive Zahlen benutzt)
−	Subtraktion (oder als Vorzeichen für negative Zahlen benutzt)
*	Multiplikation
DIV	Division (Ergibt ein gestutztes ganzzahliges Ergebnis, wobei man unter „Stutzen" [englisch: truncating] das Unterschlagen aller rechts vom Dezimalpunkt stehenden Ziffern versteht.)
MOD	Rest (modulus) (A MOD B liefert den Rest aus der Division von A durch B.) Es gilt dabei: A MOD B = A − (A DIV B) * B

Die sechs vergleichsoperatoren (Relationsoperatoren) umfassen:

>	größer als
>=	größer oder gleich
<	kleiner als
<=	kleiner oder gleich
=	gleich
<>	ungleich

Diese sechs Vergleichsoperatoren können mit *jedem skalaren Standardtyp* benutzt werden. Sie ergeben einen *Booleschen Wahrheitswert*, der wahr („TRUE") oder falsch („FALSE") sein kann. Wir werden uns Boolesche Wahrheitswerte weiter hinten in diesem Kapitel noch genauer ansehen.

Beachten Sie, daß für die Division ganzer Zahlen mit „DIV" ein besonderer Operator benutzt wird, der ein ganzzahliges Ergebnis ergibt. Das Symbol „/" dagegen liefert ein reellwertiges Ergebnis. Mit der DIV-Operation *erhält man immer* ein *ganzzahliges* Ergebnis. Diese Unterscheidung hilft, Fehler zu vermeiden.

Einige Beispiele für das Rechnen mit ganzen Zahlen:

4 − 3 ergibt 1

5 + 6 ergibt 11

2 * 12 ergibt 24

20 DIV 6 ergibt 3	(Bei Verwendung von Dezimalzahlen [d. h. von reellen Zahlen] hätte man den Operator „/" einsetzen müssen und als Ergebnis der Division 20 / 6 den Wert 3.333 erhalten.)
(−20) DIV 6 ergibt −3	(Vorausgesetzt, daß die verwendete Pascal-Version hier negative Operanden zuläßt.)
9 MOD 4 ergibt 1	(Das ganzzahlige Ergebnis von 9 geteilt durch 4 ist 2 Rest 1.)

Wenn A ohne Rest durch B geteilt werden kann, dann ergibt A MOD B den Wert 0.

Standardfunktionen für ganze Zahlen

Da im Zeichensatz der meisten Computer nur wenige Symbole vorhanden sind, können die zur Bezeichnung beispielsweise der Quadratwurzel, der Potenzierung oder eines Integrals üblicherweise verwendeten mathematischen Zeichen nicht eingesetzt werden. An ihre Stelle treten in Pascal besondere Standardbezeichner.

Ein Pascal-Bezeichner, der mit einem oder mehreren Argumenten eine bestimmte Operation ausführt und ein Ergebnis liefert, wird *Funktion* genannt. Man kann in Pascal auch selbst Funktionen definieren; solche benutzerdefinierten Funktionen werden in Kapitel 7 besprochen. In diesem Kapitel hier wollen wir nur die Standardfunktionen ansehen, die mit den vier skalaren Typen arbeiten.

Die Arbeit von Standardfunktionen ist der von Operatoren sehr ähnlich. Sie führen in der Regel aber kompliziertere Aufgaben aus. Üblicherweise werden in Programmiersprachen die am häufigsten verwendeten Operationen durch Spezialsymbole − die Operatoren − wiedergegeben, während man für die weniger häufig verwendeten Operationen Funktionen einsetzt. Eine Funktion wird in Pascal immer durch einen Standardbezeichner wiedergegeben, dem in runden Klammern die zu bearbeitenden Werte − die Funktionsargumente − folgen.

Pascal stellt vier Standardfunktionen bereit, die ganzzahlige Ergebnisse liefern:

ABS(i)   Absolutwert der ganzen Zahl i.
                    Beispiele:
                    ABS(-4) ergibt 4
                    ABS(3) ergibt 3

SQR(i)   (square) Quadrat der ganzen Zahl i.
                    Beispiele:
                    SQR(2) ergibt 4 (2 * 2)
                    SQR(-3) ergibt 9 (-3 * -3)

TRUNC(r)   (truncate) ganzzahliger Anteil der reellen Zahl r.
                    Beispiele:
                    TRUNC(1.2) ergibt 1
                    TRUNC(-2.3) ergibt -2

ROUND(r)   Ganzzahlige Rundung von r.
                    Das ähnelt der Funktion TRUNC(r). Das Ergebnis
                    wird hier jedoch auf die nächste ganze Zahl auf-
                    oder abgerundet. Wenn der gebrochene Anteil
                    von r genau 0.5 beträgt (amerikanische Schreib-
                    weise!), dann wird bei positivem r aufgerundet
                    und bei negativem r abgerundet.
                    Beispiele:
                    ROUND(1.2) ergibt 1
                    ROUND(1.8) ergibt 2
                    ROUND(-2.4) ergibt -2

Die mathematische Formel

$AX^2 + BX + C$ (wobei alles ganze Zahlen sind)

wird in Pascal durch den Ausdruck

A * SQR(X) + B * X + C

wiedergegeben und die Formel

$$\left| I \right| \times J$$

durch den Ausdruck

ABS(I) * J

Reelle Zahlen (REAL)

Reelle Zahlen entsprechen in Pascal den normalen Dezimalzahlen in Gleitkommadarstellung. Wie bei ganzen Zahlen gibt es auch hier einen größtmöglichen und einen kleinstmöglichen darstellbaren Wert, der sich von Version zu Version unterscheidet. Eine in Pascal zu verwendende reelle Zahl muß mit einem Dezimalpunkt und mindestens je einer Ziffer links und rechts davon geschrieben werden. Derartige gültige Formen reeller Zahlen in Pascal sind z. B.:

```
+12.0
−12.1
+ 0.1
   3.14159
```

Ungültig sind dagegen folgende Schreibweisen:

.123   (Keine Ziffer links vom Dezimalpunkt; diese Schreibweise ist im Amerikanischen verbreitet für den Wert 0,123.)

12   (Kein Dezimalpunkt. Es handelt sich hier um eine ganze Zahl. Die meisten Pascal-Versionen wandeln eine solche ganze Zahl jedoch bei Bedarf in eine reelle um: 12 wird zu 12.0.)

1.   (Keine Ziffer rechts vom Dezimalpunkt; diese Schreibweise ist beispielsweise in FORTRAN zur Unterscheidung reeller von ganzen Zahlen verbreitet.)

Die Wiedergabe reeller Zahlen in Dezimalschreibweise ist verbreitet, doch ist eine andere Darstellungsform, die beispielsweise in der Physik oft verwendet wird, ebenso gebräuchlich: Es handelt sich um die sogenannte *Exponential-* oder *wissenschaftliche Notation.* Ein Beispiel:

1.0E+2 gibt den Wert $1 \times 10^2 = 100$ wieder

Hier stellt 1.0 die *Mantisse* dar, und die auf den Buchstaben „E" folgende Zahl wird als *Exponent, Charakteristik* oder *Kennziffer* bezeichnet. Diese Begriffe rühren aus der Darstellung von Logarithmen her und werden hier ähnlich verstanden: Der Exponent gibt die Größenordnung der Zahl, d. h. die zu verwendende Zehnerpotenz wieder. Sie gibt an, daß der Dezimalpunkt um die angegebene Stellenzahl nach rechts (oder bei negativen Exponenten nach links) verschoben werden soll. Ein anderes Beispiel für diese Schreibweise ist 1.2E-3, was dem Wert 0,0012 oder $1,2 \times 10^{-3}$ entspricht.

Diese Darstellung ist eine Kurzschreibweise, die für sehr große oder sehr kleine Zahlen angebracht ist, d. h. für Zahlen mit vielen Stellen zwischen Dezimalpunkt und erster gültiger Ziffer. Man kann im übrigen das Pluszeichen in der Exponentenangabe (d. h. nach dem „E") entfallen lassen.

Wie bereits erwähnt hängt der Bereich, in dem reelle Zahlen im Computer wiedergegeben werden können, von der eingesetzten Pascal-Version ab. Üblicherweise verwendet man sechs Stellen für die Mantisse und zwei Stellen für den Exponenten. Die kleinstmögliche positive Zahl, die dargestellt werden kann, sei MINREAL, die größtmögliche wird MAXREAL genannt. Man kann wegen der begrenzten Genauigkeit nur Zahlen im geräteabhängigen Intervall von MINREAL bis MAXREAL, bzw. für negative Zahlen von $-$MAXREAL bis $-$MINREAL wiedergeben. Der Bereich zwischen $-$MINREAL bis $+$MINREAL ist ebenfalls nicht darstellbar. Einzige Ausnahme ist der Wert Null. Bild 3.1 illustriert diesen Sachverhalt.

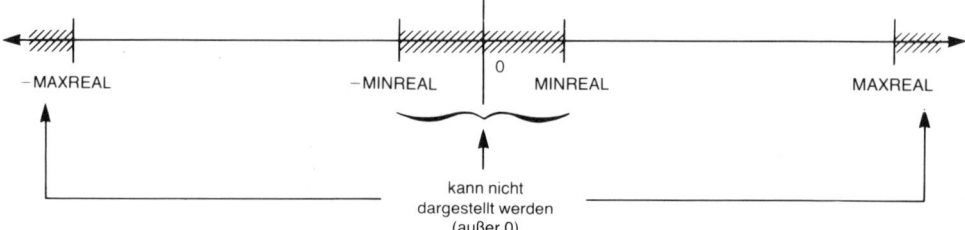

Bild 3.1   Der Bereich der in Pascal verwendbaren reellen Zahlen

Die Tatsache, daß reelle Zahlen nur mit eingeschränkter Genauigkeit darstellbar sind, hat zur Folge, daß mit reellen Zahlen durchgeführte Rechnungen in der Regel kein exaktes Ergebnis liefern. Der Wert von 1/3 wird beispielsweise dezimal durch 0,333333 wiedergegeben, wenn man nur 7 Stellen zur Verfügung hat. Der exakte Wert von 1/3 wird dadurch jedoch nur angenähert. Die genaue Angabe würde nach dem Komma unendlich viele Stellen mit jeweils dem Wert 3 erfordern. Es empfiehlt sich daher nicht, auf verschiedenen Wegen erhaltene reelle Zahlen auf Gleichheit hin zu untersuchen. 1/3 ergibt, in einem Computer mit 3 multipliziert, ziemlich sicher nicht den Wert 1. Wenn viele reellwertige Operationen miteinander verkettet werden, so nimmt dieser *Rundungsfehler* mit jedem Schritt zu und kann in manchen Fällen das Ergebnis unbrauchbar machen.

Allerdings sind das extreme Fälle. Bei den meisten einfacheren Berechnungen ist der Rundungsfehler kaum wahrnehmbar. Wenn jedoch komplizierte und sehr genaue Berechnungen erforderlich sind, dann muß der Rechnungsgang mit sehr großer Sorgfalt geplant und nach den Regeln der numerischen Mathematik analysiert werden, um so möglichst genaue Ergebnisse zu erhalten. Ganz allgemein gilt bei Verwendung mit reellen Zahlen:

– Testen Sie keine Rechenergebnisse auf exakte Gleichheit. Prüfen Sie statt dessen nach, ob die Differenz zwischen zwei reellen Werten eine bestimmte Mindestgrenze unterschritten hat.

– Vermeiden Sie die Subtraktion von nahezu gleich großen reellen Zahlen, wo immer das möglich ist.

– Minimieren Sie für ein gegebenes Problem die Zahl der auszuführenden Rechenschritte.

Operatoren für reelle Zahlen

Zusätzlich zu den oben bereits eingeführten sechs Vergleichsoperatoren, die auch im reellen Bereich gelten, gibt es vier Rechenoperatoren für reelle Zahlen. Sie lauten:

```
+  Addition
−  Subtraktion
*  Multiplikation
/  Division
   (Der Operator DIV darf bei reellen Zahlen nicht verwendet werden.)
```

Beispiele für reellwertige Operationen sind:

```
1.2 + 1.3 ergibt   2.5
1.2 − 1.3 ergibt −0.1
2.0 * 3.1 ergibt   6.2
2.2 / 2.0 ergibt   1.1
```

Reellwertige Funktionen

Die folgenden Standardfunktionen liefern ein reellwertiges Ergebnis:

```
ABS(r)      Absolutwert von r
SQR(R)      Quadrat von r, d. h. r x r
```

(Diese beiden Funktionen können mit reellen und mit ganzzahligen Argumenten arbeiten. Sie liefern dann ein Ergebnis vom selben Typ.)

```
SIN(r)      Sinus von r (arbeitet im Bogenmaß)
COS(r)      Cosinus von r (arbeitet im Bogenmaß)
ARCTAN(r)   Arcustangens von r (arbeitet im Bogenmaß)
LN(r)       Natürlicher Logarithmus von r
EXP(r)      Exponentialfunktion, e^r
SQRT(r)     Quadratwurzel (square root) von r
```

(Diese sechs Funktionen arbeiten mit ganzzahligen und mit reellen Argumenten, liefern aber immer ein reellwertiges Ergebnis.)

Zwei Standardfunktionen formen eine reelle Zahl in eine ganze um: TRUNC(r) und ROUND(r). Wir haben sie bereits im Abschnitt über ganze Zahlen besprochen.

Alphanumerische Zeichen (CHAR)

Unter alphanumerischen Zeichen sind hier alle beim gegebenen Gerät darstellbaren Zeichen verstanden, z. B.:

```
A B Z + / * ?
```

In Pascal werden solche alphanumerischen Zeichen immer zwischen einfache Anführungszeichen (Apostrophe) geschrieben:

```
'A' 'B' 'Z' '+' '/' '*' '?' ' ' (Leerschritt)
```

Soll ein einfacher Apostroph verwendet werden, dann muß man ihn doppelt – innerhalb von Apostrophen – angeben, d. h. so:

    ''''

Derartige alphanumerische Zeichen werden beim Lesen, Schreiben und Verarbeiten von Texten benötigt. Im Computer selbst wird jedes solche Zeichen durch eine bestimmte Folge von Binärziffern (binary digits, Bits) wiedergegeben wie z. B.: „10110001". Üblicherweise benutzt man zur Darstellung eines jeden alphanumerischen Zeichens 8 Bits (das ist ein Byte).

Beim Vergleich zweier alphanumerischer Zeichen werden eigentlich die ihnen zugeordneten Binärkodes verglichen. Diese Kodes entsprechen ihrerseits bestimmten Zahlenwerten. Ein „A" ist dann weniger als ein „B", vorausgesetzt, die interne Darstellung für das „A" drückt einen niedrigeren Zahlenwert als die für das „B" aus. Diese Regel gilt für alle alphanumerischen Zeichen, d. h. für Buchstaben, für Ziffern und für Sonderzeichen.

Auf diese Weise sind alphanumerische Zeichen, wie alle anderen skalaren Datentypen, geordnet. Ihre Anordnung unterliegt jedoch einer besonderen Einschränkung: Die verschiedenen Zeichen werden durch ihren binären Zeichenkode wiedergegeben, und dieser wiederum ist vom Hersteller des Computers und/oder der verwendeten Pascal-Version bestimmt. IBM-Computer z. B. verwenden den sogenannten EBCDIC-Kode (EBCDIC spricht sich übrigens: „ep-si-dick"), während auf Kleincomputern der ASCII-Kode nahezu universell eingesetzt wird (siehe Anhang G). Die Reihenfolge der alphanumerischen Zeichen hängt von ihrer Kodierung in Binärzahlen ab, denn diese Werte sind es eigentlich, die verglichen werden.

Fast alle praktisch verwendeten Zeichenkodes garantieren, daß die Buchstaben des Alphabets in der „richtigen" (d. h. der gewohnten) Reihenfolge stehen. Es ist jedoch nicht garantiert, daß sie auch unmittelbar aufeinanderfolgen. Bei den hauptsächlich verwendeten Kodes sind dagegen die Ziffern von „0" bis „9" immer richtig und lückenlos angeordnet. Auf alle Fälle.gilt für ASCII ebenso wie für EBCDIC:

    'A' < 'B' < 'C' < . . . < 'Z' und '0' < '1' < '2' < . . . < '9'

Die Zahl der darstellbaren Zeichen hängt ebenfalls vom verwendeten Kode ab und bewegt sich in der Regel zwischen 64 und 256. Beim ASCII-Kode ist die volle Form mit 128 verschiedenen darstellbaren Zeichen am verbreitetsten.

Achtung:
„AB" ist kein *Zeichen*, sondern eine *Zeichenkette* (ein „string" im Englischen). Dies ist ein anderer Datentyp, den wir in einem späteren Kapitel betrachten werden.

Nach der ASCII-Kodetabelle von Anhang G wird eine als alphanumerisches Zeichen angegebene Ziffer intern durch 8 Bits wiedergegeben. De-klariert man die gleiche Ziffer dagegen als ganze Zahl, dann wird sie durch einen davon verschiedenen Kode dargestellt, der je nach Gerät und Pascal-Version 16 bis 32 Bits umfaßt. Es ist wichtig, sich diesen Unterschied ständig vor Augen zu halten.

Operatoren und Funktionen für alphanumerische Zeichen

Man kann in Pascal mit alphanumerischen Zeichen keine arithmetischen Operationen ausführen. Dagegen sind die sechs als Standard vorhandenen Vergleichsoperatoren auch hier verwendbar, wozu noch vier Standardfunktionen kommen. Diese seien hier der Vollständigkeit halber wiedergegeben. Wir werden sie in unseren einfachen Programmen allerdings nicht benutzen.

ORD(c)	Ordinalfunktion, liefert die Ordnungsnummer (Ordinalzahl) des Zeichens c, d. h. den ihr zugeordneten internen Kodewert.
CHR(i)	Zeichenfunktion (englisch: „character function"), liefert das Zeichen, dessen interne Kodedarstellung den Wert i hat.
PRED(c)	Vorgängerfunktion (englisch: „predecessor function"), liefert das dem Zeichen c im verwendeten Kodealphabet vorangehende Zeichen
SUCC(c)	Nachfolgerfunktion (englisch: „successor function"), liefert das dem Zeichen c im verwendeten Kodealphabet folgende Zeichen.

Beispiele für die beiden letzten Funktionen (im ASCII-Kode):

PRED('B') ergibt 'A'
SUCC('E') ergibt 'F'

Es gelten die folgenden Beziehungen:

PRED(c) ergibt CHR(ORD(c) − 1)
SUCC(c) ergibt CHR(ORD(c) + 1)
CHR(ORD(c)) ergibt c
ORD(CHR(i)) ergibt i

Für den ASCII-Kode gilt somit:

ORD('G') ergibt ORD('H') − 1
ORD('Y') ergibt ORD('Z') − 1
ORD('Z') ergibt ORD('Y') + 1

Beachten Sie: Die Funktionen PRED und SUCC werden in der Regel zwar für alphanumerische Zeichen verwendet, gelten im Prinzip aber für alle geordneten Datentypen, insbesondere auch für ganze Zahlen und für Boolesche Wahrheitswerte. Man kann sie jedoch *nicht* für reelle Zahlen verwenden.

Denken Sie beim Einsatz von Vergleichsoperatoren mit alphanumerischen Zeichen daran, daß die Anordnung dieser Zeichen vom verwendeten Gerät und der Pascal-Version abhängt. Man kann im allgemeinen davon ausgehen, daß die Ziffern und die Großbuchstaben „normal" angeordnet sind. Andere Zeichen sollten dagegen nicht verglichen werden, solange man nicht ihre Anordnung im verwendeten Kodealphabet kennt. Setzt Ihr Gerät den ASCII-Kode ein, dann können Sie die Reihenfolge benutzen, die in der Tabelle von Anhang G gegeben ist. Derartige Vergleichsoperationen werden bei der Textverarbeitung notwendig. Es ist daher unbedingt notwendig, daß man das im gegebenen Gerät verwendete Kodealphabet kennt.

Boolesche Wahrheitswerte (BOOLEAN)

Der Begriff der Booleschen Wahrheitswerte leitet sich aus der Algebratheorie des Mathematikers George Boole her. Er umfaßt zwei Wertstufen: TRUE (d. h. wahr) und FALSE (falsch). Es handelt sich hier um einen *logischen* Datentyp. Man bezeichnet Ausdrücke, die mit Booleschen Wahrheitswerten arbeiten, als *Boolesche Ausdrücke* und benutzt sie für logische Entscheidungen. Ein Boolescher Datentyp kann nur einen der beiden Werte TRUE oder FALSE annehmen. Man erhält solche Werte z. B. als Ergebnis von Vergleichsoperationen.

Wenn die Variable I z. B. den Wert 5 hat, dann ergibt die Vergleichsoperation I = 4 den Wert FALSE, denn der hier angenommene Sachverhalt, daß I gleich 5 sei, trifft nicht zu. Andere derartige Beispiele lauten:

$$2 = 3 \quad \text{ergibt FALSE}$$
$$10 = 10 \quad \text{ergibt TRUE}$$
$$11 > 9 \quad \text{ergibt TRUE}$$
$$1.2 < = 2.1 \text{ ergibt TRUE}$$

Man kann mit Booleschen Ausdrücken den Abarbeitungsgang eines Programms steuern. Wir werden das in Kapitel 6 behandeln.

Operatoren für boolesche Wahrheitswerte

Zusätzlich zu den sechs üblichen Vergleichsoperatoren stehen in Pascal noch drei besondere Boolesche Operatoren zur Verfügung:

AND	eine logische UND-Verknüpfung
OR	eine logische ODER-Verknüpfung
NOT	eine logische Negation

Diese drei Boolschen Operatoren werden durch sogenannte *Wahrheitstafeln* definiert, wie sie Bild 3.2 zeigt. Dort ergibt sich:

A	B	A **AND** B
F	F	F
F	T	F
T	F	F
T	T	T

A	B	A **OR** B
F	F	F
F	T	T
T	F	T
T	T	T

A	**NOT** A
F	T
T	F

Bild 3.2   Wahrheitstabellen der Booleschen Operationen

– „A AND B" hat den Wert TRUE (T) genau dann, wenn sowohl A als auch B den Wert TRUE besitzen. In allen anderen Fällen ergibt sich der Wert FALSE (F).

– „A OR B" hat den Wert TRUE dann, wenn mindestens einer der beiden Operanden A oder B den Wert TRUE hat. Nur wenn beide den Wert FALSE besitzen, erhält man auch im Ergebnis den Wert FALSE.

– „NOT A" ergibt immer den entgegengesetzten Wert von A: Hat A den Wert TRUE, dann ist das Ergebnis FALSE; hat A den Wert FALSE, dann erhält man den Wert TRUE.

Für die Wahrheitswerte ist folgende Anordnung in Pascal vorgeschrieben:

FALSE < TRUE

Damit kann man weitere logische Beziehungen durch Vergleichsoperationen nachbilden:

A = B   entspricht der logischen Äquivalenz
A <> B   entspricht dem logischen AUSSCHLIESSENDEN
             ODER (englisch: „EXCLUSIVE OR")
A < = B   entspricht der logischen Implikation

A	B	A = B	A<>B	A <= B
F	F	T	F	T
F	T	F	T	T
T	F	F	T	F
T	T	T	F	T

Bild 3.3   Weitere in Pascal nachbildbare Boolesche Operationen

Die Wahrheitstafeln für diese drei Beziehungen sind in Bild 3.3 wiedergegeben. Aus ihnen läßt sich entnehmen:

- „A = B" ist TRUE, wenn sowohl A als auch B zugleich den Wert TRUE bzw. den Wert FALSE, d. h. denselben Booleschen Wahrheitswert haben.

- „A <> B" ist genau dann TRUE, wenn A und B verschiedene Wahrheitswerte haben.

- „A < = B" ist TRUE, wenn A den Wert FALSE und B den Wert TRUE hat oder wenn beide dieselben Wahrheitswerte besitzen.

Boolesche Funktionen

Es gibt in Pascal ein paar Boolesche Funktionen, die einen der beiden Booleschen Wahrheitswerte TRUE oder FALSE liefern. Man nennt sie *Prädikate* (Aussagefunktionen, weil sie etwas über einen bestimmten Zustand aussagen). Wir wollen hier nur ein Beispiel geben:

ODD(i) ergibt TRUE, wenn die ganze Zahl i ungerade (englisch: odd) ist,
       wenn i gerade (englisch: even) ist, dann erhält man als Ergebnis den
       Wert FALSE.

Es gibt mit EOF und EOLN zwei weitere Boolesche Funktionen in Pascal. Sie werden in Kapitel 11 beschrieben.

Benutzerdefinierte Datentypen

Man kann in Pascal weitere Datentypen durch das Programm mit Hilfe der Typendeklaration TYPE definieren. Wir wollen uns das ansehen, nachdem wir die Variablendeklaration genauer betrachtet haben.

Die Definition von Datentypen

Vor dem ersten Einsatz einer Variablen muß im Programm immer ihr Datentyp beschrieben werden. Dazu stehen drei Vorgehensweisen zur Verfügung:

- die eingebaute Variablendeklaration durch VAR
- die implizite Typendeklaration bei Konstanten
- die explizite Typendefinition durch TYPE

Sehen wir sie uns der Reihe nach an.

Die Variablendeklaration (VAR)

Wir haben diese Deklaration bereits benutzt. Hier ist ein Beispiel:

```
VAR X,Y: REAL;
```

Diese Anweisung deklariert X und Y als reelle Variable. Entsprechend deklariert

```
VAR I,J,K: INTEGER;
```

die Variablen I, J und K als ganze Zahlen, d. h. als Variable vom Typ INTEGER.

Andere Beispiele für Variablendeklarationen lauten:

```
VAR A: REAL;
    B: REAL;
    M, N: CHAR;
    TEST: BOOLEAN;
```

oder

```
VAR A,B: REAL;
    K,L: INTEGER;
```

Beachten Sie dabei, daß A und B zugleich oder getrennt deklariert werden konnten und daß VAR nur einmal am Anfang der Deklarationsfolge angegeben werden muß. Es bleibt in Kraft, bis es durch ein anderes Schlüsselwort aufgehoben wird.

Die Variablennamen müssen dabei keineswegs Einzelbuchstaben sein. Man kann, wie im vorigen Kapitel besprochen, jeden in Pascal zugelasse-

nen (und nicht bereits auf dieser Stufe als Variable deklarierten Bezeichner verwenden, z. B.:

VAR TAG,MONAT,WOCHE: INTEGER;

Diese Beispiele verdeutlichen die Syntax von VAR. Oft braucht man jedoch eine formalere Beschreibung, wozu in Pascal häufig sogenannte Syntaxdiagramme herangezogen werden. Wir wollen diese jetzt einführen.
Sie können sie benutzen, wenn sie Ihnen gelegen kommen. Sie sollten sie
allerdings nicht verwenden, wenn Sie sich nicht vollständig mit ihnen vertraut gemacht haben. Wir werden im Verlauf unserer Pascal-Beschrei-
bung derartige Diagramme noch häufiger verwenden. Sie sind jedoch
eher zum Nachschlagen denn als Lernwerkzeug geeignet.

Das formale Syntaxdiagramm der VAR-Deklaration zeigt Bild 3.4.

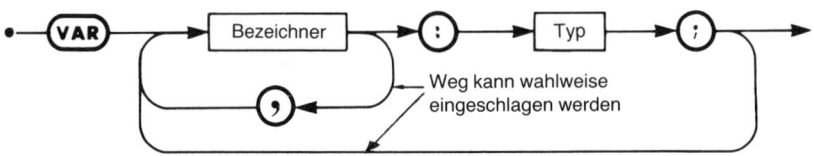

Bild 3.4   Das Syntaxdiagramm zur VAR-Deklaration

In solchen Diagrammen dienen ovale Kästen zur Aufnahme von vordefinierten Wörtern, d. h. von reservierten Wörtern oder von Standardbezeichnern, wie in unserem Fall dem reservierten Wort „VAR". Ein Kreis
nimmt Symbole auf, wie „,", „:" oder „;", die im Programmtext an dieser
Stelle vorkommen können. Ein Rechteck schließlich enthält Syntaxele-
mente, die an anderer Stelle genauer definiert sind. Im Beispiel von Bild
3.4 haben wir zwei solche Rechtecke: „Bezeichner" und „Typ". Die verschiedenen Pfeile schließlich bezeichnen die möglichen Anordnungen dieser Elemente im Programmtext. Nur die durch sie angegebene Aufeinanderfolge von Zeichen ist in der beschriebenen Syntax erlaubt. Alles andere führt zu Programmfehlern.

Sehen wir uns anhand von Bild 3.4 an, ob die Syntax von

VAR A,B,C: INTEGER;

korrekt ist.Bild 3.5 zeigt das Ergebnis dieser Untersuchung. Hier wird diese Variablendeklaration Schritt für Schritt nach den in Bild 3.4 festgelegten Syntaxregeln aufgebaut. Und in der Tat: Sie stimmt, denn der Aufbau
geht reibungslos vonstatten.

Wenn Sie erst einmal mit solchen Syntaxdiagrammen vertraut sind, dann
besitzen Sie ein bequemes und vollständiges Werkzeug, mit dem sich kriti-
sche Programmkonstruktionen auf ihre syntaktische Zulässigkeit hin
überprüfen lassen. Das ist vor allem in Zweifelsfällen oder bei der Fehler-

suche hin und wieder notwendig. Anhang F faßt alle Syntaxdiagramme zur Beschreibung von Pascal zusammen.

Die Variablendeklaration durch VAR erfüllt in der Pascal-Syntax zwei Aufgaben:

1. Sie teilt dem Compiler mit, daß die in der Variablendeklaration aufgeführten Bezeichner VARiable und sonst nichts (also z. B. keine Funktions- oder Prozedurnamen) sind.

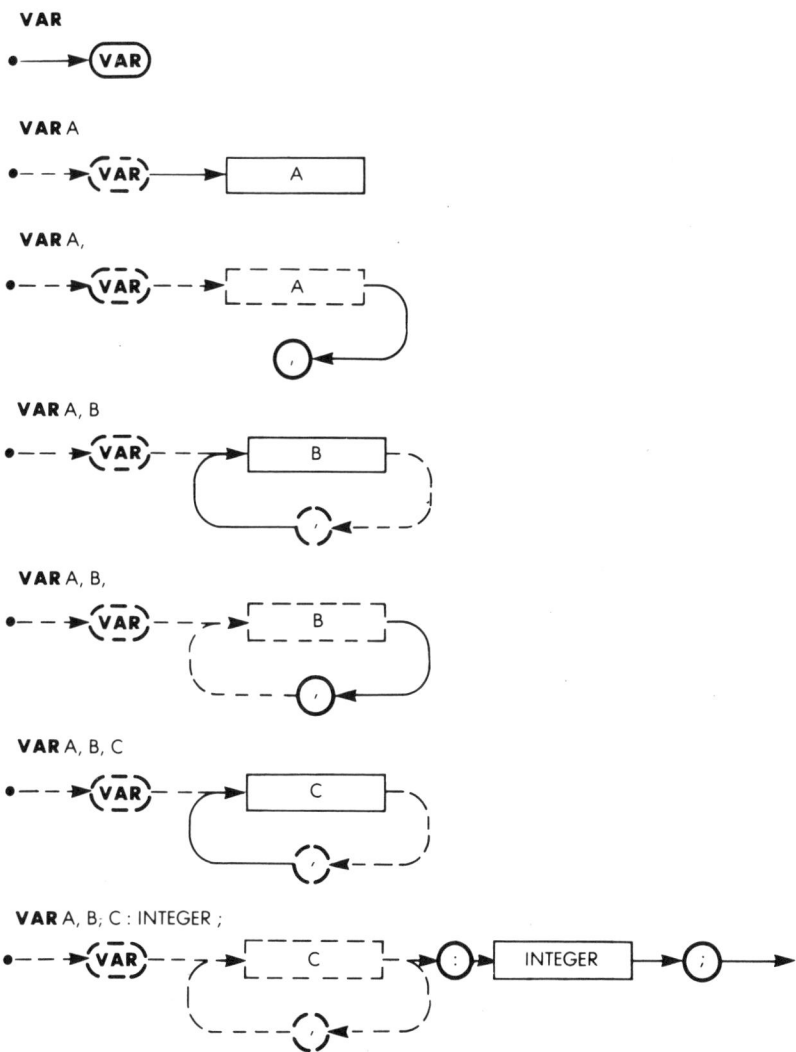

Bild 3.5   Wie man ein Syntaxdiagramm verwendet

2. Sie legt den Typ jeder solchen Variablen fest: REAL, INTEGER, BOOLEAN, CHAR oder andere Datentypen.

Die ausdrückliche Variablendeklaration bietet drei wesentliche Vorzüge:

1. Sie vereinfacht den Compilerentwurf.

2. Sie zwingt zu größerer Programmierdisziplin: Man muß sich zunächst genau über Namen und Typ aller verwendeten Variablen klar werden, bevor man sie im Programm verwenden darf.

3. Sie gestattet dem Compiler, die Richtigkeit der mit bestimmten Variablen ausgeführten Operationen zu untersuchen. Die in die Operation eingehenden und die gelieferten Datentypen sowie ihre weitere Verwendung im Programm können nachgeprüft werden, ohne auch nur eine einzige Rechnung durchgeführt zu haben.

Implizite Typendeklarationen (Konstanten)

Eine *Konstante* bezeichnet einen festliegenden Wert in einem bestimmten Datentyp. So sind z. B. 22, 3, 15 ganzzahlige, „S" oder „T" alphanumerische Konstanten. Oft sind diese reinen Konstantenwerte zu unanschaulich im Programmtext. Man kann sie dann durch einen symbolischen Namen ersetzen, z. B. so:

```
PI      anstatt 3.14159
MWST anstatt 6.5
```

Zur Definition solcher symbolischer Konstantennamen dient in Pascal die Konstantendeklaration durch CONST. Sie legt den Variablentyp des jeweiligen Bezeichners *implizit* fest, d. h. der symbolische Name erhält den Datentyp, den der ihm zugewiesene Konstantenwert trägt. So deklariert z. B.

```
CONST I = 2;
```

den Namen I als ganzzahlige Konstante und weist ihm den Wert 2 zu.

```
CONST NAME = 'ABC25?';
```

deklariert dagegen NAME als *Zeichenkette* mit dem konstanten Wert „ABC25?".

Und so kann man Konstanten einsetzen:

```
CONST ZWEI = 2;
VAR A: INTEGER;
BEGIN
    A := ZWEI;
```

Die erste Zeile in diesem Programmausschnitt deklariert ZWEI als ganzzahlige Konstante mit dem Wert 2. Dieser symbolische Name kann im

Programm selbst anstelle des ihm zugewiesenen Werts 2 verwendet werden. In der Praxis kann man so beispielsweise PI = 3.14159 als symbolische Konstante einsetzen.

Ganz allgemein empfiehlt es sich, immer dann, wenn eine Zahl oder eine Zeichenkette öfters im Programm gebraucht wird, sie am Programmanfang als Konstante zu deklarieren. Das gleiche gilt für Zahlen oder Zeichenketten, die im ganzen Programm in späteren Versionen andere Werte haben sollen. Muß irgendwann ihr Wert verändert werden, so braucht man nur die Deklaration am Programmanfang, d. h. nur an einer einzigen Stelle, umzuschreiben. Das ergibt „saubere" Programme, die bei späteren Programmänderungen weniger fehleranfällig sind als solche, in denen der betreffende Wert an Dutzenden von Stellen geändert werden muß. Außerdem ist ein Programm mit symbolischen Namen leichter lesbar als ein solches mit vielen „geheimnisvollen" Zahlenwerten.

So kann man also, um es zusammenzufassen, konstante Werte beliebig innerhalb von Programmanweisungen verwenden, solange diese Werte unmittelbar als Zahlen oder Zeichenketten angegeben werden. Will man dagegen symbolische Konstantennamen verwenden, so muß man diese erst ausdrücklich in einer CONST-Deklaration am Programmanfang vereinbaren.

Die formale Syntax einer Konstantendeklaration ist in Bild 3.6 als Syntaxdiagramm wiedergegeben.

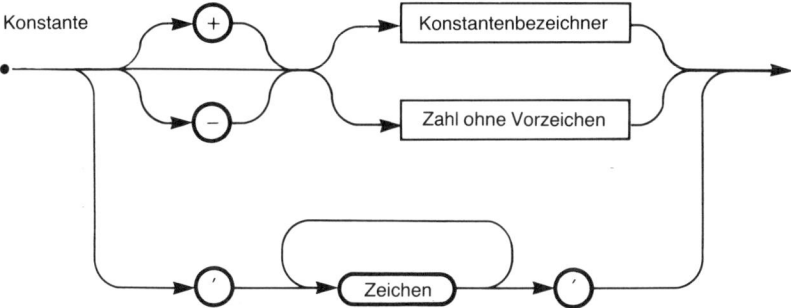

Bild 3.6   Die Syntax von Konstanten

Benutzerdefinierte Datentypen

Pascal kennt Standarddatentypen wie INTEGER, REAL, BOOLEAN oder CHAR. Es ist jedoch oft bequem, für diese Standardtypen andere Namen zu verwenden oder gar selbst neue Datentypen zu konstruieren.

Das wird mit der TYPE-Definition ermöglicht, durch die ein Bezeichner als der Name eines neuen Datentyps eingeführt werden kann. Beispielsweise so:

TYPE PUNKTE = INTEGER;

Das definiert einen neuen Datentyp PUNKTE, der mit dem Datentyp der ganzen Zahlen (INTEGER) identisch ist. Es mag zwar von zweifelhaftem Wert erscheinen, nur einen bereits existierenden Datentyp umzubenennen, doch erlaubt Pascal hier viel mehr. Wir werden uns die zur Definition und Konstruktion neuer Datentypen in Pascal vorhandenen Mechanismen in Kapitel 8 ansehen.

Betrachten wir ein weiteres Beispiel, das die Zweckmäßigkeit, neue Datentypen zu vereinbaren, deutlicher hervortreten läßt.

    TYPE WOCHENTAG,MONAT = INTEGER;

Das ermöglicht die folgende Variablendeklaration:

    VAR ZAHLTAG: WOCHENTAG;
        RATENBEGINN: MONAT;

was mehr als nur eine Programmiererleichterung ist. Es hat auch syntaktische Bedeutung. Wir werden später sehen, daß man WOCHENTAG beispielsweise auf die Werte von 1 bis 7 beschränken kann. Das bewirkt, daß der Compiler bei jedem Auftreten der Variablen ZAHLTAG automatisch nachprüft, ob der ihr zugewiesene Wert zwischen 1 und 7 liegt.

Mit der TYPE-Definition lassen sich in Pascal-Programmen neue Datentypen vereinbaren, was insbesondere dann ein leistungsfähiges Werkzeug ist, wenn der neue Datentyp nur eine genau begrenzte Anzahl von Werten umfaßt. Wir werden uns in den folgenden Kapiteln dazu viele Beispiele ansehen.

Lange Ganzzahlen in UCSD-Pascal

Man kann in UCSD-Pascal die Länge einer ganzen Zahl auf Wunsch festlegen. Man kommt dann zu einem neuen, LONG INTEGER (lange Ganzzahlen) genannten Datentyp.

Diese Möglichkeit ist in Rechnungen wichtig, die sehr genau sein müssen. So kann man lange Ganzzahlen mit den Operatoren +, −, DIV, * sowie den Vorzeichen + und − verwenden. Des weiteren sind Umwandlungsmöglichkeiten in Zeichenketten und in dem Standard entsprechende ganze Zahlen vorhanden. Man kann lange Ganzzahlen in allen strukturierten Datentypen an Stelle normaler Ganzzahlen verwenden.

Eine lange Ganzzahl wird formal durch

    INTEGER [Länge]

vereinbart, wobei „Länge" eine positive ganze Zahl bis zu 36 sein kann und die Anzahl der mitgeführten Stellen angibt.

Ein Beispiel wäre:

VAR NUMMER: INTEGER [10];

Das deklariert NUMMER als ganze Zahl mit maximal 10 Stellen.

Falls notwendig, werden Konstanten automatisch in lange Ganzzahlen umgeformt, wie es in der folgenden Vereinbarung der Fall ist:

CONST GROSS = 123456789;

Bei der Arbeit mit langen Ganzzahlen empfiehlt es sich, die beiden in UCSD-Pascal möglichen ganzzahligen Datentypen nicht zugleich im Programm zu verwenden und ferner sicherzustellen, daß die vereinbarte Stellenanzahl für alle Rechenergebnisse ausreicht.

Umwandlung von langen Ganzzahlen

Es gibt zwei Funktionen, die lange Ganzzahlen als Argument übernehmen. Sie führen folgende Umwandlungen durch:

TRUNC(L)	wandelt die lange Ganzzahl L in eine normale Ganzzahl um (ihr Wert muß unter MAXINT liegen).
STR(L,S)	wandelt die lange Ganzzahl L in die Zeichenkette (englisch: „string") S um.

Arithmetische Standardfunktionen in UCSD-Pascal

Es gibt in UCSD-Pascal drei weitere arithmetische Standardfunktionen: PWROFTEN, LOG und TIME.

PWROFTEN (Exponent)	Diese Funktion berechnet die Zehnerpotenz (englisch: „power of ten") $10^{Exponent}$, wobei der Exponent eine ganze Zahl zwischen 0 und 37 sein kann. Das Ergebnis ist eine reelle Zahl.
LOG (Zahl)	Diese Funktion berechnet den dekadischen Logarithmus $\log_{10}(Zahl)$ der angegebenen Zahl. Das Ergebnis ist reell.
TIME (hw,nw)	Hier handelt es sich um eine hardwareabhängige Funktion, die nicht immer verfügbar ist. Sie liefert (normalerweise in Sechzigstelsekunden aufgelöst) den Stand der im System eingebauten Uhr. Die beiden Argumente „hw" und „nw" bezeichnen zwei ganzzahlige Variable, in denen der höherwertige (hw) bzw. der niederwertige (nw) Teil des Ergebnisses zurückgeliefert wird.

Zusammenfassung

Die vier in Pascal vordefinierten Datentypen werden skalare Typen genannt. Sie umfassen ganze Zahlen (INTEGER), reelle Zahlen (REAL), alphanumerische Zeichen (CHAR) und boolesche Wahrheitswerte (BOOLEAN). Für jeden Datentyp gibt es besondere Operatoren und Funktionen.

In Pascal muß der Datentyp einer Variablen deklariert sein, bevor man sie zum erstenmal benutzt. Das geschieht durch die VAR-Deklaration, in der einem Variablennamen ein bestimmter Datentyp zugeordnet wird.

Weiter haben wir uns angesehen, wie man mit TYPE eigene Datentypen erzeugen kann und wie man die Konstantendeklaration CONST verwendet.

Die Kenntnis der vier skalaren Datentypen ist eine der grundlegenden Voraussetzungen für das Programmieren mit Pascal. Alle vier Datentypen werden in den folgenden Kapiteln ausgiebig benutzt. Lesen Sie daher das vorliegende Kapitel noch einmal, falls Sie sich mit den Definitionen nicht vertraut fühlen. Erst, wenn hier alle Unsicherheiten beseitigt sind, sollten Sie zum nächsten Kapitel übergehen, in dem wir Ausdrücke und Anweisungen erstellen und mit dem Schreiben eigener Programme beginnen werden.

Übungen

3.1: Was versteht man unter einer Variablen?

3.2: Ist ein Bezeichner immer ein Variablenname?

3.3: Sind folgende Angaben für ganze Zahlen korrekt?
a) 24
b) −32
c) −200,000
d) 1.24

3.4: Wie lauten die Ergebnisse von:
a) TRUNC(32.12)
b) ROUND(0.5)
c) ROUND(32.12)

3.5: Sind die folgenden Angaben für reelle Zahlen korrekt?
a) 1234
b) 24,232.00
c) 1.234
d) .12

3.6: Berechnen Sie unter der Annahme, daß die alphanumerischen Zeichen intern im ASCII-Kode (siehe Anhang G) wiedergegeben sind:
a) ORD('f')
b) CHR(8)
c) PRED('z')
d) SUCC('a')

3.7: Nehmen Sie an, A habe den Wert TRUE und B den Wert FALSE. Berechnen Sie dann die folgenden Ausdrücke:
a) A AND B
b) A OR B
c) NOT B

3.8: Unter welcher Voraussetzung ist die folgende Zuweisung zulässig?
A := VIERZEHN

3.9: Welche Operationen (außer Vergleichen und reservierten Funktionen) kann man mit alphanumerischen Zeichen ausführen?

3.10.: Welchen Datentyp haben die Ergebnisse der folgenden Ausdrücke?
a) A < B
b) 3.0/1.5
c) (1 + 6) = (6 + 1)
d) 5 * 6 DIV 3

3.11: Berechnen Sie:
a) TRUNC(1.75)
b) ROUND(1.75)
c) TRUNC(2.3)
d) ROUND(2.3)

3.12: Geben Sie für jeden der vier skalaren Datentypen ein Beispiel.

Kapitel 4

Ausdrücke
und Anweisungen

Einleitung

Wir haben Variable der vier skalaren Datentypen, die Operatoren und die Standardfunktionen betrachtet, die in Pascal möglich sind. In diesem Kapitel hier werden wir uns ansehen, wie man diese Variablen und Operatoren zum Aufbau von Ausdrücken verwendet, mit denen Rechnungen ausgeführt werden können. In allen Programmen werden Ausdrücke verwendet, daher muß man sie sorgfältig untersuchen. Danach werden wir mit der Zuweisung eine erste Anweisung einführen. Mit diesen Möglichkeiten lassen sich einfache Programme schreiben.

Ausdrücke

Grob gesagt, besteht ein *Ausdruck* („expression" im Englischen) aus einer Folge von Gliedern, die durch Operatoren verbunden sind. Ausdrücke sind z. B.:

    10 + 6
    6 * 21
    A + 16
    A − B + 6

Beachten Sie, daß die in einem Ausdruck verwendeten Operatoren für den Datentyp definiert sein müssen, mit dem sie arbeiten sollen. Die formale Syntax eines Ausdrucks gibt Anhang F. Wir werden ihrer Komplexheit wegen in diesem Kapitel jedoch nicht die volle Definition, sondern nur eine Vereinfachung verwenden. Hier sollen einige typische Ausdrücke untersucht werden, die in den folgenden Kapiteln Verwendung finden. Dann, in dem Maße, in dem wir mit Pascal vertrauter werden, können wir die Ausdrucksdefinition durch weitere Möglichkeiten vervollständigen.

Wir haben oben einen Ausdruck mehr gefühlsmäßig als Folge von Konstanten oder Variablen definiert, die durch Operatoren verbunden werden. Verbessern wir diese erste Definition, indem wir uns die vier zum Aufbau von Ausdrücken grundlegenden Regeln ansehen.

1. Eine einfache Konstante oder Variable ist ein Ausdruck. Ihr kann ein Vorzeichen vorangestellt sein. Beispiele hierfür wären: 22, ALPHA, −2.5.

2. Eine Folge von Gliedern (d. h. von Konstanten, Variablen oder Funktionen), die durch Operatoren verbunden werden, ist ein Ausdruck, so z. B. 1.1 + 2.25 − 3.2 oder A + B * 6.

3. Unmittelbar aufeinanderfolgende Operatoren sind nicht zugelassen. Sie müssen durch Klammern getrennt werden. Um z. B. 2 mit −3 zu multiplizieren, können wir nicht 2 * −3 schreiben, da das nicht eindeutig ist. Statt dessen müssen wir formulieren: 2 * (−3).

4. Schließlich kann jede Variable oder Konstante durch einen Funktionsaufruf ersetzt werden. Booleschen (logischen) Ausdrücken kann des weiteren immer ein NOT vorangehen.

Sehen wir uns die beiden wichtigsten Klassen von Ausdrücken an: arithmetische und Boolesche Ausdrücke.

Arithmetische Ausdrücke

Erinnern Sie sich, daß die Grundvoraussetzung für einen arithmetischen Ausdruck die Gleichartigkeit aller Datentypen ist. Ein *ganzzahliger Ausdruck* kann nur ganze Zahlen als Konstanten, Variablen oder Funktionsergebnisse verarbeiten. Und in einem *reellen Ausdruck* müssen alle Konstanten, Variablen und Funktionsergebnisse reelle Zahlen sein.

Von dieser Grundregel gibt es jedoch eine Ausnahme: Man kann in einem reellen Ausdruck auch ganze Zahlen verwenden. Sie werden bei der Berechnung automatisch in reelle Zahlen umgewandelt. Wenn z. B. N eine reelle Zahl ist, dann bewirkt die Abarbeitung von N+1 zunächst, daß die Konstante 1 intern in die reelle Konstante 1.0 umgewandelt wird. Mit diesem Wert wird dann die Addition ausgeführt. So praktisch das ist, so kann man dieses Vorgehen nicht empfehlen, solange die Sprache noch nicht voll beherrscht wird, da sonst gar zu leicht Mißverständnisse und Fehler entstehen können.

Sehen wir uns ein paar Beispiele für einfache Ausdrücke an, die einen binären Operator und zwei Operanden verwenden. Ein *binärer Operator,* auch *dyadischer* Operator genannt, ist ein Operator, der zwei Operanden benötigt. Ein binärer Operator ist z. B. das Multiplikationssymbol * oder das Symbol / für die (reelle) Division. Ein *unärer* oder *monadischer* Operator dagegen verlangt nur einen einzigen Operanden. Das positive bzw. negative Vorzeichen einer Zahl ist beispielsweise ein solcher unärer Operator. So sind unter der Annahme, daß I und J ganzzahlige Variable sind, die folgenden Beispiele zulässige ganzzahlige Ausdrücke:

```
J + 1
I + J
I * J
I DIV 2
```

Dagegen sind die folgenden Formeln keine ganzzahligen Ausdrücke:

```
I + 1.0        (1.0 ist keine ganze Zahl)
0.1 * J        (0.1 ist keine ganze Zahl)
```

Sehen wir uns auch noch ein paar Beispiele für *reelle Ausdrücke* an. Dabei ist angenommen, daß A und B als reelle Variable deklariert worden sind:

```
A + 10         (Die ganze Zahl 10 wird automatisch in eine
                reelle Zahl umgewandelt.)
A * B
B / 1.5
```

Dagegen sind die folgenden Angaben als reelle Ausdrücke nicht zulässig:

```
A ** B         (zwei aufeinanderfolgende Multiplikationssymbole)
A DIV B        (DIV bezeichnet die ganzzahlige Division)
```

Der Vorrang von Operatoren

Bei bestimmten Kombinationen von Operatoren können Mehrdeutigkeiten auftreten. Betrachten wir z. B.:

A := 2 + 3 * 2

Damit ist wahrscheinlich die Zuweisung A := 2 + (3 * 2) = 2 + 6 = 8 gemeint. Es könnte jedoch auch (wie bei vielen Taschenrechnern) folgendes bedeuten:

A := (2 + 3) * 2 = 5 * 2 = 10

„2 + 3 * 2" ist ein *arithmetischer Ausdruck*. Für seine richtige Interpretation ist es wichtig, die Abarbeitungsfolge für seine Operatoren festzulegen. Das gilt für alle Programmiersprachen. In Pascal wird eine *Vorrangstufung* verwendet. Das bedeutet für unser Beispiel, daß * einen höheren Vorrang als + hat, was bewirkt, daß die Multiplikation zuerst ausgeführt wird:

3 * 2 (= 6)

Erst dann wird die Addition ausgeführt:

2 + 6

Jedem Operator ist in Pascal eine derartige Vorrangstufe zugeordnet. Wenn in einem Ausdruck (in derselben Klammerebene) mehrere Operatoren vorhanden sind, so wird zuerst derjenige mit der höchsten Vorrangstufung abgearbeitet. Sind nur Operatoren mit gleichem Vorrang vorhanden, dann erfolgt die Berechnung von links nach rechts. Die verschiedenen Operatoren und ihre Vorrangstufung in Pascal lauten:

− Niedrigsten Vorrang besitzen die Vergleichsoperatoren =, <, >, < =, > = und <>.
− Dann kommen +, − und OR.
− Noch höheren Vorrang besitzen *, /, DIV, MOD und AND.
− Ihnen geht in der Vorrangstufung NOT voran.
− Die Klammern (und) schließlich besitzen den höchsten Vorrang.

Alle oben gemeinsam aufgeführten Operatoren besitzen dieselbe Vorrangstufe.

Ein paar Beispiele:

Der Ausdruck:	bedeutet:	und ergibt:
2 * 3 + 2	(2 * 3) + 2	8
2 * 3 + 2 * 4	(2 * 3) + (2 * 4)	14
6 * 2 DIV 3	(6 * 2) DIV 3	4
3 + 4 − (5 * 2 − 1)	(3 + 4) − ((5 * 2) − 1)	−2
4.0 / 3.0 * 2.0	(4.0 / 3.0) * 2.0	2.6666

Merken Sie sich, daß die Klammern den höchsten Vorrang haben, gefolgt von Multiplikation und Division und dann von der Addition und der Subtraktion (d. h. „Punktrechnung" geht in Pascal vor „Strichrechnung").

Zum Einsatz von Standardfunktionen

Bis jetzt haben wir untersucht, wie sich ein Ausdruck aus Konstanten, Variablen und den sie verbindenden Operatoren aufbaut. Doch gibt es auch noch die Standardfunktionen in Pascal, die wir im vorigen Kapitel betrachtet haben. Auch sie können, wie bereits angedeutet, mit in einen Ausdruck aufgenommen werden. Man ruft eine Funktion in Pascal auf (d. h. benutzt sie), indem man ihren Namen angibt, in Klammern gefolgt von den Funktionsargumenten. So läßt sich z. B.

$$ax^2 + bx + c$$

mit den reellen Variablen, A, B, C und X in Pascal so formulieren:

A * SQR(X) + B * X + C

wobei SQR() eine Funktion ist, die das Quadrat (englisch: „square") des Werts ihres Arguments ermittelt. Der Computer sieht sich das in den Klammern angegebene Argument an, ermittelt seinen Wert und berechnet schließlich der Funktionsdefinition gemäß das Quadrat dieses Werts.

Die Wurzel (d. h. die Lösung) der quadratischen Gleichung hängt vom Wert ihrer Diskriminante

$$b^2 - 4ac$$

ab, deren Wurzel sich in Pascal so ermitteln läßt:

SQRT(SQR(B) − 4.0 * A * C)

Hier bedeutet SQRT() die Quadratwurzel (englisch: „square root") aus dem in Klammern stehenden Argument.

Eine Funktion kann in einem Ausdruck überall da verwendet werden, wo sonst eine Variable oder Konstante mit dem Datentyp des Funktionsergebnisses steht. Bild 4.1 listet die Standardfunktionen in Pascal zusammen mit den Datentypen ihrer Argumente und dem Datentyp ihres Ergebnisses auf.

Es ist wichtig, folgendes zu beachten: Wenn Sie eine Funktion in einem Ausdruck verwenden, dann muß der Datentyp ihres *Ergebnisses* mit dem Datentyp des Ausdrucks übereinstimmen, in dem die Funktion steht. Dabei muß man, wie aus Bild 4.1 hervorgeht, auch auf die Datentypen der Funktionsargumente achten. Sie müssen den Anforderungen der Funktion entsprechen. Dabei brauchen die Datentypen der Funktionsargumente und der des Funktionsergebnisses nicht unbedingt übereinzustim-

FUNKTION	OPERAND(EN)	ERGEBNIS
ABS	ganz, reell	wie Operand
ARCTAN	ganz, reell	reell
CHR	ganz	Zeichen
COS	ganz, reell	reell
EOF	Textdatei	Boolescher Wert
EOLN	Textdatei	Boolescher Wert
EXP	ganz, reell	reell
LN	ganz, reell	reell
ODD	ganz	Boolescher Wert
ORD	skalar, nicht reell	ganz
PRED	skalar, nicht reell	wie Operand
ROUND	reell	ganz
SIN	ganz, reell	reell
SQR	ganz, reell	wie Operand
SQRT	ganz, reell	reell
SUCC	skalar, nicht reell	wie Operand
TRUNC	reell	ganz

Bild 4.1   Die Standardfunktionen von Pascal

men. Die ROUND-Funktion zum Beispiel übernimmt ein reelles Argument und liefert ein ganzzahliges Ergebnis. Die Regeln, nach denen die verschiedenen Datentypen vom einen zum anderen umgewandelt werden, müssen immer strengstens beachtet werden.

Zusammenfassung zu den arithmetischen Ausdrücken

Ein arithmetischer Ausdruck kann grob als Abfolge von Operatoren und Operanden betrachtet werden. Dabei können anstelle der Operanden auch die Standardfunktionen von Pascal verwendet werden. Dasselbe gilt für die benutzerdefinierten Funktionen, die in Kapitel 7 untersucht werden.

Um Mehrdeutigkeiten bei der Auswertung eines Ausdrucks zu vermeiden, ist für jeden Operator in Pascal eine Vorrangstufe festgelegt, welche die Abfolge bei der Berechnung des Ausdrucks regelt.

Boolesche Ausdrücke

Im vorigen Kapitel haben wir gesehen, daß die drei logischen Operatoren

AND, OR und NOT nur mit Booleschen Wahrheitswerten (also TRUE [wahr] und FALSE [falsch]) arbeiten. Man kann mit ihnen Boolesche Ausdrücke aufbauen. Dazu kommen noch die Vergleichsoperatoren, die je zwei skalare Variable miteinander vergleichen und einen Booleschen Wahrheitswert als Ergebnis liefern.

Boolesche Ausdrücke unterliegen in Pascal einer weiteren Bedingung. Alle Unterausdrücke müssen − sofern sie nicht mit NOT beginnen − in Klammern eingeschlossen sein.

Nehmen wir an, K, L und M seien als Variable mit Booleschem Datentyp deklariert.Dann sind die folgenden Beispiele Boolesche Ausdrücke:

```
K  AND  L        (verwendet einen Booleschen Operator)
NOT  K
M = N            (verwendet einen Vergleichsoperator)
```

Komplexere Beispiele wären:

```
K  AND  M = NOT  N          (drei Operatoren)
I * J = 2                   (Vergleich des Ergebnisses mit 2)
K  AND  M  OR  NOT  N
(A = B) OR (C = D) AND (A − C = 0)   (Unterausdrücke in Klammern)
```

Beachten Sie, daß auch hier die Vorrangregeln gelten. So wird z. B.

```
B > C + 5
```

abgearbeitet als

```
B >(C + 5)
```

Im letzten Beispiel steht rechts vom Vergleichsoperator ein arithmetischer Ausdruck, der nicht in Klammern eingeschlossen werden muß, denn der „+"-Operator hat einen höheren Vorrang als der Vergleichsoperator und wird demzufolge zuerst bearbeitet. Das ist durchaus nicht immer klar erkennbar. Scheuen Sie sich daher nicht, auch „überflüssige" Klammern in einem Ausdruck zu verwenden, wenn sie das Gemeinte deutlicher machen. Das verbessert die Lesbarkeit des Programms und hilft, Fehler zu vermeiden.

Die Grundregeln der Booleschen Algebra

Man sollte bei der Verwendung Boolescher Variablen wenigstens die wichtigsten Grundregeln der Booleschen Algebra kennen, da man mit ihrer Hilfe Boolesche Ausdrücke vereinfachen kann. So ist z. B.

```
NOT(NOT K)       äquivalent mit K
NOT(J OR K)      äquivalent mit (NOT J) AND (NOT K)
NOT(J AND K)     äquivalent mit (NOT J) OR (NOT K)
```

und entsprechend

NOT(J<K)   äquivalent mit J>=K
NOT(J<>K)   äquivalent mit J = K

Man muß bei der Verwendung von Vergleichsoperatoren in manchen Fällen besonders vorsichtig sein. Das gilt vor allem, wenn zwei Zahlen auf Gleichheit untersucht werden sollen und eine oder beide Ergebnis einer Rechnung sind. Wir haben oben gesehen, daß der Computer intern zur Zahlenwiedergabe eine feste Zahl von Bits verwendet. Das bedeutet, daß jede reelle Zahl nur mit begrenzter Genauigkeit wiedergegeben werden kann. Das kann Schwierigkeiten bereiten. Nehmen wir an, eine reelle Zahl soll an einer Stelle im Programm daraufhin getestet werden, ob sie gleich 1.0 ist. Intern ist diese Zahl jedoch − etwa infolge von Rechenoperationen − als 0.999999 gespeichert. Der Test 0.999999 = 1.0 muß also immer fehlschlagen. Mit anderen Worten: Die Differenz zwischen zwei berechneten reellen Zahlen ist fast nie genau gleich Null.

Testen Sie daher zwei reelle Zahlen nie auf ihre *exakte* Gleichheit. Untersuchen Sie statt dessen, ob die Zahlen *im Rahmen einer bestimmten Genauigkeit* gleich sind. In der Praxis sieht das so aus, daß man untersucht, ob die Differenz der beiden zu vergleichenden Zahlen eine bestimmte Grenze 10^{-n} unterschreitet oder nicht. Der Exponent n in dieser Grenzangabe gibt die Genauigkeit wieder, mit welcher der Vergleich stattfinden soll. Wenn man beispielsweise für n den Wert 3 verwendet, dann stellt eine solche Operation sicher, daß die beiden Zahlen bis auf eine Ungenauigkeit von 10^{-3} = 1/1000 gleich sind.

Anweisungen

Wir haben bereits ganz am Anfang darauf hingewiesen, daß ein Pascal-Programm mindestens eine *Anweisung* („statement" im Englischen) besitzen muß. In der Regel besteht ein Programm aus sehr vielen Anweisungen, deren formale Syntax in Anhang F wiedergegeben ist. Diese Syntax ist ziemlich komplex, weshalb wir die verschiedenen Anweisungsarten nach und nach einführen wollen. Zwei Anweisungsarten haben wir bereits in unseren ersten Programmbeispielen kennengelernt. Da hatten wir z. B. im ersten Programm folgende Zeile:

WRITELN ('HALLO');

Das ist eine *Ausgabeanweisung*. Wir werden uns solchen Ein- und Ausgabeanweisungen im nächsten Kapitel widmen.

Das nächste Beispiel einer Anweisung lautete:

GESAMT := A + B;

Hier handelt es sich um eine *Zuweisung,* eine Anweisungsart, mit der ei-

ner Variablen ein bestimmter Wert zugewiesen wird. Bild 4.2 zeigt das
Syntaxdiagramm einer solchen Zuweisung.

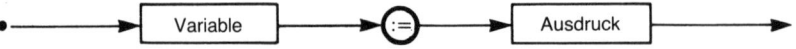

Bild 4.2   Die Syntax einer Zuweisung in Pascal

Diese Anweisung besteht aus einem Variablenbezeichner, dem der *Zu-weisungsoperator* „:=" und dann ein Ausdruck folgt, dessen Wert berechnet und der links vom Zuweisungsoperator stehenden Variablen überge-
ben wird. Wird die Variable später im Programm verwendet, dann liefert
sie diesen ihr zugewiesenen Wert. Er bleibt erhalten, solange die betreffende Variable existiert und ihr kein anderer Wert zugewiesen wird.

Eine neu deklarierte Variable besitzt in vielen Pascal-Versionen irgendei-
nen zufälligen Wert. Es ist daher wichtig, daß alle in einem Ausdruck verwendeten Variablen bereits einen Wert zugewiesen bekommen haben. So
ist z. B. die folgende Anweisungskette sinnvoll:

```
A := 2.0;
B := A + 4.0;        (* A wurde in der vorigen Zeile definiert *)
C := 2.0 * 3.0 + 4.0;
```

Eine Zuweisung muß den Datentyp der Zielvariablen (d. h. der Variablen, die den neuen Wert erhält) beachten. Wenn z. B. die Variable
BUCHSTABE mit dem Datentyp CHAR deklariert worden ist, dann ist
die folgende Zuweisung korrekt:

```
BUCHSTABE := 'A';
```

Ganz entsprechend sind die folgenden Zuweisungen in Ordnung, wenn I
und J ganzzahlige Variable darstellen:

```
I := 2;
J := 2 + 2;
```

Man darf einer reellen Variablen auch ganzzahlige Werte zuweisen. Diese
werden dann automatisch in reelle Zahlen gebracht. Es empfiehlt sich allerdings nicht, das zu tun, solange man sich noch nicht sicher in der Sprache bewegen kann.

Nehmen wir für ein weiteres Beispiel an, daß I und J ganzzahlige Variable
seien und daß Z als Boolesche Variable deklariert wurde. Dann ist die folgende Zuweisung korrekt:

```
Z := I < J;
```

Man muß den Zuweisungsoperator „:=" vom Vergleichsoperator „="
(der die Gleichheit seiner Argumente testet) unterscheiden. Das ist vor al-

lem wichtig, wenn Sie vorher in BASIC programmiert haben, das diesen Unterschied nicht kennt und nur das Symbol „=" verwendet.

Die leere Anweisung

Der Vollständigkeit halber sei hier eine weitere Anweisung erwähnt, die sogenannte *leere Anweisung*. Wir werden sie allerdings nicht weiter benutzen. Eine leere Anweisung kann überall da eingesetzt werden, wo auch eine andere Anweisung stehen könnte. Sie besteht nur aus dem trennenden Strichpunkt und enthält sonst keine Symbole. Der Compiler ignoriert derartige leere Anweisungen einfach.

So enthält z. B. die Zeile

```
A := 2; ;
```

die beiden Anweisungen

```
A := 2;
```

und

```
eine leere Anweisung, abgegrenzt durch ';'
```

Der Sinn von leeren Anweisungen liegt u. a. darin, daß man ohne Syntaxfehler auch überflüssige Strichpunkte im Programm haben kann. Dies ist beispielsweise in Situationen wie der folgenden der Fall:

```
        A := 2;
END.
```

Vor einem „END" braucht kein Strichpunkt zu stehen. Er wird in diesem Fall einfach als leere Anweisung interpretiert.

Der Anweisungsblock

Man kann überall da, wo eine einzelne Anweisung stehen kann, auch eine zu einem *Anweisungsblock* (englisch: „compound statement") zusammengefaßte Gruppe von Anweisungen verwenden.

Ein solcher Anweisungsblock wird durch BEGIN und END geklammert, beispielsweise so:

```
BEGIN
    I := 3;
    J := 4;
    WRITELN (I,J)
END;
```

Wir werden solche Anweisungsblöcke in Kapitel 6 bei der Erläuterung von Kontrollstrukturen einsetzen. Beachten Sie, daß nach BEGIN und vor END kein Strichpunkt zu stehen braucht. Das liegt an der Rolle des Strichpunkts in Pascal, der verschiedene Anweisungen voneinander trennt, anstatt die Anweisungen zu beenden. BEGIN und END sind aber bereits als Trennungssymbole definiert, so daß an den angegebenen Stellen der Strichpunkt entfallen kann. (*Nach* END muß allerdings ein Strichpunkt stehen, wenn die einfache Anweisung, die der Block ersetzt, auch durch einen Strichpunkt hätte abgetrennt werden müssen.)

Zusammenfassung

Wir haben gesehen, wie man Konstanten, Variable, Funktionen und Operatoren zu korrekten Ausdrücken zusammenstellt. Dabei wurde klargestellt, daß in jedem Ausdruck die verwendeten Datentypen übereinstimmen müssen. Mehrdeutigkeiten bei der Berechnung von Ausdrücken werden durch die Vorrangstufung der Operatoren beseitigt. Schließlich haben wir mit der Zuweisung den wichtigsten Anweisungstyp kennengelernt. Zur Übernahme von der bzw. zur Ausgabe an die Programmumgebung, insbesondere zum Datenverkehr mit dem Benutzer, wird ein weiterer Anweisungstyp benötigt, die Ein/Ausgabeanweisung. Sie soll Thema des nächsten Kapitels sein.

Übungen

4.1: Berechnen Sie die folgenden Ausdrücke:
   a) 1 * 4 *2 − 4 * 2 + 3
   b) 1.1 * 2.2/1.1 * 3.3/2.2 − 5.5
   c) SQR(2 + 3 * 4)

4.2: Berechnen Sie die folgenden Ausdrücke:
   a) 1 + 2 * 3 + 10 DIV 5
   b) (6 DIV 3 − 2) * 8
   c) 12.0 / 4.0 − 3.0 * 3.0
   d) 16 * 2 − 8 * 2 + 4 * 4

4.3: Sind die folgenden Zuweisungen korrekt?
   a) A := 2 + 3.0;
   b) A + 2 := B;
   c) 3 := 2 + 1;
   d) A :− 2 (−(−1 + 2) −3) −2 * 4;

4.4: Sind die folgenden Zuweisungen korrekt?
   a) A := 2 * −3;
   b) B := (−6.73) 2;
   c) Q := 2 + B = 7 * 12;
   d) R := 6.4 DIV 8;
   e) Q := 2 + B := 8;

4.5: Übersetzen Sie die folgenden Formeln unter Einsatz der passenden Funktionen in Pascal-Ausdrücke:

a) $3x^2 + 2\sqrt{x}$

b) $|\ 4a\ |$

c) $\sqrt{6a - 2x^2}$

4.6: Was druckt das folgende Programm aus?

```
PROGRAM BOOLETEST (OUTPUT);
VAR P,Q,R,S,ERGEBNIS: BOOLEAN;
BEGIN (* BOOLETEST *)
     P := TRUE;
     Q := P;
     R := FALSE;
     S := R;
     WRITELN; WRITELN; (* ZWEI LEERZEILEN *)
     ERGEBNIS := NOT(P);
     WRITELN (ERGEBNIS);
     ERGEBNIS := NOT(NOT(Q));
     WRITELN (ERGEBNIS);
     ERGEBNIS := Q OR S;
     WRITELN (ERGEBNIS);
     ERGEBNIS := P AND S;
     WRITELN (ERGEBNIS);
     ERGEBNIS := P AND Q AND R;
     WRITELN (ERGEBNIS);
     ERGEBNIS := (P OR R) and Q;
     WRITELN (ERGEBNIS)
END. (* BOOLETEST *)
```

Kapitel 5

Eingabe und Ausgabe

Einführung

In fast allen Pascal-Programmen werden Ein- und Ausgabeanweisungen verwendet, durch die man beim Programmlauf Werte eingeben, sie drukken oder auf dem Bildschirm wiedergeben kann. Das erste Programmbeispiel von Kapitel 1 benutzt eine WRITELN-Anweisung, um eine Meldung („HALLO") auszugeben. Hier handelt es sich um eine Ausgabeanweisung. Entsprechend wurde im zweiten Programmbeispiel eine READ-Anweisung zur Übernahme zweier Variablenwerte von der Rechnertastatur verwendet. Hier spricht man von einer Eingabeanweisung.

Vom Hardwarestandpunkt aus gesehen dienen Ein- und Ausgabeanweisungen zur Kommunikation des Programms mit der Rechnerperipherie wie z. B. mit einem Bildschirmgerät, einem Drucker oder einem Diskettenspeicher. Eine *Eingabeanweisung* wird zur Zeichenübernahme von der Tastatur benutzt. Eine *Ausgabeanweisung* wird zum Ausdruck oder zur Wiedergabe von Zeichen auf dem Bildschirm verwendet.

Vom logischen Standpunkt aus sieht das Programm diese Peripheriegeräte als *Dateien* (englisch: „files") an, in die Daten geschrieben oder aus denen Daten gelesen werden können. Wir werden uns in diesem Kapitel die verschiedenen zu diesem Zweck in Pascal vorhandenen Ein- und Ausgabeanweisungen ansehen.

Kommunikation mit einer Datei bzw. mit dem Bildschirmgerät

Alle Ein- und Ausgabeanweisungen arbeiten mit *Dateien*. Für unseren Zweck reicht es aus, eine Datei (ein „file") als eine sequentiell angeordnete Informationssammlung anzusehen, auf die man sich über bestimmte Namen beziehen kann. In diesem abstrakten Sinne gilt das auch für die Tastatur, den Bildschirm und den Drucker des Geräts, die demgemäß in Pascal ebenfalls als Dateien betrachtet werden. Da wir Dateien jedoch noch nicht im allgemeinen betrachtet haben, werden wir uns in diesem Kapitel auf den Datenverkehr mit dem Bildschirmgerät, mit Tastatur und Bildschirm, beschränken. Diese oft nach dem Englischen auch als „Terminal" (wörtlich: „Endgerät") bezeichnete Peripherieeinheit wird vom Programm als Kombination einer Eingabedatei namens INPUT und einer Ausgabedatei mit der Standardbezeichnung OUTPUT betrachtet. Das

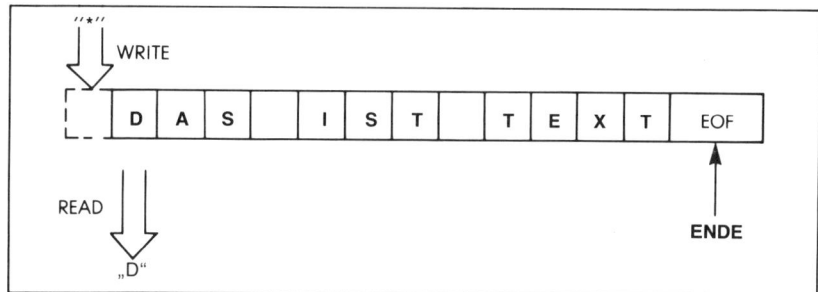

Bild 5.1   Zum Prinzip einer Datei

Vorhandensein dieser Dateien wird dem Programm durch die INPUT OUTPUT-Angabe im Programmkopf mitgeteilt. Als Eingabemedium werden wir die Tastatur, als Ausgabemedium den Bildschirm (bzw. bei einem druckenden Terminal den Drucker) verwenden.

Bild 5.1 verdeutlicht das Prinzip einer Datei. Es zeigt, wie eine Leseoperation (READ) den Wert eines Dateielements (hier eines „D") in eine Programmvariable übertragen kann und wie eine Schreiboperation (WRITE) einen Wert in die Datei einschreibt. Das Dateiende wird durch eine besondere Marke gekennzeichnet, die man „EOF" (End Of File − Ende der Datei) nennt.

READ und READLN

Man bezeichnet READ („lies") und READLN (read line − „lies eine Zeile") als *Eingabeanweisungen*. Sie dienen dazu, von einer Eingabedatei − in unserem Fall von der Tastatur − Werte in das Programm zu übernehmen. Man setzt die READ-Anweisung z. B. so ein:

```
PROGRAM SUMME (INPUT,OUTPUT);
VAR A,B,GESAMT: INTEGER;
BEGIN
    READ (A,B);
```

In diesem Beispiel wird die Eingabe über die Tastatur vorgenommen: A und B erhalten die durch die READ-Anweisung von dort übernommenen Werte zugewiesen. Diese Wahl des Eingabemediums wird im Programmkopf bekanntgegeben:

```
PROGRAM SUMME (INPUT,OUTPUT);
```

Die Anweisungen READ und READLN müssen in einer besonderen Form geschrieben werden. Wie das Beispiel zeigt, folgt dem Bezeichner READ bzw. READLN eine öffnende runde Klammer, ein oder mehrere durch Kommas getrennte Variablennamen und endlich eine schließende runde Klammer. Das bewirkt für jedes angegebene Argument, daß die angegebene Datei ausgelesen und der dort vorgefundene Wert an die betreffende Variable zugewiesen wird. Weitere Beispiele für READ- und READLN-Anweisungen wären:

```
READ (A,B,C);
READLN (MWSTSATZ,UMSATZ);
```

Die über die Tastatur eingetippten Daten müssen dem Typ der vorgesehenen Variablen entsprechen. Dabei kann man die Daten − außer bei der Eingabe alphanumerischer Zeichen − für alle geforderten Variablen durch Leerzeichen voneinander getrennt auch als eine einzige Zeile eintippen. Man kann die Werte natürlich auch für jede Variable in jeweils eigenen Zeilen eingeben.

Der Unterschied zwischen einer READ- und einer READLN-Anweisung liegt darin, daß eine READ-Anweisung mit der Datenübernahme in der gerade gegebenen Zeile fortfährt, während man bei READLN jede Variable in einer neuen Zeile eingeben muß. Dieser Unterschied stammt aus der Zeit, in der die Computereingabe noch durch Lochkarten erfolgte. Auf jeder Karte war genau eine Textzeile festgehalten, üblicherweise in mehrere Felder aufgeteilt, die jeweils neue Werte enthielten. In vielen Fällen war es sinnvoll, wenn das Programm beispielsweise von zehn Feldern nur die ersten vier las und dann sofort zur nächsten Lochkarte überging. Dieser Kartenaustausch im Lesegerät wurde durch den Befehl READLN bewirkt, der eine neue Zeile (also eine neue Lochkarte) nach Beenden seiner Arbeit anforderte.

Bei interaktiver Bedienung über die Tastatur kann man (unter bestimmten Hardwarevoraussetzungen) mit Hilfe von READ auch die Zeichenübernahme und die Computerantwort auf derselben Zeile erreichen. Sehen wir uns einige Beispiele zum Einsatz von READ und READLN an.

Betrachten wir z. B. folgende READ-Anweisung:

    READ (A,B,C,D);

Bei der Eingabe werden die Daten genau so auf dem Bildschirm wiedergegeben, wie wir sie eintippen, beispielsweise:

    2.0   3.5   −6.1   2.3

Die Zeile wird durch Leerschritte oder durch „RETURN" (die Zeilenendtaste) abgeschlossen.

Lesen wir die gleichen Daten jedoch mit den Anweisungen

    READ (A,B);
    READLN (C);
    READ (D);

ein, dann erhalten wir auf dem Bildschirm folgende Anzeige der Eingabe:

    2.0   3.5   −6.1
    2.3

Nach der READLN-Anweisung ist auf dem Schirm eine neue Zeile eingeleitet worden, wodurch die letzte Eingabe 2.3 für sich alleine zu stehen kam.

Beim Übernehmen von numerischen Daten werden Leerschritte und Zeilenendzeichen als Trennung der verschiedenen Werte aufgefaßt und ansonsten ignoriert.

Zur Eingabe reeller Zahlenwerte stehen zwei Formate zur Verfügung: das normale Dezimalformat und das wissenschaftliche Format. So kann man z. B. den reellen Zahlenwert Zwölf eingeben als

    12.0

oder als

    +1.2E+01

oder gar als (formal) ganze Zahl

    12

denn eine ganze Zahl wird bei der Übernahmeoperation im Zuge der Zuweisung an die reelle Variable in die reelle Form gebracht.

Beim Lesen von alphanumerischen Zeichenketten ist dagegen jedes eingegebene Zeichen von Bedeutung. Sind alle auf der Zeile eingegebenen Zeichen übernommen, dann bewirkt der Versuch das Zeilenendzeichen (carriage return − Wagenrücklauf) zu lesen, die Eingabe eines Leerzeichens. Mit anderen Worten: Die Eingabe eines Wagenrücklaufs bei der Zeichenübernahme wird als Eingabe eines Leerschritts angesehen.

Wie bereits gesagt, brauchen nicht alle Zeichen der Zeile übernommen zu werden. So kann ein Programm beispielsweise die ersten zehn Zeichen der Zeile mit READ übernehmen und dann mit READLN zur nächsten Zeile übergehen. Die nach den ersten zehn Zeichen auf der Zeile stehende Eingabe wird dann ignoriert.

Ein Programm, in dem verschiedene Datentypen gelesen werden sollen, kann beispielsweise so aussehen:

```
PROGRAM EINGABE1 (INPUT,OUTPUT);
VAR I,J: INTEGER;
    A,B: REAL;
    M,N: CHAR;
BEGIN
    READ (I,J);
    READ (M,N);
    READLN (A,B)
END.
```

Eine Eingabe für dieses Programm lautet z. B.:

```
4       92SY
1.23    −5.6
```

Noch ein Beispiel:

```
PROGRAM EINGABE2 (INPUT);
VAR I,J: INTEGER;
    A,B: REAL;
    M,N: CHAR;
BEGIN
    READ (A,M,N,I)
END.
```

Für die folgenden vier Eingaben erhalten hier die Variablen die Werte:

Eingabe	A	M	N	I
1.25Y2344	1.25	'Y'	'2'	344
+1.2E+05Y2344	1.2E+05	'Y'	'2'	344
1.2E05Y2344	1.2E+05	'Y'	'2'	344
1.25Y 2344	1.25	'Y'	' '	2344

Beenden der Eingabe

Zur Vereinfachung der Eingabeoperation sind in Pascal zwei Standardfunktionen vorgesehen: EOLN und EOF. Wir wollen ihre Aufgabe hier
nur kurz beschreiben, da wir sie im nächsten Kapitel im Einzelnen betrachten werden. Sie werden nämlich vorwiegend im Zusammenhang mit
Kontrollstrukturen eingesetzt.

Es kommt vor, daß man eine Folge von Zahlen oder alphanumerischen
Zeichen von einer Zeile lesen muß, deren genaues Ende (beim Programmieren) unbekannt ist. Diese Situation kann mit Hilfe der EOLN-Funktion gemeistert werden. EOLN steht für „End Of Line" (Zeilenende) und
so handelt es sich bei der EOLN-Funktion auch um eine Boolesche Standardfunktion, die den Wahrheitswert TRUE ergibt, wenn das Zeilenende
festgestellt wurde, andernfalls ergibt sie FALSE. Man übernimmt in diesem Fall solange Daten, bis ein Aufruf von EOLN den WERT TRUE ergeben hat. In diesem Fall ist die ganze Zeile eingelesen.

Die andere Standardfunktion EOF stellt entsprechend das Dateiende
(englisch: „end of file") fest. Diese Funktion ist z. B. verwendbar, wenn
eine Eingabe über den Lochkartenleser erfolgt und wir wissen müssen,
wann die letzte Karte bearbeitet worden ist. Wie im Fall der EOLN-Funktion kann man den Leser regelmäßig mit EOF(INPUT) abfragen, ob das
Ende des Kartenstapels erreicht worden ist. Falls ja, erhält man TRUE,
falls nein, FALSE als Antwort.

Sehen wir uns ein Beispiel an, das EOF und EOLN verwendet. Es soll hier
allerdings nur der Vollständigkeit halber vorgestellt werden. Sie werden
es besser verstehen, wenn Sie Kapitel 6 durchgearbeitet haben. Das Pro-

gramm liest Zeile für Zeile jedes Zeichen aus einer Datei aus und verarbeitet es. Dieses Verarbeiten ist im Beispiel symbolisch durch „VERARBEITE" angemerkt, das in der praktischen Anwendung natürlich durch eine sinnvolle Anweisung zur Verarbeitung des Zeichens Z ersetzt werden muß. Das Beispiel sieht so aus:

```
PROGRAM LIESDATEI (INPUT,OUTPUT);
VAR Z: CHAR;
BEGIN
    WHILE NOT EOF DO
        BEGIN
            WHILE NOT EOLN DO
                BEGIN
                    READ (Z);
                    VERARBEITE (Z)
                END; (* WHILE *)
            READLN
        END (* WHILE *)
END. (* LIESDATEI *)
```

WRITE und WRITELN

Wir haben in den vorangehenden Kapiteln bereits verschiedene Beispiele für die WRITELN-Anweisung betrachtet, so z. B.:

```
PROGRAM GRUSS (OUTPUT);
(* DIES IST EIN EINFACHES PASCAL-PROGRAMM *)
BEGIN
    WRITELN ('HALLO')                               (* ANWEISUNG *)
END.
```

und:

```
PROGRAM SUMME (INPUT,OUTPUT);
VAR A,B,GESAMT: INTEGER;
BEGIN
    WRITELN ('GEBEN SIE ZWEI ZU ADDIERENDE ZAHLEN EIN');
    READ (A,B);
    GESAMT := A + B;
    WRITELN ('DIE SUMME VON ',A,' UND ',B,' IST ',GESAMT)
END.
```

Wie die Anweisungen READ und READLN folgen WRITE und WRITELN normalerweise eine Liste von Zeichenketten oder auszudruckenden Zahlen in runden Klammern, wobei die verschiedenen Argumente durch Kommas getrennt sind. Aus dem ersten Beispiel läßt sich entnehmen, daß eine in Apostrophe (einfache Anführungszeichen, Hochkommas) eingeschlossene Zeichenkette *unverändert* so ausgedruckt wird, wie sie da steht. Das schließt alle in der Kette enthaltenen Leerschritte mit ein.

Im zweiten Beispiel sehen wir, daß der *Wert* der als Argument angegebenen Variablen ermittelt und ausgedruckt wird. Eine Besonderheit muß man sich noch merken: Um ein Apostroph in einer Zeichenkette auszudrucken, muß man es selbst wieder in Apostrophe einschließen.

Ein Boolescher Wert wird als „TRUE" oder als „FALSE" ausgedruckt. Für einen reellen Wert wird beim Ausdrucken die *Exponentialnotation* benutzt. Alle zwischen den Klammern in der Liste stehenden Argumente werden auf derselben Zeile ausgegeben. Desgleichen werden bei mehreren aufeinanderfolgenden WRITE-Anweisungen die angegebenen Argumente *alle in derselben Zeile* ausgegeben. Um eine neue Zeile *nach dem Argument* einzuleiten, muß man die WRITELN-Anweisung benutzen. So bewirkt z. B.

```
WRITE ('DIES IST EIN ');
WRITE ('BEISPIEL');
```

den Ausdruck von

```
DIES IST EIN BEISPIEL
```

während die Anweisungen

```
WRITELN ('DIES IST EIN ');
WRITE ('BEISPIEL');
```

die *beiden* Zeilen

```
DIES IST EIN
BEISPIEL
```

ausdrucken.

Ein weiterer Programmausschnitt möge illustrieren, wie die verschiedenen Datentypen bei der Ausgabe gehandhabt werden:

```
VAR I,J,K: INTEGER;
    A,B: REAL;
    C,D: CHAR;
    U,V: BOOLEAN;
(... verschiedene Anweisungen ...)
I := 1;                         (* Der Wert von I wird als 1 ausgegeben. *)
J := I+1;                       (* J wird als 2 ausgegeben. *)
K := 5;                         (* K wird als 5 ausgegeben. *)
A := 1.1 + 3.5 * 2.0;           (* A hat den Wert 8.1. *)
B := A/2;                       (* B hat den Wert 4.05. *)
C := '?';                       (* C ist ein „?". *)
D := '=';                       (* D ist ein „=". *)
U := I = J;                     (* U hat den Wert FALSE. *)
V := A > B;                     (* V hat den Wert TRUE. *)
WRITELN ('GANZE ZAHLEN: ',I,J,K);
WRITELN ('REELLE ZAHLEN: ',A,B);
WRITELN ('ANDERE: ',C,' ',D,' ',U,V);
```

Das ergibt die folgenden drei Ausgabezeilen:

```
GANZE ZAHLEN:    1    2    5
REELLE ZAHLEN:    8.1000000000E+00     4.0500000000E+00
ANDERE: ? = FALSE    TRUE
```

Beachten Sie, daß links von den ganzen und von den reellen Zahlen sowie links von den Booleschen Wahrheitswerten automatisch Leerschritte eingefügt worden sind. Es handelt sich hier um eine automatische Zahlenformatierung durch den Pascal-Compiler.

Formatieren der Ausgabe

Beim Ausdrucken von Daten eines gegebenen Typs wie INTEGER, REAL oder BOOLEAN verwendet jede Pascal-Version eine bestimmte, für jeden Typ besonders festgelegte Spaltenbreite. Leider sind die Vereinbarungen darüber, wie breit die Spalte für den jeweiligen Datentyp sein soll, nicht einheitlich. So findet man z. B. Versionen, die für ganze Zahlen 12, für reelle Zahlen 24 und für Boolesche Wahrheitswerte 10 Druckstellen reservieren. Andere Versionen mögen hier ganz andere Festlegungen haben.

Es ist oft notwendig, sorgfältig tabellierte, d. h. in Spalten angeordnete Datenkolonnen auszudrucken. In diesem Fall muß man die Standardeinteilung für die Druckspalten umgehen. Das ist in Pascal möglich, wenn man dem Argument einen Doppelpunkt folgen läßt und einen ganzzahligen Wert (als Konstante oder arithmetischen Ausdruck) nachstellt. Für das jeweilige Argument gibt die Zahl nach dem Doppelpunkt die mindestens zu verwendende Spaltenbreite an. Wenn weniger Druckstellen benutzt werden, dann werden dem Wert so viele Leerschritte vorangestellt, daß die Spalte voll ausgefüllt wird. Ist das Argument dagegen länger als die vorgeschriebene Spaltenbreite, dann wird es über die Spaltengrenzen hinaus fertiggedruckt. So ergibt z. B. die Anweisungsfolge

```
WRITE ('EIN RECHTSBUENDIGER':20);
WRITELN ('TEXT':5);
```

den Ausdruck

```
EIN RECHTSBUENDIGER TEXT
```

Das erste Argument umfaßt 19 Zeichen, die in einer Spalte von 20 Zeichen Breite ausgedruckt werden sollen, was das Druckbild

```
ЬEIN RECHTSBUENDIGER
```

ergibt. (Das Zeichen Ь steht für einen Leerschritt [englisch: „blank"].)

Im zweiten Fall werden vier Zeichen in einem fünf Druckstellen breiten Feld als

ᑲTEXT

ausgedruckt.

Achtung:
Einige Pascal-Versionen drucken das ersten Zeichen des Arguments nicht aus, sondern verwenden es für besondere Befehle an den Drucker. Achten Sie hier darauf, niemals die erste Stelle des Arguments für Daten zu verwenden.

Im Fall von reellen Zahlen (und nur von diesen) kann man auch eine *doppelte* Spaltenvorschrift angeben. Hier folgt dem Argument wie oben ein Doppelpunkt, gefolgt von einer ganzen Zahl. Dann kommt wieder ein Doppelpunkt und noch eine Zahl. Die erste Zahlenangabe legt wie gehabt die Mindestbreite der Spalte fest. Die zweite Zahl dagegen bewirkt − wenn sie verwendet wird − statt der Exponentialnotation des Arguments eine Ausgabe in Dezimalform, wobei die Zahl angibt, wieviele Stellen nach dem Dezimalpunkt verwendet werden sollen.

Sehen Wir uns diese Formatierung einmal an einem Beispiel an:

```
VAR I: INTEGER;
    A: REAL;
    C: CHAR;
BEGIN
    I := 12;
    A := 2.1;
    C := '?';
    WRITE ('EINZUG':10, I:3, A:4:1, C:2)
END.
```

Das ergibt folgendes Druckbild:

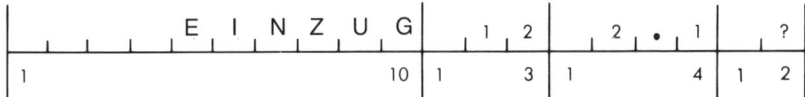

Auf der linken Seite werden − wo nötig − Leerschritte angefügt. Auf diese Weise lassen sich sauber ausgerichtete Spalten ausgeben, wie sie beispielsweise für Tabellen benötigt werden.

Andere Möglichkeiten zur Formatsteuerung hängen von dem System und der Pascal-Version ab, mit der man arbeitet. Die meisten Drucker verarbeiten nicht mehr als 132 Zeichen pro Zeile. In vielen Fällen hat zudem, wie bereits erwähnt, das erste Zeichen des Arguments besondere Bedeutung, beispielsweise:

– Ein Leerzeichen ergibt einen Zeilenvorschub.
– Ein „+" fordert Überdrucken (kein Zeilenvorschub).
– Eine „0" veranlaßt zwei Zeilenvorschübe.
– Eine „1" bedeutet die Einleitung einer neuen Seite.

Diese Vereinbarungen hängen jedoch stark von der verwendeten Version ab. Für die Einleitung einer neuen Seite ist zumeist auch der Befehl PAGE vorhanden.

Um eine Zeile zu überspringen, kann man auch folgenden „Trick" benutzen:

```
WRITELN ('EINS');
WRITELN;
WRITELN ('DREI');
```

was den Ausdruck

    EINS

    DREI

mit einer Leerzeile in der Mitte ergibt.

Schließlich sei vermerkt, daß man anstelle einer Zahl als Argument auch einen Ausdruck verwenden kann. So ergibt z. B.

```
WRITELN ('EINS + ZWEI =',1 + 2);
```

das Bild

    EINS + ZWEI = 3

Das gilt auch für Spaltenangaben bei der Druckformatierung. So erzeugt die Anweisung

```
WRITE (A : I + 1 : J + K);
```

für $A = -12.41$, $I=8$, $J=2$ und $K=1$ die Druckzeile

    ƀƀ – 12.41ƀ

wobei ƀ wieder ein Leerzeichen darstellt. (Manche Versionen füllen die Nachkommandospalte statt mit einem Leerzeichen mit einer Null auf.)

Ein- und Ausgabe in UCSD-Pascal

Die besonderen Ein- und Ausgabemöglichkeiten von UCSD-Pascal werden in Kapitel 11 genauer beschrieben. Die Arbeitsweise von READ und WRITE beim Verkehr mit einem Terminal entspricht im Großen und Ganzen der oben vorgestellten, wobei es beim EOF und EOLN kleinere Unterschiede gibt.

Zusammenfassung

Die Befehle zur Ein- und Ausgabe sind recht einfach zu handhaben. Etwas komplizierter ist die Formatierung der Ausgabe. Um die Wirkungsweise der Ausgabeformatierung voll zu verstehen, ist unbedingt eigene Erfahrung nötig. Sie sollten mit den in Ihrem System vorhandenen Möglichkeiten intensiv experimentieren.

Damit haben wir alle Grundlagen zum Erstellen eigener einfacher Programme eingeführt. Doch liegt die Stärke eines Computers nicht nur in seiner Fähigkeit, arithmetische und andere Rechenoperationen durchzuführen, sondern mehr noch in der Tatsache begründet, daß er Entscheidungen treffen und je nach deren Ergebnis verschiedene Wege der Programmabarbeitung einschlagen kann. Eines der wichtigsten Kennzeichen eines Computerprogramms ist die Art und Weise, in welcher die Abarbeitung auf Grundlage von eingegebenen oder von errechneten Werten erfolgt. Diese sogenannte Programmsteuerung werden wir uns im nächsten Kapitel ansehen.

Übungen

5.1: Schreiben Sie ein Programm, das die Quadrate der ersten zehn ganzen Zahlen ausdruckt.

5.2: Lesen Sie mit einem Programm zehn reelle Zahlen ein und drucken Sie sie in umgekehrter Reihenfolge wieder aus.

5.3. Lesen Sie von zwei aufeinanderfolgenden Eingabezeilen jeweils die ersten zehn Zeichen und drucken Sie sie aus.

5.4: Drucken Sie eine sauber formatierte Tabelle der Quadrate und Quadratwurzeln von ganzen Zahlen aus. Geben Sie an, was in welcher Spalte steht (d. h. drucken Sie eine Tabellenüberschrift aus). Rahmen Sie die Tabelle mit Hilfe von Strichen und Ausrufezeichen ein.

5.5: Berechnen Sie die Mehrwertsteuer für Nettopreise von 0.01 DM bis 100.00 DM. Das Programm soll den Nettopreis übernehmen und die zugehörige Mehrwertsteuer sowie den Bruttopreis ausdrucken.

5.6: Drucken Sie das kleine Einmaleins in einer übersichtlichen Form aus.

5.7: Wie sieht die Ausgabe des Programms WIEDERHOLE bei Eingabe der folgenden Werte aus?

1.063	27	06.488	2	17.26	58.0	11
2.31	76.523	7	.641	−5	18.3	45.7	−7
8.6	2	5.154	6	.729	628
3.16	8	7.5	−10	4.108	14	6.74

```
PROGRAM WIEDERHOLE (INPUT,OUTPUT);
VAR A,C,E: REAL;
    B,D: INTEGER;
BEGIN (* WIEDERHOLE *)
    WRITELN; WRITELN;
    READLN (A,B,C,D,E);
    WRITELN (A:5:1, C:6:2, E:7:3, B:4, D:4);
    WRITELN;
    READLN (A,B);
    READLN (C,D,E);
    WRITELN (A:5:1, C:6:2, E:7:3, B:4, D:4);
    WRITELN;
    READLN (E,D,A,B,C);
    WRITELN (E:5:1, A:6:2, C:7:3, D:4, B:4);
    WRITELN
        END. (* WIEDERHOLE *)
```

Kapitel **6**

Kontrollstrukturen

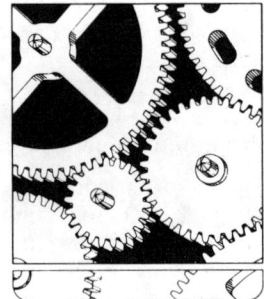

Sequentielle Programmabarbeitung

In den vorangehenden Kapiteln haben wir die Regeln kennengelernt, die man für einfache Pascal-Programme braucht. Dazu haben wir verschiedene einfache Programmbeispiele betrachtet, die aus einigen wenigen Anweisungen bestanden. Diese Anweisungen wurden beim Programmlauf eine nach der anderen abgearbeitet, eine Verfahrensweise, die man *seuqentielle* Programmabarbeitung nennt.

Ein Computer kann jedoch mehr tun, als ein Programm nur sequentiell, d. h. Anweisung nach Anweisung, abzuarbeiten. Wäre er auf die Folge von Programmschritten so beschränkt, wie sie einer nach dem anderen aufgeschrieben worden sind, dann hätten wir gewissermaßen nicht viel mehr als einen guten Taschenrechner vor uns. Das ist aber wie gesagt nicht so: Ein Computer kann *Entscheidungen* treffen, die auf den Ergebnissen besonderer *Tests* im Programm beruhen. Das bedeutet, daß er, je nach dem Wert von bestimmten Variablen bei der Abarbeitung des Programms entscheiden kann, welcher Programmteil als nächster abgearbeitet werden soll. Die Befehle, die derartige Untersuchung des Programmstands und je nach Ergebnis dieser Untersuchung den weiteren Weg durch das Programm steuern, werden *Steuerbefehle genannt.*

Dieses Prinzip der Programmsteuerung hängt mit einem anderen eng zusammen. Oft muß nämlich eine bestimmte Folge von Anweisungen immer und immer wieder durchlaufen werden, bis ein bestimmtes Ergebnis erreicht worden ist. Wurde das gewünschte Resultat nicht erzielt, so „springt" das Programm zurück an den Anfang dieser Anweisungskette, d. h. es bildet etwas, was man gemeinhin als Programmschleife bezeichnet.

Wir wollen uns in diesem Kapitel ansehen, welche Möglichkeiten Pascal zur Steuerung der Programmabarbeitung bietet, wie man die sequentielle Abarbeitung der Anweisungen unterbrechen und an andere Stellen als der im Programmtext unmittelbar folgenden umleiten kann. Dabei sind drei verschiedene Möglichkeiten zu unterscheiden: die Wiederholung, die bedingte Verzweigung und die unbedingte Verzweigung.

Wiederholungsanweisungen

Wiederholungsanweisungen dienen, wie der Name schon sagt, zur wiederholten Abarbeitung bestimmter Programmteile, zur Programmierung von Programmschleifen. Sehen wir uns an einem Beispiel einmal genauer an, was man unter einer solchen Programmschleife zu verstehen hat. Sagen wir, es solle die Summe der ersten 25 ganzen Zahlen berechnet werden. Das kann man mit Hilfe einer Formel erreichen. Wir wollen jedoch mit dem folgenden Algorithmus einen direkteren Weg einschlagen:

1. Setze SUMME auf den Wert 0
2. Setze ZAHL auf den Wert 1
3. Setze SUMME auf den alten Wert von SUMME plus ZAHL

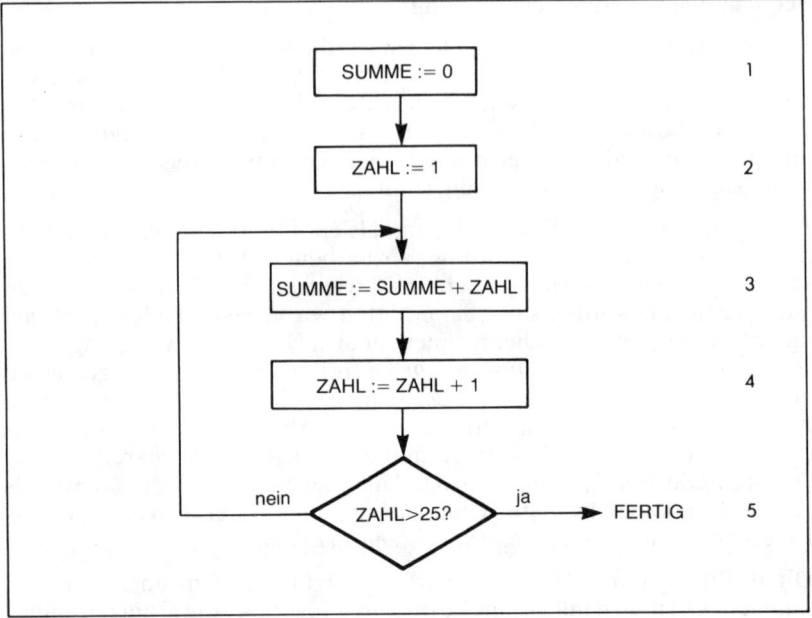

Bild 6.1   Ein Flußdiagramm zur Berechnung der Summe der ersten 25 ganzen Zahlen

4. Setze ZAHL auf den alten Wert von ZAHL plus 1
5. Wenn ZAHL größer als 25 ist, dann beende die Operation
   sonst gehe zurück zu Schritt 3.

Das läßt sich etwas formaler gestalten, wenn wir für die Zuweisungsvorschrift „Setze X auf den Wert von Y" die Pascal-Schreibweise „X := Y" verwenden, die wir im vorigen Kapitel eingeführt haben. Ferner können wir vereinbaren, daß der Wert des Ausdrucks auf der rechten Seite des Zuweisungsoperators „:=" immer erst vollständig berechnet wird, bevor ihn die Variable auf der linken Seite des Operators zugewiesen erhält. Diese Vereinbarung gestattet uns insbesondere auf der rechten Seite einer Zuweisung den *alten* Wert der Variablen zu verarbeiten, die durch die Zuweisung verändert werden soll. D. h. die Anweisung

ZAHL := ZAHL + 1

bewirkt zunächst, daß der Ausdruck auf der rechten Seite ausgerechnet wird: Der alte Wert von ZAHL — sagen wir, es sei 3 — wird ermittelt, eine 1 dazuaddiert und das Ergebnis 4 *danach* der Variablen ZAHL als neuer Wert zugewiesen.

Wir können unseren Algorithmus zur Berechnung der Summe der ersten 25 ganzen Zahlen damit etwas straffer formulieren:

1. SUMME := 0
2. ZAHL := 1
3. SUMME := SUMME + ZAHL
4. ZAHL := ZAHL + 1
5. Wenn ZAHL größer als 25 ist, dann beende die Operation,
   sonst gehe zurück zu Schritt 3.

Überzeugen Sie sich davon, daß hier dieselben Operationen wie in der ersten Fassung beschrieben wurden. Man kann diesen Algorithmus symbolisch als Flußdiagramm wie in Bild 6.1 wiedergeben.

In einem solchen Flußdiagramm werden einfache Anweisungen in Rechtecke eingeschlossen, Entscheidungsvorgänge werden in einer Raute angegeben. Jedem der fünf Schritte in unserem Algorithmus entspricht im Flußdiagramm von Bild 6.1 ein Kasten bzw. eine Entscheidungsraute. Die Pfeile dazwischen geben an, wie von einem Schritt zum nächsten übergegangen wird. Dabei ist der in unserem Beispiel links aus der Entscheidungsraute austretende Pfeil am interessantesten. Er stellt den „Pfad" dar, den das Programm nimmt, wenn die Entscheidungsbedingung „Zahl > 25" nicht erfüllt ist: „gehe zurück zu Schritt 3". Es bildet sich so − im Flußdiagramm deutlich sichtbar − eine Schleife aus, in der die Programmschritte 3, 4 und 5 solange wiederholt werden, bis ZAHL den Wert 25 überschritten hat. Man bezeichnet eine solche Programmstruktur demzufolge als *Programmschleife*.

Pascal bietet drei Möglichkeiten, mit denen automatisch Programmschleifen gebildet werden können. Es sind dies die Anweisungen REPEAT, WHILE und FOR. Alle können sie für unsere Addition der ersten 25 ganzen Zahlen verwendet werden. Doch besitzt eine jede von ihnen besondere Eigenschaften, die wir im Folgenden untersuchen wollen.

Die REPEAT-Anweisung

REPEAT bedeutet „wiederhole", und so kann die REPEAT-Anweisung zur wiederholten Abarbeitung einer Gruppe von Anweisungen in einem Programm verwendet werden. Das geschieht nach dem Muster:

Wiederhole die Anweisungen bis die Bedingung erfüllt ist.

bzw. mit den in Pascal reservierten Wörtern:

REPEAT   Anweisungen   UNTIL   Bedingung erfüllt

Das reservierte Wort UNTIL muß in Pascal den Befehl REPEAT begleiten, d. h. die zu wiederholenden Anweisungen werden durch REPEAT und UNTIL geklammert. Formal sieht das so aus, wie es das Syntaxdiagramm von Bild 6.2 zeigt.

Zwischen den reservierten Wörtern REPEAT und UNTIL können eine oder mehrere Anweisungen stehen. Die Bedingung, die den Abbruch der

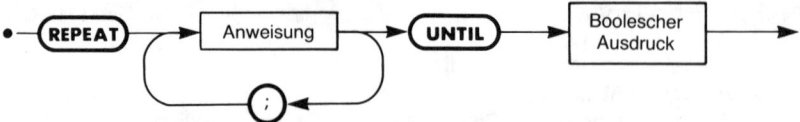

Bild 6.2   Die Syntax der REPEAT-UNTIL-Schleife

Schleife bestimmt, wird durch den Booleschen Ausdruck nach UNTIL gegeben. Liefert dieser Ausdruck den Wert FALSE, d. h. ist die Schleifenendbedingung nicht erfüllt, dann werden die Anweisungen zwischen RE-
PEAT und UNTIL noch einmal abgearbeitet. Ergibt der Test dagegen
den Wert TRUE, dann wird die Schleife verlassen und mit den im Programm folgenden Anweisungen weitergearbeitet.

Man kann in dem Booleschen Ausdruck zum Beispiel die sechs Vergleichsoperatoren:

$$= \quad > \quad < \quad >= \quad <= \quad <>$$

verwenden. In unserem Fall bietet sich der Test

ZAHL >25

an. Damit erhält das Pascal-Programm zur Berechnung der Summe der ersten 25 ganzen Zahlen die Form, die in Bild 6.3 wiedergegeben ist.

Dieses Programm stellt eine Möglichkeit dar, den oben beschriebenen Algorithmus in ein Pascal-Programm umzusetzen. Dabei sollte man einige

```
PROGRAM SUMME25A (INPUT,OUTPUT);
(* BERECHNET DIE SUMME DER ERSTEN 25 GANZEN ZAHLEN *)
VAR SUMME,ZAHL: INTEGER;

BEGIN
    SUMME := 0;
    ZAHL := 1;
    REPEAT
        SUMME := SUMME + ZAHL;
        ZAHL := ZAHL + 1
    UNTIL ZAHL > 25;
    WRITELN ('DIE SUMME DER ERSTEN 25 GANZEN ZAHLEN IST' ,SUMME)
END. (* SUMME25A *)
```

Bild 6.3   Ein Programm zur Berechnung der Summe der ersten 25 ganzen Zahlen

Punkte festhalten. So sind z. B. die Variablen SUMME und ZAHL als ganze Zahlen deklariert:

VAR SUMME,ZAHL: INTEGER;

Die beiden im Programm folgenden Anweisungen dienen der *Initialisierung*. Sie legen die für den Einstieg in die Schleife benötigten Anfangswerte (die „initialen" Werte) für die beiden Variablen SUMME und ZAHL fest:

SUMME := 0;
ZAHL := 1;

Das gilt allgemein: Eine Variable, die in einer Schleife einen Wert akkumuliert, d. h. die dort errechneten Teilwerte zu einem Gesamtwert zusammenfaßt, muß vorher initialisiert werden. Damit geht in der Regel jeder Schleife eine Initialisierung ähnlich der eben beschriebenen voran.

Auf die Initialisierung folgt im Programm die eigentliche Schleife:

REPEAT
SUMME := SUMME + ZAHL;
ZAHL := ZAHL + 1
UNTIL ZAHL > 25;

Die beiden in ihr enthaltenen Anweisungen werden so oft wiederholt, bis ZAHL den Wert 25 überschritten hat. In jedem Durchlauf wird der Wert von ZAHL um Eins erhöht. Und da ZAHL mit dem Wert 1 initialisiert worden ist, wird die Schleife genau fünfundzwanzigmal durchlaufen.

Wenn ein Programm erstellt worden ist, dann sollte es immer erst von Hand nachgeprüft werden, bevor man es dem Rechner zur Abarbeitung übergibt. Wir wollen dies jetzt tun, um uns von der korrekten Funktion der Schleife zu überzeugen.

Zu Anfang der Programmabarbeitung erhält SUMME den Wert 0 und ZAHL den Wert 1. Der erste Schleifendurchlauf ergibt dann folgendes:

SUMME := SUMME + ZAHL

d. h. mit den Anfangswerten:

SUMME := 0 + 1 (= 1)

und

ZAHL := ZAHL + 1

d. h.

ZAHL := 1 + 1 (= 2)

Erinnern Sie sich: Der Ausdruck auf der rechten Seite der Zuweisung wird zuerst abgearbeitet. Das bedeutet im letzten Beispiel:

    neuer Wert von ZAHL := alter Wert von ZAHL + 1

Dann ist das UNTIL erreicht. ZAHL hat den Wert 2. Damit ergibt der Boolesche Ausdruck

    ZAHL > 25

mit

    2 > 25

den Wahrheitswert FALSE, woraufhin die Schleife erneut durchlaufen wird. In diesem zweiten Durchgang erhält ZAHL den Wert 3, der Vergleich ergibt FALSE, und ein neuer Durchgang wird eingeleitet.

Dies wiederholt sich mit einem von Durchgang zu Durchgang um Eins wachsendem Wert von ZAHL. Wenn Zahl den Wert 26 erreicht hat, dann ergibt der Boolesche Ausdruck nach UNTIL mit

    26 > 25

den Wahrheitswert TRUE. Das signalisiert dem Rechner, daß das Ende der Schleifenabarbeitung erreicht ist: Es findet kein neuer Durchgang durch diese Schleife mehr statt.

Überzeugen Sie sich selbst davon, daß unser Programm tatsächlich die Summe

    1 + 2 + 3 + ... + 25

berechnet.

Wichtig:
Überzeugen Sie sich auf alle Fälle davon, daß der Anfangs- und der Endwert der Variablen, welche die Schleifendurchgänge steuert, stimmt. In unserem Fall wird die Schleife durch den Wert von ZAHL gesteuert. Dieser beträgt zu Anfang 1 und am Schluß 26.

Falls es Ihnen nicht aufgefallen sein sollte: Das Paar REPEAT...UNTIL faßt die zwischen ihnen stehenden Anweisungen ähnlich wie BEGIN...END zu einem Anweisungsblock zusammen. Wir hätten zwar innerhalb der Schleife auch BEGIN und END verwenden können, doch ist das überflüssig, denn die Klammerung ist klar.

Das Programm wird durch eine Meldung abgeschlossen, welche den Wert der errechneten Summe ausgibt:

WRITELN ('DIE SUMME DER ERSTEN 25 GANZEN ZAHLEN IST' ,SUMME)

Noch etwas ist wichtig: die zwischen REPEAT und UNTIL stehenden Anweisungen werden immer *mindestens einmal* abgearbeitet. Dann zuerst kommt die Anweisungsfolge und dann erst der Test, ob die Schleife abgebrochen werden soll. Das ist nicht immer erstrebenswert. Oft hat man auch die Situation, daß die Schleife nur dann, wenn die Schleifenbedingung erfüllt ist, abgearbeitet werden darf. Dieser Fall kann in Pascal mit der WHILE-Anweisung programmiert werden.

Die WHILE-Anweisung

Hier wird zuerst − vor Eintritt in die Schleife − getestet, ob die Schleifenbedingung vorliegt. Wenn ja, dann wird die Anweisung bzw. der Block, der die Schleife ausmacht, übersprungen und mit den darauffolgenden Befehlen weitergemacht. Das läßt sich so beschreiben:

SOLANGE (Bedingung erfüllt) MACHE Anweisung

Ersetzen wir SOLANGE und MACHE durch die für diesen Zweck in Pascal reservierten Wörter WHILE und DO:

WHILE (Bedingung erfüllt) DO Anweisung

Bild 6.4 zeigt das zugehörige formale Syntaxdiagramm.

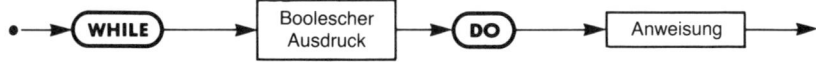

Bild 6.4   Die Syntax der WHILE-Schleife

Beachten Sie dabei, daß überall da, wo eine Anweisung vorgeschrieben ist, diese auch durch einen ganzen Anweisungsblock ersetzt werden kann, der (beispielsweise) durch BEGIN und END geklammert sein muß. Andersherum gesagt: Wenn in einer WHILE-Schleife mehrere Anweisungen nach DO abgearbeitet werden sollen, dann müssen sie durch BEGIN und END zu einem Anweisungsblock zusammengefaßt werden.

Bild 6.5 zeigt, welche Form unsere Berechnung der Summe der ersten 25 ganzen Zahlen bei Verwendung von WHILE erhält.

Dieses Programm enthält dieselbe Zahl von Anweisungen wie unser erstes Beispiel. Der Unterschied liegt darin, daß in Bild 6.5 die Bedingung *vor* dem Eintritt in die Schleife getestet wird. Das führt dazu, daß unter Umständen die Anweisungen in der Schleife nie abgearbeitet werden, während das im Fall der REPEAT-Schleife immer *mindestens einmal* geschieht.

Beachten sie weiter, daß wir unseren Test im Vergleich zur REPEAT-Schleife umkehren mußten. Statt ZAHL>25 untersuchen wir hier die Bedingung ZAHL<26. Das liegt daran, daß eine WHILE-Schleife solange abgearbeitet wird, solange die Schleifenbedingung wahr ist, d. h. solange

```
PROGRAMM SUMME25B (INPUT,OUTPUT);
(* BERECHNET DIE SUMME DER ERSTEN 25 GANZEN ZAHLEN *)
VAR SUMME,ZAHL: INTEGER;
BEGIN
    SUMME := 0;
    ZAHL := 1;
    WHILE  ZAHL <26 DO
        BEGIN
            SUMME := SUMME + ZAHL;
            ZAHL := ZAHL + 1
        END; (* WHILE *)
    WRITELN ('DIE SUMME DER ERSTEN 25 GANZEN ZAHLEN IST',SUMME)
END. (* SUMME25B *)
```

Bild 6.5   Ein anderes Programm zur Berechnung der Summe der ersten 25 ganzen Zahlen

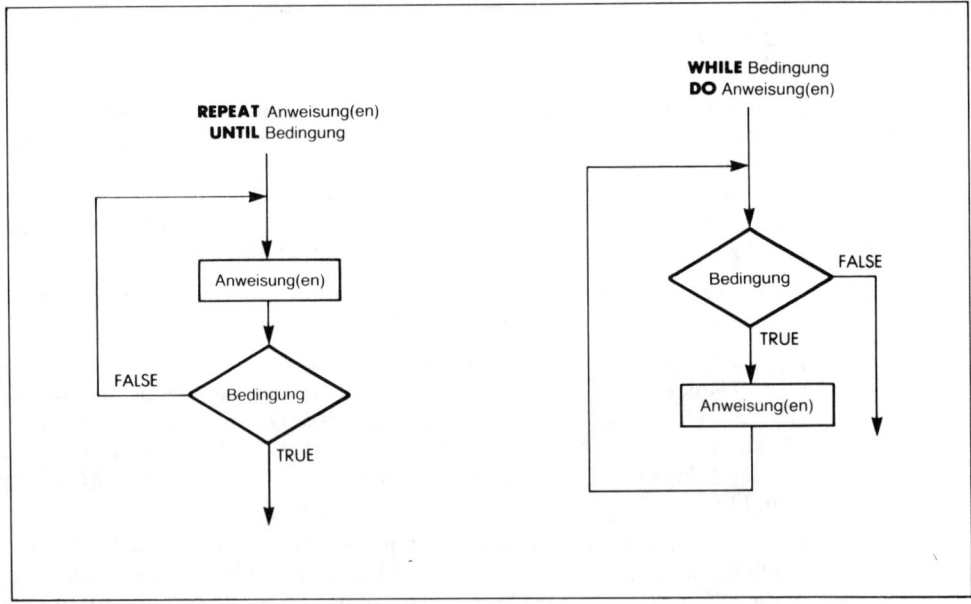

Bild 6.6   Zum Unterschied zwischen REPEAT-UNTIL- und WHILE-Schleifen

der Boolesche Ausdruck am Schleifenbeginn den Wahrheitswert TRUE ergibt. Wir haben es hier mit einer „Schleifendurchlaufsbedingung" zu tun, während im REPEAT-Fall eine „Schleifenabbruchbedingung" verwendet wird. Hier wird die Schleife solange durchlaufen, solange der Test am Schleifenende den Wahrheitswert FALSE ergibt. Ist die Abbruchbedingung dagegen erfüllt, liefert der Test also TRUE , dann wird mit dem Rest des Programms weitergemacht. Bild 6.6 verdeutlicht dieses unterschiedliche Verhalten von REPEAT-UNTIL- und WHILE-DO-Schleifen.

Ein weiteres Beispiel

Bild 6.7 zeigt noch ein Beispiel für den Einsatz der WHILE-Anweisung. Hier berechnen wir den Durchschnitt der ersten n ganzen Zahlen, wobei die Anzahl n der zu erfassenden Zahlen in jedem Programmlauf über die Tastatur vorgegeben werden soll. In diesem Programm nimmt Zahl nacheinander die Werte 0, 1, 2 bis zu einem Maximalwert MAX an, welcher der über die Tastatur eingegebenen Obergrenze n der zu verarbeitenden Zahlen entspricht.

```
PROGRAM SCHNITT 1 (INPUT,OUTPUT);
VAR   MITTEL: REAL;
       SUMME,ZAHL,MAX: INTEGER;
BEGIN
       READLN (MAX);
       SUMME := 0;
       ZAHL := 0;
       WHILE ZAHL<MAX DO
          BEGIN
             ZAHL := ZAHL + 1;
             SUMME := SUMME + ZAHL
          END;
       MITTEL := SUMME / MAX;
       WRITELN ('DER DURCHSCHNITT DER ERSTEN',MAX,'ZAHLEN IST',MITTEL)
END.
```

Bild 6.7   Ein Programm zur Durchschnittsberechnung

Die Summe der ersten MAX ganzen Zahlen wird wie im letzten Beispiel in einer Schleife berechnet. Danach wird die SUMME durch die Anzahl MAX der aufaddierten Zahlen geteilt, was das MITTEL dieser Zahlen ergibt:

    MITTEL := SUMME / MAX;

Beachten Sie, daß in dieser Zuweisung SUMME und MAX als ganzzahlige, MITTEL als reelle Variable deklariert sind. In dieser Form ist die Anweisung korrekt.

Zum Schluß wird der Durchschnittswert ausgedruckt:

    WRITELN ('DER DURCHSCHNITT DER ERSTEN',MAX,'ZAHLEN IST',MITTEL)

Gemeinsamkeiten von WHILE und REPEAT

WHILE und REPEAT erlauben die wiederholte Abarbeitung von Pascal-Anweisungen. Beachten Sie dabei jedoch, daß mehrere Anweisungen in einer WHILE-Schleife durch BEGIN und END zu einem Anweisungsblock zusammengefaßt werden _müssen,_ während das im Fall von REPEAT...UNTIL wegen der Klammerfunktion dieser beiden Befehlsworte nicht notwendig ist (aber gemacht werden kann).

Es empfiehlt sich, wenn die Laufzeit des Programms klein gehalten werden soll, die Testbedingung zu Beginn der WHILE-Schleife bzw. nach UNTIL so einfach wie möglich zu formulieren. Diese Bedingung muß nämlich in jedem Durchlauf von Grund auf neu durchgerechnet werden, und jeder Rechenschritt kostet Zeit. Je knapper man sich faßt, um so geringer ist hier der Zeitaufwand. Das gilt ganz entsprechend für die Anweisungen in der Schleife selbst.

Mit den beiden Wiederholungsanweisungen WHILE und REPEAT lassen sich Anweisungen in einer Schleife so oft abarbeiten, wie eine bestimmte Bedingung vorliegt. Diese Bedingung kann anhand eines von der Tastatur oder aus einer Diskettendatei übernommenen Variablenwerts getestet werden oder — was häufig vorkommt — anhand des Stands einer _Zählvariablen,_ die in jedem Durchlauf herauf- oder heruntergezählt wird. In unseren Programmbeispielen diente die Variable ZAHL als Zähler. Sie wurde in jedem Schleifendurchgang um 1 heraufgezählt.

Nun kommt der Fall, daß die Anzahl der Schleifendurchgänge vom Stand einer Zählvariablen abhängt, so häufig vor, daß in Pascal wie in fast allen höheren Programmiersprachen hierfür ein besonderer Schleifenmechanismus bereitgestellt wurde, in dem automatisch die Variable weitergezählt und die Schleifenendbedingung getestet wird. In vielen Sprachen kennt man diesen Mechanismus als DO- bzw. als FOR-Schleife; Pascal verwendet die FOR-Anweisung zu diesem Zweck.

Die FOR-Anweisung

Ein einfaches Beispiel für eine FOR-Anweisung ist

    SUMME := 0
    FOR I:=1 TO N DO SUMME := SUMME + I;

Die zweite Zeile läßt sich etwa so in Worte fassen:

FÜR die Dauer, die I, angefangen mit dem Wert 1 und in jedem Schleifendurchlauf um 1 weitergezählt, BIS ZUM Wert N braucht, MACHE SUM-
ME := SUMME+I.

Damit wird die Anweisung nach DO, also die Anweisung, in der zur Variablen SUMME der Wert von I addiert wird, N-mal abgearbeitet. Im ersten Durchgang hat I den Wert 1, im zweiten den Wert 2 und so weiter, bis
N überschritten ist. Hat N so z. B. den Wert 10, dann ergibt diese Schleife
die SUMME der ersten 10 ganzen Zahlen.

Allgemein läßt sich die Syntax der FOR-Anweisung informell so beschreiben:

FOR Zählvariable := Anfangswert **TO** Endwert **DO** Anweisung

Hier wird der Wert der Zählvariable in jedem Durchgang um 1 erhöht.
Man kann die Variable aber auch herunterzählen, wenn man TO durch
DOWNTO (BIS...HINUNTER) ersetzt. Bild 6.8 enthält das formale
Syntaxdiagramm für die FOR-Anweisung.

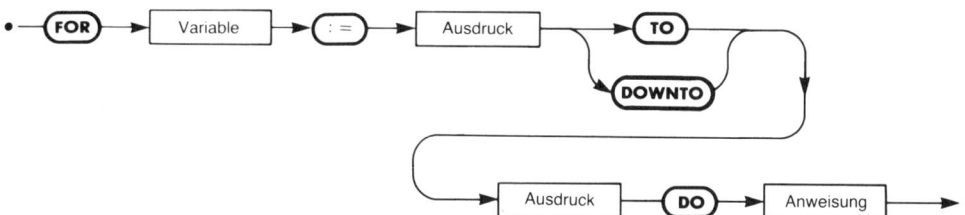

Bild 6.8   Die Syntax der FOR-Schleife

Bei dieser Art von Wiederholungsanweisung liegt die Zahl der Schleifendurchgänge fest, sobald die FOR-Anweisung abgearbeitet ist. Das geht
so: Zuerst wird die Zählvariable (in unserem Beispiel ist das I) auf den
„Anfangswert" gesetzt. Dann wird der Ausdruck für den Endwert berechnet und geprüft, ob die Zählvariable diesen Wert bereits überschritten
(bei DOWNTO unterschritten) hat. Falls nicht, so wird die Anweisung
nach DO abgearbeitet. Sonst wird mit dem Rest des Programms weitergemacht. Wurde die Schleifenanweisung abgearbeitet, dann wird die Zählvariable um 1 erhöht (oder bei DOWNTO erniedrigt) und wieder geprüft,
ob der Endwert überschritten worden ist. Wenn nein, dann wiederholt
sich der Vorgang, ansonsten wird zu der der Schleife folgenden Anweisung übergegangen.

Bild 6.9 zeigt, wie sich unsere Berechnung des Durchschnitts mit Hilfe von
FOR formulieren läßt. Ein Vergleich mit Bild 6.7 zeigt, daß das Programm hierdurch beträchtlich verkürzt worden ist. In der neuen Version
wird das Weiterzählen von ZAHL und der Schleifenendtest (Abbruch,

```
PROGRAMM SCHNITT2 (INPUT,OUTPUT);
VAR  MITTEL: REAL;
     SUMME,ZAHL,MAX: INTEGER;
BEGIN
     READLN (MAX);
     SUMME := 0;
     FOR ZAHL := 1 TO MAX DO
          SUMME : = SUMME + ZAHL;
     MITTEL : = SUMME/MAX;
     WRITELN ('DER DURCHSCHNITT DER ERSTEN' ,MAX, 'ZAHLEN IST' ,MITTEL)
END.
```

Bild 6.9   Ein Programm zur Durchschnittsberechnung, zweite Version

wenn ZAHL den Wert MAX überschritten hat) von der FOR-Anweisung in einem Zug durchgeführt.

Die Form der Programmschleife, bei der eine *Zählvariable* unmittelbar zur *Schleifensteuerung* dient (in unserem letzten Beispiel ist das die Variable ZAHL), tritt in der Praxis sehr oft auf. Es ist deshalb sehr wichtig, diese Möglichkeit voll verstanden zu haben. Man muß bei der Anwendung von FOR-Schleifen in Pascal jedoch folgende Einschränkungen beachten:

1. Die Zählvariable (Steuervariable) kann – wie wir es getan haben – innerhalb der Schleife für Berechnungen benutzt werden. Ihr Wert darf jedoch von den Anweisungen in der Schleife selbst nicht verändert werden. Es ist so z. B. nicht erlaubt, unser Programm um ZAHL := ZAHL*2 zu ergänzen, wenn etwa nur gerade Zahlen in die Rechnung einbezogen werden sollen.

2. Weder der Anfangs- noch der Endwert der Zählvariablen darf von der Schleife verändert werden. Außerdem müssen Anfangs- und Endwert sowie die Zählvariable selbst denselben Datentyp besitzen. Dieser ist in der Regel ganzzahlig, kann jedoch auch ein anderer skalarer Typ (jedoch keine reelle Zahl) sein.

3. Die Anweisungen in der FOR-Schleife werden nicht abgearbeitet, wenn der Endwert der Zählvariablen von vornherein kleiner (oder größer bei DOWNTO) als der Anfangswert ist. Da nämlich der Abbruchtest vor Eintritt in die Schleife erfolgt, macht der Rechner in diesem Fall gleich mit dem Rest des Programms weiter.

4. Der Wert der Steuervariablen (also von ZAHL in unserem Beispiel) ist nach Verlassen der FOR-Schleife undefiniert. Wir können so in unserem Beispiel nach der Schleife nicht noch eine Meldung der Art

WRITELN ('ALS NAECHSTES WAERE',ZAHL,'AN DER REIHE')

ausgeben oder ZAHL in einer Anweisung wie

J := ZAHL + 1

verwenden, denn der Rechner hat ihren Wert mit dem Verlassen der Schleife vergessen.

Geschachtelte Schleifen

Es ist ohne weiteres möglich, eine Schleife als Teil der Anweisungen einer anderen Schleife zu benutzen, d. h. mehrere Schleifen ineinander zu *verschachteln*. Dabei können (im Prinzip) beliebig viele Schleifen ineinandergeschachtelt werden.

```
PROGRAM EINMALEINS (INPUT,OUTPUT);
VAR I,J,K,M,N: INTEGER;
BEGIN
    READLN (M,N);
    FOR I:=1 TO M DO
        BEGIN
            WRITELN;
            FOR J:=1 TO N DO
                BEGIN
                    K := J * I;
                    WRITELN (J,'X',I,'=',K)
                END
        END
END. (* EINMALEINS *)
```

Bild 6.10   Ein Einmaleins-Programm

Betrachten wir als Beispiel Bild 6.10, wo ein Einmaleins ausgedruckt werden soll. Das Programm ist insofern allgemein gehalten, als eine Tabelle der Produkte der ersten M ganzen Zahlen multipliziert mit den ersten N ganzen Zahlen erarbeitet wird. Dabei werden die Grenzen M und N beim Programmlauf vom Benutzer angefordert:

READLN (M,N);

Dem folgt eine FOR-Schleife, die M-mal durchlaufen wird:

FOR I:=1 **TO** M **DO**

Hier wird bei jedem Durchgang zunächst eine Leerzeile ausgegeben:

WRITELN;

Dann wird eine weitere Schleife N-mal abgearbeitet:

FOR J:=1 **TO** N **DO**

In ihr wird in jedem Durchgang das Produkt K aus I und J ermittelt:

K := J * I;

und dann auf einer eigenen Zeile mit dem nötigen Kommentar ausgedruckt:

WRITELN (J,'X',I,'=',K)

Das geschieht N-mal, bis die innere Schleife vollständig abgearbeitet ist.
Erst dann gelangt das Programm in die äußere Schleife zurück und zählt,
da hier bereits alle Schleifenanweisungen abgearbeitet sind, deren Steuervariable I um 1 weiter und beginnt einen neuen Durchlauf, falls M noch
nicht überschritten worden ist.

Bei M=12 und N=9 erhalten wir z. B. folgende Tabelle:

```
1 × 1 = 1
2 × 1 = 2
3 × 1 = 3
4 × 1 = 4
5 × 1 = 5
6 × 1 = 6
7 × 1 = 7
8 × 1 = 8
9 × 1 = 9

1 × 2 = 2
2 × 2 = 4
3 × 2 = 6
. . .
7 × 12 =  84
8 × 12 =  96
9 x  12 = 108
```

Beachten Sie, daß die innere Schleife jedesmal vollständig (von J=1 bis
J=9) abgearbeitet wurde, bevor die äußere Schleife neu durchlaufen werden konnte.

Zusammenfassung der drei Schleifenanweisungen

In vielen Fällen kann eine beliebige der drei Schleifenarten

REPEAT ... UNTIL
WHILE ... DO
FOR ... DO

verwendet werden. Jedoch hat jede ihre besonderen Einschränkungen, die sie für manche Fälle ungeeignet machen. Insgesamt bieten sie folgende Eigenschaften.

Die REPEAT-Schleife wird immer mindestens einmal durchlaufen. Man sollte sie also dann nicht benutzen, wenn hierdurch ein besonderes Problem entstehen kann (z. B. eine Divison durch Null, wenn der Nenner des Bruchs in die Schleifenbedingung eingeht).

In der REPEAT-Schleife wird die Schleifenbedingung am Ende der Schleife geprüft. Sie eignet sich daher besonders zum Nachprüfen von Ereignissen, die beim Abarbeiten der Schleifenanweisungen eintreten (wie z. B. der berechnete oder aus einer Datei übernommene Wert einer Variablen).

Bei der WHILE-Schleife wird die Schleifenbedingung vor dem Schleifendurchlauf getestet. So kann es vorkommen, daß die Anweisungen in der Schleife überhaupt nicht abgearbeitet werden. Man kann auch in der WHILE-Schleifenbedingung nachprüfen, ob und wie irgendein Ereignis in der Schleife aufgetreten ist. Im Gegensatz zur REPEAT-Schleife liegt dieser Wert aber *vor* dem jeweiligen Schleifendurchgang fest. Man muß ihn also bereits vor dem ersten Eintritt in die Schleife geeignet als Anfangswert zur Verfügung stellen.

Die Zahl der Durchgänge einer FOR-Schleife liegt dagegen beim Aufruf der Schleife fest. Man darf diesen Wert in der Schleife selbst nicht mehr ändern. Der Vorzug dieser Schleifenart ist ihre rasche Abarbeitung und die mit ihr verbunde Einsparung von Anweisungen. Sie benötigt − richtig eingesetzt − weniger Befehle und ermittelt automatisch die Schleifenbedingung durch Erhöhen oder Erniedrigen der Zählvariablen und durch Überprüfen, ob der Endwert überschritten worden ist. Sie eignet sich jedoch normalerweise nicht für die Fälle, in denen ein besonderes im Schleifendurchgang eingetretenes Ereignis die Zahl der Durchgänge bestimmen soll.

Entscheidungsanweisungen

Wir können damit auf einfach Weise in Pascal-Programmen Schleifen einsetzen. Das reicht jedoch noch nicht zur Lösung aller Programmierprobleme aus. Insbesondere benötigen wir die Möglichkeit, abhängig von bestimmten Bedingungen verschiedene Anweisungen abarbeiten zu lassen. D. h. wenn die Bedingung zutrifft, soll eine ganz bestimmte, andernfalls eine andere Anweisung verarbeitet werden. Nützlich wäre auch die Möglichkeit, mehr als nur zwei Alternativen zur Verfügung zu haben. Wenn z. B. in einem bestimmten Fall sechs verschiedene Möglichkeiten bestehen, je nachdem ob eine bestimmte Variable den Wert 1, 2, 3, 4, 5 oder 6 hat, dann wäre es ganz sinnvoll, unmittelbar aus der Untersuchung dieser Variablen heraus die richtige Alternative zur weiteren Bearbeitung wählen zu können.

Pascal bietet beides: Die IF-Anweisung für den Fall, daß unter zwei und die CASE-Anweisung, wenn unter mehr Möglichkeiten auszuwählen ist.

Auswahl unter zwei Möglichkeiten: Die IF-Anweisung

Das Problem läßt sich so formulieren:

> WENN eine bestimmte Bedingung zutrifft, DANN führe Anweisung 1, SONST arbeite Anweisung 2 aus.

WENN...DANN...SONST lauten im Englischen IF...THEN...ELSE. Diese Wörter sind in Pascal im gegebenen Sinne reserviert, so daß wir folgende informelle Syntaxbeschreibung erhalten:

> **IF** Boolescher Ausdruck **THEN** Anweisung 1
> **ELSE** Anweisung 2

Das formale Syntaxdiagramm der IF-Anweisung findet sich in Bild 6.11.

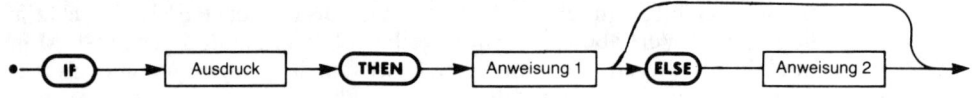

Bild 6.11   Die Syntax der IF-THEN-ELSE-Entscheidung

Wenn der Boolesche Ausdruck den Wert TRUE liefert, dann wird die Anweisung nach THEN (Anweisung 1) abgearbeitet. Liefert der Boolesche Ausdruck dagegen den Wert FALSE, dann wird die Anweisung nach ELSE (Anweisung 2) ausgeführt. Dabei kann der ELSE-Teil auch entfallen, was die Form

> **IF** Boolescher Ausdruck **THEN** Anweisung;

ergibt. Hier wird die Anweisung nach THEN abgearbeitet, wenn der Boolesche Ausdruck den Wahrheitswert TRUE liefert. Ansonsten wird gleich mit dem Rest des Programms weitergemacht. Bild 6.12 verdeutlicht dieses Verhalten anhand des zugehörigen Flußdiagramms.

Ein einfaches Beispiel für eine IF-Anweisung wäre

> **IF** ZAHL>10 **THEN** WRITELN ('ZAHL > 10');

Eine etwas tiefere Einsicht in das Verhalten der IF-Anweisung mag das

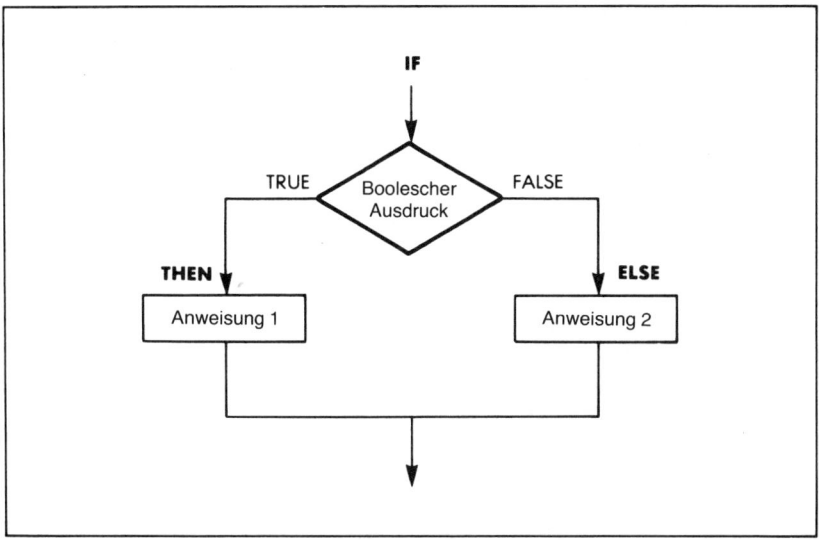

Bild 6.12   Die IF-THEN-ELSE-Entscheidung im Flußdiagramm

folgende Beispiel geben. In diesem Programm sollen über die Tastatur Zahlen eingetippt werden. Aufgabe des Programms ist es, diejenigen Eingaben zu zählen, deren Wert über 10 liegt. Das soll solange fortgesetzt werden, bis eine Null eingegeben wurde. Bild 6.13 zeigt das zugehörige Programm.

In diesem einfachen Beispiel muß lediglich dann, wenn die Eingabe größer als 10 ist, eine besondere Aktion erfolgen. Aus diesem Grund konnte im Programm der ELSE-Teil entfallen.

```
PROGRAMM ZAEHLEN (INPUT,OUTPUT);
VAR ANZAHL,EINGABE: INTEGER;
BEGIN
ANZAHL := 0;
    REPEAT
        READLN (EINGABE);
IF EINGABE>10 THEN ANZAHL := ANZAHL + 1
    UNTIL EINGABE = 0;
WRITELN ('ANZAHL DER EINGABEN GROESSER ALS 10:',ANZAHL)
END.
```

Bild 6.13   Ein Zählprogramm

Das Programm übernimmt zunächst vom Benutzer eine ganze Zahl:

```
READLN (EINGABE);
```

Wenn diese EINGABE größer als 10 ist, dann wird die bis dahin festge-
stellte ANZAHL derartiger Werte um 1 erhöht. Wenn nicht, dann geschieht nichts weiter:

```
IF EINGABE>10 THEN ANZAHL := ANZAHL + 1
```

Das wiederholt sich (REPEAT), bis eine 0 eingetippt wurde:

```
UNTIL EINGABE = 0;
```

In diesem Fall schließt das Programm mit einer passenden Meldung:

```
WRITELN ('ANZAHL DER EINGABEN GROESSER ALS 10:',ANZAHL);
```

Im Gegensatz zu den oben besprochenen Schleifenanweisungen bewirkt
die IF-Anweisung keinerlei Wiederholung von Programmteilen. Sie testet
einfach, ob eine bestimmte Bedingung zutrifft. Wenn ja, dann wird die im
THEN-Teil angegebene Anweisung abgearbeitet und zwar ein einziges
Mal. Anschließend wird mit dem restlichen Programm weitergemacht.

Wenn die Bedingung nicht zutrifft, so wird, falls ein ELSE-Teil vorhanden
ist, die dort angegebene Anweisung abgearbeitet. Gibt es keinen ELSE-
Teil, so geschieht nichts besonderes. Es wird sofort mit der nächsten Anweisung des Programms weitergearbeitet.

Man kann die Testbedingung so komplex formulieren, wie es vom Problem her notwendig ist. Nehmen wir an, wir bräuchten ein Programm, das
eine Meldung ausgibt, wenn eine ganze Zahl kleiner als 50 oder größer als
60 ist. In der Praxis kann man so etwas verwenden, um aus einem Daten-

```
PROGRAM FILTER (INPUT,OUTPUT);
VAR EINGABE: INTEGER;
BEGIN
    REPEAT
        READLN (EINGABE);
        IF (EINGABE<50) OR (EINGABE>60) THEN
            WRITELN ('DIESE ZAHL IST UNGUELTIG')
    UNTIL EINGABE = 0
END.
```

Bild 6.14   Ein Filterprogramm

strom alle Werte aus einem bestimmten Bereich herauszufiltern. Daher bezeichnet man dies auch als Filterprogramm. In unserem Fall akzeptiert der Filter nur die Zahlen, die in den Bereich von 50 bis 60, einschließlich der Grenzen fallen. Die Arbeit soll abgeschlossen werden, wenn der Wert 0 entdeckt wurde.

Das Programm dazu steht in Bild 6.14. Es entspricht im Großen und Ganzen unserem vorigen Beispiel. Nur die nach IF angegebene Bedingung ist komplizierter:

(EINGABE<50) **OR** (EINGABE>60)

Wenn die EINGABE beispielsweise den Wert 53 hat, dann ergeben sich hier folgende Teilwerte:

EINGABE<50 ergibt den Test 53<50 und ist somit FALSE
EINGABE>60 ergibt den Test 53>60 und ist somit FALSE

Beide Teilergebnisse sind durch eine ODER-Operation verknüpft, was im Endeffekt ergibt:

(53<50) **OR** (53>60) ist FALSE **OR** FALSE, also FALSE

Damit wird keine besondere Aktion durch die IF-Anweisung ausgelöst.

Wenn dagegen die EINGABE einen Wert kleiner als 50 oder größer als 60 hat, dann wird die Meldung „DIESE ZAHL IST UNGUELTIG" ausgegeben.

Geschachtelte Entscheidungen

Nach THEN oder ELSE kann jede beliebige Anweisung stehen. Insbesondere kann man, wenn mehrere Möglichkeiten zur Auswahl stehen, innerhalb einer IF-Anweisung eine weitere IF-Anweisung verwenden. Ein Beispiel dazu steht in Bild 6.15.

```
IF SPANNUNG>2 THEN
    IF SPANNUNG>20 THEN
        IF SPANNUNG>100 THEN
        WRITELN ('SPANNUNGSBEREICH UEBERSCHRITTEN')
        ELSE BEREICH := GROSS;
    ELSE BEREICH := NORMAL;
ELSE WRITELN ('SPANNUNG LIEGT UNTER 2 V');
```

Bild 6.15   Ein Programmausschnitt zur Bereichswahl

Hier soll abhängig von dem Wert einer SPANNUNG der passende BE-REICH gewählt werden, wobei es verschiedene Möglichkeiten gibt:

- Bei einer Spannung über 100 V ist der verfügbare Meßbereich über-schritten.
- Bei einer Spannung zwischen 20 V und 100 V wird ein GROSSer BE-REICH ausgewählt.
- Bei einer Spannung zwischen 2 V und 20 V soll der NORMALe BE-REICH eingeschaltet werden.
- Bei einer Spannung unter 2 V ist der verfügbare Meßbereich unter-schritten.

Diese Möglichkeiten werden mit drei *verschachtelten* IF-Anweisungen gehandhabt. Das entspricht dem Einsatz eines *Entscheidungsbaums,* wie er in Bild 6.16 illustriert ist. Jede Stufe dort entspricht einem IF...THEN...ELSE im Programmausschnitt von Bild 6.15.

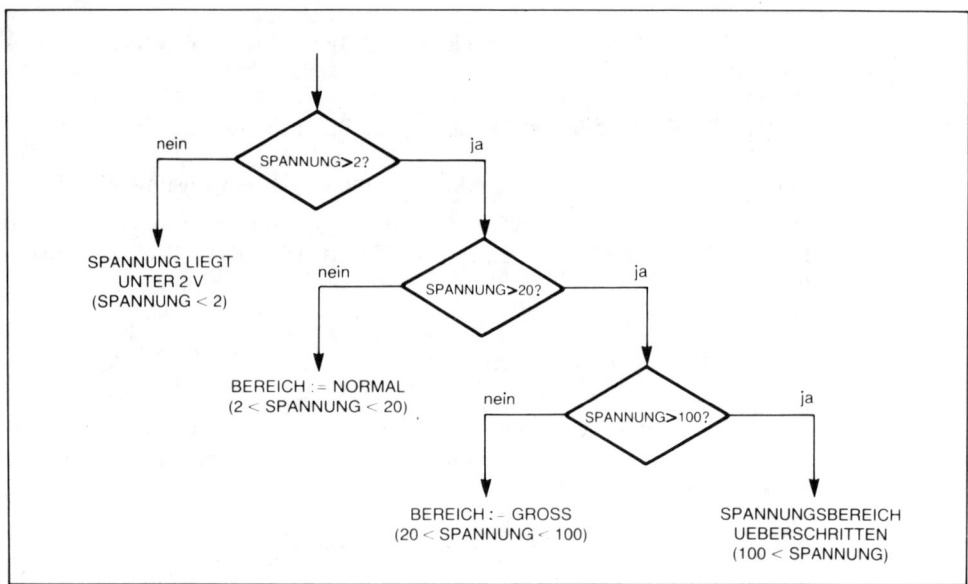

Bild 6.16   Ein binärer Entscheidungsbaum

Es ist oft jedoch bequemer, derartige Mehrfachentscheidungen mit nur ei-ner Anweisung zu handhaben. Dazu steht in Pascal die CASE-Anweisung zur Verfügung.

Mehrfachentscheidungen: Die CASE-Anweisung

In Pascal gibt es für solche Entscheidungen, in denen unter mehr als zwei Möglichkeiten zu wählen ist, die CASE-Anweisung. Man kann mit ihr ab-hängig vom Wert eines Ausdrucks eine von n Anweisungen abarbeiten

lassen. Dabei muß der Ausdruck n verschiedene, genau definierte Werte
liefern können. Das Grundprinzip dieser Entscheidungsanweisung läßt
sich etwa so formulieren:

```
FALLS der Ausdruck VOM
    Wert 1 ist: arbeite Anweisung 1 ab;
    Wert 2 ist: arbeite Anweisung 2 ab;
    Wert 3 ist: arbeite Anweisung 3 ab;
    . . .
    Wert n ist: arbeite Anweisung n ab;
ENDE
```

Für die Begriffe FALLS und VOM sind in Pascal die Wörter CASE und
OF reserviert, womit sich informell die Syntax

```
CASE Ausdruck OF
    Wert 1: Anweisung 1;
    Wert 2: Anweisung 2;
    Wert 3: Anweisung 3;
    . . .
    Wert n: Anweisung n;
END
```

ergibt. Das Syntaxdiagramm dazu findet sich in Bild 6.17.

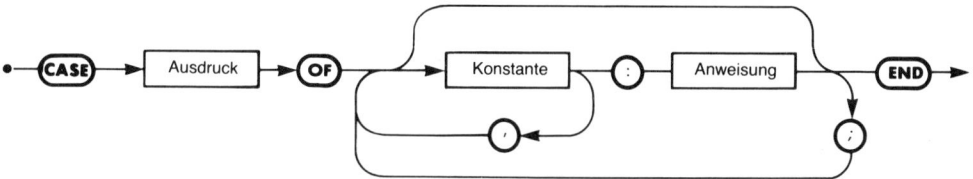

Bild 6.17   Die Syntax der CASE-Anweisung

Ein einfacher Anwendungsfall liegt vor, wenn eine Variable MONAT,
welche die ganzzahligen Werte 1 bis 12 annehmen kann, für eine Ausgabeoperation in die Monatsnamen entschlüsselt werden soll. Das läßt sich im
Kern mit der folgenden CASE-Anweisung erreichen:

```
CASE MONAT OF
    1: WRITELN ('JANUAR');
    2: WRITELN ('FEBRUAR');
    3: WRITELN ('MAERZ');
    . . .
    12: WRITELN ('DEZEMBER');
END;
```

Der Ausdruck nach CASE muß einen skalaren Datentyp (aber keine reelle Zahl) ergeben, der n verschiedene Werte annehmen kann. Wichtig ist dabei, daß diese Werte genau definiert vorliegen. Das bedeutet, daß wir beispielsweise nicht schreiben können:

```
CASE SPANNUNG OF
     >2: ...
     >20: ...
     >100: ...
```

Für die verschiedenen Alternativen sind *Konstanten* vorgeschrieben (die sogenannten CASE-Marken; englisch: "CASE labels"). Und nur wenn der Ausdruck nach CASE eine dieser Konstanten als Wert hat, wird die zugehörige Anweisung abgearbeitet.

Man muß in Standard-Pascal darauf achten, daß der Ausdruck nach CASE wirklich nur einen der angegebenen alternativen Werte ergibt. Wird ein anderer Wert errechnet, dann ist die CASE-Anweisung undefiniert: Ein Fehler ist aufgetreten. (Die UCSD-Version weicht hier etwas ab.)

Das Programm in Bild 6.18 zeigt, wie man mit der CASE-Anweisung sinnvoll umgehen kann. Aufgabe ist hier, eine ganze Zahl von der Tastatur zu übernehmen. Wenn sie der Nummer eines Monats entspricht, dann soll der zugehörige Monatsname ausgedruckt werden.

Die übernommene Zahl wird der Variablen MONAT zugewiesen. Dann ist als erstes zu testen, ob der in der nachfolgenden CASE-Anweisung an-

```
PROGRAM DRUCKEMONAT (INPUT,OUTPUT);
VAR MONAT: INTEGER;
BEGIN
    WRITELN ('GEBEN SIE DIE NUMMER EINES MONATS AN');
    READLN (MONAT);
    IF (MONAT <1) OR (MONAT>12) THEN
        WRITELN ('EINEN SOLCHEN MONAT GIBT ES NICHT!')
    ELSE
        CASE MONAT OF
            1: WRITELN ('JANUAR');
            2: WRITELN ('FEBRUAR');
            3: WRITELN ('MAERZ');

                .
                .
                .

            12: WRITELN ('DEZEMBER')
        END (* CASE *)
END. (* DRUCKEMONAT *)
```

Bild 6.18   Ein Programm zur Ermittlung der Monatsnamen

gegebene Bereich von 1 bis 12 eingehalten wird. Das geschieht mit einer IF-Anweisung. Hier wird für den Fall, daß MONAT einen Wert kleiner als 1 oder größer als 12 hat, die Fehlermeldung „EINEN SOLCHEN MONAT GIBT ES NICHT!" ausgedruckt (THEN-Teil). Liegt der Wert im vorgesehenen Bereich, dann wird er im ELSE-Teil einer CASE-Anweisung übergeben, welche die eingegebene Zahl wie oben besprochen entschlüsselt: Sie druckt „JANUAR" aus, falls MONAT den Wert 1 hat, „FEBRUAR" für den Wert 2 usw.

Das Beispiel zeigt, daß abhängig vom Wert der Variablen MONAT eine von 13 Möglichkeiten ausgeführt wird:

— Es wird einer der 12 Monatsnamen ausgegeben, oder
— es wird ein Fehler gemeldet.

So wirkt dieses Beispiel wie eine 13fache Verzweigung. Eine CASE-Anweisung ist formal gesehen eine mehrfache Verzweigung. Man kann mit ihr je nach dem Wert des nach CASE angegebenen Entscheidungsausdrucks eine bestimmte Anweisung bzw. einen bestimmten Anweisungsblock abarbeiten lassen. Dabei sei nochmals darauf hingewiesen, daß das Programm einen Fehler meldet, wenn der Entscheidungsausdruck einen Wert liefert, der in der Fallunterscheidung nicht vorgesehen ist. Des weiteren ist darauf zu achten, daß jede CASE-Anweisung mit END abgeschlossen werden muß. Ein zugehöriges BEGIN gibt es jedoch nicht.

Die CASE-Marken können beliebige nichtreelle Werte haben. Es ist auch möglich, eine Anweisung durch mehrere Marken zu kennzeichnen. So wählt z. B. die folgende CASE-Anweisung unter mehreren Symbolgruppen aus:

```
CASE SYMBOL OF
    'A': WRITELN ('EIN „A" GEFUNDEN');
    'B','C','D': WRITELN ('EIN „B", „C" oder „D" GEFUNDEN');
    'E','F','G': WRITELN ('EIN „E", „F" oder „G" GEFUNDEN');
    '*': WRITELN ('EIN STERN GEFUNDEN');
END;
```

Zusammenfassung zur CASE-Anweisung

Bei der CASE-Anweisung handelt es sich um eine mehrfache Verzweigung, wie sie in Bild 6.19 verdeutlicht ist.

Man setzt die CASE-Anweisung in der Regel dort ein, wo eine Variable oder ein Ausdruck einen Wert von n genau definierten Möglichkeiten annehmen kann. Dieser Wert kann in jedem beliebigen skalaren Datentyp vorliegen, mit Ausnahme von reellen Zahlen. D. h. man kann ganze Zahlen, alphanumerische Zeichen oder Boolesche Wahrheitswerte zur Entscheidung heranziehen.

Wenn allerdings mit der Rechenzeit hausgehalten werden muß und wenn eine der Möglichkeiten sehr viel wahrscheinlicher als die anderen eintritt, dann ist es sinnvoller, diese Möglichkeit mit einer IF-Anweisung zuerst zu untersuchen, bevor die Auswahl unter den restlichen Möglichkeiten der CASE-Anweisung übergeben wird.

Unbedingte Verzweigungen: Die GOTO-Anweisung

Wir können jetzt mit Hilfe der Anweisungen IF und CASE Verzweigungen im Programm ausführen, die von bestimmten Bedingungen abhängen. Diese Form der Verzweigung ändert allerdings die sequentielle Abarbeitung des Programms als Ganzes nicht. Es gibt jedoch Fälle, in denen es ganz erwünscht wäre, könnte man einen bestimmten Programmteil überspringen, z. B. aus einer Schleife herausspringen oder zu einem bestimmten Punkt im Programm zurückkehren. Eine solche Aktion wird als *unbedingte* Verzweigung (unbedingter Sprung) bezeichnet und kann in Pascal mit einer GOTO-Anweisung ausgeführt werden.

Die Syntax einer solchen unbedingten Sprunganweisung ist einfach:

GEHE ZU dem angegebenen Ziel

Das Ziel wird mit Hilfe einer besonderen Marke (englisch: „label") angegeben, so daß die Anweisung mit dem in Pascal reservierten Wort

GOTO Marke

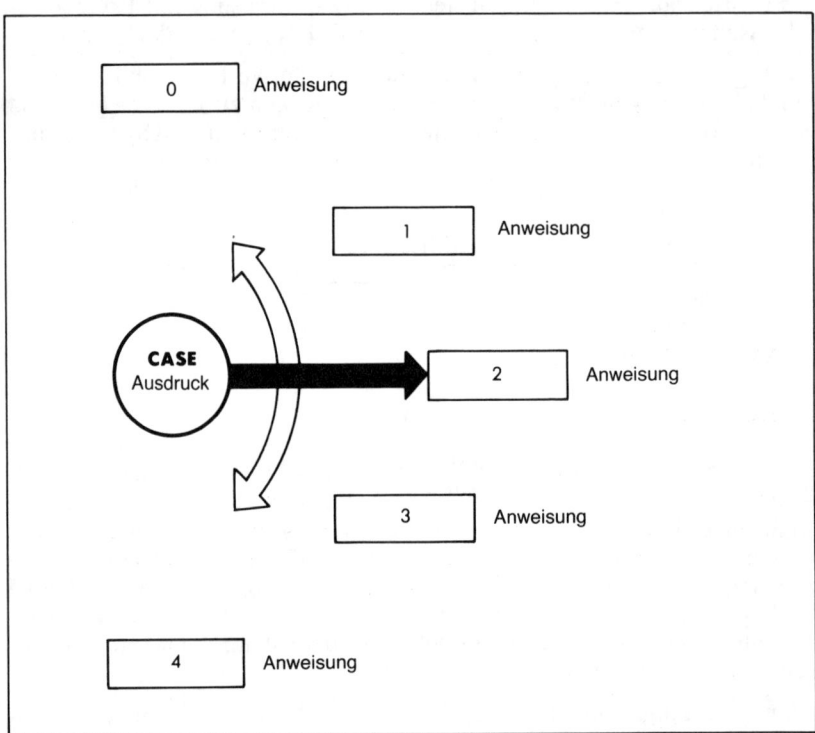

Bild 6.19   Die CASE-Anweisung wirkt wie ein Programmumschalter

lautet. Dabei ist die Marke allerdings besonders beschaffen: Es wird eine bis zu vierstellige Zahl verwendet, die vor die als Sprungziel dienende Anweisung gestellt und von ihr durch einen Doppelpunkt abgetrennt wird.

Eine GOTO-Anweisung bewirkt, daß die mit der angegebenen Marke gekennzeichnete Anweisung als nächstes abgearbeitet wird. Die derart markierte Anweisung kann irgendwo vor oder nach der GOTO-Anweisung im Programm stehen. Es gibt dabei allerdings eine Reihe von Einschränkungen zu beachten. Diese haben mit dem Geltungsbereich von Variablen zu tun, ein Thema, das uns im nächsten Kapitel beschäftigen wird. Eine kurze Übersicht über die Einschränkungen werden wir am Ende dieses Abschnitts hier bringen.

Kurz gesagt gibt die GOTO-Anweisung an, was im Programm als nächstes abgearbeitet werden soll. Gekennzeichnet ist der betreffende Programmschritt durch eine Marke, die aus einer maximal vierstelligen ganzen Zahl besteht und, von einem Doppelpunkt gefolgt, vor die betreffende Anweisung gestellt wird. Das kann z. B. so aussehen:

```
GOTO 100;
...
100: Anweisung
```

Durch GOTO 100 wird die mit 100 gekennzeichnete Anweisung als nächste abgearbeitet. Alles, was zwischen GOTO und dieser Anweisung liegt, wird übersprungen. Nun kann man allerdings die Marken, die ein solches Sprungziel angeben, nicht beliebig im Programm verwenden. Man muß sie vorher besonders deklarieren. Diese Markendeklaration erfolgt unter dem reservierten Wort LABEL und muß im Programm vor der Konstanten- und der Variablendeklaration stehen. Damit erhält der Programmvorspann beispielsweise folgende Form:

```
PROGRAM TEST (INPUT,OUTPUT);
LABEL 100;
VAR A,B,C: INTEGER;
...
GOTO 100;
```

Die GOTO-Anweisung ist sehr leistungsfähig, aber sie macht das Programm nicht gerade übersichtlicher. GOTO lenkt die Abarbeitung an irgendeine Stelle im Programm um und schafft so eine Struktur, der beim Lesen des Programms schwer zu folgen ist. Das jedoch macht das Programm nicht nur schwerer verständlich, sondern schafft auch zusätzliche Fehlermöglichkeiten. Man empfiehlt daher in Sprachen wie Pascal, GOTO-Anweisungen, wo immer es geht, zu vermeiden. Man kann sie in vielen Fällen ohne Probleme durch WHILE, REPEAT usw. ersetzen. Viele Compiler drucken sogar eine Warnung aus, wenn sie ein GOTO im Programmtext antreffen.

Hin und wieder gibt es allerdings doch Fälle, in denen ein unbedingter

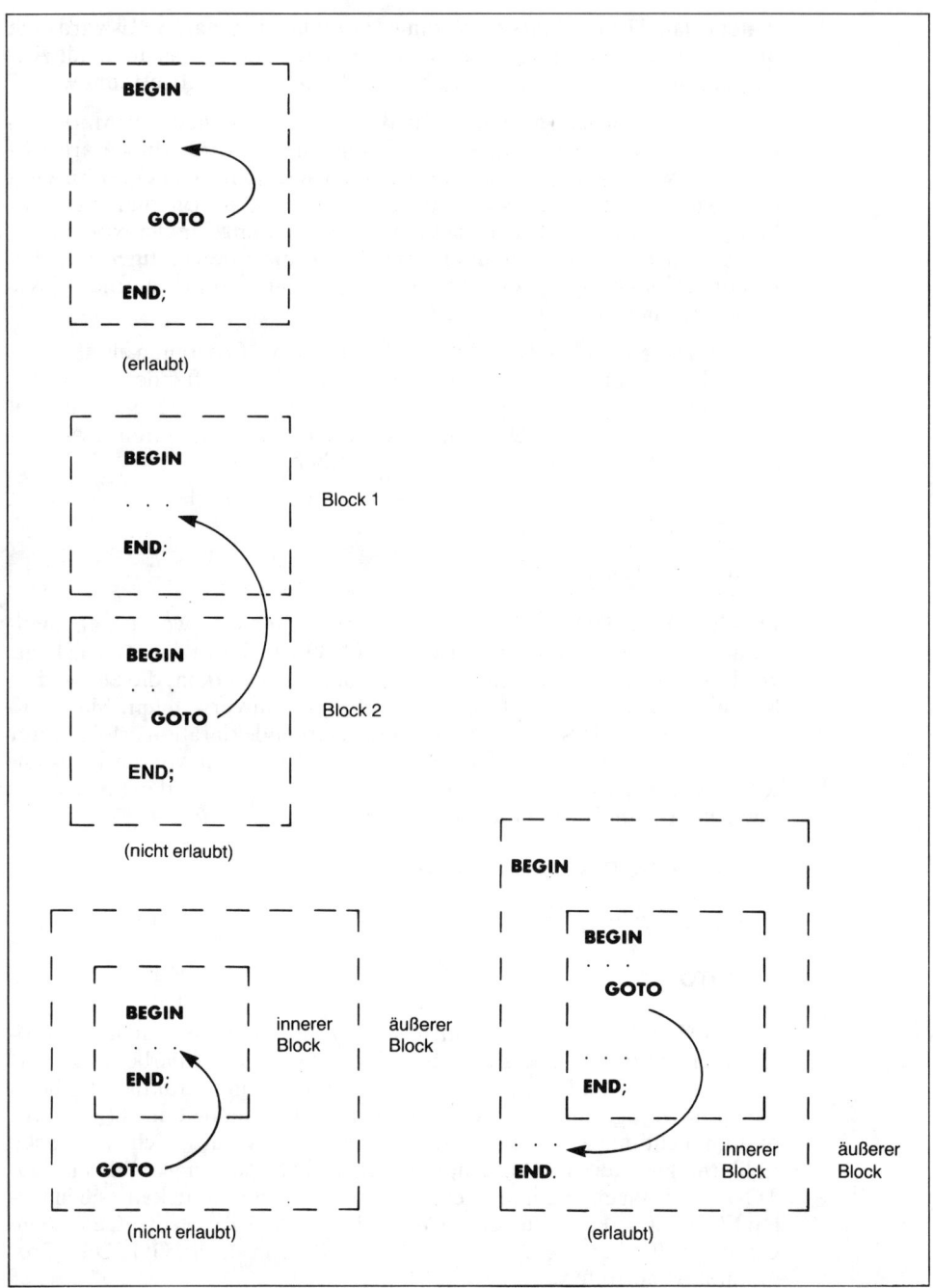

Bild 6.20   Der Bereich von GOTO-Sprüngen in Pascal

Sprung das Programm übersichtlicher machen kann. In diesem Fall sollte aber unbedingt im Programm mit angegeben werden, was durch den betreffenden Sprung erreicht werden soll.

Als allgemeine Regel kann man festhalten, daß immer dann, wenn im Programm nach hinten gesprungen wird, man auch eine der anderen, strukturierten Anweisungen hätte verwenden können. Im Fall eines Sprungs nach vorwärts allerdings kann der Einsatz von GOTO unabdingbar sein. Das gilt z. B. wenn eine Schleife bei Auftreten einer Ausnahmebedingung vorzeitig verlassen werden muß. Dann wird der Sprung oft von einer bestimmten Bedingung abhängig gemacht, etwa so:

IF WERT=N **THEN GOTO** 100

. . .

100: . . .

Sprünge dürfen, wie bereits erwähnt, nicht wahllos im Programm erfolgen. Als allgemeine Regel gilt, daß man nur im *Geltungsbereich* des betreffenden Programmblocks springen darf. Was man unter dem Geltungsbereich zu verstehen hat, werden wir im nächsten Kapitel betrachten. Es empfiehlt sich, zunächst dieses Kapitel zu lesen und dann noch einmal hierher zurückzukehren und die Einschränkungen der GOTO-Anweisungen genauer zu studieren.

Eine GOTO-Anweisung darf nur einen Sprung innerhalb des Geltungsbereichs der Zielmarke durchführen. Allgemein gilt dabei, daß man zu einer Marke, die in einem umfassenderen Block definiert ist, springen darf. Man darf auch zu einer Marke springen, die im selben Block definiert ist. Der Sprung ist aber verboten, wenn die Marke in einem tiefer eingeschachtelten Block liegt oder wenn GOTO und Zielmarke in verschiedenen unabhängigen Blöcken stehen. Kurz gesagt: Man darf innerhalb eines Blocks springen, man darf aus einem Block heraus springen, man darf aber nicht in einen Block hinein springen.

Diese Fälle sind in Bild 6.20 illustriert.

Die CASE-Anweisung in UCSD-Pascal

Tritt in Standard-Pascal als Ergebnis des Entscheidungsausdrucks nach CASE ein Wert auf, der nicht in der Liste der Fallunterscheidungen definiert ist, dann wird das Programm mit einer Fehlermeldung abgebrochen. In UCSD-Pascal dagegen erfolgt in diesem Fall keine besondere Aktion. Es wird einfach mit der nächsten Programmanweisung weitergemacht.

Beispiel:

```
PROGRAM TEST (INPUT,OUTPUT);
VAR AUSWAHL: INTEGER;
FOR AUSWAHL:=1 TO 4 DO
    BEGIN
    CASE AUSWAHL OF
        1: WRITELN ('FALL 1');
        2: WRITELN ('FALL 2');
        3: WRITELN ('FALL 3')
    END; (* CASE *)
    WRITELN ('HINTER CASE')
    END (* FOR *)
END. (* TEST *)
```

Dies ergibt folgende Meldungen:

FALL 1	(AUSWAHL = 1)
HINTER CASE	
FALL 2	(AUSWAHL = 2)
HINTER CASE	
FALL 3	(AUSWAHL = 3)
HINTER CASE	
HINTER CASE	(AUSWAHL = 4)

Die GOTO-Anweisung in UCSD-Pascal

Die GOTO-Anweisung wird für die strukturierte Programmierung allgemein als gefährlich und unsauber angesehen. UCSD-Pascal schränkt daher den Einsatz von GOTO gegenüber Standard-Pascal noch weiter ein. Man kann hier nur noch innerhalb desselben Prozedurblocks verzweigen. Sprünge aus diesem Block heraus sind nicht zugelassen.

Zusammenfassung

Die Möglichkeit, zum einen Bedingungen zu untersuchen und Entscheidungen zu treffen und zum anderen Schleifen wiederholt zu durchlaufen, macht viel von der Leistungsfähigkeit eines Computers aus. Wir haben hierzu in diesem Kapitel alle in Pascal zur Änderung der sequentiellen Programmabarbeitung vorhandenen Steueranweisungen besprochen: Wiederholungsanweisungen (REPEAT..UNTIL, WHILE...DO, FOR...TO...DO), bedingte Verzweigungen (IF...THEN...ELSE, CASE ...OF...END) und den unbedingten Sprung GOTO.

Diese bedingten und Wiederholungsanweisungen werden wir im Rest des Buches in fast allen Programmen verwenden. Es ist daher unbedingt nötig, daß Sie den Inhalt dieses Kapitels voll verstanden haben, bevor Sie mit dem Text fortfahren.

Die folgenden Kapitel sind für den Anfänger nicht von so goßer Bedeutung, wie die ersten Kapitel dieses Buchs bis einschließlich zu diesem hier.

Die hier gebotene Information sollte es auch dem Anfänger ermöglichen, viele und interessante Programme zu schreiben. Es empfiehlt sich, an dieser Stelle eine kleine Pause einzulegen und die bis hierher erworbenen Kenntnisse anhand von Übungen weiter zu vertiefen. Am besten arbeiten Sie, bevor Sie weiterlesen, so viele von den nachfolgenden Übungsaufgaben, wie nur möglich, durch.

Übungen

6.1: Berechnen Sie unter Einsatz einer FOR-Anweisung die Summe der ersten N ganzen Zahlen.

6.2: Ist der folgende Programmausschnitt zur Berechnung der Summe der ersten 25 ganzen Zahlen äquivalent dem in Bild 6.3?

```
SUMME := 0;
ZAHL := 0;
REPEAT
      ZAHL := ZAHL + 1
      SUMME := SUMME + ZAHL;
UNTIL ZAHL > 25;
```

6.3: Ist der Programmausschnitt aus der letzten Aufgabe mit

UNTIL ZAHL=25;

dem Programm aus Bild 6.3 äquivalent?

6.4: Ändern Sie das Programm aus Bild 6.3 so ab, daß die Summe der ersten N ganzen Zahlen berechnet wird, wobei N von der Tastatur übernommen werden soll.

6.5: Ändern Sie das Programm von Bild 6.3 so ab, daß der Durchschnitt der ersten 25 ganzen Zahlen berechnet wird.

6.6: Wenn in dem Programm von Bild 6.7 der Anweisungsblock in

```
SUMME := SUMME + ZAHL;
ZAHL := ZAHL + 1
```

abgeändert wird, welche anderen Änderungen muß man dann noch vornehmen?

6.7: Schreiben Sie das Programm SCHNITT1 aus Bild 6.7 unter Verwendung von REPEAT...UNTIL um.

6.8: Berechnen Sie den Durchschnitt von N Zahlen, die über die Tastatur eingegeben werden. Dabei braucht es sich nicht unbedingt um aufeinanderfolgende ganze Zahlen zu handeln.

6.9: Programmieren Sie dasselbe Problem wie in der vorigen Übung mit dem Unterschied, daß keine von vornherein festliegende Anzahl von Werten verarbeitet wird, sondern daß die Übernahme von Werten sich so lange wiederholt, bis eine Dateiendmarkierung vorgefunden wurde. Dabei können Sie ein beliebiges Zeichen zur Markierung des Dateiendes verwenden.

6.10: Schreiben Sie das Filterprogramm von Bild 6.14 so um, daß die Unter- und die Obergrenze des zugelassenen Zahlenbereichs von der Tastatur aus vorgegeben werden müssen. Zählen Sie darüber hinaus, wieviele Eingaben angenommen und wieviele zurückgewiesen worden sind.

6.11: Schreiben Sie anhand des Beispiels von Bild 6.18 ein Programm, das eine Datumsangabe in der Form JJ MM TT übernimmt, wobei JJ das Jahr, MM den Monat und TT den Tag darstellen. Das Programm soll die Eingabe in eine Standardnotierung umformen, etwa „81 03 15" in „15. MAERZ 1981". Diese Arbeit soll wiederholt werden, bis auf irgendeine Anforderung der Wert 0 eingegeben wurde. Darüber hinaus soll das Programm die Eingabe auf ihre Gültigkeit hin untersuchen und alle unsinnigen Eingaben zurückweisen.

6.12: Schreiben Sie das Programm von Bild 6.18 so um, daß eine Eingabe der ersten drei Buchstaben eines Monats auf den vollen Monatsnamen ergänzt wird. So soll beispielsweise die Eingabe „JAN" die Ausgabe "UAR" bewirken usw.

6.13: Schreiben Sie ein Programm, das eine Umrechnungstabelle von Celsius- in Fahrenheitgrade und umgekehrt zwischen zwei vom Benutzer über die Tastatur vorgegebenen Grenzen erstellt. So sollten z. B. die Celsius-Entsprechungen der Fahrenheit-Temperaturen von 0 bis 200 F ausgegeben werden. Die zugehörige Formel lautet:

$$C = 5/9(F-32)$$

6.14: Schreiben Sie ein Programm, das eine senkrecht stehende Kurve als Folge von Punkten oder Sternen ausdruckt. Wählen Sie dazu eine einfache Funktion, wie z. B. eine Sinuskurve.
Tip: Berechnen Sie für jede auszugebende Zeile den Ort des Sterns mit Hilfe der ROUND-Funktion. Drucken Sie dann eine passende Folge von Leerzeichen und dann den Stern aus. Vergessen Sie nicht, die Breite der Kurve der Breite ihres Papiers anzupassen. (Nutzen Sie den Platz so gut wie möglich aus.)
Wenn Sie ein übriges tun wollen: Drucken Sie auch die X- und die Y-Achse zusammen mit den Maßeinteilungen aus.

6.15: *(Geheimkode)* Lesen Sie eine Folge von Buchstaben von der Tastatur. Das Programm soll anhalten, wenn die Folge HALT aufgetreten ist, die allerdings keinesfalls zusammenhängend eingegeben werden muß. So soll z. B. die Folge A B C H X Y A B Q O L N M O P T das Programm anhalten.

6.16: Was ist der Effekt der folgenden Anweisungen?

```
IF A>2 THEN;
   BEGIN
      B := 2;
      C := 3
   END;
```

Tip: Sehen Sie sich den Programmausschnitt genau an!

6.17: Erklären Sie den Unterschied zwischen IF und CASE.

6.18: Wie oft wird eine Programmschleife mindestens durchlaufen?
a) bei REPEAT
b) bei WHILE

Kapitel 7

Prozeduren
und Funktionen

Programmorganisation

Beim Programmieren erweist es sich oft als sinnvoll, einer Gruppe von Anweisungen, die eine bestimmte festliegende Aufgabe erfüllen, einen eigenen Namen zu geben, unter dem man sich auf sie beziehen kann. Ein solcher *Block* von Anweisungen wird oft als *Unterprogramm* oder nach der englischen Bezeichnung als *Subroutine* bezeichnet. In Pascal unterscheidet man hier noch genauer und gliedert derartige selbständige und mit einem eigenen Namen versehene Blöcke in *Prozeduren* und *Funktionen*.

Der wesentliche Unterschied zwischen einer Prozedur und einer Funktion ist die Tatsache, daß eine Funktion einen *Wert* liefert, der beispielsweise in einem Ausdruck weiterverwendet werden kann, während eine Prozedur dies nicht tut. Kurz gesagt kann eine Prozedur an Stelle einer Anweisung und eine Funktion an Stelle einer Variablen eingesetzt werden.

Im allgemeinen werden Funktionen dazu benutzt, neue Operationen zu erzeugen, die es in Pascal nicht von vornherein gibt. Prozeduren dienen im allgemeinen zur Gliederung des Programms und verbessern so eine Verständlichkeit und allgemeine Verwendbarkeit.

Funktionen und Prozeduren können ein Programm lesbarer und damit weniger fehleranfällig gestalten. Sie erleichtern auch die allfällige Fehlersuche. Oft kann man bestimmte Funktionen und Prozeduren auch in anderen Programmen verwenden. Für die meisten Pascal-Versionen stehen Bibliotheken mit häufig benötigten Funktionen und Prozeduren zur Verfügung.

Wie Datentypen können in Pascal auch Funktionen und Prozeduren „eingebaut" oder benutzerdefiniert sein. Die eingebauten Funktionen werden *Standardfunktionen* genannt. Die Standardfunktionen, die mit skalaren Daten arbeiten, haben wir bereits in Kapitel 3 untersucht.

In diesem Kapitel hier sollen die zur Definition und beim Einsatz von Funktionen und Prozeduren zu beachtenden Regeln betrachtet werden.

Prozeduren

Der Begriff *Prozedur* kennzeichnet ein Unterprogramm. Dabei steht der Prozedurname für einen Block von Anweisungen, die bei jedem Aufruf des Namens abgearbeitet werden.

So mag z. B. ein Pascal-Programm die folgenden Anweisungen enthalten:

```
BEGIN
    DATENHOLEN;
    KOPFDRUCKEN;
    RECHNEN;
    ERGEBNISDRUCKEN
END.
```

Diese vier Anweisungen sind schlichtweg Namen von Prozeduren. Entdeckt der Compiler den Namen einer Prozedur im Programm, so sorgt er dafür, daß der Rechner später an dieser Stelle die Anweisungen abarbeitet, die in dieser Prozedur zusammengefaßt sind. Durch diese Form der Strukturierung wird das Programm sehr gut lesbar. Allerdings muß in Pascal die betreffende Prozedur bereits vor ihrer ersten Verwendung in einem Programm definiert sein. Das vereinfacht den Compiler beträchtlich. So wird jede Prozedur am Anfang des Programms aufgeschrieben und später im Programm bei Bedarf aufgerufen. Bild 7.1 zeigt als Beispiel für eine solche Prozedurdefinition den Aufbau der Prozedur KOPFDRUCKEN.

```
PROCEDURE KOPFDRUCKEN;
    CONST BREITE = 24;
    VAR I: INTEGER;
    BEGIN
        FOR I:=1 TO BREITE DO WRITE ('*');
        WRITELN;
        WRITELN ('* DIES IST DIE TABELLE *');
        FOR I:=1 TO BREITE DO WRITE ('*');
        WRITELN
    END; (* KOPFDRUCKEN *)
```

Bild 7.1   Deklaration und Definition der Prozedur KOPFDRUCKEN

Diese einfache Prozedur druckt:

```
******************************
* DIES IST DIE TABELLE *
******************************
```

und kann einfach auf beliebige andere Kopftexte umgestellt werden.

Mehrere Prozeduren werden am Programmanfang nacheinander definiert, wie es das folgende Programmskelett mit zwei Prozeduren verdeutlicht:

```
PROGRAM BILANZ (INPUT,OUTPUT);
VAR ALTBILANZ,NEUBILANZ,NEUWERT: INTEGER;
PROCEDURE WERTUEBERNEHMEN; (* PROZEDURDEFINITION *)
    (Deklarationen)
    BEGIN
    (Anweisungen)
    END; (* WERTUEBERNEHMEN *)
PROCEDURE BILANZERMITTELN; (*PROZEDURDEFINITION *)
    (Deklarationen)
    BEGIN
    (Anweisungen)
    END; (* BILANZERMITTELN *)
```

BEGIN (* PROGRAMMKOERPER *)
(Anweisungen)
WERTUEBERNEHMEN; (* PROZEDURAUFRUF *)
BILANZERMITTELN; (* PROZEDURAUFRUF *)
(Anweisungen)
END. (* BILANZ *)

Prozeduren bieten zwei Vorteile:

1. Sie verbessern die Lesbarkeit des Programms, indem sie den Unterauf-
   gaben beschreibende Namen geben und so ihren Zweck klarstellen.
2. Sie verkürzen das Programm (falls die Prozedur mehrmals benötigt
   wird), da die zugehörigen Anweisungen nur einmal aufgeschrieben
   werden müssen.

Nehmen wir an, daß in einem Programm die Prozedur BERECHNEN
zweimal benötigt wird. Dann ergibt sich der in Bild 7.2 dargestellte Verar-
beitungsablauf.

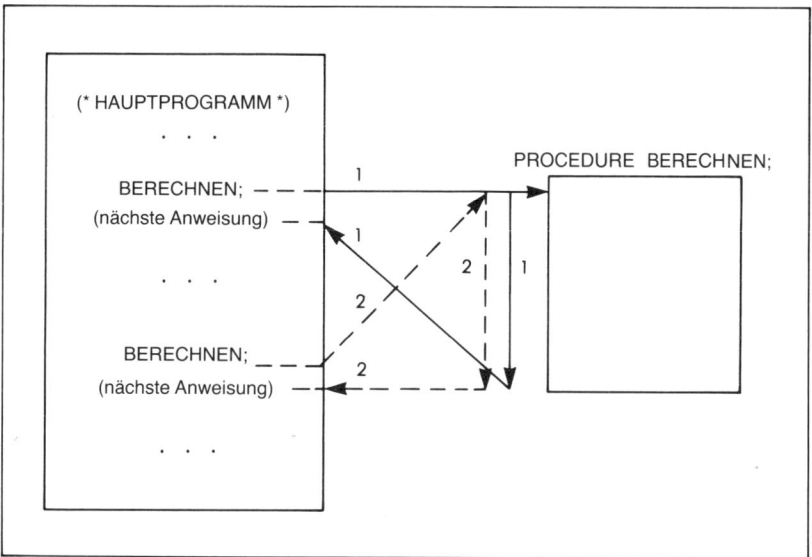

Bild 7.2   Der Aufruf einer Prozedur

Die Prozedur BERECHNEN wird in Bild 7.2 zum erstenmal *aufgerufen*
(benutzt), wenn die Anweisung

BERECHNEN;

das erstemal im Hauptprogramm auftaucht. Das bewirkt das Abarbeiten
des am Anfang des Programms festgelegten „Körpers" der Prozedur. Die-

ser *Prozedurkörper* oder *Prozedurblock* ist auf der rechtenSeite von Bild 7.2 angedeutet. Der *Prozeduraufruf* bewirkt eine *Umlenkung der Abarbeitung* auf die Prozedur, was durch die mit „1" bezeichneten Pfeile verdeutlicht werden soll. Ist die Prozedur fertig abgearbeitet, so kehrt die Abarbeitung zu der Anweisung nach „BERECHNEN" in das Hauptprogramm zurück.

Nach einigen Zwischenschritten wird die Prozedur in Bild 7.2 im Hauptprogramm dann ein zweitesmals durch

>   BERECHNEN;

aufgerufen. Das bewirkt eine zweite Umlenkung der Abarbeitung auf den Prozedurkörper, wie die mit „2" bezeichneten Pfeile darstellen. Die im Prozedurkörper enthaltenen Anweisungen werden ein zweitesmal abgearbeitet, worauf die Abarbeitung zu der Anweisung nach diesem zweiten Aufruf von „BERECHNEN" zurückkehrt.

Um es zusammenzufassen: Eine Prozedur kann von verschiedenen Stellen im Hauptprogramm aus *aufgerufen* werden. Dabei muß man die verschiedenen Anweisungen der Prozedur jedoch nur eimal aufschreiben, was in der Prozedurdefinition am Programmanfang geschieht. Eine solche Prozedur kann beliebig oft von den nachfolgenden Programmteilen aus abgearbeitet werden. Der Effekt ist gerade so, als ob man die Anweisungen der Prozedur an jeder Stelle im Programm stehen hätte, von der aus die Prozedur aufgerufen wurde.

Eine Prozedur wird ähnlich wie ein Programm definiert. So wird z. B. die Prozedur KOPFDRUCKEN eingeleitet durch den Prozedurkopf:

>   **PROCEDURE** KOPFDRUCKEN;

Ihm folgen die üblichen Deklarationen und ein durch BEGIN und END geklammerter Anweisungsblock. Im Unterschied zum Programm darf nach dem abschließenden END einer Prozedur alledings *kein* Punkt stehen.

Es empfiehlt sich sehr, das Ende der Prozedur durch die Angabe des Prozedurnamens als Kommentar beim abschließenden END der Prozedurdefinition besonders zu kennzeichnen. Das verbessert die Lesbarkeit des Programms besonders dann, wenn die Prozedur selbst kompliziert aufgebaut ist. Ähnliches gilt — wo es die Übersichtlichkeit verbessert — für das einleitende BEGIN des eigentlichen Prozedurkörpers. So kommt man zum Beispiel zu folgender Schreibweise:

>   **PROCEDURE** KOPFDRUCKEN;
>   (Deklarationen)
>   **BEGIN** (* KOPFDRUCKEN *)
>   (Anweisungen)
>   **END;** (* KOPFDRUCKEN *)

Wichtig:

In Pascal müssen die Funktionen und Prozeduren unmittelbar nach den Variablendeklarationen (VAR) im Programm definiert werden.

Zum Beispiel:

```
PROGRAM STICHPROBE (INPUT,OUTPUT);
VAR A,B,C: REAL;
PROCEDURE UMFORMEN; (* PROZEDURDEFINITION *)
    BEGIN (* UMFORMEN *)
       (Anweisungen)
    END; (* UMFORMEN *)
```

Anders als bei einem Programmkopf kann man in einem Prozedurkopf nicht (INPUT,OUTPUT) fordern. Dies ist auch nicht notwendig, da der Prozedurblock innerhalb des Programmblocks definiert ist und somit die INPUT- und OUTPUT-Wahl im Programmkopf automatisch auch für die Prozedur gilt. (Dies hängt mit der *Blockstruktur* und dem *Geltungsbereich von Bezeichnern* von Pascal-Programmen zusammen. Wir werden uns weiter hinten genauer mit diesen Fragen beschäftigen.)

Bild 7.3   Die Syntax einer Prozedurvereinbarung

Bild 7.3 gibt die formale Definition einer Prozedur wieder. Eine Prozedurdefinition muß immer mit dem reservierten Wort PROCEDURE eingeleitet werden, dem der Prozedurname folgt. Des weiteren enthält die Definition in einem „Block" eine oder mehrere Anweisungen. Und sie kann verschiedene *Parameter* enthalten. Was man unter einem solchen Parameter versteht, wollen wir im folgenden betrachten.

Parameter

Bis jetzt haben wir nur Prozeduren betrachtet, die eine von außen unabhängige Arbeit ausführen (z. B. „eine Kopfzeile drucken"). Diese Art von Prozeduren benötigt weder vom aufrufenden Programmteil irgendwelche Informationen, noch gibt sie dorthin Informationen zurück. Doch das ist durchaus nicht die Regel. So kann man z. B. die Prozedur KOPFDRUCKEN leicht so umformulieren, daß sie die Kopfzeilen für eine Vielzahl verschiedener Texte ausdruckt. Es sollte dann genügen, im Aufruf dieser Prozedur die auszudruckende Meldung mit anzugeben, etwa so:

```
KOPFDRUCKEN ('QUADRATWURZELN');
```

oder

```
KOPFDRUCKEN ('ERGEBNISSE');
```

Mit anderen Worten: Wir brauchen eine Möglichkeit, der Prozedur KOPFDRUCKEN die Information über den auszudruckenden Text zu übergeben. Derartige zwischen verschiedenen Programmteilen ausgetauschte Informationen werden *Parameter* genannt.

Man kann Parameter sowohl dazu verwenden, der aufgerufenen Prozedur bestimmte Vorgabewerte zu übergeben, als auch dazu, von der Prozedur erarbeitete Werte zu übernehmen. Ein Parameter ist ein Mechanismus zur Kommunikation mit der Prozedur. Allerdings muß die betreffende Prozedur auch „wissen", welche und wie viele Parameter sie zu übernehmen hat. Das wird ihr in einer besonderen Aufstellung, der in Bild 7.3 angegebenen „Parameterliste", im Prozedurkopf mitgeteilt.

Die in der Parameterliste angegebenen Größen werden *formale Parameter* genannt. „Formal" deshalb, weil sie bei der Definition natürlich noch keine bestimmten Werte haben. Sie dienen lediglich als „Platzhalter", als „Formen" in welchen später die übergebenen Werte abgelegt werden sollen. Beim Aufruf der Prozedur werden die tatsächlich zu verwendenden Werte festgelegt und vom Prozedurmechanismus automatisch den als formale Parameter dienenden Variablen zugeordnet. Diese tatsächlich („aktuell") in der Abarbeitung der Prozedur zu benutzenden Werte werden demnach *aktuelle Parameter* genannt.

Sehen wir uns diesen Vorgang anhand einer Prozedur STERNE an. Durch sie soll eine variable Anzahl von Sternen ausgedruckt werden, deren Anzahl vom aufrufenden Programmteil vorzugeben ist. Das ergibt folgende Definition:

```
PROCEDURE STERNE (BREITE: INTEGER);
    VAR I: INTEGER;
    BEGIN
        FOR I:=1 TO BREITE DO WRITE ('*');
        WRITELN
    END; (* STERNE *)
```

In dieser Prozedur dient BREITE als *formaler Parameter*. Formal wird dieser Parameter in der Prozedur wie eine Variable verwendet und muß demzufolge auch einen Datentyp zugeordnet bekommen. All dies geschieht in der Kopfzeile der Prozedur in Klammern nach dem Prozedurnamen. Im eigentlichen Einsatz bekommt die Variable BREITE dann automatisch den Wert des *aktuellen Parameters* zugewiesen. So setzt z. B.

    STERNE (20);

automatisch den Wert von BREITE auf 20 und bewirkt so in der FOR-Schleife den Ausdruck von zwanzig Sternen. Ganz entsprechend werden durch

    STERNE (30);

dreißig Sterne ausgedruckt.

So weit haben wir die Parameter nur zur Übergabe von Werten an die aufgerufene Prozedur verwendet. Was die Prozedur mit diesen Parametern im einzelnen macht, bleibt sich vom Standpunkt des aufrufenden Programmteils aus gleich. Es gibt aber häufig auch den Fall, in dem von der aufgerufenen Prozedur die übergebenen Parameter gezielt verändert und diese veränderten Werte im aufrufenden Programmteil weiterverarbeitet werden sollen. Diesen Fall eines veränderlichen Parameters muß man dem Compiler besonders mitteilen, was dadurch geschieht, daß man den formalen Parameter in der Prozedur durch Voranstellen des Schlüsselworts VAR ausdrücklich als *variabel* deklariert.

Sehen wir uns dazu ein Beispiel an:

PROCEDURE BERECHNEN (**VAR** A,B: INTEGER; **VAR** ERGEBNIS: REAL);

Hier ist angenommen, daß A und B als Parameter übergeben werden. Sie werden − nehmen wir an − abhängig vom Wert des vorigen ERGEBNISses besonders umgeformt und dann zur Errechnung eines neuen ERGEBNISses verwendet. Der aufrufende Programmteil erhält *alle* diese veränderten Werte zurück und kann aus ihnen bestimmen, was die Prozedur BERECHNEN mit den alten Vorgaben A und B gemacht hat und wie demzufolge das Ergebnis einzuschätzen ist. Beachten Sie, daß das ein etwas anderes Verhalten ist, als wenn wir einfach nur aus den Werten A und B ein ERGEBNIS berechnen wollten. In diesem Fall definiert man BERECHNUNGEN besser als Funktion.

Der Unterschied zwischen normalen und variablen Parametern liegt in der Art, in der die Parameter an die aufgerufene Prozedur übergeben werden. Normalerweise wird der *Wert* des aktuellen Parameters in den formalen Parameter der Prozedur *kopiert*. Dadurch kann die Prozedur diesen Parameter nach Belieben verändern, ohne daß der Wert irgendeiner Variablen im aufrufenden Programmteil beeinflußt wird. Man bezeichnet diese Methode der Parameterübergabe nach dem Englischen als *call by value*, d. h. Aufruf mit einem Wert.

Im anderen Fall dagegen soll die Prozedur ausdrücklich den Inhalt einer oder mehrerer Variabler im aufrufenden Programmteil verändern können. Zu diesem Zweck wird nicht der Wert der im aktuellen Parameter stehenden Variablen übergeben, sondern diese Variable selbst, genauer gesagt, ein Hinweis darauf, wo diese Variable im Speicher zu finden ist, eine *Variablenreferenz*. Die Prozedur arbeitet dann mit dem Wert dieser Variablen genau so, wie es der aufrufende Programmteil tun würde. Jede Änderung des Variablenwerts wirkt sich auf die weitere Arbeit des aufrufenden Programmteils mit dieser Variablen aus. Man nennt diese Art der Variablenübergabe daher *call by reference*, d. h. Aufruf mit einer Variablenreferenz.

Diese Unterscheidung hat ihre Auswirkungen auf die Form des aktuellen Parameters. Bei normalen Variablen, also im Falle des „call by value" muß der aktuelle Parameter einen Wert haben. Das bedeutet, daß er in Form eines *Ausdrucks* bereitgestellt werden muß. Es können in diesem Falle also *feste Zahlenwerte, Variable* oder *Funktionen* als aktuelle Parameter angegeben werden. Bei variablen Parametern dagegen muß der aktuelle Parameter eine *Variable* sein, da sonst ein „call by reference" nicht möglich ist.

Sehen wir uns das anhand einer einfachen Prozedur an, die zwei reelle Zahlen durch ihre Quadrate ersetzen soll:

```
PROCEDURE QUADRIERE (VAR A,B: REAL);
    BEGIN
        A := A * A;
        B := B * B
    END; (* QUADRIERE *)
```

Beachten Sie: A und B sind hier *formale* Parameter. Sie werden in der Prozedurdefinition unter diesem Namen geführt, damit man sich hier auf sie beziehen kann. Beim Aufruf dagegen werden sie faktisch durch die als *aktuelle* Parameter angegebenen Variablen ersetzt, denn sie sind durch das vorangesetzte VAR als variable Parameter gekennzeichnet, die durch „call by reference" bedient werden. Deren Werte sind es, die durch die Prozedur quadriert werden. Der folgende Programmausschnitt

```
X := 2.0;
Y := 3.0;
QUADRIERE (X,Y);
WRITELN (X,Y);
```

ergibt die Meldung

```
    4.0E+1     9.0E+1
```

was deutlich macht, daß tatsächlich die Werte der Variablen aus dem aufrufenden Programmteil quadriert worden sind.

Wichtig ist hier, daß die aktuellen Variablen beim Aufruf der Prozedur bereits einen definierten Wert besitzen müssen, der in der Prozedur verarbeitet werden kann. Das ist nur dann nicht notwendig, wenn durch die betreffende Prozedur der oder den Variablen überhaupt erst ein Wert zugewiesen werden soll.

So erfüllt die Deklaration der variablen Parameter A und B in unserem Beispiel

```
PROCEDURE QUADRIERE (VAR A,B: REAL);
```

drei Aufgaben:

1. Sie deklariert A und B als Variable vom Typ reeller Zahlen.

2. Sie definiert zwei Hilfsvariable A und B zum Gebrauch im Prozedurkörper von QUADRIERE.
3. Sie gibt an, daß die aktuellen Parameter als Variablenreferenz, d. h. als „call by reference" zu übergeben sind.

In diesem Fall *müssen* die aktuellen Parameter *Variable* sein.

Beachten Sie ferner, daß jedem formalen Parameter beim Variablenaufruf genau ein aktueller Parameter entsprechen und daß die *Reihenfolge* der aktuellen Parameter genau mit derjenigen der formalen Parameter übereinstimmen muß. So entspricht in unserem letzten Beispiel, beim Aufruf

    QUADRIERE (X,Y);

der aktuelle Parameter X dem formalen Parameter A und der aktuelle Parameter Y dem formalen Parameter B, oder mit anderen Worten: Die Variable X wird von der Prozedur QUADRIERE anstelle der Hilfsvariablen A und die Variable Y anstelle der Hilfsvariablen B verwendet. Des weiteren müssen in Pascal die für die aktuellen Parameter verwendeten Variablen voneinander verschieden sein. Der Aufruf

    QUADRIERE (X,X);

ist z. B. nicht erlaubt.

Die vier Parametertypen

Wir haben bis jetzt zwei Parametertypen kennengelernt: normale Parameter (Werte) und variable Parameter. Der Vollständigkeit halber seien hier noch zwei weitere Typen erwähnt: *Prozedurparameter* und *Funktionsparameter*. Sie gestatten die Übergabe von *Namen* von Prozeduren bzw. Funktionen im Prozeduraufruf. Wir wollen sie allerdings erst weiter hinten in diesem Kapitel untersuchen, nachdem wir uns mit Funktionen näher vertraut gemacht haben.

Zusammenfassung zur Parameterübergabe

Wir haben zwei Arten der Parameterübergabe kennengelernt: „call by value", also Übergabe eines Wertes, und „call by reference", d. h. Übergabe einer Variablenreferenz. Wenn als Parameter eine Variablenreferenz übergeben werden soll, so muß das im Prozedurkopf durch Voransetzen von VAR vor dem betreffenden formalen Parameter angegeben werden. Soll jedoch nur ein Wert übergeben werden, so darf VAR *nicht* benutzt werden.

Wird in einem Prozeduraufruf eine Variablenreferenz übergeben, so *muß* ein Variablenname als aktueller Parameter angegeben werden. Soll dagegen ein Wert übergeben werden, dann muß als aktueller Parameter ein Ausdruck verwendet werden, der diesen Wert liefert. Das kann insbesondere auch eine Konstante oder eine Variable sein.

Wird bei der Parameterübergabe durch „call by value" der Name einer
Variablen als aktueller Parameter angegeben, so wird der zur Zeit des
Aufrufs vorliegende Wert in die zugeordnete Hilfsvariable der aufgerufenen Prozedur kopiert. Dieser Wert der Hilfsvariablen kann in der Prozedur selbst beliebig verändert werden, ohne daß — im Gegensatz zu „call by
reference" — der Wert der Variablen, die als aktueller Parameter angegeben wurde, beeinflußt wird.

Bei der Parameterübergabe durch „call by value" kann demzufolge ein
Wert an die Prozedur nur übergeben werden. Dieser Mechanismus eignet
sich nicht zur Rückgabe irgendwelcher Informationen an den aufrufenden
Programmteil.

Rekursion

Jede Prozedur kann selbst wiederum Prozeduren aufrufen. Das können
andere (vorher definierte) Prozeduren sein. Man kann eine Prozedur aber
auch sich selbst aufrufen lassen. Das wird als *Rekursion* bezeichnet. Wir
werden diesen Fall weiter hinten noch eingehend untersuchen.

Standardprozeduren

In Pascal ist eine Reihe von Standardprozeduren vordefiniert. Sie sind in
Anhang C aufgeführt. Die meisten Pascal-Implementationen bieten noch
weitere „eingebaute" Prozeduren. Beispiele für solche zusätzlichen vordefinierten Prozeduren werden wir bei der Besprechung der Besonderheiten von UCSD-Pascal kennenlernen.

Funktionen

Eine *Funktion* ist eine mit einem Namen versehene Gruppe (ein Block)
von Anweisungen, die eine bestimmte Aufgabe ausführen und auf vorgeschriebene Weise ein Ergebnis liefern soll. Das bedeutet, daß eine Funktion nach ihrem Aufruf durch den Wert ersetzt wird, den sie berechnet.
Ein Funktionsaufruf kann daher immer nur als Bestandteil eines Ausdrucks erfolgen. Im Gegensatz zu einer Prozedur verbindet sich in dem
Ausdruck mit dem Namen der Funktion ein bestimmter Wert, ähnlich wie
sich mit dem symbolischen Namen einer Konstanten oder mit einem Variablennamen ein bestimmter Wert verbindet.

Eine einfache Funktion zeigt das folgende Beispiel, in dem der Durchschnitt zweier Werte berechnet werden soll:

```
FUNCTION DURCHSCHNITT (A,B: REAL): REAL;
   BEGIN
      DURCHSCHNITT := (A + B) / 2.0
   END; (* DURCHSCHNITT *)
```

Hier wird eine Funktion namens DURCHSCHNITT definiert, die aus
zwei reellen Parametern A und B deren Mittelwert berechnet. Das Ergebnis der Funktion hat den Datentyp REAL, wie aus der Angabe nach dem

letzten Doppelpunkt in der Kopfzeile hervorgeht. Der Deklaration folgt
der *Funktionskörper,* der hier – geklammert durch BEGIN und END –
nur eine einzige Anweisung umfaßt.

Bild 7.4 enthält die formelle Definition einer Funktion.

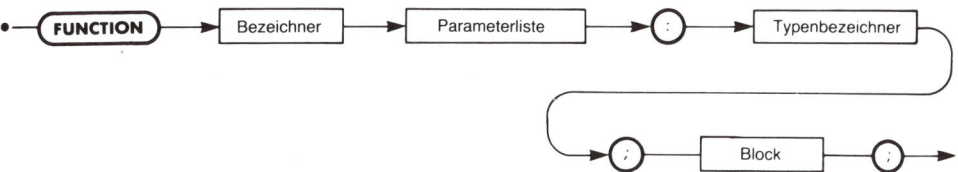

Bild 7.4   Die Syntax einer Funktionsvereinbarung

Eine Funktion gleicht einer Prozedur bis auf die Tatsache, daß ausdrücklich ein Ergebnis zurückgeliefert wird, dessen Datentyp in der Funktionsdefinition immer angegeben werden muß. Parameter können ganz nach
Bedarf verwendet werden. Der Vollständigkeit halber sei noch erwähnt,
daß das Ergebnis entweder skalar oder ein Ausschnitt aus einem skalaren
Datentyp (englisch: „subrange“) oder ein Zeiger (englisch: „pointer“)
sein muß. Davon werden wir die Ausschnitte von Datentypen im nächsten
Kapitel und die Zeiger in Kapitel 13 behandeln.

Im Fall von Funktionen muß eine besondere Anforderung erfüllt werden.
Dem Bezeichner der Funktion (also dem im Funktionskopf angegebenen
Namen) muß im Funktionsblock ausdrücklich ein Wert zugeordnet werden. Dies ist der Wert, den die Funktion an den aufrufenden Ausdruck zurückliefert. In unserem Beispiel der Funktion DURCHSCHNITT finden
wir so die Zuordnung:

DURCHSCHNITT := (A + B) / 2.0

Dieser Funktionsname kann im Funktionsblock jedoch nicht wie eine Variable verwendet werden. Man kann ihm nur einen Wert zuweisen, den er
zurückliefern soll. Man kann aber seinen Wert im Funktionsblock selbst
weder testen noch sonst abrufen.

Eingesetzt wird eine Funktion ähnlich wie eine Variable, d. h. indem man
ihren Namen in dem betreffenden Ausdruck verwendet. Allerdings kann
eine Funktion anders als eine Variable auch Parameter entgegennehmen.
Man kann einer Funktion natürlich keine Werte zuweisen.

In der Regel wird eine Gruppe von Anweisungen, die einen bestimmten
Wert liefern soll, dann als Funktion definiert, wenn sie öfters im Programm gebraucht wird. Dabei kann man in jedem Aufruf andere Parameter verwenden. Auf diese Weise muß die eigentliche Rechenoperation nur
einmal definiert werden. Findet der Compiler einen Funktionsnamen in
einem auf die Funktionsdefinition folgenden Programmteil vor, dann
lenkt er die Abarbeitung einfach auf den in der Funktion angegebenen

Anweisungsblock um und kehrt anschließend zu dem Ausdruck zurück, in dem der Funktionsname stand. Auf diese Weise kann eine Funktion, wie beispielsweise die Standardfunktion SQRT (square root − Quadratwurzel) beliebig oft in einem Programm verwendet werden, ohne daß ein übermäßiger Mehraufwand an Programmtext nötig wird.

Noch einmal: Eine Funktion unterscheidet sich von einer Prozedur dadurch, daß mit ihrem Namen ein Wert verbunden ist und daß sie innerhalb eines Ausdrucks verwendet wird. Man kann so z. B. an einer Stelle des Programms schreiben:

```
WERT := DURCHSCHNITT (X,Y);
```

und an einer anderen Stelle:

```
NEUWERT := DURCHSCHNITT (M,N);
```

Im ersten Fall sind X und Y die aktuellen Parameter, im zweiten Fall M und N.

Genau wie Prozeduren kann man auch Funktionen *rekursiv* aufrufen. Des weiteren gibt es eine Reihe von *Standardfunktionen* in Pascal. Sie sind in Anhang C aufgelistet.

Damit haben wir definiert, was man unter Funktionen, Prozeduren und Parametern zu verstehen hat. Außerdem haben wir gezeigt, daß man im Rahmen einer Funktion oder einer Prozedur auch Variable deklarieren kann. Das bringt uns zu der Frage, was eigentlich geschieht, wenn wir in einer Funktion oder einer Prozedur eine Variable verwenden, die unter diesem Namen bereits existiert. Die Antwort auf diese Frage erfordert, daß wir uns das Prinzip der Blockstruktur und den Geltungsbereich von Bezeichnern genauer ansehen. Dies wollen wir im folgenden Abschnitt tun.

Die Blockstruktur und der Geltungsbereich von Bezeichnern

Wenn eine Funktion oder eine Prozedur aufgerufen wird, so werden von ihr in der Regel interne Berechnungen durchgeführt. Dazu müssen zumeist in der Prozedur oder Funktion selbst eigene Variable deklariert werden.

Nehmen wir an, in einer Prozedur sollen zwei Variable ihre Werte austauschen. Zu diesem Zweck braucht man eine vorübergehende Hilfsvariable („temporäre" Variable), die wir TEMP nennen wollen. Damit läßt sich der Wertaustausch zweier Variablen A und B so programmieren:

```
TEMP := A;
A := B;
B := TEMP;
```

Überzeugen Sie sich selbst davon, daß diese Hilfsvariable notwendig ist, d. h. daß

```
A := B;
B := A;
```

nicht das gewünschte Ergebnis liefert.

Deklarieren wir diesen Vorgang als Prozedur AUSTAUSCH:

```
PROCEDURE AUSTAUSCH (VAR A,B: REAL);
    VAR TEMP: REAL;
    BEGIN
        TEMP := A;
        A := B;
        B := TEMP
    END; (* AUSTAUSCH *)
```

Das wirft allerdings ein ganz besonderes Problem auf. Nehmen wir an, wir benötigen im aufrufenden Programm ebenfalls eine vorübergehende Hilfsvariable, die wir der Bequemlichkeit halber ebenfalls TEMP genannt haben. Wenn wir jetzt etwa die Anweisungsfolge

```
TEMP := X;
AUSTAUSCH (Y,Z);
```

haben – welchen Wert hat dann TEMP nach der Rückkehr aus der Prozedur AUSTAUSCH?

Vor allem im Fall von Standardfunktionen oder bei der Benutzung von Funktions- oder Prozedurbibliotheken wird das Problem dringend, denn da können wir die Definitionen nicht ohne großen Aufwand umschreiben. Um Standard- oder Bibliotheksfunktionen bzw. -prozeduren ohne Probleme verwenden zu können, dürfen deren interne Variablennamen, wie beispielsweise A, B, oder C nicht mit anderen Variablen namens A, B oder C kollidieren. Wenn zum Beispiel im Hauptprogramm eine Variable A verwendet wird, dann könnte deren Wert durch eine Zuweisung an die interne Variable A einer Funktion verändert werden. Das würde den Einsatz von Funktionen zu einer höchst unsicheren Angelegenheit machen.

Dieses Problem wird in Pascal und einigen anderen Programmiersprachen dadurch gelöst, daß man einen *Geltungsbereich* (englisch: „scope") für jede Variable festlegt. Dieser Geltungsbereich ist derjenige Bereich, in dem auf eine bestimmte Variable zugegriffen werden kann, wie wir gleich noch näher betrachten werden. So hat man z. B. den Begriff der *lokalen* Variablen geschaffen. Eine Variable ist zu einer Funktion oder Prozedur lokal, wenn eine Veränderung ihres Werts keinen Einfluß auf eine gleichnamige Variable außerhalb dieser Funktion oder Prozedur hat. Eine lokale Variable verschwindet mitsamt ihrem Wert, sobald die betreffende Funktion oder Prozedur abgearbeitet worden ist.

Im Gegensatz dazu bezeichnet man eine im Programmvorspann deklarierte Variable als *global*. Auf sie kann man überall im Programm, einschließlich aller eingelagerter Funktionen und Prozeduren, zugreifen – mit einer Ausnahme, auf die wir sofort zu sprechen kommen.

Betrachten wir nun den Fall eines Programms, in dem A, B und C sowohl im Hauptprogramm als auch (lokal) in einer Funktion deklariert worden sind. In diesem Fall arbeiten wir mit insgesamt sechs Variablen. Innerhalb der Funktion sind A, B und C *lokale Variablen* und beeinflussen so die *globalen Variablen* A, B und C des Hauptprogramms in keiner Weise, obwohl sie dieselben Namen besitzen. Das ist die Ausnahme, von der wir eben gesprochen haben: Ein lokaler Name „verdrängt" den globalen im gegebenen Geltungsbereich. Durch die Definition lokaler Namen kann man folglich ohne Schwierigkeiten beliebige Variable in einer Funktion oder Prozedur deklarieren. Man kann dort jeden Namen benutzen, selbst wenn er bereits an einer anderen Stelle benötigt wurde. Eine innerhalb einer Funktion oder einer Prozedur deklarierte Variable ist auf der anderen Seite wiederum *lokal* zu dieser Funktion oder Prozedur und kann – in der Art, wie sie in der Funktion oder Prozedur verwendet wurde – nicht außerhalb davon benutzt werden.

```
PROGRAM DEMO (INPUT,OUTPUT);
CONST EINS = 1;
VAR I,J,K: INTEGER;
      A,B,C: REAL;
PROCEDURE HOLDATEN (VAR X: REAL);
    VAR L,M: INTEGER;
        Y: REAL;
    BEGIN
            ...
    END; (* HOLDATEN *)
FUNCTION BERECHNE (P,Q: INTEGER): INTEGER;
    VAR J,K: INTEGER;
    BEGIN
        ...
    END; (* BERECHNE *)
BEGIN (* DEMO *)
...
END. (* DEMO *)
```

Bild 7.5   Zur Blockstrukturierung

So ist der *Geltungsbereich* einer Variablen auf den Block beschränkt, in dem sie deklariert wurde. Ein Beispiel dazu zeigt Bild 7.5.

In diesem Programm DEMO werden eine Konstante EINS und sechs Variable I, J, K, A, B und C deklariert. Diese Bezeichner gehören unmittelbar zum Hauptprogramm und sind somit *global*. Derartige globale Größen sind − soweit sie nicht innerhalb einer Prozedur oder Funktion neu deklariert wurden − im ganzen Programm verwendbar.

Sehen wir uns jetzt die Prozedur HOLDATEN aus Bild 7.5 an. In dieser Prozedur werden ein formaler Parameter X und drei Variablenbezeichner L, M und Y deklariert. Diese vier neuen Bezeichner sind *lokal* zu dieser Prozedur HOLDATEN. Das heißt, daß sie nur innerhalb dieser Prozedur eine Bedeutung haben. Das Programm „vergißt" sie unmittelbar, nachdem es die letzte Anweisung der Prozedur abgearbeitet hat; d. h. ihre „Lebensdauer" ist auf die Zeit beschränkt, in der die Prozedur abgearbeitet wird. Mit anderen Worten: Wir können in der Prozedur HOLDATEN uns sowohl auf die globalen Bezeichner EINS, I, J, K, A, B und C als auch auf die für HOLDATEN lokalen Bezeichner X, L, M und Y beziehen. Ist die Prozedur abgearbeitet, so behalten die sieben Bezeichner EINS, I, J, K, A, B und C ihre vorige Bedeutung bei, denn sie sind *global* zu der Prozedur. Die anderen vier aber, d. h. X, L, M und Y, die nur *lokal* zur Prozedur deklariert waren, sind nach ihrem Verlassen wieder undefiniert, wie sie es vorher waren.

Ähnlich ist es mit der Funktion BERECHNE, die in Bild 7.5 als nächste definiert wird. Diese Funktion kann alle bis dahin im Hauptprogramm bekannten globalen Bezeichner verwenden, also die Namen EINS, I, J, K, A, B, C, HOLDATEN und BERECHNE. (Beachten Sie, daß sowohl der Name HOLDATEN der davorstehenden Prozedur als auch der Name BERECHNE der Funktion selbst zum Prozedur- bzw. Funktionsaufruf von der Funktion BERECHNE benutzt werden kann.) Zusätzlich zu diesen für die Funktion globalen Bezeichnern werden lokal noch die beiden formalen Parameter P und Q sowie zwei Variable J und K deklariert. Ihre Bedeutung erlischt mit dem Verlassen der Funktion.

Diesmal könnte aber ein Problem auftreten: Die Variablen J und K sind im Hauptprogramm *bereits definiert*. Wirkt sich das nicht auf die Abarbeitung des Hauptprogramms störend aus?

Wir kennen die Antwort bereits. Sie lautet schlicht und einfach: „Nein". Man kann jede beliebige Variable innerhalb eines Funktions- oder Prozedurblocks dadurch − für die Geltungsdauer dieses Blocks − umdefinieren, indem man sie dort als lokale Variable deklariert. Die Variablen J und K besitzen innerhalb der Funktion BERECHNE eine andere Bedeutung als außerhalb. Wird die Funktion vom Programm aus aufgerufen, dann merkt es sich die alte, globale Bedeutung von J und K, arbeitet dann die Funktion mit der neuen, lokalen Bedeutung von J und K ab, und setzt nach dem Verlassen von BERECHNE die Variablen J und K wieder in ihren alten Stand zurück. Mit anderen Worten: Was die globalen Variablen

J und K angeht, so bemerkt das Programm überhaupt nicht, daß diese zwischenzeitlich in der Funktion BERECHNE lokal mit einer anderen Bedeutung benutzt worden waren.

Dagegen können im Programmkörper von DEMO nur die vorher für das Programm deklarierten Bezeichner EINS, I, J, K, A, B, C, HOLDATEN und BERECHNE verwendet werden. Alles andere ist hier undefiniert und würde zu einer Fehlermeldung führen.

Der Geltungsbereich aller in Bild 7.5 verwendeten Bezeichner ist in Bild 7.6 noch einmal als Tabelle zusammengstellt.

Block: / Bezeichner:	PROGRAM DEMO (globale Bezeichner)	PROCEDURE HOLDATEN	FUNCTION BERECHNE
EINS	✓	✓	✓
I	✓	✓	✓
J	✓	✓	} wird unten
K	✓	✓	} überschrieben
A	✓	✓	✓
B	✓	✓	✓
C	✓	✓	✓
HOLDATEN	✓	✓	✓
X		✓	} lokal
L		✓	} zu
M		✓	} HOLDATEN
Y		✓	
BERECHNE	✓		
P			✓ } lokal
Q			✓ } zu
J			✓ } BERECHNE
K			✓

Bild 7.6   Zum Geltungsbereich von Bezeichnern

Dies alles ermöglicht es, sich im Laufe der Zeit eine Bibliothek von allgemein verwendbaren Prozeduren und Funktionen zu erstellen, die man überall benutzen kann, ohne sich den Kopf darüber zerbrechen zu müssen, daß die in ihnen verwendeten Bezeichner möglicherweise mit anderen Bezeichnern im Programm kollidieren könnten.

Fassen wir zusammen: Verwendet man einen Bezeichner innerhalb eines Blocks, der in diesem Block deklariert worden ist, so bezieht man sich *lokal* auf ihn. Verwendet man einen Bezeichner, der außerhalb des betreffenden Blocks (oder auf Gesamtprogrammebene) deklariert worden ist, so bezieht man sich *global* auf ihn. Der Versuch dagegen, sich außerhalb eines Blocks auf einen Bezeichner zu beziehen, der *nur innerhalb* dieses Blocks deklariert ist, führt zu einem Fehler, da der Bezeichner auf dieser Ebene nicht bekannt ist. Ist ein Bezeichner jedoch *sowohl innerhalb* eines Blocks *als auch außerhalb* deklariert, so bezieht man sich bei seiner Verwendung innerhalb des Blocks auf eine andere Größe als außerhalb.

Dieser Mechanismus des unterschiedlichen Geltungsbereichs ermöglicht also die Verwendung von Prozeduren oder Funktionen, ohne daß durch sie versehentlich andere Werte im Programm verändert werden. Das bedeutet jedoch nicht, daß man innerhalb dieser Blöcke nur auf lokal vereinbarte Bezeichner zugreifen kann. Im Gegenteil: Man kann in einem Block alle Bezeichner verwenden, die dem Programm bis dahin bekannt sind. Insbesondere bedeutet das, daß man den Wert einer globalen Variablen in zweierlei Art und Weise verändern kann:

1. durch einen variablen Parameter („call by reference"),
2. durch die Zuweisung eines Werts an eine global vereinbarte Variable.

Hierdurch beeinflußt man Werte außerhalb des betrachteten Blocks, indem man im Block selbst eine Operation vornimmt. Dies wird als *Seiteneffekt* bezeichnet, eine sehr wichtige Erscheinung, die wir im folgenden genauer betrachten wollen.

Seiteneffekte

Wenn man in einer Prozedur oder einer Funktion den Namen eines variablen Parameters (d. h. eines Parameters, der durch eine Variablenreferenz mit dem aufrufenden Programmteil verbunden ist) oder den Namen einer globalen Variablen (die außerhalb der betreffenden Prozedur oder des betreffenden Blocks deklariert ist) in einer Zuweisung links von dem Operator „:=" benutzt, dann ändert die Funktion oder die Prozedur einen ihr nicht zugehörigen Wert.

Ein Beispiel mag das verdeutlichen:

```
PROGRAM DEMO (INPUT,OUTPUT);
VAR A,B,C: REAL;
PROCEDURE LOESCHE (VAR M,N: REAL);
    BEGIN
        A := 0 ; M := 0 ; N := 0
    END; (* LOESCHE *)
BEGIN (* DEMO *)
    READ (A,B,C);
    LOESCHE (B,C);
    WRITELN (A,B,C)
END. (* DEMO *)
```

Sehen wir uns zunächst die Prozedur LOESCHE an. Sie übernimmt zwei Variablenreferenzen in die formalen Parameter M und N und setzt die

Werte der dadurch bezeichneten Variablen auf Null. Dazu aber erhält
auch die globale Variable A den Wert Null.

Wird das DEMO-Programm abgearbeitet, dann erhalten zunächst die Variablen A, B und C vom Benutzer bestimmte Werte zugewiesen. Dann
wird die Prozedur LOESCHE aufgerufen, durch die, wie ausgewiesen,
die Werte von B und C gelöscht, d. h. auf Null gesetzt werden. Nebenbei
aber wird auch A gelöscht, was sich beim nachfolgenden Ausdruck der
Werte der drei Variablen A, B und C zeigt.

Nun kann es zwar sein, daß das auch so beabsichtigt war, doch verbirgt
sich eine ganz besondere Gefahr darin, daß in der Anweisung

    LOESCHE (B,C);

nur zwei Parameter angegeben sind: es ist nicht ersichtlich, daß drei Werte
gelöscht werden sollen.

Betrachten wir das von der aufgerufenen Prozedur aus: Wird ein formaler
Parameter als variabel angegeben, dann ist es natürlich, anzunehmen, daß
er bei der Abarbeitung der Prozedur geändert wird. Wenn die Prozedur
jedoch den Wert einer globalen Variablen, die nicht als Parameter angegeben ist, verändert, dann kann das zu unerwarteten Fehlern führen.

Nehmen wir an, das Programm sei umfangreicher und solle nach einiger
Zeit geändert werden. Durch die Änderung möge es wichtig werden, daß
der Wert von A das ganze Programm hindurch erhalten bleibt. Der betreffende Programmierer wird also alle Stellen im Hauptprogramm passend
abändern, die irgendwie einen Hinweis darauf geben, daß die Variable A
beeinflußt wird: alle Zuweisungen an A und alle Fälle, in denen eine Prozedur oder eine Funktion mit dem Parameter A aufgerufen wird. So weit,
so gut. Den Aufruf

    LOESCHE (B,C);

jedoch läßt er unberücksichtigt, denn A wird ja nicht erwähnt, und das
Programm ist wie gesagt so umfangreich, daß es irgendwie untergegangen
ist, daß LOESCHE auch den Wert von A auf Null setzt. Die Folge ist: Das
Programm wird nicht funktionieren. Der „Seiteneffekt" der Prozedur
LOESCHE, auch eine nicht angeführte Variable zu verändern, kann so
katastrophale Folgen haben.

Es gibt Fälle, in denen es sinnvoll ist, in einer Prozedur oder Funktion
auch globale Variable durch Seiteneffekte zu beeinflussen. Nehmen wir
z. B. den Fall an, daß die Prozedur LOESCHE ständig ein gutes Dutzend
oder mehr Variable aus dem Hauptprogramm und dazu je nach Situation
noch ein oder zwei weitere Variable auf Null setzt. Es wäre nicht sehr sinnvoll, müßte man in einem solchen Fall immer alle zehn bis zwanzig Variable als Parameter angeben, denn das ist wieder so unübersichtlich, daß
leicht neue Fehler erzeugt werden. Also bleibt man hier besser bei Seiteneffekten.

Im allgemeinen ist der Mechanismus der Übergabe von Variablenreferenzen als Parameter vorgesehen, um Katastrophen bei der Programmänderung zu verhüten. Es empfiehlt sich daher, wo immer es möglich und sinnvoll ist, eine Variable außerhalb einer gegebenen Funktion oder Prozedur nur dadurch von dieser beeinflussen zu lassen, daß man sie ihr ausdrücklich als Parameter übergibt.

Man kann und darf globale Variable durch eine Prozedur oder eine Funktion beeinflussen, doch muß man sich der Gefährlichkeit diese Tuns immer bewußt bleiben. Wenn es einmal unumgänglich ist, globale Variable durch eine Prozedur oder Funktion zu verändern, dann muß das *ausdrücklich dokumentiert* werden. D. h. man muß an einer allgemein erkennbaren Stelle alle diese Fälle und die Bedingungen, unter denen sie eintreten, genau beschreiben. Nur dann lassen sich bei der Pflege des Programms katastrophale Fehler vermeiden.

Man sollte im übrigen noch mehr tun, um Fehler möglichst zu vermeiden: Vermeiden Sie beim Erstellen von Funktionen oder Prozeduren nach Möglichkeit, auch lokal solche Bezeichner zu verwenden, die bereits in einem äußeren Block deklariert worden sind. Wenn Sie sich die Mühe machen, für jeden Fall eigene Namen zu finden, dann vermeiden Sie auch die umgekehrte Fehlermöglichkeit, nämlich daß eine aus dem Programm irgendwann zu entfernende Variable versehentlich auch da gestrichen wird, wo sie globale Bedeutung hat.

Funktionen und Prozeduren als Parameter

Bis hierhin haben wir nur zwei Arten von Parametern untersucht: normale (konstante) Parameter und variable Parameter. Es gibt jedoch in Pascal, wie wir oben bereits angemerkt hatten, auch die Möglichkeit, Funktionen oder Prozeduren als Parameter zu übergeben. Bild 7.7 zeigt dazu die vollständige Syntax einer Parameterliste. Sie zeigt, daß man Variable, Funktionen und Prozeduren als Parameter übergeben kann. Den Fall der Variablen haben wir bereits betrachtet; hier sind ein paar Beispiele für Deklarationen mit formalen Funktions- und Prozedurparametern.

```
PROCEDURE BERECHNE (FUNCTION STUFE1: REAL; A,B: REAL);
PROCEDURE ALPHA (PROCEDURE BETA);
FUNCTION GAMMA (FUNCTION DELTA: INTEGER): REAL;
```

Im ersten Fall ruft die Prozedur BERECHNE irgendwann eine Funktion namens STUFE 1 auf, in der − vom aufrufenden Programm her bestimmt − ein bestimmtes Zwischenergebnis berechnet wird. Im zweiten Fall verwendet die Prozedur ALPHA eine weitere Prozedur BETA, für die vom aufrufenden Programm unter mehreren Möglichkeiten eine ausgewählt und als Parameter übergeben werden muß. Und im dritten Fall benötigt die Funktion GAMMA irgendwo ein Zwischenergebnis DELTA, das je nach Bedarf des aufrufenden Programms unterschiedlich, d. h. mit verschiedenen anderen Funktionen ermittelt werden soll.

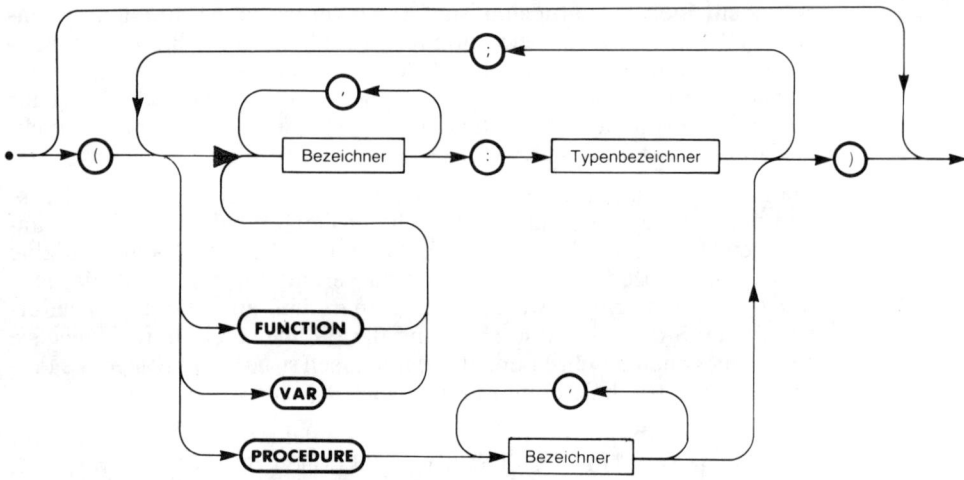

Bild 7.7   Die Syntax einer Parameterliste

Sehen wir uns das etwas konkreter an folgendem Beispiel an:

PROCEDURE DRUCKE (**FUNCTION** F1,F2: REAL; A,B,C: REAL);
   BEGIN
         . . .
      X := F1(C) − A;
      Y := F2(C) + B;
         . . .
   END; (* DRUCKE *)

Die Prozedur DRUCKE benutzt also fünf formale Parameter:

− zwei reelle Funktionen F1 und F2,
− drei reelle Variable A, B und C.

Die beiden Funktionen werden im Prozedurkörper in den folgenden beiden Anweisungen benutzt:

   X := F1(C) − A;
   Y := F2(C) + B;

F1 und F2 sind an dieser Stelle aber noch formale Parameter, d. h. in der
Prozedur selbst − beim Aufschreiben des Programms − steht nicht fest,
welche Operationen durch F1 und F2 ausgeführt werden wird. Dies wird
erst beim Aufruf von DRUCKE festgelegt, der beispielsweise so aussehen
kann:

   DRUCKE (QUADRAT,INHALT,1,10,8)

In diesem Fall wird die symbolische Funktion F1 durch die aktuelle Funktion QUADRAT und die symbolische Funktion F2 durch die aktuelle Funktion INHALT ersetzt. Ein anderer Aufruf kann andere Parameter benutzen:

DRUCKE (DREIECK,HOEHE,2,4,18)

wodurch in DRUCKE für F1 die Funktion DREIECK und für F2 die Funktion HOEHE eingesetzt wird. Auf diese Weise kann man eine recht allgemein gehaltene Funktion oder Prozedur für die verschiedensten strukturell ähnlichen Zwecke einsetzen. Allerdings kann man in einigen Pascal-Versionen keine der Standardfunktionen als Parameter verwenden.

Eine andere Einschränkung liegt in Standard-Pascal vor: Wenn Funktionen oder Prozeduren als Parameter übergeben werden, dann dürfen diese übergebenen Funktionen oder Prozeduren nur noch normale formale Parameter („call by value") besitzen. Das bedeutet, daß eine Prozedur, die einer anderen als Parameter übergeben wurde, nur dadurch einen Wert zurückliefern kann, daß sie eine globale Variable verändert.

Vorsicht:
Die Übergabe von Funktionen und Prozeduren als Parameter ist ein außerordentlich leistungsfähiges Programmierwerkzeug, vor allem, wenn die verwendete Pascal-Version auch für die übergebenen Funktionen und Prozeduren variable Parameter zuläßt. Es können jedoch zwei Schwierigkeiten auftreten:

1. Es ist Aufgabe des Programmierers, beim Aufruf immer die richtige Anzahl und Anordnung von Parametern anzugeben. Die meisten Compiler überprüfen die übergebenen Parameter nicht und bearbeiten so den Aufruf möglicherweise falsch.
2. Die Zuweisung an globale Variable (die nicht als Parameter deklariert worden sind) in einer Funktion oder Prozedur kann Seiteneffekte mit katastrophalen Folgen für die Programmabarbeitung bewirken.

Mehr zum Geltungsbereich

Wir haben bereits dargelegt, was es mit dem Geltungsbereich von Variablen auf sich hat: Man kann nur in dem Block auf eine Variable zugreifen, in dem sie deklariert worden ist.

Entsprechendes gilt für die Variablen in Funktionen und Prozeduren, die als Parameter übergeben werden. Wurde z. B. einer Prozedur eine Funktion als Parameter übergeben, dann kann man die Variablen der Funktion auch beim Aufruf der Funktion durch die Prozedur benutzen. Umgekehrt werden aber auch alle lokalen Variablen der Prozedur zu globalen Variablen der übergebenen Funktion. Das kann Schwierigkeiten bereiten.

Sehen wir uns ein Beispiel an:

```
PROGRAM TEST (INPUT,OUTPUT);
VAR A: REAL;
FUNCTION ALPHA (X: REAL): REAL;
   BEGIN
      . . .
      A := 1.23;
      . . .
   END; (* ALPHA *)
PROCEDURE BETA (FUNCTION F: REAL; M,N: REAL);
   VAR A,B,C: REAL;
   BEGIN
      . . .
      B := F(M);
      . . .
   END; (* BETA *)
BEGIN (* TEST *)
   . . .
   BETA (ALPHA,1.0,12.34);
   . . .
END. (* TEST *)
```

Hier ist die Funktion F ein Parameter der Prozedur BETA. Beim Aufruf im Programmkörper von TEST

```
BETA (ALPHA,1.0,12.34);
```

erhält BETA die Funktion ALPHA als aktuellen Paramter für F übergeben. Dadurch werden die lokalen Variablen A, B und C von BETA zu globalen Variablen von ALPHA, was sich in dem Moment auswirkt, in dem BETA diese Funktion aufruft:

```
B := F(M);
```

Beachten Sie nun, daß die Funktion ALPHA der globalen Variablen A einen Wert zuweist:

```
A := 1.23;
```

Diese Variable A ist zweimal deklariert: einmal global im Programm selbst und einmal lokal in der Prozedur BETA. Welche von ihnen erhält nun den Wert 1.23?

Nach den Regeln des Geltungsbereichs verdrängt die in BETA deklarierte lokale Variable A für die Zeit, in der BETA abgearbeitet wird, die globale Variable A. Diese neue Variable A ist es, die zusammen mit B und C durch die Parameterübergabe der Funktion global für ALPHA wird. Damit wird der Wert von A innerhalb der Prozedur BETA durch ALPHA verändert.

War das so gemeint, ist es gut, Meist aber ist das nicht der Fall, und man meinte eigentlich die globale Variable auf Programmebene: Das Programm wird fehlerhaft arbeiten.

Zusammenfassend läßt sich also festhalten, daß beim Einsatz einer Funktion oder Prozedur der von ihr gebildete Block in den Block, in dem man sie benutzt, eingebettet wird. Das bedeutet, daß die globalen Variablen, welche die Funktion oder die Prozedur benutzt, je nach dem Block, in dem sie eingesetzt wird, verschieden sein können.

Man kann das in Pascal noch weiter verallgemeinern und eine Prozedur in eine andere Prozedur *einschachteln,* d. h. sie innerhalb dieser Prozedur deklarieren, z. B. so:

```
PROCEDURE P (X,Y: REAL);
    VAR  A,B,C,: REAL;
    PROCEDURE Q (I: INTEGER);
    BEGIN
        . . .
    END; (* Q *)
BEGIN (* P *)
    . . .
END; (* P *)
```

Hier ist die Prozedur Q in der Prozedur P deklariert. Alle Deklarationen in P sind globale Variable, Konstanten usw. für Q und können dort als solche benutzt werden. Q kann − einmal deklariert − weiterhin beliebig innerhalb von P aufgerufen werden. Das gilt aber nur für P. Denn da die Prozedur Q innerhalb von P deklariert wurde, ist sie eine *lokale* Prozedur von P. Sie kann folglich nur innerhalb von P. nicht aber außerhalb davon aufgerufen werden. Mit anderen Worten: Kein Programmteil außerhalb der Prozedur P weiß etwas von der Prozedur Q.

Ja, es kann sein, daß die Prozedur Q im Programm mehrfach deklariert worden ist, einmal wie gewohnt im Programmkörper selbst und dann noch einmal lokal innerhalb der Prozedur P. Dann *verdrängt* die Prozedur Q beim Aufruf der Prozedur P genau so, wie wir das für lokale Variable dargestellt haben, für die Lebensdauer von P die außerhalb von P deklarierte gleichnamige Prozedur Q.

Dieses Verbergen eines lokal deklarierten Bezeichners, sei es der Name einer Konstanten, einer Variablen einer Funktion oder einer Prozedur vor dem Rest des Programms ermöglicht nicht nur eine intensivere Gliederung des Programms, es gestattet auch den Aufbau komplexer Prozedur- und Funktionsbibliotheken, ohne daß man Rückwirkungen mit dem Programm befürchten muß, das die Bibliothek benutzt.

Mehr zur Rekursion

Wir haben bereits angemerkt, daß der Geltungsbereich einer Funktion oder Prozedur den eigenen Block (und nur diesen) umfaßt. Das bedeutet

aber auch, daß man den Namen der Funktion oder Prozedur auch in der
betreffenden Funktion bzw. Prozedur selbst benutzen kann. So kann z. B.
eine Funktion wiederum sich selbst aufrufen. Man bezeichnet diese Möglichkeit als *Rekursion* und den Aufruf der Funktion oder Prozedur durch
sich selbst als rekursiven (d. h. zu sich selbst zurückführenden) Aufruf.

Man kann so z. B. die Berechnung der Fakultät einer Zahl nach der Definition

$$N! = 1 * 2 * 3 * ... * N$$

mit der Konvention

$$0! = 1$$

rekursiv durch die Formel

$$FAC(N) = FAC(N - 1) * N$$

berechnen lassen, wobei FAC eine ganzzahlige Funktion ist. Das ist erlaubt und funktioniert auch. Diese Formel wird dann wie folgt benutzt:

Annahme:

$$N = 1 \text{ und } FAC(1) = 1$$

FAC(2) berechnet sich dann als:

$$\begin{aligned} FAC(2) &= FAC(1) * 2 = \\ &= 1 * 2 = \\ &= 2 \end{aligned}$$

Und FAC(3) ergibt sich zu:

$$\begin{aligned} FAC(3) &= FAC(2) * 3 = \\ &= (FAC(1) * 2) * 3 = \\ &= 1 * 2 * 3 = \\ &= 6 \end{aligned}$$

Allgemein erhält man so für FAC(N):

$$\begin{aligned} FAC(N) &= FAC(N-1) * N = \\ &= (FAC(N-2) * (N-1)) * N = \\ &= ((FAC(N-3) * (N-2)) * (N-1)) * N = \\ &\quad ... \\ &= 1 * 2 * 3 * ... * (N-2) * (N-1) * N \end{aligned}$$

Wie programmiert man aber eine rekursive Formel? Sehen wir uns das an
einem weiteren Beispiel an.

Ein Rekursionsbeispiel: Fibonaccische Zahlen

Der italienische Mathematiker Fibonacci stellte eine Zahlenfolge nach dem Gesetz auf, daß jede Zahl die Summe der beiden vorhergehenden sein muß. Der Anfang dieser Folge von *Fibonaccischen Zahlen* sieht so aus:

    0,1,1,2,3,5,8,13,21,34,...

Man sieht sofort das Bildungsgesetz dieser Folge:

    0 + 1 = 1   (2. Element)
    1 + 1 = 2   (3. Element)
    1 + 2 = 3   (4. Element)
    2 + 3 = 5   (5. Element)
    usw.

```
PROGRAM FIBONACCI (INPUT,OUTPUT);
(* DIESES PROGRAMM BERECHNET EINE FIBONACCISCHE ZAHL *)
(* AUS IHRER PLATZNUMMER IN DER FIBONACCI-FOLGE *)
VAR FIBNUM: INTEGER;
FUNCTION FIB (NUMMER: INTEGER): INTEGER;
    BEGIN (* FIB *)
        IF NUMMER>1 THEN
            FIB := FIB(NUMMER-1) + FIB(NUMMER-2)
        ELSE
            IF NUMMER=1 THEN FIB := 1
            ELSE FIB := 0
    END; (* FIB *)
BEGIN (* FIBONACCI *)
    REPEAT
        WRITE ('GEBEN SIE EINE POSITIVE ZAHL EIN:');
        READLN (FIBNUM);
    UNTIL FIBNUM > = 0;
    WRITELN ('DIE FIBONACCI-ZAHL LAUTET',FIB(FIBNUM))
END. (* FIBONACCI *)
```

Bild 7.8   Ein Programm zur Berechnung von Fibonacci-Zahlen

Es bietet sich an, die N-te Fibonaccische Zahl FIB(N) durch eine Rekursionsformel berechnen zu lassen, die lautet:

FIB(N) = FIB(N−1) + FIB(N−2)

So wird z. B. FIB(4) in folgenden Schritten berechnet:

```
FIB(4) = FIB(3)                    + FIB(2)              =
       = FIB(2)         + FIB(1) + FIB(1) + FIB(0) =
       = FIB(1) + FIB(0) + 1      + 1       + 0      =
       = 1       + 0      + 2                          =
       = 3
```

Bild 7.8 enthält ein Pascal-Programm, das eine Fibonaccische Zahl rekursiv berechnet.

Ein typischer Programmlauf sieht so aus:

```
GEBEN SIE EINE ZAHL EIN: 14
DIE FIBONACCI-ZAHL LAUTET          377
```

(Die Benutzereingaben in den Laufbeispielen sind halbfett gedruckt.)

Sehen wir uns das Programm genauer an. Da wird zunächst eine globale Variable deklariert:

```
VAR FIBNUM: INTEGER;
```

Diese Variable nimmt die Platznummer der zu berechnenden Fibonacci-Zahl auf, wie sie vom Benutzer eingegeben wurde. Diese Nummer darf nicht negativ sein, was später im Programm sichergestellt wird.

Darauf wird die Funktion FIB definiert, die den Wert der Fibonacci-Zahl berechnen soll:

```
FUNCTION FIB (NUMMER: INTEGER): INTEGER;
```

Diese Funktion benötigt einen ganzzahligen Parameter NUMMER und liefert ein ganzzahliges Ergebnis. Der Anweisungsblock in der Funktion implementiert die Formel und untersucht zwei Sonderfälle:

– Wenn das Argument 0 ist, dann liefert FIB das Ergebnis 0
– Wenn das Argument 1 ist, dann liefert FIB das Ergebnis 1

Das wird mit einer verketteten IF-Anweisung erreicht:

```
BEGIN (* FIB *)
   IF NUMMER>1 THEN
      FIB := FIB(NUMMER−1) + FIB(NUMMER−2)
   ELSE
      IF NUMMER=1 THEN FIB := 1
      ELSE FIB := 0
END; (* FIB *)
```

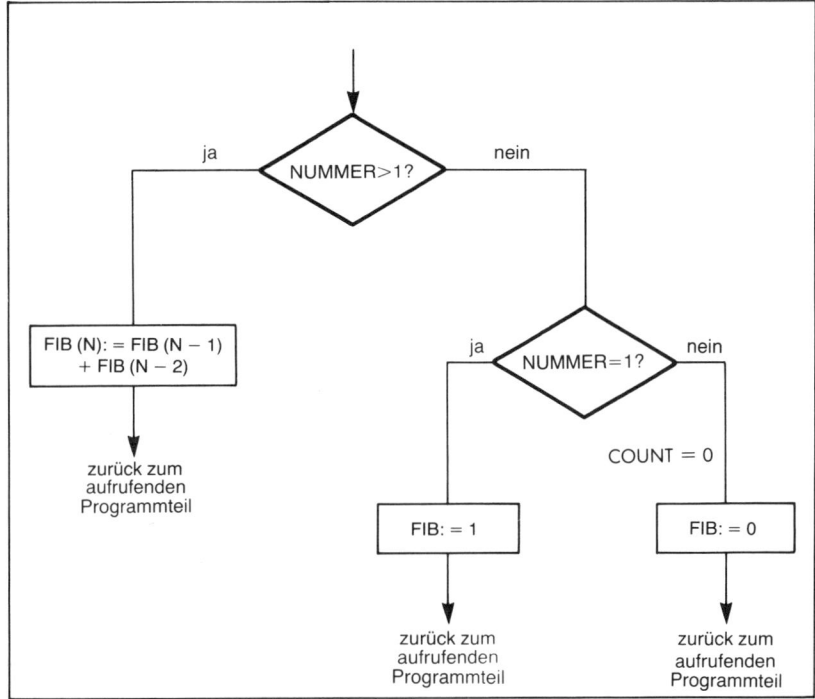

Bild 7.9   Die Verschachtelung der beiden IF-Anweisungen

Bild 7.9 illustriert die logische Struktur dieser Entscheidungskette.

Unter der Annahme, daß das Argument NUMMER größer oder gleich Eins ist, wird der Test durchgeführt. Liegt einer der Ausnahmefälle NUMMER=0 oder NUMMER=1 vor, dann wird das vordefinierte Ergebnis zurückgeliefert. Ist das Argument NUMMER der Funktion FIB aber größer als 1, dann ruft die Funktion gemäß der Rekursionsformel sich selbst wieder auf:

    FIB := FIB(NUMMER−1) + FIB(NUMMER−2)

Beachten Sie dabei: In jedem neuen Aufruf *verringert* sich der Wert des Arguments NUMMER. Das gewährleistet, daß irgendwann einmal der Ausnahmefall NUMMER=1 oder NUMMER=0 erreicht und so die Rekursionskette abgebrochen wird.

Das ist eine wichtige Bedingung für den Einsatz rekursiver Funktionen oder Prozeduren. Es muß durch eine kontrollierte Bedingung gewährleistet sein, daß die Rekursionskette nicht unendlich ist. In der Regel ist das wie in unserem Fall die Veränderung eines Arguments hin zu einem definierten Ausnahmezustand, an dem die Kette abbricht. Man kann aber auch eine Variable als Zähler definieren. Wichtig ist nur, die rekursiven Aufrufe unter Kontrolle zu halten.

Sehen wir uns dieses Verhalten anhand der Berechnung von FIB(3) an:

```
FIB : = FIB(3-1)                          + FIB(3-2) =
     = FIB(2)                             + FIB(3-2) =
     = (FIB := FIB(2-1) + FIB(2-2))       + FIB(3-2) =
     = (FIB := FIB(1)   + FIB(2-2))       + FIB(3-2) =
     = (FIB := (FIB := 1) + FIB(2-2))     + FIB(3-2) =
     = (FIB := 1        + FIB(0))         + FIB(3-2) =
     = (FIB := 1        + (FIB := 0))     + FIB(3-2) =
     = (FIB := 1        + 0)              + FIB(3-2) =
     = 1                                  + FIB(1) =
     = 1                                  + FIB := 1) =
     = 1                                  + 1 =
     = 2
```

Beachten Sie, wie die Abarbeitung von links nach rechts fortschreitet: Erst wird jeweils das linke Argument der Formel vollständig durch alle rekursiven Aufrufe hindurch bis hin zu dem Punkt erweitert, an dem die Funktion FIB mit einem Ergebnis zurückkehren kann. Dann kommt das in der nächsthöheren Rekursionsebene stehende und noch nicht rekursiv erweiterte linke Argument der Formel an die Reihe, bis ein Ergebnis ermittelt ist usw. Der rechts stehende Teil der Formel wird ganz zum Schluß abgearbeitet.

Es ist wichtig, daß Sie diesen *Rekursionsmechanismus* voll verstanden haben. Rechnen Sie die Formel am besten selbst einmal Schritt für Schritt, wie wir es oben getan haben, für den Aufruf FIB(4) durch.

Der Körper des FIBONACCI-Programms hat drei Aufgaben. Er übernimmt vom Benutzer eine nicht-negative Platznummer, leitet die Berechnung der zugehörigen Fibonaccischen Zahl ein und druckt schließlich das Ergebnis aus.

```
BEGIN (* FIBONACCI *)
   REPEAT
      WRITE ('GEBEN SIE EINE ZAHL EIN: ');
      READLN (FIBNUM);
   UNTIL FIBNUM >= 0;
   WRITELN ('DIE FIBONACCI-ZAHL LAUTET',FIB(FIBNUM))
END. (* FIBONACCI *)
```

Beachten Sie hier, wie das Programm in der Übernahmeschleife bleibt, bis der Benutzer eine nicht-negative ganze Zahl eingegeben hat. Erst dann kann die Rechnung und die Ergebnisausgabe erfolgen.

Dieses einfache Programm verdeutlicht somit zweierlei: den Einsatz einer rekursiven Funktion und die Ausfilterung falscher Eingabewerte, d. h. den richtigen Einsatz von Eingabetechniken.

Zum Einsatz rekursiver Techniken

Bleiben wir noch einen Augenblick bei dem FIBONACCI-Programm. Wir haben dort gesehen, wie eine rekursive Funktion mehrere Aufrufstufen durchläuft, bis das Ergebnis vorliegt. Dabei muß jedoch ein wichtiger Punkt beachtet werden. Dieser hängt mit dem Geltungsbereich von Bezeichnern zusammen: Bei jedem Aufruf einer der Funktion durch sich selbst entsteht ein neuer Block mit allen Bezeichnern der Funktion lokal in den vorigen Block eingeschachtelt.

Konkreter: Bei einem Aufruf der Funktion FIB werden lokal zwei Bezeichner geschaffen: FIB (das ist im Rechner im Endeffekt eine Speicherstelle, in der das Ergebnis zu stehen kommt) und NUMMER (das ist die Kopie des Werts des beim Aufruf verwendeten aktuellen Parameters). Das bedeutet, daß für *jeden* Aufruf der Funktion FIB der Rechner zwei Speicherstellen für ganze Zahlen zusätzlich zur Verfügung stellen muß: eine für die Aufnahme des Ergebnisses und eine für die Aufnahme des aktuellen Parameters.

Dieser Zusatzaufwand ist beim Einsatz rekursiver Techniken immer in Rechnung zu stellen. Im allgemeinen entsteht durch Rekursion im Computer ein großer Speicherbedarf, und die rekursive Ermittlung eines Ergebnisses dauert auch länger als bei der Berechnung mit Hilfe einer Formel oder bei *iterativer* Programmierung mit einfachen Schleifen ohne rekursive Aufrufe. Rekursion hat demgegenüber den Vorteil, daß man das Programm selbst kurz und übersichtlich halten kann, wenn das Problem bereits als rekursive Formel formuliert ist. Wenn Rechenzeit und Speicherbedarf nicht von Belang sind, dann kann man die Rekursion ohne Bedenken einsetzen. Jedoch ist Computerzeit in der Regel teuer und der Speicherplatz nur beschränkt, so daß man wo immer möglich eine mathematische Formel anstelle rekursiver Techniken verwenden sollte. Dessen ungeachtet aber ist die Rekursion ein sehr leistungsfähiges Programmierwerkzeug und sollte nicht völlig außer acht gelassen werden, insbesondere, wenn es um logische Probleme geht. So werden z. B. rekursive Funktionen und Prozeduren oft zur Abarbeitung eines *Entscheidungsbaums* herangezogen.

Zusammenfassend läßt sich sagen, daß rekursive Techniken besonders da außerordentlich wertvoll sind, wo es keine andere Alternative gibt. Denken Sie aber daran, daß sich die Rekursion dann weniger empfiehlt, wenn es um die Berechnung eines mathematischen Ergebnisses geht, das man auch — eventuell in ausreichender Näherung — durch eine nichtrekursive Formel erhalten kann.

Vorwärtsbezüge

Normalerweise kann man in Pascal nur solche Funktionen oder Prozeduren aufrufen, die im Programmtext vor dem aufrufenden Programmteil definiert worden sind. Es gibt aber auch Fälle, in denen dieser Rückwärtsbezug auf bereits definierte Funktionen oder Prozeduren unpraktisch oder gar unmöglich ist. Für diese Fälle ist in Pascal die Möglichkeit des ausdrücklichen *Vorwärtsbezugs* vorgesehen.

```
PROGRAM LOESUNG (INPUT,OUTPUT);
PROCEDURE ZEICHNE (I: INTEGER); FORWARD;
FUNCTION QUADRAT (X: REAL): REAL; FORWARD;
PROCEDURE BERECHNE (Y,Z: REAL);
    VAR P: REAL;
    BEGIN

        . . .
        P := QUADRAT(Y)+Z;
        . . .
        ZEICHNE  (ROUND(P));
        . . .
    END; (* BERECHNE *)
PROCEDURE ZEICHNE;
    BEGIN

        . . .
    END; (* ZEICHNE *)
FUNCTION QUADRAT;
    BEGIN

        . . .
    END; (* QUADRAT *)
BEGIN (* LOESUNG *)
    . . .
END. (* LOESUNG *)
```

Bild 7.10   Zum Einsatz von Vorwärtsbezügen

Ein Vorwärtsbezug wird dadurch erreicht, daß man die betreffende Funktion oder Prozedur wie üblich am Anfang des Programms vor den Funktionen oder Prozeduren, die auf sie Bezug nehmen sollen, *deklariert*, ihre Anweisungen jedoch durch die Eigenschaftsangabe FORWARD (vorwärts) ersetzt. Das teilt dem Compiler mit, daß er die eigentliche Funktions- oder Prozedurdefinition später im Programm zu suchen hat. Bild 7.10 zeigt ein Beispiel dazu.

Hier benötigt die Prozedur BERECHNE die Prozedur ZEICHNE und die Funktion QUADRAT für ihre Arbeit:

```
BEGIN

    . . .
    P := QUADRAT(Y)+Z;
    . . .
    ZEICHNE (ROUND(P));
    . . .
END; (* BERECHNE *)
```

Diese beiden Programmeinheiten können z. B. aus irgendwelchen Gründen nicht, wie normalerweise verlangt, vor ihrer ersten Verwendung definiert werden. Der Compiler muß jedoch für seine Übersetzungsarbeit von ihrer Existenz wissen. Aus diesem Grund wird ihm durch FORWARD-Deklarationen angezeigt, daß und wie er sie zu berücksichtigen hat:

PROCEDURE ZEICHNE (I: INTEGER); FORWARD;
FUNCTION QUADRAT (X: REAL): REAL; FORWARD;

Die eigentlichen Definitionen stehen dagegen in der Reihenfolge:

BERECHNE
ZEICHNE
QUADRAT

Ohne die FORWARD-Deklarationen hätte BERECHNE weder ZEICHNE noch QUADRAT benutzen dürfen. Dagegen können BERECHNE und ZEICHNE ohne weiteres die Prozedur BERECHNE benutzen, falls das notwendig sein sollte. (Beachten Sie, daß das einen indirekten rekursiven Aufruf ergeben würde, da BERECHNE sowohl ZEICHNE als auch QUADRAT benutzt.)

Die Deklaration einer Funktion als FORWARD entspricht dem normalen Kopf dieser Funktion bzw. Prozedur. Lediglich der Anweisungsblock wird durch den Verweis „vorwärts" (FORWARD) ersetzt. Das gibt dem Compiler genug Informationen, die er zur Vormerkung der Funktion oder Prozedur benötigt, nämlich

– den Namen der Funktion bzw. Prozedur,
– die benötigten formalen Parameter und
– bei Funktionen den Typ des Ergebnisses (da hierfür ja eine passende Speicherstelle reserviert werden muß).

Später, wenn die volle Definition (d. h. der Anweisungsblock der Funktion oder der Prozedur) gegeben wird, braucht nur noch der Name aufgeschrieben zu werden, damit der Compiler weiß, worum es sich handelt.

Externe Prozeduren

Viele Computer verfügen über Bibliotheken von Prozeduren oder Funktionen, die in PASCAL, FORTRAN oder anderen Sprachen geschrieben worden sind und nun in compilierter Form (d. h. bereits in ausführbaren Maschinenkode übersetzt) vorliegen. Um diese übersetzten Prozeduren und Funktionen in ein Programm einbeziehen zu können, müssen ihre Grundeigenschaften dem Pascal-Compiler ähnlich wie im Fall des Vorwärtsbezugs bekannt gegeben werden. Das heißt, man gibt die Kopfdeklaration der Funktion oder Prozedur an und teilt dem Compiler mit, daß sich der Funktions- bzw. Prozedurkörper außerhalb des Programms („extern") befindet. Das geschieht, indem man den Anweisungsblock je nach den Anforderungen des betreffenden Compilers durch EXTERN oder FORTRAN oder ähnliches ersetzt.

So kann man z. B. die als übersetztes FORTRAN-Programm vorliegende externe Prozedur SUCHE durch

PROCEDURE SUCHE (X: REAL); FORTRAN;

dem Pascal-Compiler mit den nötigen Eigenschaften (hier dem reellen Parameter X) bekannt geben und sie nachher wie üblich im Programm aufrufen:

SUCHE (2.5);

In diesem Fall steht im Programm selbst natürlich kein Funktions- oder Prozedurkörper. Das System sucht automatisch den betreffenden Programmteil in der Bibliothek auf und arbeitet ihn ab. Allerdings kann man zur Kommunikation mit einer externen Funktion oder Prozedur nur die formalen Parameter verwenden. Auf globale Parameter des Programms kann der betreffende externe Programmteil nicht zugreifen.

Parametereinschränkungen

Der Vollständigkeit halber seien hier noch zwei Einschränkungen an die Parameter in Pascal-Programmen vermerkt:

1. Dateiparameter müssen immer variabel sein, d. h. durch „call by reference" übergeben werden.
2. Ein Element einer gepackten Struktur kann nicht als aktuelle Variablenreferenz übergeben werden. (Gepackte Strukturen werden wir in einem späteren Kapitel untersuchen.)

Zusätzlich können die verschiedenen Pascal-Versionen weitere Einschränkungen verlangen. Dies müssen Sie dem zu der von Ihnen verwendeten Version gehörenden Handbuch entnehmen.

Prozeduren und Funktionen als Parameter in UCSD-Pascal

Die Möglichkeit von Standard-Pascal, Prozeduren und Funktionen als Parameter zu übergeben, ist in UCSD-Pascal nicht vorhanden. Man darf hier Prozeduren oder Funktionen *nicht* als formale Parameter benutzen.

Gepackte Variable als Parameter in UCSD-Pascal

Wie in Standard-Pascal kann man auch in UCSD-Pascal die Werte von gepackten Variablen als Parameter übergeben. Ein Element einer PACKED-RECORD- oder einer PACKED-ARRAY-Struktur kann jedoch nicht als Variablenreferenz übergeben werden.

U C S D

Die EXIT-Anweisung in UCSD-Pascal

Die Pascal-Version von UCSD bietet mit der besonderen Anweisung EX-IT („verlasse") die Möglichkeit, eine Prozedur oder Funktion an jeder beliebigen Stelle zu verlassen.

Die Syntax lautet

EXIT (Bezeichner)

EXIT bewirkt eine ähnliche Aktion wie END am Funktions- bzw. Prozedurende. Dabei muß ein Parameter angegeben werden: der Name einer Funktion bzw. Prozedur. Dies kann jede Funktion oder Prozedur sein, die im Geltungsbereich von EXIT liegt. EXIT schließt alle lokalen Dateien (englisch „close"), die im gegebenen Block eröffnet worden sind. Im Fall von rekursiven Funktionen oder Prozeduren bricht EXIT allerdings nur den jeweils letzten Aufruf dieser Programmeinheit ab.

Wird EXIT in einer Funktion verwendet, so muß sichergestellt sein, daß dem Funktionsnamen (d. h. der vom Compiler für das Ergebnis der Funktion bereitgestellten Speicherstelle) vor dem Abbruch ein Wert zugewiesen worden ist, da sonst die Funktion einen undefinierten Wert zurückliefert, der zum Fehlverhalten des Programms führen kann.

Im allgemeinen wird EXIT zusammen mit Entscheidungen verwendet, z. B. so:

BEGIN

. . .

IF BEDINGUNG **THEN** EXIT (Name);

. . .

END;

Zusammenfassung

Funktionen und Prozeduren sind eine bequeme Möglichkeit, einen Block von Anweisungen als eigenständigen Modul (d. h. als eine abgeschlossene Programmeinheit) zu behandeln. Funktionen liefern wie Variable einen Wert zurück und müssen innerhalb von Ausdrücken verwendet werden. Prozeduren kann man anstelle von Anweisungen einsetzen.

Der Datenverkehr mit Funktionen und Prozeduren vollzieht sich über Parameter. Eine Funktion oder Prozedur kann eigene, lokale Variable verwenden, die keine Wirkung außerhalb der Funktion oder Prozedur haben, in der sie deklariert sind.

Durch Funktionen und Prozeduren zusammen mit dem Parametermechanismus werden Leistungsfähigkeit und Flexibilität von Pascal beträchtlich gesteigert. Aus diesem Grund sind Pascal-Programme sehr stark in Prozeduren und Funktionen untergliedert. Lange Programme enthalten oft sehr viele Funktionen und Prozeduren, von denen jede eine genau umrissene Aufgabe ausführt. Man kann jede von ihnen für sich erstellen, erproben, verfeinern und von Fehlern befreien, bevor man sie im größeren Zusammenhang verwendet. Das verbessert die Programmsicherheit wesentlich.

Übungen

7.1: Übernehmen Sie von der Tastatur ein alphanumerisches Zeichen und eine Zahl. Entwerfen Sie dazu eine Prozedur, die eine Zeile mit der angegebenen Anzahl des betreffenden Zeichens ausdruckt. Wenn z. B. ein Stern „*" und die Zahl 3 eingetippt worden sind, dann soll die Prozedur die Zeile
```
***
```
ausgeben. Lassen Sie das Programm die Eingabe auf ihre Plausibilität hin überprüfen, d. h. übernehmen Sie nur solche Zahlen, die einen sinnvollen Zeilenausdruck zulassen.

7.2: Wandeln Sie das Programm aus der vorigen Übung dahingehend ab, daß zehn Zeichen von der Tastatur übernommen werden und dann jedes Zeichen auf einer eigenen Zeile zehnmal ausgegeben wird. Dabei sollte jede folgende Zeile gegenüber der vorigen um ein Zeichen weiter eingerückt werden. Benutzen Sie Funktionen und Prozeduren, wo immer das möglich ist.

7.3: Schreiben Sie ein Programm, das eine in Sekunden vorliegende Zeitangabe in Sekunden, Minuten, Stunden und Tage umwandelt. Übernehmen Sie die Vorgabe ZEIT von der Tastatur.

7.4: Schreiben Sie eine Funktion MAXIMUM, welche die größte der reellen Zahlen X, Y und Z errechnet.

7.5: Welches sind in dem nachfolgenden Programm PARAMTEST die globalen Variablen? Können sie sowohl in VARWERT als auch in GELTUNG verwendet werden?

```
PROGRAM PARAMTEST (INPUT,OUTPUT);
VAR G1,G2: INTEGER;
    PROCEDURE VARWERT (PM1: INTEGER; VAR PM2: INTEGER);
        VAR PR1,PR2: INTEGER;
        BEGIN (* VARWERT *)
            PR1 := 1;
            PR2 := 2;
            PM1 := PM1 + PR1 + PR2;
            PM2 := PM2 + PR1 + PR 2
        END; (* VARWERT *)
```

```
FUNCTION GELTUNG (PM1: INTEGER): INTEGER;
   VAR G1,FN: INTEGER;
   BEGIN (* GELTUNG *)
       G1 := 0;
       FN := 2;
       PM1 := PM1 + FN;
       WRITELN (PM1);
       WRITELN (G1);
       GELTUNG := G1
   END; (* GELTUNG *)
BEGIN (* PARAMTEST *)
   WRITELN; WRITELN;
   G1 := 1;
   G2 := 2;
   VARWERT(G1,G2);
   WRITELN(G1);
   WRITELN(G2);
   G2 := GELTUNG(G1);
   WRITELN(G1);
   WRITELN(G2);
   WRITELN; WRITELN
END. (* PARAMTEST *)
```

7.6: Was für Zahlen werden von dem oben definierten Programm PARAMTEST ausgegeben?

7.7: Welche Variable sind in den folgenden Anweisungen formale und welche sind aktuelle Parameter?
PROCEDURE TEST1 (**VAR** A,B,C: INTEGER);

```
   . . .
   TEST1 (X,Y,Z);
   . . .
```

7.8: Untersuchen Sie das nachfolgende Programm RECURS. Wie wird die Eingabe verarbeitet? Was wird ausgegeben?

```
PROGRAM RECURS (INPUT,OUTPUT);
PROCEDURE BEARBEITEN;
   VAR ZEICHEN: CHAR;
   BEGIN (* BEARBEITEN *)
       READ (ZEICHEN);
       IF ZEICHEN <>' ' THEN BEARBEITEN;
       WRITE (ZEICHEN)
   END; (* BEARBEITEN *)
BEGIN (* RECURS *)
   WRITELN; WRITELN;
   WRITELN ('GEBEN SIE EIN WORT EIN');
   WRITELN ('TIPPEN SIE EIN LEERZEICHEN ZUM ANHALTEN');
   WRITE (' ');
   BEARBEITEN;
   WRITELN; WRITELN; WRITELN
END. (* RECURS *)
```

Kapitel **8**

Datentypen

Typen

In diesem und in den folgenden Kapiteln wollen wir uns einen vollständigen Überblick über die in Pascal möglichen Datentypen und über die Regeln zum Umgang mit ihnen verschaffen. Zunächst jedoch: Warum soll man eigentlich verschiedene Datentypen unterscheiden? Vier derartige Typen haben wir bereits kennengelernt: ganze Zahlen, reelle Zahlen, Boolesche Wahrheitswerte und alphanumerische Zeichen. Sie unterscheiden sich in logischer oder mathematischer Hinsicht, und für jeden von ihnen gibt es Operationen, die für die anderen nicht oder nicht in dieser Form gültig sind. Man kann zum Beispiel zwei *alphanumerische Zeichen* nicht addieren. Welches Ergebnis sollte das auch bringen? Daher ist in Pascal für alphanumerische Zeichen keine Operation „Addition" definiert. Ein Grund, Datentypen zu unterscheiden, liegt also in den unterschiedlichen, bei ihnen sinnvoll anwendbaren Operationen.

Allgemein gesehen, unterscheidet man Datentypen aus zwei Gründen:

1. Damit der Compiler die Daten im Speicherbereich des Rechners in der richtigen Form darstellen kann.
2. Damit in den Programmen sichergestellt werden kann, daß die Daten mit den richtigen Operationen verknüpft werden.

Die Unterscheidung der Variablen nach Datentypen erfolgt in Pascal mit Hilfe der Typendefinition TYPE.

Wir werden im folgenden die Gründe zur Unterscheidung von Datentypen noch etwas genauer betrachten, uns dann einen Überblick über alle in Pascal vorhandenen Datentypen verschaffen und schließlich einige Mechanismen untersuchen, mit denen man in Pascal Datentypen definieren kann.

Wozu Datentypen dienen

Wir haben gerade zwei Gründe für die Verwendung von Datentypen angeführt. Betrachten wir sie näher. Da ist zunächst einmal in Erinnerung zu rufen, daß wir bis jetzt den Datentyp einer Variablen immer vor ihrer Verwendung festgelegt haben, bespielsweise so:

```
VAR I,J       : INTEGER;
    A,B       : REAL;
    BUCHSTABE : CHAR;
```

Diese Variablendeklaration, in welcher der Datentyp jeder Variablen vor ihrer ersten Verwendung festgelegt wird, hat zunächst einmal den Vorteil, daß der Compiler (also das Computerprogramm, das unser Pascal-Programm in einen ausführbaren Maschinenkode übersetzt) jeden Fall, in dem eine Operation auf die falschen Datentypen angewendet wird, automatisch feststellen kann. Das hilft insbesondere bei langen Programmen, in denen sich leicht Flüchtigkeitsfehler einschleichen können. Zum andern aber kann man, wenn bei der Programmübersetzung bereits bekannt ist, welche Variable welchen Datentyp besitzt, das Compilerprogramm selbst viel einfacher auslegen.

Jede Variable besitzt innerhalb des Computers eine ihrem Datentyp entsprechende Darstellungsform. Wenn die Variablentypen dynamisch – im Ablauf des Programms – verändert werden könnten, dann würde die Zuteilung des für die betreffende Variable notwendigen Speicherplatzes im Rechner sehr kompliziert. Außerdem würde die Abarbeitungsgeschwindigkeit verringert, da natürlich sehr viel mehr Überwachungs- und Verwaltungsarbeiten zusätzlich zur eigentlichen Programmaufgabe durchgeführt werden müßten.

Es war aber eines der Entwicklungsziele von Pascal, daß der Compiler mit vertretbar geringem Aufwand erstellbar sein sollte (man spricht auch von der einfachen „Implementation" der Sprache). Aus diesem Grund wurde gefordert, daß in Pascal die in einem Programm verwendeten Datentypen vor ihrer Benutzung definiert sein müssen, ganz entsprechend wie die Variablen vor der ersten Verwendung nach Namen und Datentyp zu deklarieren sind. Auf diese Weise kann der Compiler bereits bei der Übersetzung des Programms – also vor der eigentlichen Programmabarbeitung – alle zur Speicherplatzzuordnung notwendigen Entscheidungen treffen. Außerdem kann er wie erwähnt schon auf dieser Stufe die im Programm auftretenden Ausdrücke auf ihre syntaktische Richtigkeit hin überprüfen. Das beschleunigt die Abarbeitung beträchtlich.

Es gibt Programmierer, denen das nicht so richtig paßt. Der Computer müsse, so wird argumentiert, von selbst wissen, womit er da arbeitet. Solche Urteile sind etwas vorschnell, denn jede Programmiersprache ist das Ergebnis vieler Kompromisse hinsichtlich einfacher Programmierung einerseits und einfacher Implementation andererseits. Es gibt Sprachen, bei denen keine formellen Typendeklarationen notwendig sind und die es gestatten, daß sich die Datentypen im Verlauf der Abarbeitung dynamisch ändern. Die Compiler oder Interpreter für solche Sprachen sind jedoch in der Regel viel schwieriger zu erstellen. Das ist z. B. bei der Programmiersprache APL der Fall.

Allgemeine Regeln für die Verwendung von Datentypen

Vier Grundregeln sind in Pascal bei der Verwendung von Datentypen zu beachten:
- Jede Variable kann nur einen einzigen Datentyp besitzen. Das gilt für den Block, in dem der betreffende Bezeichner als Variable deklariert worden ist.
- Der Datentyp jeder Variablen muß vor der ersten Verwendung der Variablen im Programm vereinbart worden sein.
- Es sind die durch die Pascal-Syntax gegebenen formalen Regeln zu beachten (siehe Anhang F). Insbesondere müssen die Deklarationen in der in Bild 8.1 wiedergegebenen Reihenfolge angegeben werden.
- Schließlich ist zu beachten, daß für jeden Datentyp nur ganz bestimmte Operationen zugelassen sind, was sich in den verwendbaren Operatoren und Funktionen im Programm niederschlägt.

```
PROGRAM

LABEL

CONST

TYPE

VAR

PROCEDURE

FUNCTION
```

Bild 8.1   Die Reihenfolge der Deklarationen in einem Pascal-Programm

Weitere Operationen können vom Benutzer mit Hilfe von Prozeduren (PROCEDURE) und Funktionen (FUNCTION) geschaffen werden. Für alle skalaren Datentypen sollten dabei zumindest fünf Standardoperationen vorhanden sein: die Zuweisung (mit dem Operator „:=“), und die vier Vergleichtests für Gleichheit durch („=“), Ungleichheit („<>“), Kleinerbeziehung („<“) und Größerbeziehung („>“). Pascal schränkt die Verwendung dieser Operatoren allerdings ein, worauf wir weiter hinten noch eingehen werden.

Über diese Grunddatentypen hinaus kann man in Pascal selbst weitere Datentypen definieren und einsetzen. Wir werden hierfür zunächst einige Grundregeln kennenlernen. Weitere Möglichkeiten werden dann in den nachfolgenden Kapiteln bei der Behandlung der verschiedenen in Pascal vordefinierten strukturierten Datentypen betrachtet.

Die Verwendung und Neudefinition verschiedener Datentypen ist eine wichtige und leistungsfähige Eigenschaft von Pascal und sollte völlig verstanden sein. Denn zum Entwurf eines Programms muß man (in einer schrittweisen Verfeinerung der Lösung des betreffenden Problems) einen passenden Algorithmus erarbeiten und brauchbare Datenstrukturen verwenden. Bis jetzt haben wir nur ein paar einfache Programmbeispiele vorgestellt, denen einfache Algorithmen zugrundeliegen und die nur wenige Variable verwendet haben. Die folgenden Kapitel werden komplexere Programme enthalten, die ihrerseits wieder komplexere Datenstrukturen fordern.

Nachdem so klargestellt ist, wozu Datentypen gut sind, sollten wir uns ansehen, welche Datentypen es gibt und wie man sie verwendet.

Skalare Datentypen

In Pascal sind zunächst einmal skalare Datentypen verfügbar. Ein jeder skalarer Datentyp besteht aus einer Menge verschiedener, geordneter Objekte. Das heißt, für je zwei Objekte eines Datentyps gilt genau eine der Beziehungen:

A > B
A = B
A < B

Somit können alle Vergleichsoperatoren auf Objekte jedes skalaren Datentyps angewendet werden – solange die beiden verglichenen Objekte (die Operanden beim Vergleichsoperator) denselben Datentyp haben. Erinnern Sie sich, daß folgende sechs Vergleichsoperatoren möglich sind:

> >= < <= = <>

Weiter sind drei Standardfunktionen vorhanden, die mit den skalaren Datentypen (außer reellen Zahlen vom Typ REAL arbeiten:

SUCC(N)   der Nachfolger (successor) von N
PRED(N)   der Vorgänger (predecessor) von N
ORD(N)   die „Platznummer" (Ordnungszahl, ordinal number)
            von N in der betrachteten geordneten Menge von
            Datenobjekten

Dabei hat das erste Element eines Datentyps die Ordnungszahl Null. Des weiteren hat man für die Anzahl der in einem bestimmten Datentyp enthaltenen Elemente den Begriff der *Kardinalität* des betreffenden Typs geschaffen.

Es gibt zwei verschiedene grundlegende Arten von Datentypen. Die eine umfaßt die *unstrukturierten* Datentypen, wie es die Skalare sind. Die andere beinhaltet die *strukturierten* Datentypen, die aus den unstrukturierten zusammengesetzt werden können. In diesem Kapitel hier werden wir nur unstrukturierte Datentypen betrachten, von denen wir die meisten bereits kennengelernt und eingesetzt haben. Sehen wir sie uns der Deutlichkeit halber noch einmal systematisch an.

Da gibt es zunächst zwei verschiedene Formen von unstrukturierten Datentypen, nämlich die Standardtypen (die „eingebaut" sind) und die benutzerdefinierten Typen.

Skalare Standarddatentypen

Pascal kennt vier Standarddatentypen: INTEGER, REAL, CHAR und BOOLEAN. Wir haben sie in Kapitel 3 betrachtet und in den Programmbeispielen eingesetzt.

Benutzerdefinierte skalare Datentypen

In Kapitel 3 hatten wir die TYPE-Anweisung eingeführt und mit ihrer Hilfe für die vier Standarddatentypen neue Namen vereinbart, wie z. B.:

TYPE TAG = INTEGER;

Allerdings hat diese Art des TYPE-Einsatzes bislang keinen wesentlichen

Vorteil geboten, so daß wir bis jetzt auf derartige Typendeklarationen verzichtet haben. Der Wert von Type wird mit den folgenden Möglichkeiten gleich deutlicher.

Aufzählung

Wir hatten bis jetzt bei TYPE- und VAR-Deklarationen immer nur einen einzigen Bezeichner für den betreffenden Datentyp angegeben, beispielsweise so:

VAR A,B : REAL

Es gibt hier aber noch mehr Möglichkeiten. So kann man nach TYPE oder VAR eine der drei folgendenden Vereinbarungen verwenden.

1. Angabe von vorher deklarierten Bezeichnern für Datentypen wie REAL, INTEGER, CHAR usw.
2. Angabe einer Folge von Bezeichnern wie z. B. in (ROT, GRUEN, BLAU). Man spricht hier von der Typendeklaration durch *Aufzählen* (englisch: „enumeration").
3. Angabe zweier Konstanten (vom selben Datentyp), die durch „.." getrennt sind, wie beispielsweise „0..1000". Dadurch legt man einen *Ausschnitt (Teilbereich,* „subrange") aus einem umfassenderen Datentyp fest.

Durch Aufzählen gibt man einen Datentyp an, indem man eine Liste der für ihn gültigen Bezeichner in runde Klammern einschließt. Die Reihenfolge, in der diese Bezeichner angegeben werden, bestimmt ihre Ordnungszahl im Datentyp. Ihre Anzahl ist seine Kardinalität.

Typen- und Variablenbezeichner werden in einem Programm wie folgt durch Aufzählung vereinbart:

TYPE Typenname = (Konstante,Konstante,...);
VAR Variablenname(n) : (Konstante,Konstante,...);

Bild 8.2 gibt die zugehörigen Syntaxdiagramme wieder.

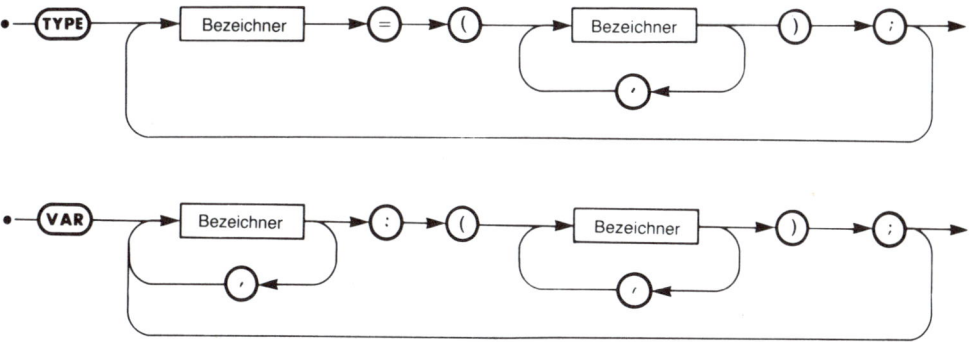

Bild 8.2   Die Syntax der Typendeklaration durch Aufzählen

Sehen wir uns ein paar Beispiele an.

```
TYPE GRUNDFARBE = (ROT,GRUEN,BLAU);
     TAG  =  (MONTAG,DIENSTAG,MITTWOCH,DONNERSTAG,
             FREITAG,SAMSTAG,SONNTAG);
     GEBRATEN  =  (ANGEBRATEN,WENIGDURCH,MITTEL,DURCH,
             GUTDURCH);
```

Das stellt folgende Ordnungsbeziehungen her:

```
ROT < GRUEN < BLAU
MONTAG < DIENSTAG < ... < SAMSTAG < SONNTAG
ANGEBRATEN < WENIGDURCH < MITTEL < DURCH < GUTDURCH
```

Wir haben damit ein sehr leistungsfähiges Werkzeug, um einer geordneten Folge von bekannten Elementen einen Sammelnamen zu geben.

Ein wichtiger Vorteil, den diese Typendeklaration durch Aufzählen mit sich bringt, ist der, daß der Compiler bei jedem Bezug auf Variable mit diesem Typ nur die aufgeführten Werte zuläßt. So kann man beispielsweise einer mit dem Datentyp GRUNDFARBEN deklarierten Variablen nur die Werte ROT, GRUEN oder BLAU zuweisen.

Andere Beispiele derartiger Typendeklarationen sind:

```
TYPE MONAT = (JAN,FEB,MRZ,APR,MAI,JUN,JUL,AUG,SEP,OKT,NOV,
             DEZ);
     RANG = (GEFREITER,OFFIZIER,GENERAL);
     NAMEN = (ALFRED,CHRISTOPH,DIETER,FRANK);
```

Die so deklarierten Bezeichner können dann in Variablendeklarationen zur Typenvereinbarung verwendet werden:

```
VAR SPIELTAG : TAG;
    FAELLIG : MONAT;
    SOLDAT : RANG;
    PERSON : NAMEN;
```

Man kann aber auch die Aufzählung in die Variablendeklaration verlegen:

```
VAR WERKTAG : (MO,DI,MI,DO,FR);
    SOMMER : (JUNI,JULI,AUGUST);
```

Hier wird der Bezeichner SOMMER als Variable deklariert, die nur die Bezeichner JUNI, JULI oder AUGUST als Wert annehmen kann. Der Nachteil dieser Methode ist, daß der Datentyp dieser Variablen SOMMER keinen eigenen Namen trägt. Die Methode empfiehlt sich dort, wo der Datentyp nur einmal vereinbart werden muß und man einen neuen

Typenbezeichner einsparen möchte oder wo sich nur schwer eine sinnvolle Namensgebung für den Datentyp finden läßt.

Von ähnlicher Bedeutung wie die Typenangabe durch Aufzählung ist die Angabe eines Teilbereichs, die wir im folgenden betrachten wollen.

Teilbereiche

Man kann in Pascal auch Datentypen vereinbaren, die einen Ausschnitt aus einem vorher deklarierten (oder − bis auf REAL − eingebauten) skalaren Typ darstellen. Man bezeichnet sie als *Teilbereiche* skalarer Datentypen. Derartige Vereinbarungen können sein:

```
TYPE WERKTAG = MONTAG .. FREITAG;    (* TEILBEREICH VON TAG *)
     SOMMER = JUN .. AUG;            (* TEILBEREICH VON MONAT *)
     MONATSZIFFERN = 1 .. 12;     (* TEILBEREICH VON INTEGER *)
     BETRIEBSSPANNUNG = 200 .. 240;
TYPE AUSLIEFERUNG = DIENSTAG .. DONNERSTAG;
                                 (* TEILBEREICH VON WERKTAG *)
     OPTIMAL = 215 .. 225;
                      (* TEILBEREICH VON BETRIEBSSPANNUNG *)
     HEXBUCHSTABEN = 'A' .. 'F';
                         (* TEILBEREICH DES ALPHABETS *)
```

Ebenso wie im vorigen Abschnitt kann man auch hier TYPE ohne weiteres durch VAR ersetzen, mit derselben Einschränkung, daß der so für eine Variable definierte Datentyp keinen eigenen Namen besitzt und diese Methode sinnvoll nur in Ausnahmefällen angewendet werden kann.

Formal gestaltet sich diese Typenangabe so:

```
TYPE Typenname = Untergrenze .. Obergrenze;
VAR Variablenname(n): Untergrenze .. Obergrenze;
```

Die Syntaxdiagramme für diese Deklarationen finden sich in Bild 8.3.

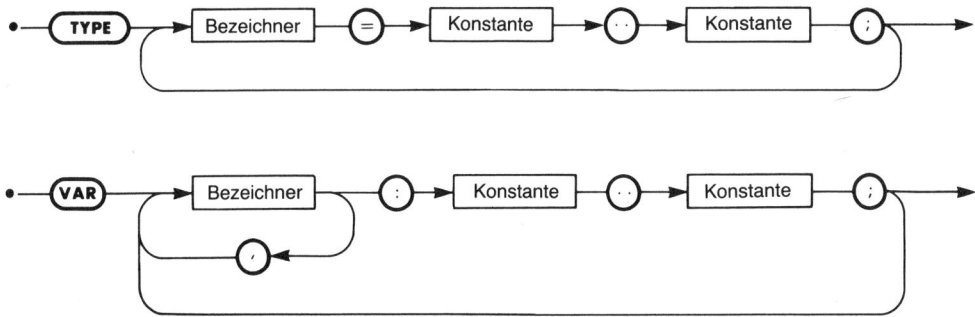

Bild 8.3   Die Syntax der Typendeklaration von Teilbereichen

Einschränkungen

Drei Einschränkungen sind bei der Typenangabe durch Aufzählen bzw. durch die Angabe eines Teilbereichs zu beachten:

1. Die Untergrenze muß kleiner als die Obergrenze sein.
2. Der neue Datentyp muß mindestens ein Element enthalten.
3. Zwei Teilbereiche dürfen sich nirgends überlappen, d. h. ein jedes Element des übergeordneten Datentyps kann höchstens einem als Teilbereich definierten neuen Datentyp angehören.

Operationen mit benutzerdefinierten skalaren Datentypen

Man kann bei benutzerdefinierten skalaren Datentypen die sechs Vergleichsoperationen und die Funktionen SUCC, PRED und ORD anwenden. Alle anderen arithmetischen und Booleschen Operationen können hier nicht benutzt werden. Bei Verwendung von PRED oder SUCC besitzt die erste angegebene Konstante im neuen Datentyp (oder die im Teilbereich angegebene Untergrenze) die Ordnungszahl Null. Der ersten Konstanten kann selbstverständlich kein Element im Datentyp vorangehen, ebenso wie der letzten kein Element folgen kann. Die Reihenfolge der Elemente des Datentyps ergibt sich aus seiner Definition.

Zusammenfassung

Alle in Pascal benutzten Datentypen müssen in einer Typendeklaration (durch die Anweisung TYPE) oder in einer Variablendeklaration (durch VAR) vor ihrem ersten Einsatz vereinbart worden sein. Es gibt zwei Grundformen von Datentypen: unstrukturierte Typen (Skalare und Teilbereiche) und strukturierte (nicht skalare) Datentypen.

In diesem Kapitel wurden die unstrukturierten Datentypen INTEGER, REAL, BOOLEAN, CHAR und die durch Aufzählung bzw. als Teilbereiche angegebenen benutzerdefinierten Typen behandelt.

Strukturierte Datentypen sind Felder („arrays"), Mengen („sets"), Verbunde („records") und Dateien („files"). Sie können nach bestimmten Regeln aus den unstrukturierten Datentypen aufgebaut werden. Wir werden sie in den folgenden Kapiteln eingehend untersuchen.

Übungen

8.1: Welche der folgenden Deklarationen sind nicht korrekt? (Nehmen Sie dabei an, daß alle Deklarationen zu demselben Programm gehören.)

1.	**CONST**	EINS = 1;
2.		BEREICH = 1..5;
3.		PUNKT = '.';
4.	**TYPE**	SPIEL = (POKER,SKAT,SCHACH,ROULETTE);
5.		MUSIK = (KLAVIER,HARFE,GITARRE);
6.		POSITION = 0..1000;
7.		WOCHE = (MO,DI,MI,DO,FR,SA,SO);
8.	**VAR**	'A' : CHAR;
9.		HELL : (GELB,ORANGE);
10.		GLUECKSSPIEL : (POKER,ROULETTE);
11.		INSTRUMENT : KLAVIER..GITARRE;
12.		WOCHENANFANG : MO..MI;
13.		TAG : 1..31;
14.		MONAT : 1..12;
15.		WOCHE : 1..52;
16.		GROSS : 100..MAXINT;
17.		INSTRUMENT : MUSIK;

8.2: Geben Sie je fünf Beispiele von Datentypendefinitionen durch Aufzählung und durch Teilbereichsangabe.

8.3: Ist die TYPE-Anweisung unter allen Umständen notwendig?

8.4: Was ist der Vorteil von Datentypendefinitionen durch Aufzählung bzw. durch Angabe eines Teilbereichs?

Kapitel 9

Felder

Datenstrukturen

Die Entwicklung eines Computerprogramms beinhaltet zwei Aufgaben:

1. Erstellen eines effektiven Algorithmus,
2. Definieren passender Datenstrukturen.

Das Übersetzen eines Algorithmus in ein Programm wird als *Kodieren* bezeichnet. Das ist allerdings nur ein Teilbereich des *Programmierens* selbst. Man muß auch für die Lösung des Problems geeignete Datenstrukturen schaffen, wie es beispielsweise Listen und Tabellen sind.

Der Grad und die Einfachheit, mit der komplizierte Datenstrukturen erzeugt und verwendet werden können, ist ein wesentliches Merkmal jeder Programmiersprache. Pascal bietet hier einige ausgezeichnete Möglichkeiten. Es gestattet die Definition von und den Umgang mit folgenden zusammengesetzten Datenstrukturen: Felder („arrays"), Verbunde („records"), Dateien („files"), Mengen („sets") und Listen („lists"). Ihnen wollen wir uns in diesem und den folgenden Kapiteln widmen.

Es handelt sich dabei um gegliederte Zusammenfassungen von Datenelementen. Diese Datenstrukturen lassen sich aus den in den vorigen Kapiteln betrachteten einfachen (skalaren) Datentypen konstruieren. Und aus ihnen wiederum lassen sich neue, noch kompliziertere Strukturen schaffen. Alle aber erhalten in Pascal die Form von Datentypen. Die Regeln zum Erzeugen solcher neuer Datentypen und zum Umgang mit ihnen werden wir im folgenden untersuchen.

Das Feld

Ein Feld (englisch: „array") ist der einfachste strukturierte Datentyp in Pascal. Sehen wir uns das Prinzip anhand von Bild 9.1 an.

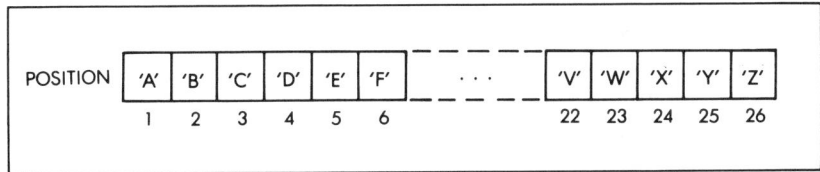

Bild 9.1   Ein einfaches Feld

Hier sind 26 Einzelelemente, die Buchstaben des Alphabets, zu einer Einheit, dem Feld POSITION, zusammengefaßt. Die Elemente innerhalb des Felds sind geordnet, und um auf eines von ihnen zugreifen zu können, muß man seine „Platznummer" angeben. So erreicht man das erste Element im Feld POSITION mit der Angabe

POSITION[1]

Das liefert als Wert das Zeichen „A". Die nach dem Feldbezeichner PO-

SITION in eckige Klammern eingeschlossene Zahl 1 gibt die Nummer des ersten Elements, seinen *Index* an.

Dieses einfache Beispiel entspricht mathematisch gesehen einem Vektor, d. h. einer eindimensionalen Matrix. Man bezeichnet von daher ein Feld oft als Matrix.

Die Grundform des Felds in Pascal ist die eindimensionale Matrix. Aus diesem einfachen Datentyp lassen sich komplexere Felder erstellen. Wir werden derartige, komplizierter strukturierte Beispiele weiter hinten betrachten.

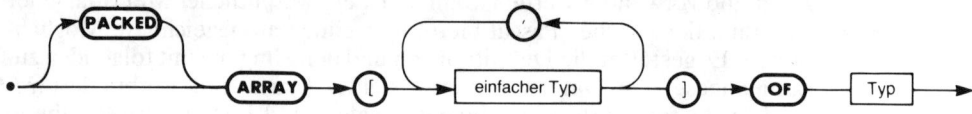

Bild 9.2   Die Syntax der Felddeklaration

Betrachten wir zunächst, was man in Pascal formal unter dem Datentyp ARRAY versteht. Wie jeder andere Datentyp in Pascal muß auch ein Feld vor seinem ersten Einsatz vereinbart werden. Das geschieht durch Deklaration eines Typen- oder Variablenbezeichners mit einer Typenangabe, die dem Syntaxdiagramm von Bild 9.2 folgt. So wird z. B. durch

TYPE GRAD = **ARRAY** [1..26] **OF** CHAR;

der Bezeichner GRAD als Datentyp als ein Feld deklariert, das aus 26 Elementen vom Datentyp CHAR besteht.

Dieser Datentyp kann dann wie üblich in Variablendeklarationen verwendet werden:

VAR POSITION : GRAD;

Man hätte natürlich beides auch zusammenfassen können:

VAR POSITION = **ARRAY** [1..26] **OF** CHAR;

Die Schreibweise derartiger Deklarationen ergibt sich unmittelbar aus unseren bisherigen Untersuchungen: [1..26] steht für die ganzen Zahlen 1,2,3,4,5,...25,26 und CHAR ist nichts weiter als der uns bereits geläufige Datentyp CHAR, der die alphanumerischen Zeichen umfaßt.

Ein anderes einfaches Beispiel ist die folgende Deklaration von WERTE:

TYPE WERTE = **ARRAY** [1..10] **OF** INTEGER;

Ihr folgt irgendwo im Programm eine Variablendeklaration der Art:

VAR PUNKTE : WERTE;

Das Feld WERTE ist ein neuer Datentyp. Es enthält 10 *Elemente,* die alle denselben Datentyp besitzen müssen. In unserem Fall sind das ganze Zahlen (INTEGERs). Man nennt diesen in der Deklaration nach OF angegebenen Typ den *Grundtyp* (englisch: „base type") des betrachteten Felds.

Die Festlegung 1..10 wird „Indextyp" genannt und muß in eckige Klammern eingeschlossen sein. Ein *Index* ist die Zahl, welche die Lage eines bestimmten Feldelements bestimmt. So besitzt das Feld PUNKTE beispielsweise die zehn Elemente

```
PUNKTE[1]
PUNKTE[2]
PUNKTE[3]
PUNKTE[4]
PUNKTE[5]
PUNKTE[6]
PUNKTE[7]
PUNKTE[8]
PUNKTE[9]
PUNKTE[10]
```

Diese Elemente können wie normale Variable behandelt werden. So kann man ihnen z. B. einen Wert zuweisen:

```
PUNKTE[1] := 124;
```

Hierdurch erhält das erste Element im Variablenfeld PUNKTE den Wert 124. Das entspricht der Deklaration, in der festgelegt ist, daß PUNKTE den Datentyp eines eindimensionalen Felds WERT aus zehn Elementen besitzt, von denen alle wiederum den Datentyp INTEGER haben, also ganze Zahlen sein müssen.

Da man jedes Feldelement wie eine normale Variable behandeln kann, sind folgende Anweisungen korrekt:

```
PUNKTE[1] := 124;
PUNKTE[2] := 100;
WRITELN ('GESAMTPUNKTZAHL VON 1 UND 2:', PUNKTE[1]+PUNKTE[2]);
```

Soweit stimmt der Einsatz von Feldern mit dem in der Mathematik üblichen Gebrauch von Matrizen überein. Der Datentyp ARRAY in Pascal ist jedoch allgemeiner. So brauchen die Indizes nicht unbedingt ganze Zahlen zu sein. Jeder andere geordnete einfache Datentyp (d. h. außer reellen Zahlen jeder Skalar) kann hier verwendet werden. Das wird im folgenden Beispiel deutlich:

```
TYPE MONAT = (JAN,FEB,MRZ,APR,MAI,JUN,JUL,UG,SEP,OKT,NOV,
DEZ):
TYPE ANZAHL = ARRAY [MONAT] OF INTEGER;
VAR VERKAUFT : ANZAHL;
```

Indizes

Hier ist die Variable VERKAUFT ein ganzzahliges Feld mit zwölf Elementen. Sie kann beispielsweise die in einem Monat verkaufte Stückzahl
eines Artikels aufnehmen. Man bezieht sich auf die einzelnen Elemente
von VERKAUFT über die in MONAT definierten Monatsabkürzungen:

    VERKAUFT[JAN], VERKAUFT[FEB],...,VERKAUFT[DEZI]

Das stellt die Bedeutung der Feldelemente von VERKAUFT klarer heraus, als wenn man die Zahlen 1 bis 12 verwenden müßte.

Aus dem Syntaxdiagramm von Bild 9.2 geht weiter hervor, daß ein AR-
RAY-Datentyp die Kennzeichnung PACKED haben kann. Diese besondere Eigenschaft betrifft die Darstellung des Felds im Rechner. Wir werden am Ende dieses Kapitels hierauf genauer eingehen.

Befassen wir uns zunächst einmal näher mit den Grundoperationen auf
Feldern.

Bezug auf ein Feldelement

Man bezieht sich auf ein Feldelement durch Angaben des Namens der
Feldvariablen, gefolgt von einer öffnenden eckigen Klammer und einem
Ausdruck, dessen Ergebnis dem vereinbarten Indexdatentyp entspricht
Eine schließende eckige Klammer vervollständigt die Angabe. Beispiele
für solche Bezüge auf Feldelemente (nach unseren Feldvereinbarungen
von oben) sind:

    POSITION[9]
    PUNKTE[2 * 5 – 2]
    VERKAUFT[MAI]

Verarbeitung von Feldern

Die Elemente eines Felds lassen sich auf jede Weise verwenden, die ihrem
Datentyp entspricht. Wenn nach unserer obigen Definition die Elemente
des Felds PUNKTE vom Typ INTEGER, also ganze Zahlen sind, dann
sind die folgenden Anweisungen korrekt:

    GESAMT3 := PUNKTE[1] + PUNKTE[2] + PUNKTE[3];
    MITTEL56 := (PUNKTE[5] + PUNKTE[6])/2;
    PUNKTE[7] := PUNKTE[1];

Darüberhinaus stehen zwei Operationen zur Verfügung, die mit ganzen
Feldern auf einmal arbeiten, nämlich die Zuweisung (mit dem Operator
„:=") und der Test auf Gleichheit (durch „="). Bedingung ist, daß beide
Felder vom selben Typ sind und dieselbe Größe haben. So kann man z. B.
schreiben:

    VAR A,B : **ARRAY** [1..10] **OF** REAL;
    . . . (* A erhält hier im Programm einen Wert zugewiesen *)
    B := A;   (* Feld B erhält den Wert von Feld A *)

Es ist wichtig, sich vor Augen zu halten, daß diese Operationen *ganze Felder* zum Argument haben. Die Zuweisung

    B := A;

besagt, daß jedes Element von B den Wert des entsprechenden Elements von A erhält. D. h. B[1] erhält den Wert von A[1], B[2] den von A[2] und so weiter alle zehn in diesem Fall vereinbarten Feldelemente hindurch.

Beachten Sie weiter, daß einige Pascal-Compiler keine Vergleichsoperation ganzer Felder kennen. Informieren Sie sich vor der Anwendung von Feldvergleichen darüber, ob so etwas in Ihrer Pascal-Version möglich ist.

Mehrdimensionale Felder

In den bis jetzt betrachteten Beispielen haben wir mit Feldern gearbeitet, die nur eine Dimension besitzen. Man kann in Pascal jedoch auch komplexere Felder verwenden. Sie werden *mehrdimensionale* Felder genannt.

	1	2	3
1	1	2	3
2	4	5	6
3	7	8	9
4	*	0	#

Bild 9.3   Ein zweidimensionales Feld

Das Prinzip mehrdimensionaler Felder läßt sich anhand von Bild 9.3 verdeutlichen. Es zeigt das Bedienungsfeld eines modernen Tastentelefons. Die Tasten sind hier in vier Zeilen und drei Spalten angeordnet und bilden so eine zweidimensionale Matrix mit den Elementen 1, 2, 3, 4, 5, 6, 7, 8, 9, *, 0 und #.

Jede Taste läßt sich durch ihre Lage in einer bestimmten Zeile und einer bestimmten Spalte beschreiben. So liegt beispielsweise die Taste „*" in Zeile 4 und Spalte 1. Das läßt sich formalisieren. Dazu bezeichnen wir die Zeilennummern mit dem Buchstaben I und die Spaltennummern mit dem Buchstaben J. Ferner geben wir dem Tastenfeld den Namen T. Dann können wir eine Taste anhand ihrer Lage formal durch T[I,J] angeben. Die

Taste „*" hat in dieser Form die Lage T[4,1], oder anders gesagt: Der Wert von T[4,1] ist „*".

Die Telefontastatur ist damit ein Beispiel für eine zweidimensionale Datenstruktur. Ihr entsprechen in Pascal zweidimensionale Felder. Ganz allgemein spricht man von einem Feld mit n Dimensionen als einem *n-dimensionalen* Feld.

Aus dem Syntaxdiagramm für Felddeklarationen in Bild 9.2 geht hervor, daß die Feldelemente beliebige Datentypen sein können. Bis jetzt hatten wir hier skalare Elemente angenommen. Man kann aber auch Felder verwenden. Gehen wir in unserem Telefonbeispiel davon aus, daß jede Tastenzeile als Feld von drei Elementen mit den betreffenden Tastenwerten darstellbar ist, dann können wir deklarieren:

TYPE TASTENWERT = (0,1,2,3,4,5,6,7,8,9,*,#);
TYPE ZEILE = **ARRAY** [1..3] OF TASTENWERT;

Die Tastatur wiederum besteht aus vier solchen Zeilen:

TYPE TASTATUR = **ARRAY** [1..4] **OF** ZEILE;

Damit können wir die Telefontasten als zweidimensinale Feldvariable vereinbaren:

VAR TELEFONTASTE : TASTATUR;

Für eine TELEFONTASTE müssen dann zwei Indizes angegeben werden. So erhält man später im Programm den Wert der „*"-Taste durch die Variablenangabe:

TELEFONTASTE[4][1]

Es geht auch einfacher, denn der Datentyp TASTATUR läßt sich genausogut zusammenhängend deklarieren:

TYPE TASTATUR = **ARRAY** [1..4] **OF ARRAY** [1..3] **OF** TASTENWERT;

Und die Formulierungskette „OF ARRAY [...] OF ARRAY ..." läßt sich bequemerweise noch zu einer einheitlichen Indexdeklaration zusammenfassen:

TYPE TASTATUR = **ARRAY** [1..4,1..3] **OF** TASTENWERT;

Mit dieser Vereinbarung erreichen wir die „*"-Taste durch die Angabe:

TELEFONTASTE[4,1]

ganz entsprechend der Überlegung von oben. Diese Notation ist auch deshalb recht bequem, weil sie der üblichen mathematischen Schreibweise von Matrizen entspricht.

Man hätte im übrigen den Variablentyp auch unmittelbar deklarieren können:

VAR TELEFONTASTE : **ARRAY** [1..4,1..3] **OF** TASTENWERT;

Man kann natürlich auch die Elemente von mehrdimensionalen Feldern mit allen für ihren Datentyp zugelassenen Operatoren verknüpfen. Nehmen wir z. B. an, A sei ein zweidimensionales Feld reeller Zahlen und B ein eindimensionales Feld gleichen Datentyps, dann können wir schreiben:

B[I] := A[I,J] + 2.1;

Man kann sogar ganze Untereinheiten zuweisen. Ist M z. B. als eindimensionales Feld deklariert und haben die Zeilen des Felds N dieselbe Länge wie M und sind schließlich beide Datentypen gleich, dann erhält man durch

M := N[I];

in M eine Kopie der I-ten Zeile. Beachten Sie dabei, daß M und N[I] dieselbe Länge haben und ihre Elemente von demselben Datentyp sein müssen.

Man kann natürlich auch den Elementen mehrdimensionaler Felder Werte zuweisen, z. B. so:

A[2,3] := A[1,2] + A[2,3]

Felder sind in Pascal nicht auf zwei Dimensionen eingeschränkt. Man kann nach den oben dargestellten Regeln Felder beliebiger Dimension vereinbaren und verwenden. Eine Grenze ist nur durch den verwendeten Rechner gegeben, denn normalerweise müssen alle Elemente des betreffenden Felds auf einmal im Speicher Platz finden.

Zeichenfelder

Ein Feld mit dem Datentyp CHAR kann zur Speicherung einer *Zeichenkette* (englisch: „string") dienen. Allerdings muß jedes derartige Zeichenfeld eine endliche Ausdehnung besitzen. Das heißt, daß man die größtmögliche Länge der betreffenden Zeichenkette bereits im vorhinein kennen muß. Nehmen wir z. B. an, wir wollten eine Adressendatei anlegen. Sie soll den Namen, eventuell eine Unterzeile, die Straße mit Hausnummer, die Stadt und die Postleitzahl aufnehmen, wozu u. U. auch noch die Länderkennzeichnung in der Postleitzahl kommt. Für jedes dieser *Anschriftenfelder* muß genügend Platz reserviert werden. Dazu kann man beispielsweise eine Aufteilung nach Bild 9.4 vornehmen, die für den Namen 20 Zeichen vorsieht, für die Unterzeile und die Straßenangabe (einschließlich Hausnummer) je 30 Zeichen, während für die Ortsangabe 25

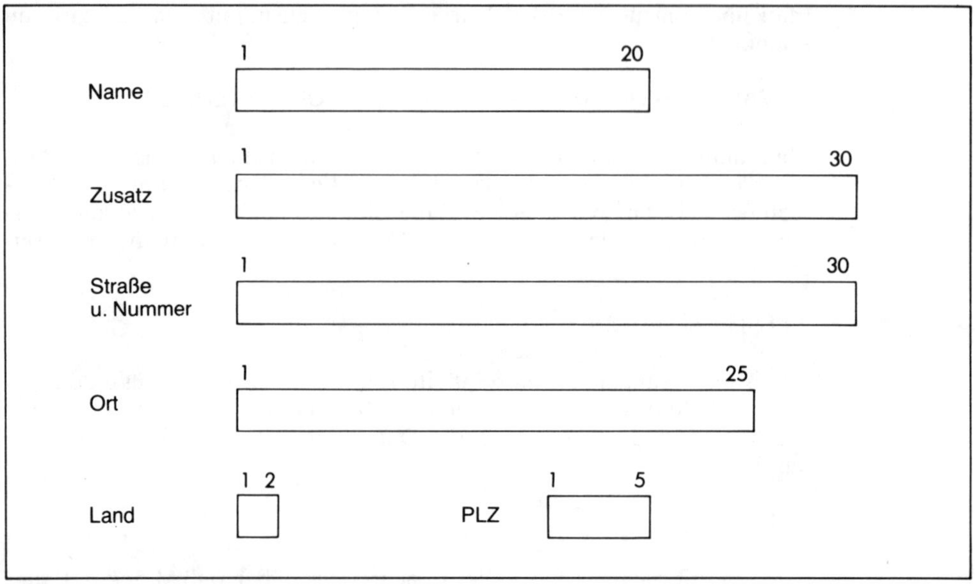

Bild 9.4   Zur Organisation einer Adressenliste

Zeichen im allgemeinen ausreichen dürften. Aus praktischen Gründen (das Muster wurde anhand der amerikanischen Adressenangabe angelegt) folgen in unserer Datei die Postleitzahlangaben dem Ortsnamen mit 2 Zeichen für den Länderkürzel und maximal 5 Zeichen für die eigentliche Postleitzahl. (Dies ist wohlgemerkt die Form, in der die Angaben *gespeichert* werden. Die Form des *Ausdrucks* ist eine ganz andere Sache. Sie hängt von dem Programm ab, das diese Angaben auswertet.)

Beim Einsatz eines Zeichenfelds bestehen die einzelnen Elemente des Felds aus alphanumerischen Zeichen, die wiederum je nach Computertyp und Pascal-Version eine bestimmte interne Kodierung besitzen. Wenn man nun die Vergleichsoperatoren $>$, $<$, $<=$ oder $>=$ im Programm zusammen mit Zeichenfeldern benutzt, dann vergleichen die zugehörigen Operationen diese internen, verschlüsselten Zeichendarstellungen miteinander. Normalerweise sind die Zeichenkodes so aufgebaut, daß die üblichen „lexikographischen" (d. h. der alphabetischen Anordnung entsprechenden) Regeln gelten. So ist z. B. „ROBERT" normalerweise immer größer als „HEINER".

Man kann nur Zeichenketten derselben Länge miteinander vergleichen. Sind sie nicht gleich lang, dann muß die kürzere geeignet aufgefüllt werden. Normalerweise benutzt man bei alphanumerischem Inhalt zu diesem Zweck Leerzeichen, von denen rechts so viele angefügt werden, daß die beiden Ketten gleich lang sind. Das wiederum setzt natürlich voraus, daß die Felder für die zu vergleichenden Zeichenketten gleich groß (oder zumindest groß genug) sind.

Wenn eine Zeichenkette andere Zeichen als nur Buchstaben und Zahlen (evtl. auch Leerzeichen) enthält, dann muß man bei Vergleichsoperationen dieser Art vorsichtig sein. Das Ergebnis des Vergleichs hängt immer von der internen Kodierung ab und kann sich von Computer zu Computer beträchtlich unterscheiden. Man solte das nicht aus dem Auge verlieren!

Fallstudie 1: Addition von Matrizen

Theorie

Eine Matrix ist im allgemeinen als zweidimensionales Feld definiert, obwohl auch mehr Dimensionen benutzt werden können. Die in Bild 9.3 dargestellte Telefontastatur kann als Veranschaulichung einer solchen Matrix dienen.

Man addiert zwei Matrizen, indem man die in beiden Matrizen an den gleichen Stellen stehenden Elemente addiert.

Ein Beispiel:

$$\begin{bmatrix} 1 & 2 & 3 \\ 0 & 1 & 2 \\ 0 & 0 & 1 \end{bmatrix} \quad + \quad \begin{bmatrix} 0 & 1 & 2 \\ 3 & 4 & 5 \\ 1 & 0 & 0 \end{bmatrix} \quad = \quad \begin{bmatrix} 1 & 3 & 5 \\ 3 & 5 & 7 \\ 1 & 0 & 1 \end{bmatrix}$$
$$\quad\quad A \quad\quad\quad\quad\quad\quad B \quad\quad\quad\quad\quad\quad R$$

Wenn R das Resultat ist und A bzw. B die beiden zu addierenden Matrizen sind, dann gilt für die Addition die formale Regel:

R[I,J] = A[I,J] + B[I,J] für alle gültigen Paare [I,J]

Das Programm

In Bild 9.5 ist ein Pascal-Programm zur Addition von Matrizen wiedergegeben. Es benutzt die Konstanten:

ZEILENLAENGE und SPALTENLAENGE zur Angabe der Matrixdimensionen; hier sind es 5x5-Matrizen,
ANZAHL zur Angabe der Anzahl von Matrizen, die miteinander addiert werden sollen; im betrachteten Beispiel sollen zwei Matrizen addiert werden.

Zu Beginn wird vom Programm die erste Matrix von der Tastatur in das Feld MATRIX übernommen. Danach werden die zu addierenden Matrizen Element für Element von der Tastatur übernommen und jedes Element sofort zu dem entsprechenden MATRIX-Element addiert. Zum Schluß wird der Wert von MATRIX ausgedruckt.

Die Indizes des gerade bearbeiteten Elements stehen in den Variablen ZEILE und SPALTE. Und in der Hilfsvariablen EINGABE wird das jeweils eingegebene Element für die Additionsoperation festgehalten.

```
PROGRAM addmatrix (input,output);

CONST zeilenlaenge = 5;    (* Anzahl der Matrixzeilen *)
      spaltenlaenge = 5;   (* Anzahl der Matrixspalten *)
      anzahl = 2;          (* Anzahl zu addierender Matrizen *)

VAR   matrix:              (* zu addierende Matrix *)
          ARRAY [1..zeilenlaenge,1..spaltenlaenge] OF integer;
      zaehler,             (* zaehlt die zu addierenden Matrizen *)
      eingabe,             (* speichert das eingegebene Matrixelement *)
      zeile,               (* Zeilenindex *)
      spalte :             (* Spaltenindex *)
          integer;

BEGIN (* addmatrix *)

      (* Erste Matrix uebernehmen *)
      FOR zeile := 1 TO  zeilenlaenge DO
         FOR spalte := 1 TO spaltenlaenge DO
            read (matrix[zeile,spalte]);
            readln;
      (* Die folgende Schleife gestattet die Addition mehrerer     *)
      (* Matrizen durch einfaches Aendern der Konstanten "anzahl". *)

      FOR zaehler := 1 TO (anzahl - 1) DO
         FOR zeile := 1 TO zeilenlaenge DO
            FOR spalte := 1 TO spaltenlaenge DO
               BEGIN (* Element addieren *)
                  read (eingabe);
                  matrix[zeile,spalte] := matrix[zeile,spalte] + eingabe
                  readln;
               END;  (* Element addieren *)

      (* Matrix ausdrucken *)
      FOR zeile := 1 TO zeilenlaenge DO
         BEGIN (* Eine Zeile drucken *)
            FOR spalte := 1 TO spaltenlaenge DO
               write (matrix[zeile,spalte]:3);
            writeln
         END    (* Eine Zeile drucken *)

END. (* addmatrix *)
```

Bild 9.5   Ein Programm zur Matrixaddition

Das alles erfordert die Deklarationen:

```
PROGRAM ADDMATRIX (INPUT,OUTPUT);
CONST   ZEILENLAENGE = 5;
        SPALTENLAENGE = 5;
        ANZAHL = 2;
VAR     MATRIX : ARRAY [1..ZEILENLAENGE,1..SPALTENLAENGE]
        OF INTEGER;
        ZAEHLER,EINGABE,ZEILE,SPALTE : INTEGER;
```

Dann wird die erste Matrix eingelesen:

```
BEGIN
    FOR ZEILE := 1 TO ZEILENLAENGE DO
        FOR SPALTE := 1 TO SPALTENLAENGE DO
        READ (MATRIX[ZEILE,SPALTE]);
```

Beachten Sie, daß die Elemente *zeilenweise* übernommen werden:

```
MATRIX[1,1]    MATRIX[1,2]    MATRIX[1,3] . . .
```

In genau derselben Reihenfolge wird die nächste Matrix bearbeitet:

```
FOR ZAEHLER := 1 TO (ANZAHL − 1) DO
    FOR ZEILE := 1 TO ZEILENLAENGE DO
        FOR SPALTE := 1 TO SPALTENLAENGE DO
            BEGIN (* ELEMENT ADDIEREN *)
            READ (EINGABE);
```

Die so übernommenen Elemente werden zu den entsprechenden Elementen von MATRIX addiert und das Ergebnis in MATRIX abgelegt:

```
MATRIX[ZEILE,SPALTE] := MATRIX[ZEILE,SPALTE] + EINGABE
END; (* ELEMENT ADDIEREN *)
```

Sind alle Matrizen addiert, dann wird das Ergebnis ausgedruckt:

```
FOR ZEILE := 1 TO ZEILENLAENGE DO
    BEGIN
        FOR SPALTE := 1 TO SPALTENLAENGE DO
            WRITE (MATRIX[ZEILE,SPALTE]:3);
        WRITELN
    END
END.
```

Man kann beispielsweise folgende Werte eingeben:

```
1 1 1 1 1
2 2 2 2 2
3 3 3 3 3
4 4 4 4 4
5 5 5 5 5
5 5 5 5 5
4 4 4 4 4
3 3 3 3 3
2 2 2 2 2
1 1 1 1 1
```

Darauf folgt automatisch die Ausgabe der Summe:

```
6 6 6 6 6
6 6 6 6 6
6 6 6 6 6
6 6 6 6 6
6 6 6 6 6
```

Zusammenfassung zur Matrixaddition

Das Programm demonstriert die zeilenweise Ein- und Ausgabe von Matrixelementen zusammen mit der Verwendung von Mehrfachindizes und verschachtelten DO-Schleifen.

Fallstudie 2: Quicksort

Sortieren

Eine häufige Aufgabe bei Feldern ist, ihre Elemente in auf- oder absteigender Folge zu sortieren. Auf den ersten Blick ist das eine simple Sache, genau besehen aber erweist es sich als gar nicht so leicht. Man kann zwar einen einfachen Algorithmus aufstellen, der die Elemente eines Felds sortiert. Dieser einfache Algorithmus ist jedoch in der Regel dann sehr ineffektiv, wenn die zu sortierenden Felder größer werden: Es kann dann Minuten, kann Stunden dauern, bis die Arbeit erledigt ist. Das Problem beginnt da, wo man einen leistungsfähigen Algorithmus braucht, mit dessen Hilfe ein großes Feld in kurzer Zeit sortiert werden kann.

Viele Lösungen sind für dieses Problem vorgeschlagen und dicke Bücher dazu geschrieben worden. Die wichtigsten Techniken werden im Literaturverzeichnis [18] vorgestellt und gegeneinander abgewogen.

Eine der einfachsten Methoden ist die sogenannte „Bubble Sort"-Technik, die mit einem kurzen Programm verwirklicht werden kann. Allerdings braucht man hier bei N zu sortierenden Elementen ungefähr $1/2\ N^2$ Operationen.

Der „Quicksort"-Algorithmus ist demgegenüber viel schneller. Hier wird der zu sortierende Bereich in kleinere Abschnitte unterteilt, was die Geschwindigkeit steigert: Man braucht nur noch N x $\log_2$N Operationen zum Sortieren von N Elementen.

Zur Veranschaulichung: Bei 1000 Elementen braucht der Bubble-Sort 1/2 x 1000^2 = 500000 Operationen, Quicksort dagegen kommt mit etwa 1000 x $\log_2$1000 = 1000 x 9.97 = 9970 Operationen aus. Das ist weniger als 1/50 des Aufwands!

Der Quicksort-Algorithmus

Sehen wir uns hier den Quicksort-Algorithmus anhand eines Pascal-Programms an. Unser Programm wird auch eine Bubble-Sort-Prozedur enthalten, so daß wir beide Techniken betrachten können.

Quicksort arbeitet wie folgt:

1. Zunächst wird ein ungefährer mittlerer Wert unter den zu sortierenden Elementen aufgesucht.
2. Dann werden die Elemente im Feld mit diesem Mittelwert verglichen und bei Bedarf ausgetauscht, so daß es schließlich in zwei Bereiche gegliedert ist: Der eine enthält alle Elemente kleiner als der mittlere Wert und der andere alle über diesem Wert liegenden Elemente.
3. Diese beiden Schritte werden für jeden so entstandenen Teilbereich solange wiederholt, bis er weniger als P Elemente umfaßt (in unserem Fall liegt diese Grenze P bei 6 Elementen).
4. Sind die Abschnitte klein genug geworden, dann werden sie mit einer Bubble-Sort-Prozedur endgültig in die richtige Reihenfolge gebracht. (Für wenige Elemente ist der Bubble-Sort durchaus leistungsfähig genug.)

Ein Quicksort-Beispiel

Bild 9.6 verdeutlicht die Arbeitsweise von Quicksort an einem Beispiel. Hier sollen die elf Feldelemente

91, 4, 27, 63, 32, 55, 87, 43, 16, 74, 9

sortiert werden. Dieses vorgegebene Feld steht in der ersten Zeile der Darstellung. Es wird in folgenden Schritten bearbeitet:

Schritt 1, „Ausmitten": Im Feld wird ein Wert gesucht, der so gut wie möglich in der Mitte des Angebots liegt. Um den Aufwand zu möglichst gering zu halten, vergleichen wir paarweise die Elemente am Anfang (Platz Nr. 0), in der Mitte (Platz Nr. 5) und am Ende (Platz Nr. 10) des Feldes untereinander. Ihre Werte betragen:

```
Platz Nr.  0: 91
Platz Nr.  5: 55
Platz Nr. 10:  9
```

Das Element in Position 5 hat den mittleren Wert 55.

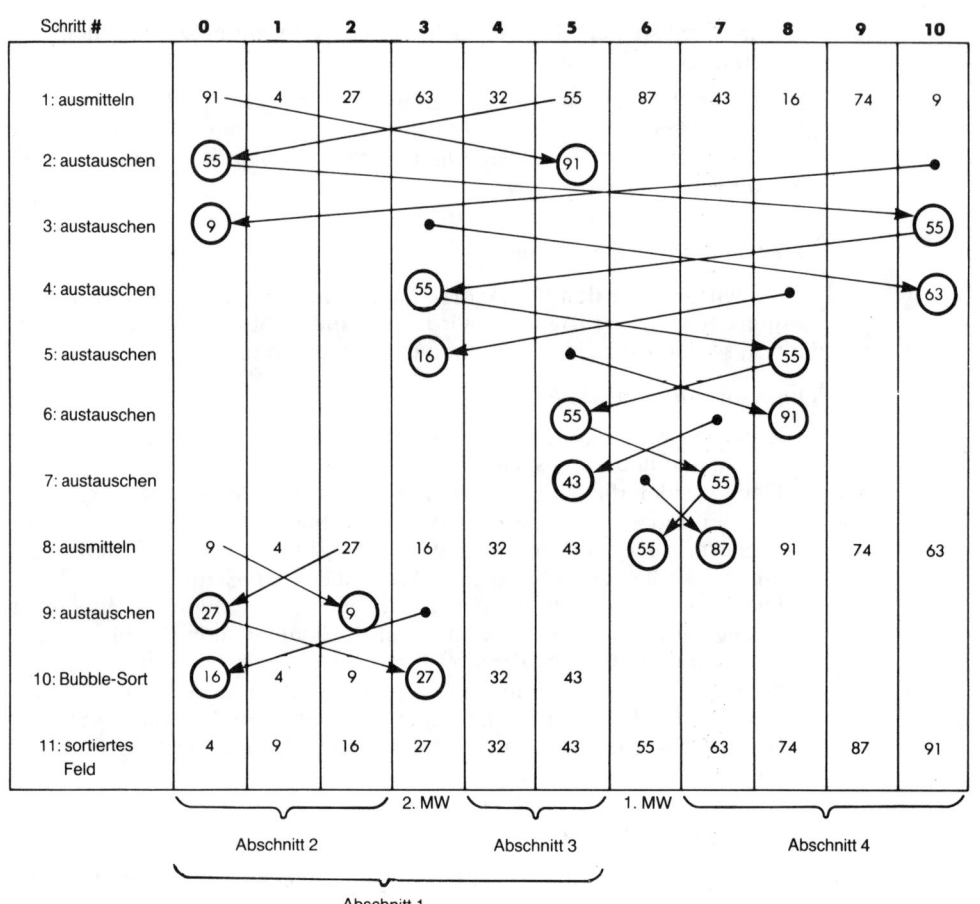

Bild 9.6   Ein Quicksort-Beispiel

Schritt 2, „Austauschen": Dieses Element wird mit dem in Position 0 vertauscht. Das ist auf Zeile 2 geschehen, wo die Werte 55 und 91 ihre Plätze gewechselt haben.

Schritt 3, „Austauschen": Die Feldelemente werden jetzt von rechts nach links mit dem Wert des Elements in Platz Nr. 0 verglichen, bis ein Element gefunden ist, das kleiner als der mittlere Wert ist. Diese beiden Elemente tauschen ihre Plätze.

In unserem Beispiel hat bereits das erste Element ganz rechts, das Element in Position 10, einen Wert, der unter dem mittleren Wert liegt:

    Platz Nr. 10: 9 (untersuchtes Element)
    Platz Nr.   0: 55 (mittlerer Wert)

Die beiden Elemente tauschen ihre Plätze, wie es Zeile 3 von Bild 9.6 darstellt.

Schritt 4, „Austauschen": Platz Nr. 0 enthält jetzt ein kleineres Element. Der mittlere Wert wiederum befindet sich nun in Platz Nr. 10. Die Situation ist also gegenüber dem vorigen Schritt genau umgekehrt. Jetzt muß das Feld von links her durchsucht werden, bis ein Element gefunden ist, dessen Wert größer als der mittlere ist. Die beiden Elemente werden dann wieder ausgetauscht.

Im Beispiel spielt sich dabei folgendes ab:

```
Platz Nr. 10: 55 (mittlerer Wert)
Platz Nr.  0:  9 (kleiner)
Platz Nr.  1:  4 (kleiner)
Platz Nr.  2: 27 (kleiner)
Platz Nr.  3: 63 (größer)
```

63 wird daher mit 55, dem mittleren Wert, ausgetauscht, was die Situation von Zeile 4 in Bild 9.6 ergibt.

Schritt 5 bis Schritt 8, „Austauschen": In dieser Art und Weise wird das Feld abwechselnd von links und von rechts her untersucht, bis es in zwei Abschnitte unterteilt ist, von denen der eine lauter Werte kleiner, der andere lauter Werte größer als der mittlere Wert enthält. (Allerdings: Die Werte, die gleich dem mittleren Wert sind, befinden sich im Fall eines Falles in beiden Hälften, da ja immer nur dann ausgetauscht wurde, wenn der betrachtete Wert je nach Situation entweder kleiner oder größer als der mittlere Wert war.)

Zeile 8 in Bild 9.6 zeigt das Ergebnis. Der links Feldabschnitt, der von Position 0 bis Position 5 reicht, enthält lauter Werte kleiner als 55. In Platz 6 steht der mittlere Wert. Und der rechte Feldabschnitt von Position 7 bis Position 10 enthält alle Feldelemente mit Werten größer als 55.

Schritt 9 bis Schritt 10: Der Quicksort-Algorithmus wird noch einmal auf den linken Feldabschnitt (Abschnitt 1 im Bild) angewendet, da dieser mit 7 Elementen noch länger als die oben festgelegte Grenze (P=6) ist. Das ergibt zwei weitere Unterabschnitte (Abschnitt 2 und 3) mit drei bzw. zwei Elementen.

Schritt 11, „Bubble-Sort": Alle Feldabschnitte enthalten weniger als 6 Elemente und können nach unserer Festlegung nach dem Bubble-Sort-Algorithmus weiterverarbeitet werden. Zeile 11 in Bild 9.6 zeigt, daß man in der Tat ein vollständig sortiertes Feld erhält.

Das Quicksort-Programm

Das Pascal-Programm für diesen Algorithmus ist in Bild 9.7 ausgelistet. Bild 9.8 zeigt einen Testlauf. Hier wurden zwölf Werte über die Tastatur eingegeben und danach das sortierte Feld ausgedruckt.

Das Programm in Bild 9.7 enthält sechs Prozeduren:

AUSTAUSCHEN vertauscht die Plätze zweier Elemente,
FELDHOLEN übernimmt von der Tastatur die zu sortierenden Zahlen,
FELDDRUCKEN gibt das sortierte Feld an die Ausgabeeinheit des Computersystems aus,
BSORT sortiert die übergebenen Werte nach dem Bubble-Sort-Algorithmus,
AUSMITTEN sucht im zu bearbeitenden Feld nach einem mittleren Wert und setzt ihn an den Feldanfang, und
SORTIEREN sortiert das übergebene Feld nach dem Quicksort-Algorithmus.

Den Prozeduren folgt der eigentliche Programmkörper, der für sich selbst spricht:

```
BEGIN
    FELDHOLEN(LETZTE);
    SORTIEREN(0,LETZTE);
    FELDDRUCKEN(LETZTE)
END.
```

Dabei ist LETZTE die Variable, in welcher der letzte Feldindex der Eingabe festgehalten ist. Sie bestimmt die Größe des verarbeiteten Felds.

Sehen wir uns die Programmbestandteile etwas genauer an.

Die Programmvariablen

Als globale Bezeichner sind im Programm die Konstante MAX (die maximal mögliche Feldgröße), der Datentyp STANDARDFELD für die Felder und zwei Variable, ZAHLEN (das zu sortierende Feld) und LETZTE (der letzte Feldindex) deklariert:

```
PROGRAM QSORT (INPUT,OUTPUT);
CONST MAX = 100;
TYPE STANDARDFELD = ARRAY [0..MAX] OF REAL;
VAR ZAHLEN : STANDARDFELD;
    LETZTE : INTEGER;
```

Die Prozedur AUSTAUSCHEN

Hier tauschen die beiden reellen Zahlen A und B mit Hilfe der lokalen Variablen T ihre Plätze:

```
PROCEDURE AUSTAUSCHEN (VAR A,B : REAL);
    VAR T : REAL;
    BEGIN
        T := A;
        A := B;
        B := T;
    END; (* AUSTAUSCHEN *)
```

```
PROGRAM qsort (input,output);

(* Sortiert ein numerisches Feld nach dem "Quicksort"-Algorithmus *)
(* Nach: Knuth, "The Art of Computer Programming", Band 3 *)

(* Globale Bezeichner *)
CONST max = 100; (* Maximale Feldgroesse *)
TYPE standardfeld = ARRAY [0..max] OF real;
VAR zahlen : standardfeld; (* Zu sortierendes Feld *)
    letzte : integer;

PROCEDURE austauschen (VAR a,b : real);
    VAR t : real;
    BEGIN
        t := a;
        a := b;
        b := t;
    END; (* austauschen *)

PROCEDURE feldholen (VAR umfang : integer); (* Uebernimmt Feld von *)
    VAR index : integer;                    (* der aktiven Eingabe *)
        eingabe : real;
    BEGIN
        index := 0;
        WHILE NOT eof(input) DO
            BEGIN
                write ('Feldelement (',index:4,') : ');
                readln (eingabe);
                (* Platz fuer einen Gueltigkeitstest *)
                zahlen[index] := eingabe;
                index := succ(index)
            END;
        writeln;
        writeln('Eingegeben wurden',index:4,' Werte.');
        umfang := index-1
    END; (* feldholen *)

PROCEDURE felddrucken (umfang : integer); (* Gibt das Feld aus *)
    VAR index : integer;
    BEGIN
        FOR index := 0 TO umfang DO
            BEGIN
                IF index/4 = trunc(index/4) THEN writeln;
                write (zahlen[index]:8:2)
            END
    END; (* felddrucken *)
```

Bild 9.7   Ein Programm zur Sortierung nach dem Quicksort-Algorithmus

```
PROCEDURE bsort (anfang,ende : integer; VAR feld : standardfeld);

    (* "Bubble Sort"; sortiert das "feld" von "anfang" bis "ende" *)

    VAR index : integer;
        ausgetauscht : boolean;
    BEGIN
        REPEAT
            ausgetauscht := false;
            FOR index := anfang TO ende-1 DO
                BEGIN
                    IF feld[index] > feld[index+1] THEN
                        BEGIN
                            austauschen(feld[index],feld[index+1]);
                            ausgetauscht := true
                        END
                END;
        UNTIL ausgetauscht = false
    END; (* bsort *)

PROCEDURE ausmitten (anfang,ende : integer ; VAR feld : standardfeld);

    (* Sucht einen brauchbaren mittleren Wert im "feld" und *)
    (* setzt ihn an den Anfang des zu sortierenden Abschnitts. *)

    VAR inmitten : integer;
        sortiert : standardfeld;
    BEGIN
        inmitten := (anfang + ende) div 2;
        sortiert[1] := feld[anfang];
        sortiert[2] := feld[ende];
        sortiert[3] := feld[inmitten];
        bsort(1,3,sortiert);
        IF sortiert[2] = feld[inmitten] THEN
            austauschen (feld[anfang],feld[inmitten])
        ELSE IF sortiert[2] = feld[ende] THEN
            austauschen (feld[anfang],feld[ende])
    END; (* ausmitten *)

PROCEDURE sortieren (anfang,ende : integer);

    (* Sortiert einen Abschnitt des Hauptfelds und teilt ihn dann *)
    (* in zwei weitere Abschnitte auf, die zu sortieren sind. *)

    VAR richtung : boolean;
        a,e,m : integer;
    BEGIN
        IF ende - anfang < 6 THEN (* Kleine Felder mit BSORT sortieren. *)
            bsort(anfang,ende,zahlen)
            (* Das ist das Endekriterium im rekursiven Aufruf *)
            (* der Prozedur "sortieren". *)
```

```
            ELSE
                BEGIN
                    ausmitten(anfang,ende,zahlen);
                    richtung := true;
                    (* vom "ende" her untersuchen *)
                    a := anfang; (* untere Vergleichsgrenze *)
                    e := ende; (* obere Vergleichsgrenze *)
                    m := anfang; (* Ort des Vergleichswerts *)
                    WHILE e > a DO
                        BEGIN
                            IF richtung = true THEN
                                (* Vom Abschnittsende her untersuchen und *)
                                (* austauschen falls kleiner als das Mittel. *)
                                BEGIN
                                    WHILE (zahlen[e]>=zahlen[m]) AND (e>m) DO
                                        e := e-1;
                                    IF e>m THEN
                                        BEGIN
                                            austauschen(zahlen[e],zahlen[m]);
                                            m := e
                                        END;
                                    richtung := false
                                END
                            ELSE
                                (* Vom Abschnittsanfang her untersuchen und *)
                                (* austauschen falls groesser als das Mittel. *)
                                BEGIN
                                    WHILE (zahlen[a]<=zahlen[m]) AND (a<m) DO
                                        a := a+1;
                                    IF a<m THEN
                                        BEGIN
                                            austauschen(zahlen[a],zahlen[m]);
                                            m := a
                                        END;
                                    richtung := true
                                END
                        END;

                    (* Die neuen Abschnitte werden rekursiv von links nach *)
                    (* rechts weiter sortiert. *)

                    sortieren(anfang,m-1);(* untere Abschnittshaelfte sortieren *)
                    sortieren(m+1,ende); (* obere Abschnittshaelfte sortieren *)
                END
    END; (* sortieren *)

BEGIN (* qsort; Anfang des Hauptprogramms *)
    feldholen(letzte);
    sortieren(0,letzte);
    felddrucken(letzte)
END . (* qsort *)
```

```
QSORT
Feldelement (    0) : 12.5
Feldelement (    1) : 22
Feldelement (    2) : 3.3
Feldelement (    3) : 92.67
Feldelement (    4) : 400
Feldelement (    5) : 606.1
Feldelement (    6) : -4
Feldelement (    7) : 56
Feldelement (    8) : 44
Feldelement (    9) : 0.01
Feldelement (   10) : 22
Feldelement (   11) : 78
Feldelement (   12) :
Eingegeben wurden  12 Werte.

    -4.00      0.01      3.30     12.50
    22.00     22.00     44.00     56.00
    78.00     92.67    400.00    606.10
```

Bild 9.8   Ein Quicksort-Programmlauf

Das Prinzip des Austauschvorgangs haben wir bereits besprochen. Beachten Sie, daß A und B als *variable* Parameter übergeben werden. Die Prozedur verändert also unmittelbar die Variablen des aufrufenden Programmteils. Nur dadurch kann man etwas mit ihr anfangen.

Die Prozedur FELDHOLEN

Diese Prozedur übernimmt von der aktiven Eingabeeinheit (nach unserer Annahme von der Tastatur) die zu sortierenden Werte und legt sie im globalen Feld ZAHLEN ab. Die Größe des Felds (d. h. der letzte Feldindex) wird über den variablen Parameter UMFANG an den aufrufenden Programmteil zurückgeliefert.

Zwei lokale Parameter werden hier benötigt: INDEX und EINGABE. INDEX bezeichnet das Feldelement, in das ein Wert übernommen werden soll, und EINGABE hält den zuletzt eingegebenen Zahlenwert fest. Der Prozedurkopf lautet damit:

```
PROCEDURE FELDHOLEN (VAR UMFANG : INTEGER);
    VAR INDEX : INTEGER;
        EINGABE : REAL;
```

Für die Eingabeoperation muß der INDEX zunächst auf das erste Element des Felds gesetzt werden:

```
BEGIN
    INDEX := 0;
```

Dann werden in einer WHILE-Schleife die zu sortierenden Werte eingelesen, bis ein Dateiende (End of File, EOF) signalisiert wurde:

```
WHILE NOT EOF(INPUT) DO
    BEGIN
        WRITE ('FELDELEMENT (',INDEX:4,') : ');
        READLN (EINGABE);
        (* PLATZ FUER EINEN GUELTIGKEITSTEST *)
        ZAHLEN[INDEX] := EINGABE;
        INDEX := SUCC(INDEX)
    END;
```

Abgeschlossen wird die Prozedur mit einer Meldung über die Anzahl der eingegebenen Werte.

```
WRITELN;
WRITELN('EINGEGEBEN WURDEN',INDEX :4,'WERTE.');
```

Und schließlich wird die Feldgröße an den aufrufenden Programmteil zurückgemeldet.

```
    Umfang := INDEX-1
END; (* FELDHOLEN *)
```

Beachten Sie, daß hier wie in den anderen Prozeduren der Wert der globalen Variablen ZAHLEN verändert wird. Es handelt sich hier um ein Beispiel für einen gewollten Seiteneffekt.

Die Prozedur FELDDRUCKEN

Hier wird der Inhalt des Felds ZAHLEN in einem vierspaltigen Format ausgegeben. Die Feldobergrenze wird als (diesmal *nicht variabler*) Parameter UMFANG vorgegeben. Zur Bestimmung der auszudruckenden Feldelemente dient die lokale Variable INDEX. Beachten Sie, daß die hier definierte Variable INDEX nichts mit der Variablen INDEX zu tun hat, die in der Prozedur FELDHOLEN deklariert worden war. Beide sind lokal zu ihrer eigenen Prozedur, d. h. der Computer weiß nur von ihnen, solange er die Prozedur abarbeitet. Danach vergißt er sie restlos. Wir können so die Tätigkeit (den Feldindex anzugeben) bequem durch denselben Variablennamen INDEX beschreiben.

```
PROCEDURE FELDDRUCKEN (UMFANG : INTEGER);
    VAR INDEX : INTEGER;
```

Für die eigentliche Wertausgabe bietet sich eine FOR-DO-Schleife mit INDEX als Laufvariable und UMFANG als Schleifenendwert an:

```
BEGIN
    FOR INDEX := 0 TO UMFANG DO
        BEGIN
            IF INDEX/4 = TRUNC(INDEX/4) THEN WRITELN;
            WRITE (ZAHLEN[INDEX]:8:2)
        END
END; (* FELDDRUCKEN *)
```

Beachten Sie den „Programmiertrick", mit dem wir das vierspaltige Format erreicht haben:

```
IF INDEX/4 = TRUNC(INDEX/4) THEN WRITELN;
```

Eine neue Zeile wird genau dann eingeleitet, wenn INDEX durch 4 teilbar ist. In allen anderen Fällen ist die Bedingung INDEX/4 = TRUNC (INDEX/4) falsch.

Die Zahlenwerte selbst werden, wie es die Formatangabe im WRITE-Argument verlangt, in einem achtspaltigen Feld mit 2 Stellen für den gebrochenen Anteil ausgegeben:

```
WRITE (ZAHLEN[INDEX]:8:2)
```

Die Prozedur BSORT

In der Prozedur BSORT wird das als (variabler) Parameter übergebene FELD nach dem Bubble-Sort-Algorithmus zwischen den als Parameter mitgeteilten Positionen ANFANG und ENDE sortiert:

```
PROCEDURE BSORT (ANFANG,ENDE : INTEGER; VAR FELD : STAN-
DARDFELD);
```

Der Bubble-Sort-Algorithmus (zu deutsch „Blasensortierung") hat seinen Namen daher, daß er im Feld das „leichteste" Element wie eine Blase in einem engen Flüssigkeitsbehälter nach oben steigen läßt. Im einzelnen geht das so vor sich:

1. Schritt: Das erste Element wird mit dem zweiten verglichen. Ist das zweite Element kleiner, so tauschen beide ihre Plätze.

2. Schritt: Das zweite Element wird mit dem dritten verglichen. Ist das dritte kleiner als das zweite, dann werden die beiden Elemente vertauscht.

3. Schritt: Dieser Prozeß wird mit allen folgenden Paaren bis zum Feldende hin fortgesetzt.

4. Schritt: Wurde in dem Durchgang kein Element ausgetauscht, dann ist das Feld sortiert, und der Algorithmus bricht ab. Andernfalls kann es sein, daß irgendwo noch ein Element nicht in der Sortierfolge steht. Der Prozeß

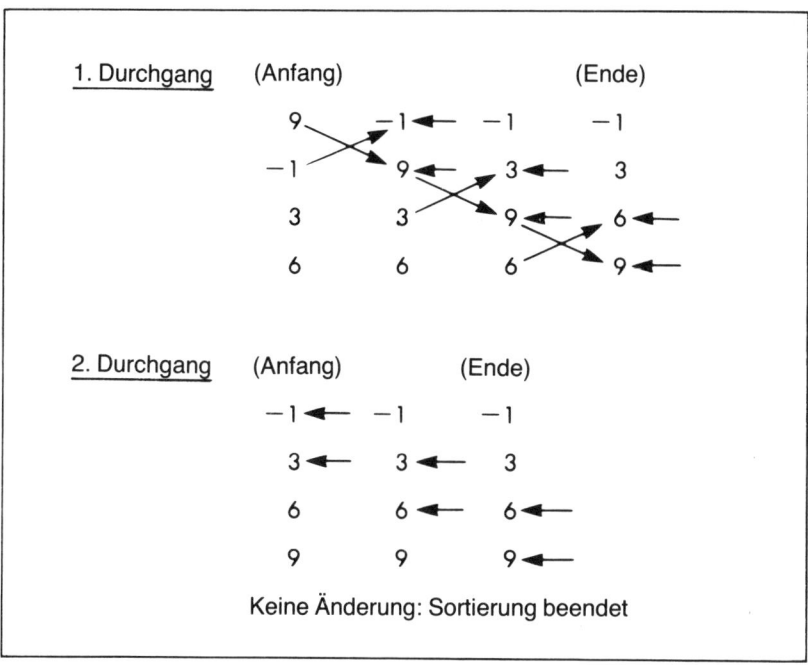

Bild 9.9   Zur Wirkungsweise des Bubble-Sort-Algorithmus

wird also wiederholt, solang noch mindestens ein Austausch in einem Durchgang stattgefunden hat.

Bild 9.9 zeigt ein Beispiel für einen Bubble-Sort-Prozeß.

Die BSORT-Prozedur braucht zwei lokale Variable, nämlich zum einen den INDEX zur Bezeichnung der Feldelemente (INDEX zeigt auf das eine, INDEX+1 auf das folgende Element) und zum anderen eine Boolesche Variable AUSGETAUSCHT, die angibt, ob im gegenwärtigen Durchlauf ein Austausch von Elementen stattgefunden hat:

```
VAR INDEX : INTEGER;
    AUSGETAUSCHT : BOOLEAN;
```

Die Variable AUSGETAUSCHT wird zum Anfang einer REPEAT-UNTIL-Schleife auf den logischen Wert FALSE gesetzt:

```
BEGIN
    REPEAT
        AUSGETAUSCHT := FALSE;
```

Ist nun an einer Stelle das zweite untersuchte Element kleiner als das er-

ste, dann tauschen beide ihre Plätze, und die „Flagge" AUSGE-
TAUSCHT wird zur Signalisierung dieses Vorgangs auf TRUE gesetzt.

```
FOR INDEX := ANFANG TO ENDE-1 DO
    BEGIN
        IF FELD[INDEX] > FELD[INDEX+1] THEN
            BEGIN
                AUSTAUSCHEN(FELD[INDEX],FELD[INDEX+1]);
                AUSGETAUSCHT := TRUE
            END
    END;
```

Das Durcharbeiten des Felds wird solange wiederholt, bis kein Austausch
mehr stattgefunden hat:

```
    UNTIL AUSGETAUSCHT = FALSE
END; (* BSORT *)
```

Beachten Sie, daß diese Prozedur zwei ineinandergeschachtelte Schleifen
benutzt. In der äußeren Schleife werden mittels REPEAT...UNTIL anhand des Stands der AUSGETAUSCHT-Flagge die Sortierdurchgänge
durch das Feld gesteuert. Die innere Schleife kann als FOR-DO-Schleife
mit INDEX als Laufparameter und den Grenzen ANFANG und ENDE
ausgelegt werden, da hier immer das ganze Feld durchgegangen werden
muß.

Die Prozedur AUSMITTEN

Grundlage des Quicksort-Algorithmus ist ein Element, anhand dessen das
Feld in einen oberen und einen unteren Abschnitt vorsortiert wird. Dieses
Element wird hier mit der Prozedur AUSMITTEN grob angenähert. Die
drei Elemente am Anfang, am Ende und in der Mitte des betrachteten
Felds werden untersucht und dasjenige, dessen Wert zwischen den beiden
anderen liegt, als mittleres Element verwendet und an den Anfang des
Feldes gesetzt. Dazu braucht die Prozedur AUSMITTEN drei Parameter:

```
PROCEDURE AUSMITTEN (ANFANG,ENDE : INTEGER ; VAR FELD : STANDARDFELD);
```

ANFANG und ENDE legen die Feldgrenzen fest. FELD (als variabler
Parameter übergeben) ist das zu sortierende Feld.

Zwei lokale Variable werden gebraucht:

```
VAR INMITTEN : INTEGER;
    SORTIERT : STANDARDFELD;
```

— INMITTEN ist der Index für das mittlere Feldelement, das untersucht
  werden soll.

– SORTIERT ist ein Feld, das die drei Elemente festhält, unter denen der mittlere Wert gesucht werden soll. (Man könnte im Prinzip zwar auch mit dem übergebenden FELD arbeiten, die Deklaration eines eigenen Felds erleichtert jedoch die Untersuchung.) Der Einfachheit halber deklarieren wir SORTIERT als STANDARDFELD. Wenn mit dem Speicherplatz hausgehalten werden muß, kann man SORTIERT auch ausdrücklich auf die drei Elemente einschränken, die hier benötigt werden. Man muß dann einen eigenen Variablentyp deklarieren.

Das Ausmitten beginnt damit, daß der Index INMITTEN des mittleren Feldelements aus den Grenzen ANFANG und ENDE berechnet wird:

```
BEGIN
    INMITTEN := (ANFANG + ENDE) DIV 2;
```

Beachten Sie, daß wir die ganzzahlige Division mit dem Operator DIV verwenden mußten. Wir erhalten hier bei einer ungeraden Anzahl von Feldelementen (z. B. bei 5 Elementen) als Mittenposition im Feld einen abgerundeten Wert (im Beispiel also Nummer 2, was bei einem Anfangsindex von 0 das dritte Feldelement wäre).

Die Werte dieser Felder werden der lokalen Variablen SORTIERT zugewiesen:

```
SORTIERT[1] := FELD[ANFANG];
SORTIERT[2] := FELD[ENDE];
SORTIERT[3] := FELD[INMITTEN];
```

Und diese drei Werte sortieren wir mit dem Bubble-Sort-Algorithmus nach ihrer Größe:

```
BSORT(1,3,SORTIERT);
```

Danach hat das mittlere Element SORTIERT[2] den gewünschten Bezugswert. Wir müssen jetzt nur noch herausfinden, wo es im Ausgangsfeld steht. Dazu gibt es drei Möglichkeiten:

1. Der Wert des in der mittleren Position stehenden Elements ist auch der gesuchte mittlere Wert.
2. Das erste Feldelement trägt den mittleren Wert.
3. Das letzte Feldelement trägt den mittleren Wert.

Im ersten und dritten Fall müssen wir die Elemente vertauschen, so daß das Element mit dem mittleren Wert an die erste Feldposition zu stehen kommt. Mit maximal zwei Vergleichen läßt sich das erledigen:

```
IF SORTIERT[2] = FELD[INMITTEN] THEN
    AUSTAUSCHEN (FELD[ANFANG],FELD[INMITTEN])
ELSE IF SORTIERT[2] = FELD[ENDE] THEN
    AUSTAUSCHEN (FELD[ANFANG],FELD[ENDE])
END;
```

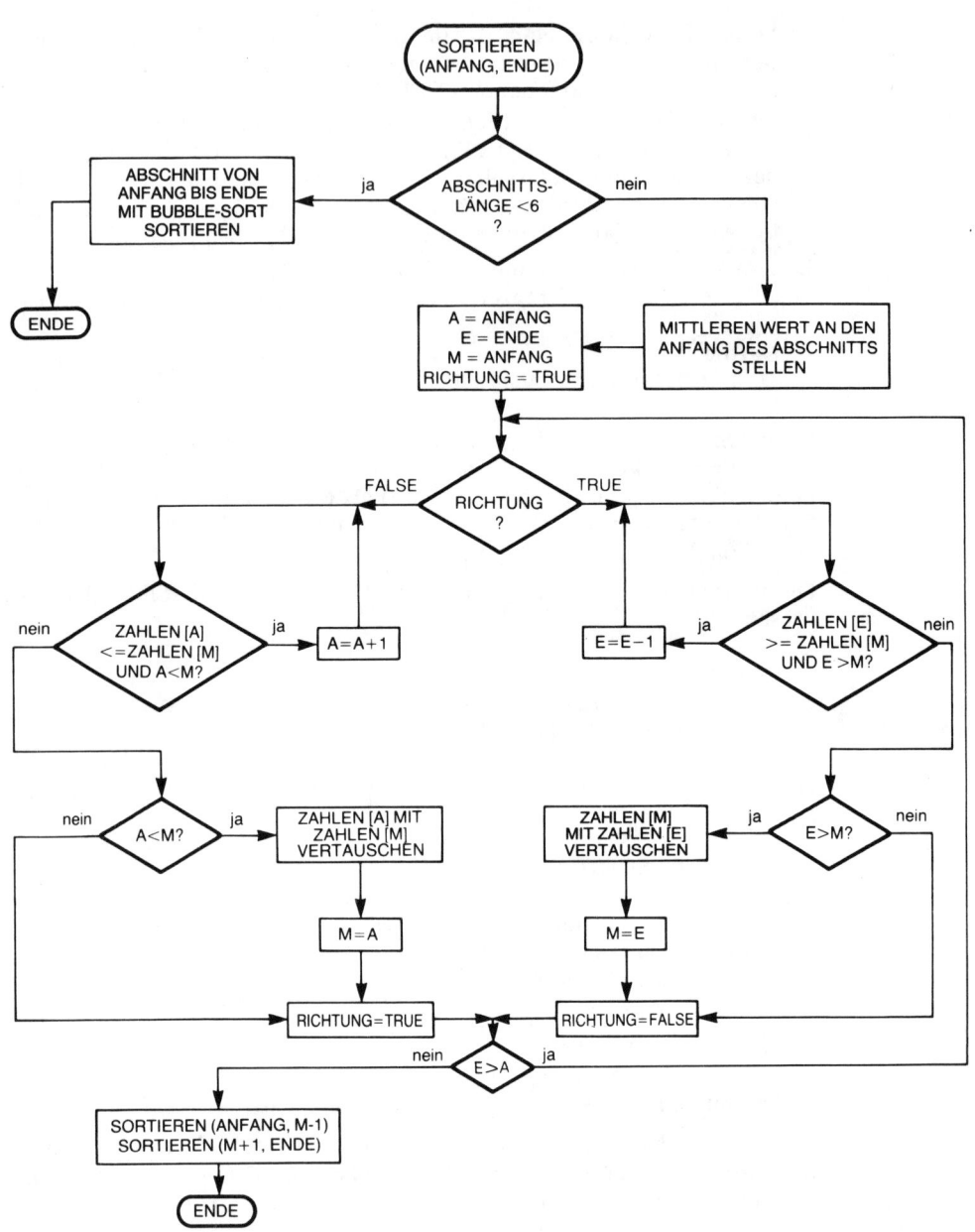

Bild 9.10   Das Flußdiagramm zum Sortieralgorithmus

Die Prozedur SORTIEREN

Die Prozedur SORTIEREN ordnet im Feld ZAHLEN den Abschnitt zwischen ANFANG und ENDE − falls dieser länger als 6 Elemente ist − in zwei Unterabschnitte:

1. Kleiner als ein mittlerer Wert.
2. Größer als ein mittlerer Wert.

Bild 9.10 zeigt das Flußdiagramm dieses Vorgangs. Vier lokale Variable werden hier benötigt:

```
PROCEDURE SORTIEREN (ANFANG,ENDE : INTEGER);
  VAR RICHTUNG : BOOLEAN;
      A,E,M : INTEGER;
```

− RICHTUNG gibt die Richtung an, in der gesucht werden soll. Es ist eine Boolesche Variable, die den Wert TRUE hat, wenn vom Ende her gesucht werden soll, und den Wert FALSE, wenn vom Anfang her zu arbeiten ist.
− A, E und M sind Hilfsindizes, in denen für die Untersuchung der Ort des Anfangs-, End- und des Mittelelements festgehalten werden.

Wenn der zu sortierende Abschnitt weniger als 6 Elemente enthält, dann wird er mit dem Bubble-Sort-Algorithmus fertigsortiert:

```
BEGIN
  IF ENDE − ANFANG < 6 THEN
    BSORT(ANFANG,ENDE,ZAHLEN)
```

Sonst beginnt die Operation mit dem Auffinden des mittleren Elements, dem dann der erste Sortierdurchgang mit der Untersuchung vom Ende her folgt. Dazu müssen die Variablen geeignet initialisiert werden:

```
ELSE
  BEGIN
    AUSMITTEN(ANFANG,ENDE,ZAHLEN);
    RICHTUNG := TRUE;
    A := ANFANG;
    E := ENDE;
    M := ANFANG;
```

E bezeichnet zunächst das letzte Feldelement, dessen Wert mit dem des mittleren Elements M verglichen wird. Ist der Wert des letzten Elements größer oder gleich dem mittleren Wert (ZAHLEN[E] > ZAHLEN[M]), dann kann ohne weitere Aktion zum nächsten Element übergegangen werden:

```
WHILE E >A DO
  BEGIN
    IF RICHTUNG = TRUE THEN
      BEGIN
        WHILE (ZAHLEN[E]>=ZAHLEN[M]) AND (E>M) DO
          E := E-1;
```

Bleibt diese Bedingung erhalten, dann wird die innere WHILE-Schleife solange wiederholt, wie die Position von E hinter der Position von M liegt. Die Schleifenbedingung wird dann falsch, wenn entweder der E-Index den M-Index erreicht hat (d. h. wenn E > M falsch ist) oder wenn der Wert von Element E kleiner als der Wert von Element M ist. In diesem Fall ist der Index E offensichtlich immer noch größer als der Index M, so daß sich dieses Verhältnis für die weitere Arbeit auswerten läßt:

```
IF E>M THEN
    BEGIN
        AUSTAUSCHEN(ZAHLEN[E],ZAHLEN[M]);
        M := E
    END;
```

In jedem Fall muß die Suchrichtung umgekehrt werden, was durch entsprechendes Umwerten der RICHTUNGs-Flagge signalisiert wird:

```
        RICHTUNG := FALSE
END
```

Im nächsten Durchgang der äußeren WHILE-Schleife wird in diesem Fall der ELSE-Teil der Entscheidungsstruktur abgearbeitet, der im Prinzip genauso wie der THEN-Teil funktioniert, nur mit dem Unterschied, daß sich hier die Such- und Vergleichsrichtung umkehrt:

```
ELSE
    BEGIN
        WHILE (ZAHLEN[A]<=ZAHLEN[M]) AND (A<M) DO
            A := A+1;
            IF A<M THEN
                BEGIN
                    AUSTAUSCHEN(ZAHLEN[A],ZAHLEN[M]);
                    M := A
                END;
                RICHTUNG := TRUE
    END
END;
```

Im Verlauf dieser Operationen nähern sich die Indizes E und A immer mehr an (E wird herunter- und A hinaufgezählt). Das Feld ist also genau dann sortiert, wenn der eine Index den anderen eingeholt hat, also dann, wenn nicht mehr E > A gilt. Das kommt in der Bedingung der äußeren Schleife zum Ausdruck:

```
WHILE E > A DO
```

Dieser Prozeß setzt sich rekursiv so fort, daß zunächst alle Abschnitthälften mit den kleineren Indizes sortiert werden und dann schrittweise nach oben hin alle Abschnitte mit den größeren Indizes (machen Sie sich das anhand einer Skizze klar):

```
       SORTIEREN(ANFANG,M-1);
       SORTIEREN(M+1,ENDE);
   END
END;
```

Zusammenfassung zum Quicksort-Programm

In diesem Programm werden viele praktisch verwendbare Programmiertechniken verwendet: Verschachtelte Schleifen, globale und lokale Variable, Entscheidungsflaggen, Prozeduren, normale und variable Parameter und schließlich der Einsatz von Feldern. Machen Sie sich daher mit Struktur und Arbeitsweise des Quicksort-Programms gut vertraut.

Gepackte Felder

Alphanumerische Zeichen werden im Computer oft in je einem Byte (d. h. in 8 Bits) festgehalten. Die meisten Mikrocomputer speichern alle Daten in Bytes und sind so sehr gut an die Aufgabe, mit alphanumerischen Zeichen zu arbeiten angepaßt.

Das gilt allerdings nicht für alle Computertypen. Pascal wurde ursprünglich auf Großcomputern implementiert, die zum einen mit 6 Bits einem Zeichen weniger Platz einräumen und zum anderen in jedem Datenelement (jedem Wort) viel mehr Bits führen (beispielsweise 32 oder 60). Wenn man nun für jedes 6-Bit-Zeichen ein 60-Bit-Wort verwenden muß, dann verschwendet man einen Großteil des verfügbaren Speicherplatzes.

Um diesem Problem zu begegnen, wurde in Pascal der Datentyp des *gepackten Felds* (PACKED ARRAY) eingeführt. Hier werden so viele Zeichen in ein Datenelement „gepackt", wie darin Platz finden können. Das kann zu einer beträchtlichen Speichereinsparung führen. Die formale Definition lautet in einem solchen Fall:

PACKED ARRAY [TYP 1] **OF** [TYP 2];

Man kann die üblichen Operationen auf die Elemente eines gepackten Felds anwenden:

:= , =, <>, <, >, <=, >=

So ist es z. B. möglich, der Deklaration

VAR TITEL : **PACKED ARRAY** [1..21] **OF** CHAR;
      KOPF : **PACKED ARRAY** [1..5] **OF** CHAR;

im Programm die nachstehenden Anweisungen folgen zu lassen:

TITEL := 'Quadratzahlen-Tabelle'
KOPF := '10-50';

Hier werden den Zeichenkettenvariablen TITEL und KOPF Zeichenkettenkonstanten als Werte zugewiesen. Das erfordert allerdings, daß der Indextyp der betreffenden Variablen die Form [1..N] haben muß. wobei N eine ganze Zahl größer oder gleich der Länge der betreffenden Zeichenkettenkonstante ist.

(Anmerkung: Das ist allerdings nicht in allen Pascal-Versionen möglich. Insbesondere Versionen, die Zeichenketten [d. h. den Datentyp STRING] kennen, erlauben oft keine Zuweisungen von Zeichenkettenkonstanten an Zeichenfelder.)

Die Verwendung von gepackten Feldern führt allerdings auch in der Regel zu einem langsameren Zugriff auf die einzelnen Feldelemente, als wenn jedes Feldelement genau eine Speichereinheit im Rechner belegt. Aus diesem Grund kann man in Pascal ein Feld mit den beiden eingebauten Prozeduren PACK() und UNPACK() aus der ungepackten in die gepackten Form und umgekehrt überführen.

Nehmen wir zum Beispiel folgende Deklaration an:

VAR A : **ARRAY** [M..N] **OF** X;
         B: **PACKED ARRAY** [U..V] **OF** X;

wobei $N - M >= V - U$, also Feld A mindestens ebesoviele Elemente wie Feld B umfaßt. Dann kann man durch die Schleife

FOR I := U **TO** V **DO** A[I − U + J] := B[I];

das gepackte Feld B in das ungepackte Feld A kopieren (J ist dabei die Startposition in A). Genau dieser Vorgang wird durch die Anweisung

UNPACK (B,A,J);

automatisch ausgeführt.

Und umgekehrt entspricht der Anweisung

PACK (A,J,B);

die Schleife

FOR I := U **TO** V **DO** B[I] := A[I − U + J];

wobei J wieder die Position bezeichnet, ab der die in B festgehaltene Zeichenkette in A beginnen soll.

So ergibt die Verwendung von gepackten Feldern in der Regel eine Einsparung an Speicherplatz. Bei Computern mit 16-Bit- oder längeren Wörtern, die nicht unmittelbar auf einzelne Bytes zugreifen können, bewirkt die Verwendung von gepackten Feldern allerdings dann eine deutliche Verlangsamung der Abarbeitungsgeschwindigkeit des Programms, wenn man oft auf einzelne Zeichen zugreifen muß, denn der Zugriff auf ein solches Zeichen dauert hier länger. Um in einem solchen Fall die Geschwindigkeit des Programms zu verbessern, kann man vor einem solchen Programmabschnitt mit umfassender Zeichenverarbeitung mittels der UN-PACK-Prozedur die in Frage kommenden Felder auf ein Element pro Speichereinheit erweitern und sie dann nach Beendigung dieser Arbeit mittels PACK wieder in gepackte Form bringen.

Funktionstabellen

Es empfiehlt sich oft, bestimmte ausgewählte Funktionswerte in einer Tabelle festzuhalten. Das Nachschlagen in einer Tabelle bringt immer dann, wenn ein Funktionswert nicht exakt berechnet werden kann oder wenn die Berechnung zu lange dauern würde, deutliche Vorteile. Wenn eine höhere Genauigkeit als die Auflösung in der Tabelle gebraucht wird, dann lassen sich zumeist zwei benachbarte Tabellenwerte zusammen mit geeigneten Interpolationsverfahren verwenden. In Pascal kann man diese Technik mit Hilfe von Feldern einsetzen.

So kann man allgemein eine Funktion $Y = F(X)$ so als Tabelle deklarieren:

> **VAR** F : **ARRAY** [X] **OF** Y;

Wenn zum Beispiel eine Funktion TRANSZEND so definiert ist, daß TRANSZEND[0] den Wert 0 hat und N die größte Zahl mit **TRANSZEND** [N] <= MAXINT ist, dann kann man diese Funktion in Pascal so als Tabelle deklarieren:

> **VAR** TRANSZEND[0] : **ARRAY** [0..N] **OF** 0..MAXINT;

Diese Tabelle muß natürlich, um sie einsetzen zu können, mit den entsprechenden Werten gefüllt werden. Das kann so geschehen, daß man jedem Tabellenelement ausdrücklich einen konstanten Wert zuweist oder dadurch, daß man alle Tabellenelemente auf einmal berechnet. Im letzten Fall muß man die Berechnung im Programm nur einmal vornehmen, was seine Leistungsfähigkeit beträchtlich steigern kann.

Mit dieser Tabellentechnik läßt sich jede sinnvolle Funktion darstellen, d. h. in der Tabelle jede sinnvolle Beziehung zwischen dem Wert eines Feldelements und seinem Index festhalten. So kann man z. B. die natürlichen Zahlen als EINS, ZWEI, DREI usw. festhalten. Durch den Index kann dann eine Beziehung zwischen 5 und „FUENF", 6 und „SECHS" hergestellt werden. Allerdings läßt sich die umgekehrte Funktion, die Beziehung zwischen „FUENF" und 5 nicht so unmittelbar herstellen, da man eine Zeichenkette nicht als Index verwenden kann.

Felder in UCSD-Pascal

Die Felder in UCSD-Pascal unterscheiden sich etwas von denen in Standard-Pascal. Außerdem enthält UCSD-Pascal gegenüber Standard-Pascal einige Erweiterungen zum Umgang mit Feldern. Die Hauptunterschiede der Benutzung von Feldern in UCSD- gegenüber Standard-Pascal sind:

− Zwischen vergleichbaren Datentypen sind zwei das ganze Feld betreffende Vergleiche möglich:
  = und <>
− Bei der Arbeit mit gepackten Feldern werden diese automatisch von gepackter in ungepackte Form und umgekehrt gebracht.

Die wichtigsten Erweiterungen gegenüber Standard-Pascal sind zusätzliche Möglichkeiten zum Umgang mit Zeichenketten und mit Zeichenfeldern. Diese zusätzlichen reservierten Funktionen und Prozeduren werden in UCSD-Pascal „intrinsics" („innere" Funktionen bzw. Prozeduren) genannt.

Gepackte Felder in UCSD-Pascal

Gepackte Felder können in UCSD-Pascal jeden Datentyp besitzen, wie z. B. CHAR, INTEGER oder BOOLEAN. Das Packen dieser Felder hat allerdings nur dann eine Wirkung, wenn die Feldelemente mit 8 Bits oder weniger im Rechner wiedergegeben werden. Das Packen größerer ganzer Zahlen (mit mehreren Bytes pro Zahlenwert) bringt also keine Speicherersparnis.

Wenn gepackte Felder sinnvoll einsetzbar sind, dann wird zur Speicherung die geringstmögliche Zahl von Bits zur Wiedergabe der Information benutzt.

So wird z. B. durch die Vereinbarung

PACKED ARRAY [0..10] **OF** 0..7;

jede im Feld gespeicherte Zahl in drei Bits untergebracht, da diese zur Darstellung aller ganzzahligen Werte von 0 bis 7 ausreichen.

Ganz entsprechend wird in einem gepackten Booleschen Feld die Information jedes Wahrheitswerts in genau einem Bit festgehalten: 0 und 1 genügen zur Unterscheidung von TRUE und FALSE.

Felder von Feldern

Die gepackte Darstellung hängt von der Form der Vereinbarung ab. Wenn in einer Deklaration PACKED ARRAY auftaucht, dann wird (für den gesamten Datentyp) die gepackte Darstellung aktiviert. Wenn ARRAY (ohne PACKED) auftritt, dann wird (wieder für den gesamten Datentyp) die ungepackte Darstellung gewählt. Auf diese Weise ergibt die Deklaration

PACKED ARRAY [1..10] **OF ARRAY** [1..15] **OF** CHAR;

ein *nicht gepacktes* zweidimensionales Feld, denn die gepackte Darstellungsform wurde mit Auffinden des zweiten ARRAY wieder deaktiviert.

Um ein gepacktes zweidimensionales Feld zu erhalten, kann man eine der folgenden Deklarationsformen wählen:

ARRAY [1..10] **OF PACKED ARRAY** [1..15] **OF** CHAR;
PACKED ARRAY [1..10] **OF PACKED ARRAY** [1..15] **OF** CHAR;
PACKED ARRAY [1..10,1..15] **OF** CHAR;

Zeichenketten in UCSD-Pascal

UCSD besitzt einen besonderen Datentyp STRING zur Deklaration von Zeichenketten. Eine solche Kette wird als PACKED ARRAY OF CHAR behandelt und besitzt eine bestimmte Länge, die mit der UCSD-Funktion LENGTH abgefragt werden kann.

Wenn nicht besonders vereinbart, hat die Kette eine Länge von 80 Zeichen. Diesen Wert kann man bei der Deklaration ändern:

ORT : STRING[12];

deklariert beispielsweise ORT als ein gepacktes Feld von 12 Zeichen Länge. Die maximal mögliche Länge einer solchen Kette beträgt 255 Zeichen.

Man kann den Wert einer Zeichenkette durch Zuweisungen, durch eine READ-Operation oder durch die weiter hinten besprochenen besonderen Zeichenkettenoperationen von UCSD-Pascal verändern.

So sind z. B. folgende Anweisungen möglich:

ORT := 'FRANKFURT';
oder
READLN(ORT);   (* Liest bis EOLN oder EOF *)

Im letzten Fall muß man vorsichtig sein, da bei der Angabe einer Zeichenkette als Argument einer READ- oder READLN-Anweisung alle Zeichen bis hin zu einem Zeilenendzeichen (EOLN) oder einem Dateiendzeichen (EOF) übernommen werden. Das bedeutet unter anderem, daß immer nur eine Zeichenkette auf einmal gelesen werden kann. D. h. der Versuch, drei Zeichenketten zu lesen wie in

READLN(KETTE1,KETTE2,KETTE3);

bewirkt, daß KETTE2 und KETTE3 leer sind.

Das erste Zeichen in einer Kette hat die Platznummer 1. So enthält z. B.
nach der oben vorgenommenen Zuweisung

    ORT[1] das Zeichen 'F',
    ORT[2] das Zeichen 'R',
    ORT[3] das Zeichen 'A' usw.

Man kann eine Zeichenkettenvariable mit anderen Zeichenketten unabhängig von der betreffenden Länge vergleichen. Dabei hängt das Ver-
gleichsergebnis von der lexikografischen Ordnung der Zeichen ab, was
z. B. für Sortieroperationen mit Texten wichtig ist. So ist beispielsweise

    'ABC' kleiner als 'ABCDEF'

und

    'ABD' größer als 'ABC'.

Man verwendet Zeichenkettenvariable unter anderem, um von der Tastatur einen Dateinamen zu übernehmen, wie z. B. in folgendem Programmausschnitt:

    VAR DATEINAME : STRING;
        D : FILE;   (* D wird hier als Datei deklariert. *)
    BEGIN
        WRITE('Geben Sie den Dateinamen an: ');
        READLN(DATEINAME);
        RESET(D,DATEINAME);
        . . .

Eine Einschränkung

In der gegenwärtigen UCSD-Implementation (Version II.0) kann man eine Zeichenkettenkonstante nicht an eine Variable mit dem Typ ARRAY
OF CHAR zuweisen.

UCSD-Operationen mit Zeichenfeldern

UCSD-Pascal besitzt vier speziell zur Verarbeitung von Textfeldern ge-
dachte Operationen. Um diese anwenden zu können, muß man allerdings
die Arbeitsweise der Operation und die interne Zeichendarstellung kennen.

Bei 8-Bit-Computern gibt es kein Problem mit der Speicherorganisation.
Anders aber bei Computern, die den Speicher zu 16 Bit oder mehr organisieren. Hier muß man sich darüber im klaren sein, wie die Bytes der einzelnen Zeichen zu Worten zusammengefaßt sind. Es kann vorteilhaft sein,
die Längenermittlung gegebenenfalls mit der SIZEOF-Funktion durchzuführen.

SCAN(Länge,Teilausdruck,Feld):INTEGER

Diese Funktion sucht ein gepacktes Zeichenfeld (PACKED ARRAY OF
CHAR) nach einem Zeichen ab, das in den Ausdruck eingesetzt ein wah-

res Ergebnis liefert. Dabei werden maximal so viele Zeichen untersucht, wie durch den Parameter „Länge" vorgegeben ist. Der Teilausdruck kann dabei die Form

   <> Zeichen-Ausdruck

oder

   = Zeichen-Ausdruck

haben.

Ein Beispiel:

   TEST := ' EINE INTERESSANTE EIGENSCHAFT'
   N: = SCAN(50,='T',TEST);

Das liefert den Wert 7 (das erste Zeichen hat die Nummer 0).

Man kann für die Suche einen Anfangspunkt als Index des zu durchsuchenden Felds angeben. So beginnt bei der Angabe

   TEST [3]

die Suche erst mit dem dritten Zeichen von TEST.

Des weitern kann man die Länge auch als negativen Wert vorgeben. Das bewirkt eine Suche vom rechten Ende her und liefert ein negatives Ergebnis.

**MOVELEFT(Quelle,Ziel,Länge) und
MOVERIGHT (Quelle,Ziel,Länge)**

Diese beiden Prozeduren verschieben einen Block von Bytes (Zeichen) der angegebenen Länge im Speicher vom Ort „Quelle" zum Ort „Ziel". Dabei beginnt MOVELEFT am linken und MOVERIGHT am rechten Ende der Kette mit der Übertragung. Das folgende Bild zeigt ein Beispiel dazu:

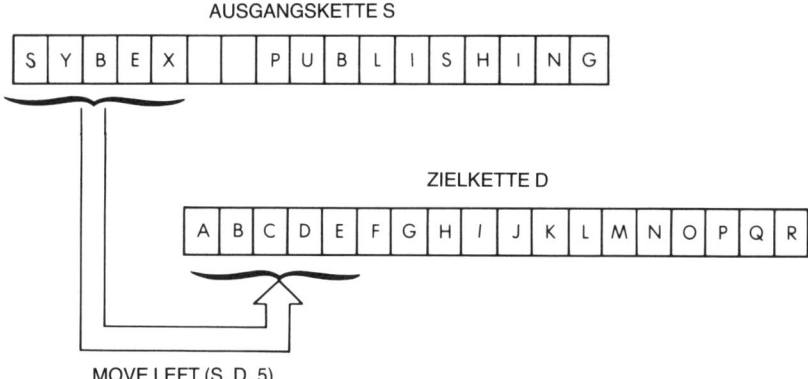

AUSGANGSKETTE S

ZIELKETTE D

MOVE LEFT (S, D, 5)

Nach dem Verschieben hat die Zielkette D den Inhalt

'SYBEXFGHIJKLMNOPQR'

Beachten Sie die unterschiedliche Übertragungsrichtung. Die Zeichen werden durch

MOVELEFT von links nach rechts

und durch

MOVERIGHT von rechts nach links

aufeinanderfolgend übertragen. Diese Unterscheidung ist wichtig, wenn die Quelle sich mit dem Ziel ganz oder teilweise überlappt. So ergibt z. B.

VAR QUELLE : **PACKED ARRAY** [1..17] **OF** CHAR;
QUELLE := 'SYBEX PUBLISHING';
MOVELEFT(QUELLE[1],QUELLE[4],9);

das Ergebnis

'SYBSYBEX PUBHING'

FILLCHAR(Ziel,Anzahl,Zeichen)

Diese Prozedur füllt das als gepacktes Zeichenfeld deklarierte Ziel mit der angegebenen Anzahl des als Parameter übergebenen Zeichens auf. Es kann z. B. benutzt werden, um eine bestimmte Anzahl von Feldpositionen zu löschen.

PACK und UNPACK in UCSD-Pascal

Die Standard-Pascal-Prozeduren PACK und UNPACK sind in UCSD-Pascal nicht vorhanden. Felder werden hier automatisch aus der gepackten in die ungepackte Form gebracht und umgekehrt, so daß diese Hilfsprozeduren nicht notwendig sind.

Zeichenkettenoperationen in UCSD-Pascal

Die fünf eingebauten Funktionen CONCAT, COPY, DELETE, LENGTH und POS sowie die zwei Prozeduren INSERT und STR dienen in UCSD-Pascal zum Umgang mit Zeichenketten.

CONCAT (Kette1,Kette2,...,Ketten):STRING

Diese Funktion fügt die angegebenen n Ketten zusammen und liefert diese „Konkatenation" zurück. Wenn z. B.

```
KETTE1 := 'DIES';
KETTE2 := ' IST';
KETTE3 := ' EIN';
```

ist, dann liefert

```
CONCAT(KETTE1,KETTE2,KETTE3,' BEISPIEL');
```

die Zeichenkette:

```
'DIES IST EIN BEISPIEL'.
```

COPY(Kette,Index,Länge):STRING

Diese Funktion liefert („kopiert") aus der angegebenen Kette ab Position „Index" eine Teilkette der angegebenen Länge. So ergibt beispielsweise die Anweisungsfolge

```
TESTKETTE := 'DIES IST EINE ZEICHENKETTE';
ERGEBNIS := COPY(TESTKETTE,6,12);
WRITELN(ERGEBNIS);
```

den Text

```
IST EINE ZEI
```

über die Ausgabeeinheit des Systems aus.

DELETE(Kette,Index,Länge):STRING

Diese Funktion liefert die Kette, die sich ergibt, wenn man aus der „Kette" ab Position „Index" eine Teilkette der angegebenen Länge streicht und den Rest zusammenfaßt. So druckt z. B.

```
TESTKETTE := 'DIES IST EINE ZEICHENKETTE';
ERGEBNIS := DELETE(TESTKETTE,15,7);
WRITELN(ERGEBNIS);
```

den Text

```
DIES IST EINE KETTE
```

aus.

INSERT(Quellenkette,Zielkette,Index)

Diese Prozedur fügt die „Quellenkette" in die „Zielkette" ab der durch den „Index" angegebenen Position ein.

Ein Beispiel:

```
ZIELKETTE := 'DIES IST EINE KETTE';
QUELLENKETTE := 'ZEICHEN';
INSERT(QUELLENKETTE,ZIELKETTE,15);
WRITELN(ZIELKETTE);
```

gibt an die Ausgabeeinheit den Text

DIES IST EINE ZEICHENKETTE

LENGTH(Kette):INTEGER

Diese Funktion liefert eine ganze Zahl, welche die Länge der betreffenden Kette angibt. So gibt z. B. die Anweisungsfolge

```
KETTE := '0123456';
WRITELN(LENGTH(KETTE));
```

die Zahl

7

aus.

POS(Kette1,Kette2):INTEGER

Diese Funktion liefert eine ganze Zahl, welche die Position von „Kette1" in „Kette2" angibt. Wenn „Kette1" mehrfach in „Kette2" enthalten ist, dann wird der Ort des ersten Auftretens zurückgeliefert. Ist „Kette1" nicht in „Kette2" enthalten, dann liefert POS den Wert Null.

So druckt z. B.

```
KETTE1 := 'EIN';
KETTE2 := 'DIES IST EIN BEISPIEL';
WRITELN(POS(KETTE1,KETTE2));
```

die Zahl

10

aus.

Man kann diese Funktion mit anderen Zeichenkettenoperationen kombinieren, was manche Operationen vereinfacht. So ergibt beispielsweise die Anweisungsfolge

```
KETTE1 := 'EIN LANGER UND KOMPLIZIERTER TEXT';
KETTE2 := 'ZIEMLICH ';
INSERT(KETTE2,KETTE1,POS('K',KETTE1));
WRITELN(KETTE1);
```

den Text

EIN LANGER UND ZIEMLICH KOMPLIZIERTER TEXT.

STR(Ganzzahl,Kette)

Diese Prozedur wandelt die angegebene Ganzzahl in eine Zeichenkette um, was beispielsweise die Verarbeitung einer Zahl als Zeichenkette ermöglicht, wie in:

```
LANGZAHL := 123456789;
STR(LANGZAHL,LANGKETTE);
WRITELN(CONCAT(LANGKETTE,' USW.'));
```

Das ergibt den Textausdruck:

123456789 USW.

Zusammenfassung

Felder sind seit jeher eine der meistgebrauchten Datenstrukturen in Programmen. Ihr Einsatz ist weit verbreitet, vor allem in mathematischen Berechnungen, in logischen Abbildungen und in allen Anwendungen, in denen große Datenmengen verarbeitet werden müssen. Tabellen die als ein- oder mehrdimensionale Felder implementiert sind können mit Daten angefüllt werden um das Programmverhalten zu prüfen. Diese Technik, bekannt als „tabellengesteuerte Software", führt zu Programmen die an unterschiedliche Umstände leicht anpaßbar sind.

Man kann in Pascal einfache eindimensionale Felder (Listen) ebenso definieren wie mehrdimensionale Felder (als Felder von Feldern). Ein Feld kann unter bestimmten Umständen zur Verringerung des Speicheraufwands auch gepackt werden.

Felder bieten Vorteile beim Ermitteln oft benötigter Funktionswerte, da sie die Programmabarbeitung beschleunigen.

Übungen

9.1:   Definieren Sie eine Funktion auf Tabellenbasis, die zu „EINS" den Wert 1, zu „ZWEI" den Wert 2 usw. bis „ZEHN" liefert.

9.2:   Entwerfen Sie ein Programm, das mit Hilfe eines passenden Feldes zu den Zahlworten zwischen „EINS" und „ZEHN" die entsprechenden Zahlen ausgibt.

9.3:   Wie Übung 9.2, nur für
            a) die Wochentage (1...7),
            b) die Monate (1...12).

9.4:   Entwickeln Sie ein Programm, das einen Betrag in Mark und Pfennigen in Worten ausschreibt.

9.5:   Sortieren Sie zehn Namen mit einem Programm in alphabetischer Reihenfolge.

9.6:   Schreiben Sie ein Programm, das die Wörter eines eingetippten Satzes sortiert ausgibt. Nehmen Sie eine maximale Wortgröße von dreißig Zeichen und eine Satzlänge von dreißig Worten an.

9.7:   Schreiben Sie ein Programm, das zu einem eingetippten Satz für jeden verwendeten Buchstaben angibt, wie oft er benutzt worden ist.

9.8:   Ein Programm soll eine Folge ganzer Zahlen übernehmen. Lassen Sie die größte und die kleinste dieser Zahlen ausdrucken und dazu eine Angabe darüber, wie oft die größte Zahl eingegeben worden ist.

9.9:   Ein Programm soll in einem Verzeichnis 10 Wortpaare speichern, die aus je einem deutschen und einem fremdsprachigen Wort bestehen. Danach soll auf Eintippen eines Worts die zugehörige Übersetzung ausgegeben werden.

Das Programm möge im Verzeichnismodus beginnen, worauf man beispielsweise eintippt:

BLAU   BLUE
GELB   YELLOW
BAUM   TREE
HAUS   HOUSE
IST   IS
SEHEN   SEE
MANN   MAN
FRAU   WOMAN

und so weiter, bis alle 10 Wortpaare eingegeben sind. Dann schaltet das Programm in den Übersetzungsmodus um, in dem man beispielsweise auf die Eingabe

BAUM

folgende Antwort erhält:

TREE

9.10: Wie Übung 9.9 mit dem Unterschied, daß jetzt ganze „Sätze" übersetzt werden. So soll z. B. auf

MANN SEHEN BLAU HAUS

die Antwort

MAN SEE BLUE HOUSE

ausgegeben werden.

9.11: Lassen Sie ein Programm ein Wort übernehmen und dann rückwärts wieder ausdrucken.

9.12: Schreiben Sie ein Programm, das zwei 5x5-Matrizen übernimmt und deren Produkt ausgibt.

Die Multiplikation zweier Matrizen A und B mit dem Ergebnis in C ist für jedes Element C[i,j] definiert durch die Summe aller Produkte A[i,k] * B[k,j], wobei k von 1 bis zur Länge einer Matrixzeile läuft. Das Element C[2,3] würde sich hier z. B. so ergeben:

$$C[2,3] = A[2,1] \cdot B[1,3] + A[2,2] \cdot B[2,3] + A[2,3] \cdot B[3,3] +$$
$$+ A[2,4] \cdot B[4,3] + A[2,5] \cdot B[5,3]$$

9.13: Ein Programm soll zehn verschiedene Wörter übernehmen. Danach soll jedes eingetippte Wort auf seine Richtigkeit untersucht werden. Wenn es mit keinem der vorgegebenen Wörter übereinstimmt, dann soll die Meldung

TIPPFEHLER

ausgegeben werden.

9.14: Schreiben Sie ein Programm, das sehr große Zeichen ausgeben kann. Jedes Zeichen (nur Großbuchstaben) soll aus Sternen in einer 5x7-Matrix zusammengesetzt werden. Drucken Sie die Zeichen zeilenweise aus, so daß ein vollständiges Wort auf das Papier ausgegeben werden kann. Der Buchstabe I kann beispielsweise so gedruckt werden (Punkte stehen für Leerzeichen):

```
.***.
..*..
..*..
..*..
..*..
..*..
.***.
```

(Berücksichtigen Sie den zwischen den Zeichen nötigen Zwischenraum.)

9.15: Schreiben Sie ein Programm, das von der Tastatur eine Folge von zehn Namen und dann zehn Versicherungsnummern o. ä.) übernimmt. Dabei sollen die Nummern in der Reihenfolge der zugehörigen Namen eingegeben werden. Die Ausgabe soll aus einer Liste von Namen/Nummern-Paaren bestehen.

Kapitel 10

Verbunde und Varianten

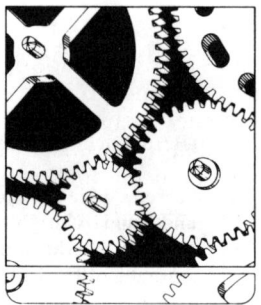

Einleitung

Jede Programmiersprache besitzt ihre eigenen Möglichkeiten zur Formulierung von Algorithmen und zum Einsatz von Datenstrukturen. Viele dieser Sprachen verfügen jedoch nur über wenige brauchbare Datenstrukturen, was ihren Einsatzbereich beträchtlich einschränken kann. Die meisten Programmiersprachen, insbesondere, wenn sie wie beispielsweise FORTRAN, technisch-wissenschaftlich orientiert sind können als komplexeste Datenstrukturen gerade eben Felder verarbeiten. Pascal dagegen ermöglicht in großem Umfang Definition und Einsatz komplizierter Datenstrukturen, was u. a. Felder, Verbunde, Dateien und Mengen umfaßt. Davon wollen wir uns hier die Definition von Verbunden und den Umgang mit ihnen ansehen.

Verbunde

Ein Verbund ist eine der leistungsfähigsten Datenstrukturen, die in Pascal möglich sind. Er ist besonders gut für kommerzielle Anwendungsbereiche geeignet, kann aber ebensogut zur Lösung technisch-wissenschaftlicher Probleme verwendet werden. Es ist daher wichtig zu wissen, was man unter einem Verbund versteht und wie er eingesetzt werden kann.

Ein Verbund faßt, wie der Name sagt, mehrere verschiedene Objekte zu einer Einheit zusammen, er verbindet sie miteinander. Das entspricht im wesen den Aufzeichnungen in komplexen Dateien. So kann z. B. eine Schülerdatei folgende Informationen erfassen:

1. Name
2. Adresse
3. Telefonnummer
4. Geburtsdatum
5. Schülernummer
6. Besuchte Kurse
7. Noten

In Pascal können diese Informationen z. B. in folgenden Datentypen festgehalten werden:

1. Name	ARRAY OF CHAR
2. Adresse	ARRAY OF CHAR
3. Telefonnummer	INTEGER oder ARRAY OF CHAR
4. Geburtsdatum	ARRAY OF CHAR
5. Schülernummer	INTEGER
6. Besuchte Kurse	ARRAY OF ARRAY OF CHAR
7. Noten	ARRAY OF INTEGER

In der traditionellen Methode findet man alle diese Daten auf einer Karteikarte zu einer Einheit zusammengefaßt, und genau solche Zusammenfassungen sind in Pascal Aufgabe des Verbund-Datentyps.

Pascal verwendet zur Deklarierung eines Verbundes das reservierte Wort
RECORD, das sich als „Aufzeichnung" übersetzen läßt. Ähnlich wie bei
einer Datei (FILE) handelt es sich bei dieser Namensgebung um eine Ver-
allgemeinerung des am häufigsten angetroffenen Falls. Man geht hier von
Dateien als Informationssammlungen aus. Die Informationen wiederum
sind nicht zufällig und unstrukturiert in der Datei vorhanden, sondern diese ist wie eine Kartei in einzelne Karteikarten in Aufzeichnungen − eben
in RECORDs − untergliedert. Und wie auf einer Karteikarte in der Regel
verschiedenartige Informationen zusammengefaßt sind, läßt sich auch eine Aufzeichnung noch weiter in Untereinheiten, ihre *Einträge* untergli-
dern. Diese Einträge enthalten dann die Einzelinformationen, wie in unserem Beispiel die Datenzeilen 1 bis 7. Man arbeitet also mit einer hierar-
chischen Gliederung:

```
Datei                          FILE
    Aufzeichnung 1                 RECORD 1
        Eintrag 1                      Eintrag 1
        Eintrag 2                      Eintrag 2
        . . .                          . . .
        Eintrag M                      Eintrag M
    Aufzeichnung 2                 RECORD 2
    . . .                          . . .
    Aufzeichnung N                 RECORD N
```

Im Unterschied zu Feldern, die ja auch eine Zusammenfassung einzelner
Informationselemente darstellen, müssen die Einträge in einem Verbund
nicht alle denselben Datentyp haben. Ganz im Gegenteil können durch einen Verbund Daten der unterschiedlichsten Typen zu einer Einheit zusammengefaßt werden.

Sehen wir uns als weiteres Beispiel für einen Verbund eine einfache Kun-
dendatei an, die den Namen des Kunden, seine Adresse und Telefonnummer, eine Kundenummer sowie den mit ihm getätigten Umsatz verzeich-
nen möge. Man kann diese Informationen ganz einfach in einem Pascal-
Verbund festhalten, der etwa so deklariert ist:

```
TYPE KUNDE =
    RECORD
        NAME : PACKED ARRAY [1..30] OF CHAR;
        ADRESSE : PACKED ARRAY [1..80] OF CHAR;
        TELEFON : PACKED ARRAY [1..15] OF CHAR;
        KUNDENNUMMER : 1..999;
        UMSATZ : REAL
    END;
```

Wir haben hier den Bezeichner KUNDE als Verbundsdatentyp deklariert.

- Der erste Eintrag im Verbund ist die Zeichenkette NAME, die in maximal 30 Zeichen den Kundennamen aufnehmen soll.
- Ebenfalls als Zeichenketten sind Einträge ADRESSE und TELEFON deklariert. Dabei stehen für die Adresse maximal 80 und für die Telefonnummer maximal 15 Zeichen zur Verfügung.
- Der vierte Eintrag, KUNDENNUMMER, hat implizit den Datentyp INTEGER. Er kann Werte zwischen 1 und 999 annehmen.
- Im letzten Eintrag wird der UMSATZ als reelle Zahl festgehalten.

Diese Einträge werden durch die Klammer RECORD...END zu einem Verbund zusammengefaßt. Dabei können die einzelnen Einträge jeden beliebigen Datentyp annehmen, einschließlich des Datentyps RECORD selbst. Und man kann natürlich in der Deklaration bereits vorher deklarierte Typenbezeichner verwenden, wie wir das bis jetzt immer getan haben. Wenn beispielsweise vor der Deklaration KUNDE

TYPE KUNDENNR : 1..999;

vereinbart worden war, dann kann man auch schreiben:

TYPE KUNDE =
   RECORD
      . . .
      KUNDENNUMMER : KUNDENNR;
      . . .
   END;

Nachdem wir uns so anhand von Beispiel das Prinzip von Verbunden klargemacht haben, sollten wir die formale Definition eines Verbunds genauer betrachten.

Formale Definition

Die Syntax von Verbunden ist in den Diagrammen von Bild 10.1 dargestellt.

Aus dem Syntaxdiagramm, das die „Eintragsliste" beschreibt, läßt sich entnehmen, daß ein Verbund einen „festen Teil" und einen „variablen Teil" haben kann. Den variablen Teil werden wir weiter hinten besprechen. Der feste Teil jedenfalls besteht aus einem oder mehreren, durch Kommas getrennten Bezeichnern, gefolgt von einem Doppelpunkt und der Typenangabe.

Ein Beispiel:

TYPE DATUM = **RECORD**
    TAG : 1..31;
    MONAT : 1..12;
    JAHR : 1900..1999
END;

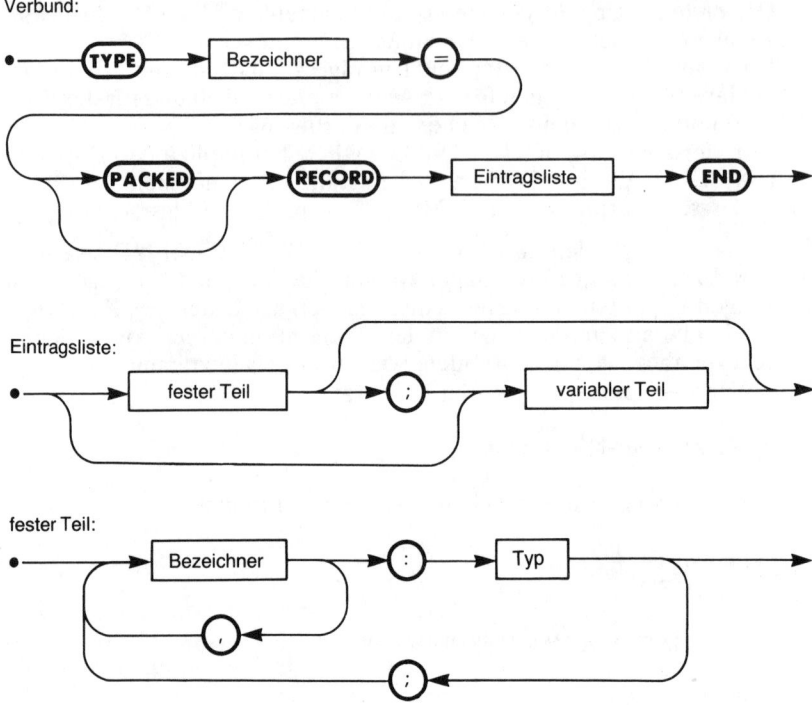

Bild 10.1   Die Syntax der Verbundsdeklaration

Hier haben wir jeden Eintrag für sich deklariert. Die Verbundsdefinition selbst wird durch RECORD eingeleitet und durch END abgeschlossen.

Wir hätten hier übrigens auch ein Feld verwenden können, da alle Elemente vom Typ INTEGER sind. (Allerdings wäre dann die Nachprüfung der Teilbereiche entfallen, die ja bereits je einen Datentyp für sich ausmachen.) Die Deklaration als Verbund hat aber noch andere Vorteile, auf die wir weiter eingehen werden. Im übrigen hätte man das Datum auch ausgeschrieben angeben können:

```
TYPE VOLLDATUM = RECORD
    TAG : 1..31;
    MONAT : (JAN,FEB,MRZ,APR,MAI,JUN,JUL,AUG,SEP,OKT,NOV,
            DEZ);
    JAHR : 1900..1999
END;
```

Diese Deklaration entspricht der vereinfachten Syntax:

Bezeichner = **RECORD** fester Teil **END**

Wie immer können wir einen Verbund sowohl mit TYPE als selbständige Datenstruktur oder mit VAR für eine ganz bestimmte Variable deklarieren. Die Einträge in einem Verbund können jeden Datentyp besitzen. Insbesondere kann man in einem Verbund wieder einen Verbund verwenden. So kann eine Personaldatei beispielsweise aus folgenden Aufzeichnungen bestehen, deren Einträge u. a. den oben deklarierten Verbund VOLLDATUM als Datentyp haben:

```
TYPE PERSONAL =
    RECORD
        NAME : PACKED ARRAY [1..12] OF CHAR;
        STELLUNG : PACKED ARRAY [1..20] OF CHAR;
        NUMMER : INTEGER;
        GEBOREN : VOLLDATUM;
        GESCHLECHT : (M,W);
        GEHALT : REAL ;
        EINGESTELLT : VOLLDATUM;
    END;
```

Umgang mit Verbunden

Um einen Eintrag in einem Verbund zu erreichen, muß sowohl der Name der Verbundvariablen als auch der Name des gesuchten Eintrags angegeben werden. Dazu dient eine besondere Notation, in der die verschiedenen Stufen durch einen Punkt getrennt werden:

Aufzeichnungsname.Eintragsname

Wenn man z. B. vereinbart:

VAR ANGESTELLTER : PERSONAL;

dann kann man die einzelnen Elemente dieser Variablen wie folgt erreichen:

ANGESTELLTER.NAME := 'HANS MAYER';
ANGESTELLTER.GEHALT := 2400.00;

Um aber beispielsweise das Geburtsjahr anzugeben, muß man noch eine Stufe genauer werden, denn GEBOREN ist selbst wieder ein Verbund:

ANGESTELLTER.GEBOREN.JAHR := 1938;

Bild 10.2 zeigt die formale Definition des Eintragszugriffs. Beachten Sie dabei, daß „Verbundbezeichner" sich nach der zu bezeichnenden Stufe richtet. Entweder verwendet man den *Variablennamen*, wenn die äußerste Stufe des Verbunds gemeint ist, oder man benutzt – für Bezüge innerhalb des Verbunds selbst – einen *Typennamen*. In unseren Beispielen ha-

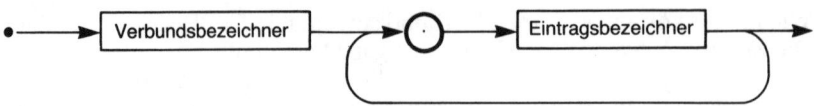

Bild 10.2   Die Syntax zum Zugriff auf Verbundseinträge

ben wir immer den Variablennamen „ANGESTELLTER" an erster
Stelle im Eintragszugriff angegeben. Danach folgte ein Typenbezeichner
(„NAME", „GEHALT"), auch dann, als eine weitere Schachtelungsstufe
anzugeben war („GEBOREN", „JAHR").

Um die Variable ANGESTELLTER vollständig zu initialisieren, müssen
allen Einträgen Werte zugewiesen werden, z. B. so:

```
ANGESTELLTER.NAME := 'DIETER SCHWARTZ';
ANGESTELLTER.STELLUNG := 'PROGRAMMIERER';
ANGESTELLTER.NUMMER := 241;
ANGESTELLTER.GEBOREN.TAG := 10;
ANGESTELLTER.GEBOREN.MONAT := MRZ;
ANGESTELLTER.GEBOREN.JAHR := 1948;
ANGESTELLTER.GESCHLECHT := M;
ANGESTELLTER.GEHALT := 2550.00;
ANGESTELLTER.EINGESTELLT.MONAT := JAN;
ANGESTELLTER.EINGESTELLT.JAHR := 1980;
```

Beachten Sie bei der Datumsangabe in unserem Beispiel, daß die Monats-
angaben JAN, FEB, MRZ usw. *keine Zeichenketten* sind. Es handelt sich
hier unmittelbar um die betreffenden Datenwerte, wie sie in VOLLDA-
TUM durch Aufzählen vereinbart worden sind. Sie dürfen daher im Gegensatz beispielsweise zum Namen nicht in Anführungszeichen eingeschlossen werden.

Man kann natürlich auch mehrere Variable als Verbunde deklarieren. Sehen wir uns dazu ein anderes Beispiel an:

```
VAR ENDVERBRAUCHER,EINZELHANDEL,GROSSHANDEL : KUNDE;
```

Hier deklarieren wir drei Variable als Verbund KUNDE, wie wir ihn oben
vereinbart haben. Man kann auf diese verschiedenen Variablen in genau
derselben Weise wie oben zugreifen. Z. B. kann man einem ENDVER-
BRAUCHER die Kundennummer 123 so zuweisen:

```
ENDVERBRAUCHER.NUMMER := 123;
```

Ganz entsprechend erhält ein EINZELHANDEL-Geschäft seine Kundennummer:

```
EINZELHANDEL.NUMMER := 234;
```

Wichtig ist dabei, daß der Verbundbestandteil NUMMER nicht für sich alleine steht, sondern immer nur zusammen mit einem Variablen- oder Typennamen zu betrachten ist. Die Zuweisung

NUMMER := 456;

bewirkt entweder eine Fehlermeldung des Systems oder die Zuweisung des Wertes 456 an eine vorher deklarierte numerische *Variable* NUMMER.

Und den NAMEn eines GROSSHANDEL-Vertriebs kann man ganz entsprechend angeben:

GROSSHANDEL.NAME := 'XYZ GMBHƀƀƀƀƀƀƀƀƀƀƀƀƀƀƀƀƀƀƀƀ';

(Beachten Sie die Leerzeichen „ƀ". Mit ihnen haben wir hier den Namen auf 30 Zeichen aufgefüllt, um der Deklaration zu genügen. Das ist jedoch oft nicht nötig: Viele Pascal-Versionen füllen eine Zeichenkette automatisch rechts mit Leerzeichen auf, wenn sie kürzer als deklariert angegeben wurde.)

Man kann die verschiedenen Einträge eines Verbunds mit allen Operatoren verknüpfen, die für den betreffenden Datentyp zugelassen sind. Bei kompletten Verbunden jedoch kann nur der Zuweisungsoperator := verwendet werden.

Wenn man einer Verbundvariablen den Wert einer anderen Verbundvariablen zuweist, dann wird der Wert jedes einzelnen Eintrags der einen Variablen in den entsprechenden Eintrag der anderen Variablen kopiert. Dabei müssen natürlich beide Verbundvariable vom selben Typ sein.

Man kann z. B. folgende Variablendeklaration verwenden (mit dem oben deklarierten Datentyp DATUM):

VAR HEUTE,EINGESTELLT : DATUM;

Wurde die Variable HEUTE passend initialisiert, dann kann man schreiben:

EINGESTELLT := HEUTE;

Damit erhält in einer einzigen Operation EINGESTELLT.TAG den Wert von HEUTE.TAG, EINGESTELLT.MONAT den Wert von HEUTE.MONAT und EINGESTELLT.JAHR den Wert von HEUTE.JAHR.

Man kann auch Verbundvariable als Parameter in Funktionen und Prozeduren verwenden. Dabei können diese Verbunde als normale wie als variable Parameter verwendet werden. Außerdem lassen sich Verbunde als Untereinheiten anderer Datenstrukturen − beispielsweise als Elemente eines Felds − verwenden.

Die WITH-Anweisung

Beim Arbeiten mit den Einträgen von Verbunden muß immer der Verbundbezeichner angegeben werden, gefolgt von einem Punkt und dem Bezeichner des gewünschten Eintrags, der wiederum aus mehreren Teilen bestehen kann. Das ist notwendig, um jede Zweideutigkeit zu vermeiden, denn ein Bezeichner, der sich auf einen Verbundeintrag bezieht, kann auch irgendwo anders im Pascal-Programm mit einer anderen Bedeutung auftreten. Wenn allerdings viele derartige Bezüge notwendig sind, dann wird die Tipperei ziemlich aufreibend, vor allem dann, wenn lange Verbundbezeichner gewählt wurden.

Sehen wir uns dazu ein Beispiel an.

```
TYPE NAMENSFORM = PACKED ARRAY [1..15] OF CHAR;
    DATUM =
    RECORD
        TAG : 1..31;
        MONAT : 1..12
        JAHR : 1900..1999
    END;
    PERSONAL =
    RECORD
        NAME : RECORD VORNAME,NACHNAME : NAMENSFORM END;
        STELLUNG : PACKED ARRAY [1..20] OF CHAR;
        NUMMER : INTEGER;
        GEBOREN : DATUM;
        GESCHLECHT : (M,W);
        GEHALT : REAL ;
        EINGESTELLT : DATUM;
    END; (* PERSONAL *)
VAR ANGESTELLTER : PERSONAL;
```

Beachten Sie dabei die neue Deklaration des Namens:

```
NAME : RECORD VORNAME,NACHNAME : NAMENSFORM END;
```

wobei NAMENSFORM deklariert ist als:

```
TYPE NAMENSFORM = PACKED ARRAY [1..15] OF CHAR;
```

Um unseren Angestellten wie oben zu definieren, sind jetzt folgende Zuweisungen nötig:

```
ANGESTELLTER.NAME.VORNAME := 'DIETER';
ANGESTELLTER.NAME.NACHNAME := 'SCHWARTZ';
ANGESTELLTER.STELLUNG := 'PROGRAMMIERER';
ANGESTELLTER.NUMMER := 241;
ANGESTELLTER.GEBOREN.TAG := 10;
ANGESTELLTER.GEBOREN.MONAT := 3;
```

```
ANGESTELLTER.GEBOREN.JAHR := 1948;
ANGESTELLTER.GESCHLECHT := M;
ANGESTELLTER.GEHALT := 2550.00;
ANGESTELLTER.EINGESTELLT.TAG := 25;
ANGESTELLTER.EINGESTELLT.MONAT := 1;
ANGESTELLTER.EINGESTELLT.JAHR := 1980;
```

Das zeigt deutlich, wie umständlich diese Notation werden kann. Es müßte irgendwie möglich sein, die vielen Wiederholungen zu vermeiden.

Hierfür wurde in Pascal die Anweisung WITH („mit") bereitgestellt. WITH gestattet es, einen Verbundbezeichner nur einmal anzugeben und sich danach nur noch auf die Bezeichner der einzelnen Einträge zu beziehen. Die Einsparung wird in unserem Beispiel besonders deutlich:

```
WITH ANGESTELLTER DO
    BEGIN
        NAME.VORNAME := 'DIETER';
        NAME.NACHNAME := 'SCHWARTZ';
        STELLUNG := 'PROGRAMMIERER';
        NUMMER := 241;
        GEBOREN.TAG := 10;
        GEBOREN.MONAT := 3;
        GEBOREN.JAHR := 1948;
        GESCHLECHT := M;
        GEHALT := 2550.00;
        EINGESTELLT.TAG := 25;
        EINGESTELLT.MONAT := 1;
        EINGESTELLT.JAHR := 1980;
    END;
```

Man kann WITH auch schachteln:

```
WITH ANGESTELLTER DO
    BEGIN
        WITH NAME DO
            BEGIN
                VORNAME := 'DIETER';
                NACHNAME := 'SCHWARTZ';
            END;
        STELLUNG := 'PROGRAMMIERER';
        NUMMER := 241;
        WITH GEBOREN DO
            BEGIN
                TAG := 10;
                MONAT := 3;
                JAHR := 1948;
            END;
```

```
GESCHLECHT := M;
GEHALT := 2550.00;
WITH EINGESTELLT DO
    BEGIN
        TAG := 25;
        MONAT := 1;
        JAHR := 1980;
    END;
END;
```

Durch die WITH-Anweisung wird automatisch der nach WITH angegebene Verbundbezeichner an allen passenden Stellen der nachfolgenden
Anweisung (bzw. dem Anweisungsblock) eingefügt. Auf diese Weise erhält man mit der letzten Zuweisungskette genau dasselbe Ergebnis wie in
unserem umständlichen Anfangsbeispiel.

Die formale Syntax der WITH-Anweisung steht im Syntaxdiagramm von
Bild 10.3.

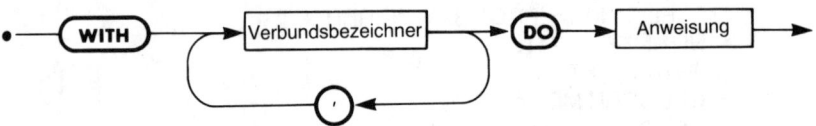

Bild 10.3   Die Syntax der WITH-Anweisung

Man kann, wie das Syntaxdiagramm ausweist, die Schachtelung von
WITH-Anweisungen in einem besonderen Spezialfall noch weiter verein-
fachen. Nehmen wir an, A und B seien als Verbund deklariert und X bzw.
Y seien Einträge in B, so daß folgende Zuweisungen möglich wären:

```
A.B.X := 3;
A.B.Y := 'ALPHA';
```

Das könnten wir mit zwei ineinandergeschachtelten WITH-Anweisungen
auch haben:

```
WITH A DO
    WITH B DO
        BEGIN
            X := 3;
            Y := 'ALPHA'
        END;
```

In diesem Fall läßt sich aber auch eine Kurzschreibweise verwenden, in
der die Verbunde in einem WITH-Argument zusammengefaßt sind:

```
WITH A,B DO
   BEGIN
      X := 3;
      Y := 'ALPHA'
   END;
```

Das entspricht im Ergebnis genau den vorigen Beispielen.

Dieses „Ausklammern" von Verbundbezeichnern kann man so weit führen, wie die Eindeutigkeit gewahrt bleibt. Wenn z. B. im vorigen Beispiel zu A und B noch ein weiterer Verbund C tritt, in dem es einen Eintrag Z gibt, der aber weder in A noch in B als eigener Eintrag verwendet wird, dann kann man die Zuweisungsfolge

```
A.B.X := 3;
A.B.Y := 'ALPHA';
A.C.Z := 1;
```

so abkürzen:

```
WITH A,B,C DO
   BEGIN
      X := 3;
      Y := 'ALPHA';
      Z := 1
   END;
```

Der Pascal-Compiler entscheidet in diesem Fall automatisch, wohin X, Y und Z in der gegebenen Datenstruktur gehören. Er kann das allerdings nur so weit tun, als die Einträge eindeutig identifizierbar sind. So hätten wir in unserem Beispiel der Angestelltendefinition nicht schreiben können:

```
WITH ANGESTELLTER,GEBOREN,EINGESTELLT DO
```

denn dann wäre für den Compiler nicht klar, ob die Zuweisung

```
TAG := 25;
```

nur die Anweisung

```
ANGESTELLTER.GEBOREN.TAG := 25;
```

oder die Anweisung

```
ANGESTELLTER.EINGESTELLT.TAG := 25;
```

ersetzt.

Nach der formalen Definition von Bild 10.3 kann dem DO jede Anwei-

sung folgen. Das kann man für weitere Programmvereinfachungen nutzen. Nehmen wir z. B. folgende Programmaufgabe:

```
TYPE  MONATSNAME : (JAN,FEB,MRZ,APR,MAI,JUN,JUL,AUG,
         SEP,OKT,NOV,DEZ);
      DATUM =
      RECORD
         TAG : 1..31;
         MONAT : MONATSNAME;
         JAHR : 1900..1999
      END;
VAR  LFDMONAT : MONATSNAME;
      BESPRECHUNG : DATUM;
. . .
LFDMONAT := JAN;
. . .
IF BESPRECHUNG.MONAT=LFDMONAT THEN
      BESPRECHUNG.MONAT := SUCC(LFDMONAT);
```

Hier wird der Besprechungstermin jeden Monat automatisch auf den folgenden Monat verschoben. So etwas kann zur automatischen Führung
von Terminkalendern verwendet werden. (Beachten Sie, daß der Programmausschnitt in der gegenwärtigen Form bei LFDMONAT=DEZ
versagt. Für solche Fälle muß ein besonderer Ausnahmealgorithmus ein-
programmiert werden, der den Monat auf JAN setzt.)

Mit WITH vereinfacht sich die Entscheidung zu:

```
WITH  BESPRECHUNG DO
      IF MONAT = LFDMONAT THEN MONAT := SUCC(LFDMONAT);
```

Beachten Sie, daß die WITH-Anweisung für die in ihrem Block enthaltenen Bezeichner (die Einträge) automatisch einen eigenen *Geltungsbereich*
festlegt.

Zum Geltungsbereich von Bezeichnern

Der Geltungsbereich eines in einem Verbund benutzten Bezeichners ist
dieser Verbund selbst. Das bedeutet beispielsweise, daß der Bezeichner
TAG, der einen bestimmten Eintrag in einem Verbund DATUM be-
nennt, in jedem beliebigen anderen Programmsegment, einschließlich anderer Verbunde auftreten kann. Die Eindeutigkeit bleibt dadurch vollständig gewahrt, daß zum Zugriff auf einen Verbundeintrag immer auch
der Verbund selbst benannt werden muß. Um den Eintrag TAG in der
Verbundvariablen LFDDATUM zu erreichen, muß man angeben:

```
LFDDATUM.TAG
```

Und wenn TAG auch ein Eintrag in der Verbundvariablen LETZTES-
MAL ist, dann muß man zum Zugriff auf diesen Eintrag schreiben:

LETZTESMAL.TAG

Innerhalb eines gegebenen Verbunds jedoch müssen natürlich (auf derselben Ebene) alle Einträge verschieden benannt sein.

Es sei nochmals daran erinnert, daß die Anweisung nach WITH sich wie
ein Block verhält, was den Geltungsbereich der in ihr verwendeten Variablen betrifft.

Fallstudie 1: Lagerführung

Die Problemstellung

Die Lagerführung ist ein allgemeines Problem im kommerziellen Bereich.
Es geht darum, über die auf Lager gehaltenen Gegenstände die Übersicht
zu behalten, durch alle Käufe und Verkäufe, und alle Zu- und Abgänge im
Lager hindurch. Man muß jederzeit mit Sicherheit zumindest sagen kön-
nen, wieviele Exemplare eines Artikels gerade vorhanden sind. Dieses
Problem soll durch das vorliegende Programm gelöst werden.

Die Grundstruktur des Programms

Das hier vorgestellte Programm zur Lagerhaltung liest in vier Einträge einer Verbundvariablen folgende Daten ein:

Eintrag A: Eine maximal vierstellige Artikelnummer
Eintrag B: Den Lagerbestand (Annahme: maximal 99 Stück pro Artikel)
Eintrag C: Die Anzahl von neu gekauften Exemplaren des betreffenden
            Artikels (Lagerzugänge)
Eintrag D: Die Anzahl von verkauften Exemplaren des betreffenden Ar-
            tikels (Lagerabgänge)

Das Ende der Eingabe wird durch Nullen in allen vier Feldern signalisiert.

Das Programm bringt Eintrag B automatisch anhand der Information aus
Eintrag C und D auf den neuesten Stand und setzt die Änderungseinträge
C und D auf Null zurück. Dann wird eine Liste ausgedruckt, in der die Ar-
tikelnummer zusammen mit dem derzeitigen Lagerbestand und einer
Meldung über die Lagerbewegung (Zunahme oder Abnahme) steht.
Bleibt der Bestand gleich, so soll keine besondere Meldung über die La-
gerbewegung erfolgen.

Bild 10.4 zeigt ein Beispiel für die vom Programm zu übernehmenden Daten. In der Praxis werden diese Daten automatisch aus einer Datei übernommen, verarbeitet und der neue Stand in einer weiteren Datei abgelegt. Da wir den Umgang mit Dateien noch nicht besprochen haben, simulieren wir die Eingabe im vorliegenden Beispiel über die Tastatur.

Das Programm liefert dann mit den in Bild 10.4 vorgeschlagenen Daten
ein Ergebnis wie in Bild 10.5. Dieses Protokoll besteht aus zwei Teilen.

Die Spalte links gibt die Eingabewerte wieder, wie sie vom Testsystem bei
der Tastatureingabe auf dem Drucker wiederholt wurden. Die rechte
Bildhälfte zeigt die Liste, wie sie normalerweise vom Programm ausgegeben würde. Beachten Sie dabei, daß Eingabe und Ausgabe in verschiedenen Zeilen stehen: Das Programm wiederholt auch die den Abschluß eines Verbunds darstellenden Wagenrückläufe an den Drucker. Das ist eine
Besonderheit der verwendeten Version und tritt bei der Eingabe von anderen Medien (etwa von einer Diskettendatei) nicht auf.

```
   A    B   C   D
   =============
   5763 18  20  16      Bedeutung der Eintragspositionen:
   8450 25  15  30      =================================
   2347 63  50  42      A = Artikelnummer
   5283 12  18  18      B = Lagerbestand
   6248 14  15  12      C = Anzahl gekauft
   2196 82  71  71      D = Anzahl verkauft
   1728 10  05  27
   1938 -5  18  00
   0000 00  00  00      (* Ende der Dateneingabe *)
```

Bild 10.4   Eingabedaten für das Lagerführungsprogramm

```
   (Eingabewerte)   Artikel-      Lager-
   (A   B   C   D )  nummer        bestand
   ----+--+--+--+    ========      =======

   5763 18  20  16
                     5763            22        zugenommen
   8450 25  15  30
                     8450            10        abgenommen
   2347 63  50  42
                     2347            71        zugenommen
   5283 12  18  18
                     5283            12
   6248 14  15  12
                     6248            17        zugenommen
   2196 82  71  71
                     2196            82
   1728 10  05  27
                     1728           -12        abgenommen
   1938 -5  18  00
                     1938            13        zugenommen
   0000 00  00  00
```

Bild 10.5   Ein Laufbeispiel zum Lagerführungsprogramm

```
PROGRAM lager (input,output);

(* Gibt eine Uebersicht ueber den neuen Stand eines Lagers *)
(* abhaengig vom alten Stand und den Lagerbewegungen. *)

TYPE lagerteil =
     RECORD
           nummer   : integer; (* Lagernummer des Artikels *)
           bestand  : integer; (* Bestand auf Lager *)
           gekauft  : integer; (* neu hinzugekommene Anzahl *)
           verkauft : integer  (* Anzahl der verkauften Exemplare *)
     END; (* lagerteil *)

VAR artikel    : lagerteil;    (* Auf neuen Stand zu bringen *)
    veraendert,                (* Zeigt Bestandsveraenderung an *)
    zunahme    : boolean;      (* Richtung der Bestandsveraenderung *)

BEGIN (* lager *)

     (* Tabellenkopf drucken: *)

     writeln; writeln;
     writeln ('(Eingabewerte)  Artikel-     Lager-');
     writeln ('(A   B  C  D )   nummer      bestand');
     writeln ('----+--+--+--+  ========    =======');
     writeln;

     (* Bestand ermitteln und melden: *)

     WITH artikel DO
        BEGIN (* Bestand bearbeiten *)
           readln (nummer,bestand,gekauft,verkauft);
           WHILE nummer<>0 DO (* Ende: Artikelnummer Null *)
              BEGIN (* Artikel auswerten *)

                 (* Artikeldaten auf neuen Stand bringen *)

                 IF gekauft<>verkauft THEN
                    BEGIN
                       veraendert := true;
                       IF gekauft>verkauft THEN
                          zunahme := true
                       ELSE
                          zunahme := false
                    END
                 ELSE
                    veraendert := false;
                 bestand := bestand + gekauft - verkauft;
                 gekauft := 0;
                 verkauft := 0;
```

Bild 10.6   Ein Lagerführungsprogramm

```
                (* Artikeldaten ausgeben *)

        write ('                    ',nummer:4,'          ',bestand:3);
        IF veraendert=true THEN
            IF zunahme=true THEN
                writeln ('        zugenommen')
            ELSE
                writeln ('        abgenommen')
            ELSE
                writeln;

            (* Naechsten Artikel uebernehmen *)

            readln (nummer,bestand,gekauft,verkauft);
        END (* Artikel auswerten *)
    END (* Bestand bearbeiten *)
END . (* lager *)
```

Das Programm

Das zugehörige Pascal-Programm steht in Bild 10.6. Hier wird zunächst ein Verbund LAGERTEIL deklariert, der die Struktur der vier ganzzahligen Einträge festlegt:

```
PROGRAM LAGER (INPUT,OUTPUT);
TYPE LAGERTEIL =
    RECORD
        NUMMER : INTEGER;
        BESTAND : INTEGER;
        GEKAUFT : INTEGER;
        VERKAUFT : INTEGER
    END; (*LAGERTEIL *)
```

Das Programm verwendet drei Variable:

```
VAR ARTIKEL : LAGERTEIL;
    VERAENDERT,ZUNAHME : BOOLEAN;
```

ARTIKEL nimmt die Beschreibung des betreffenden Lagerteils auf. Die weitere Verarbeitung der in diesem Verbund festgehaltenen Daten kann u. a. drei Ergebnisse liefern: Der Lagerbestand blieb gleich, der Lagerbestand hat zugenommen, oder der Lagerbestand hat abgenommen. Im ersten Fall braucht keine besondere Meldung ausgegeben werden, im zweiten Fall ist nach dem neuen Lagerwert die Meldung „zugenommen" und im dritten Fall die Meldung „abgenommen" zu drucken. Die Information darüber, ob und was zu drucken ist, wird in den beiden Flaggen VERAENDERT und ZUNAHME festgehalten, die als boolesche Variable deklariert sind.

Als erstes wird vom Programm die Tabelle durch Ausdrucken des Tabellenkopfs vorbereitet:

```
BEGIN (*LAGER *)
    WRITELN; WRITELN;
    WRITELN ('(Eingabewerte)        Artikel-      Lager-');
    WRITELN ('(A   B   C   D)       nummer        bestand');
    WRITELN ('----+--+--+--+        ======= ======');
    WRITELN;
```

Dann müssen die Daten für mindestens einen ARTIKEL eingelesen werden. Dazu muß man angeben, welche Eingabe in welchen Eintrag gehört, was eigentlich die Notation

```
ARTIKEL.NUMMER
ARTIKEL.BESTAND
ARTIKEL.GEKAUFT
ARTIKEL.VERKAUFT
```

notwendig machen würde. Mit Hilfe der WITH-Anweisung können wir das verkürzen zu:

```
WITH ARTIKEL DO
    BEGIN
        READLN (NUMMER,BESTAND,GEKAUFT,VERKAUFT);
```

Vier ganzzahlige Werte werden hier übernommen und müssen im folgenden ausgewertet werden. Dabei ist der Sonderfall zu berücksichtigen, daß die Eingabe durch eine Null als Artikelnummer beendet wird. Ansonsten können wir in eine Schleife eintreten, in der die Artikeldaten aufbereitet und ausgegeben werden. Dazu eignet sich eine WHILE-Schleife, welche als Abbruchbedingung (am Schleifenanfang) untersucht, ob eine Null eingegeben wurde:

```
WHILE NUMMER<>0 DO
    BEGIN
```

Zunächst werden die Flaggen für die Ausgabemeldung gesetzt:

```
IF GEKAUFT<>VERKAUFT THEN
    BEGIN
        VERAENDERT := TRUE;
        IF GEKAUFT>VERKAUFT THEN
            ZUNAHME := TRUE
        ELSE
            ZUNAHME := FALSE
    END
ELSE
    VERAENDERT := FALSE;
```

Dann wird der neue Lagerbestand berechnet, und die Änderungsangaben werden gelöscht.

```
BESTAND := BESTAND + GEKAUFT – VERKAUFT;
GEKAUFT := 0;
VERKAUFT := 0;
```

In der Praxis würde hier ein Ausgabebefehl folgen, der die neuen Daten in eine Diskettendatei schreibt. Wir verzichten hier darauf und gehen gleich zum Ausdrucken des Ergebnisses über:

```
WRITE ('        ',NUMMER:4,'         ',BESTAND:3);
IF VERAENDERT=TRUE THEN
    IF ZUNAHME=TRUE THEN
        WRITELN ('       zugenommen')
    ELSE
        WRITELN ('       abgenommen')
ELSE
    WRITELN;
```

Beachten Sie, daß wir für den Fall, daß keine Veränderung im Bestand eingetreten ist, auf alle Fälle die Ausgabezeile abschließen müssen. Dem dient die WRITELN-Anweisung im ELSE-Teil der äußeren Entscheidung.

Schließlich müssen für den nächsten Durchgang der WHILE-Schleife neue ARTIKEL-Daten eingelesen werden:

```
            READLN (NUMMER,BESTAND,GEKAUFT,VERKAUFT);
        END
    END
END.
```

Fallstudie 2: Kreditkarten-Überprüfung

Die Problemstellung

Die meisten zur Identifikation benutzten Nummern besitzen eine sogenannte Prüfziffer. Das ist beispielsweise bei Kreditkarten der Fall. Eine solche Prüfziffer wird als Funktion der anderen Ziffern in der betreffenden Nummer berechnet, wodurch man absichtliche oder unabsichtliche Veränderungen einfach erkennen kann. Wenn die Kreditkartennummer in den Computer eingelesen wird, dann berechnet dieser aus den vorgefundenen Ziffern eine neue Prüfziffer, die er dann mit der auf der Karte stehenden vergleicht. Beide Ziffern müssen übereinstimmen, andernfalls liegt irgendwo ein Fehler vor.

Die Grundstruktur des Programms

Das in Bild 10.9 vorgestellte Programm nimmt diese Untersuchung vor.

4 5 7 6 3 1 8 2 0 0	684.50	2 2 5 1 5 3 0 0
2 3 4 7 6 6 3 5 0 4	252.87	3 1 2 1 0 1 8 7
2 4 8 1 1 4 1 5 1 0	219.65	8 2 6 0 7 1 5 6
1 7 2 4 8 1 0 0 5 0	723.70	3 8 6 4 2 9 6 4
2 6 4 1 8 0 7 7 9 8	642.89	9 7 1 3 7 9 0 0
3 1 7 4 0 6 4 3 6 2	123.87	9 5 2 1 5 6 7 8
2 5 6 7 4 5 6 8 6 4	368.86	3 4 6 7 8 9 0 7
4 1 2 4 6 8 8 5 4 3	754.84	5 6 7 8 8 5 4 3
0 0 0 0 0 0 0 0 0 0	000.00	0 0 0 0 0 0 0 0
# Kartennummer	Betrag	*#* Verkäufernummer

Bild 10.7   Eingabedaten für das Prüfsummenprogramm

Es liest die Daten auf der Karte in einen Verbund ein, der folgende drei Einträge enthält:

– Eintrag A: eine zehnstellige Kartennummer
– Eintrag B: der Kaufbetrag
– Eintrag C: die Nummer des Verkäufers (8 Stellen)

Das Programm untersucht die Gültigkeit der Nummern in Eintrag A und C nach einer Prüfsummenmethode. Hierbei muß die letzte Ziffer der Summe der vorangehenden Ziffern modulo 9 entsprechen (d. h. sie muß der Rest aus der Division der Quersumme der davorstehenden Ziffern geteilt durch 9 sein). Das Programm soll angeben, ob die Karte gültig ist, und wenn nicht, welche der beiden untersuchten Nummern falsch ist. Im letzten Fall sind auch die Angaben auf der Karte zu melden. Das Ende der Eingabe wird durch den Betrag 0 gekennzeichnet.

Bild 10.7 zeigt einen typischen Datensatz für das Programm und Bild 10.8 die zugehörige Programmausgabe. Beachten Sie auch hier wieder, daß wir die Eingabe, die normalerweise vom Kreditkartenleser kommt, über die Tastatur simulieren müssen. Daher geht in Bild 10.8 jeder Meldung eine Zeile mit den Eingabedaten voran, so wie sie vom Rechner an den Drucker weitergegeben worden sind. Diese Zeile wird im praktischen Betrieb in der Regel entfallen.

Das Programm

Der Programmtext steht in Bild 10.9. Zum Festhalten der Kreditkartendaten dienen hier zwei Strukturelemente, ein ganzzahliges Feld für die zehn Stellen der TESTNUMMER und ein Verbund mit den drei Elementen KARTENNR, das die Kartennummer speichert, BETRAG für den Kaufbetrag und VERKAEUFER zum Speichern der Verkäufernummer.

```
KREDIT
4 5 7 6 3 1 8 2 0 0        684.50      2 2 5 1 5 3 0 0
Karte in Ordnung


2 3 4 7 6 6 3 5 0 4        252.87      3 1 2 1 0 1 8 7
FALSCHE KARTENNUMMER!
     Kreditkartennummer: 2347663504
     Betrag:             252.87
     Verkaeufernummer:   31210187


2 4 8 1 1 4 1 5 1 0        219.65      8 2 6 0 7 1 5 6
FALSCHE VERKAEUFERNUMMER!
     Kreditkartennummer: 2481141510
     Betrag:             219.65
     Verkaeufernummer:   82607156


1 7 2 4 8 1 0 0 5 0        723.70      3 8 6 4 2 9 6 4
FALSCHE KARTENNUMMER!
FALSCHE VERKAEUFERNUMMER!
     Kreditkartennummer: 1724810050
     Betrag:             723.70
     Verkaeufernummer:   38642964


2 6 4 1 8 0 7 7 9 8        642.89      9 7 1 3 7 9 0 0
Karte in Ordnung


3 1 7 4 0 6 4 3 6 2        123.87      9 5 2 1 5 6 7 8
FALSCHE KARTENNUMMER!
     Kreditkartennummer: 3174064362
     Betrag:             123.87
     Verkaeufernummer:   95215678


2 5 6 7 4 5 6 8 6 4        368.86      3 4 6 7 8 9 0 7
FALSCHE VERKAEUFERNUMMER!
     Kreditkartennummer: 2567456864
     Betrag:             368.86
     Verkaeufernummer:   34678907


4 1 2 4 6 8 8 5 4 3        754.84      5 6 7 8 8 5 4 3
FALSCHE KARTENNUMMER!
FALSCHE VERKAEUFERNUMMER!
     Kreditkartennummer: 4124688543
     Betrag:             754.84
     Verkaeufernummer:   56788543


0 0 0 0 0 0 0 0 0 0        000.00      0 0 0 0 0 0 0 0
```

Bild 10.8   Ein Laufbeispiel zum Prüfsummenprogramm

```
PROGRAM kredit (input,output);

(* Liest die Felder einer Kreditkarte und prueft nach, ob die *)
(* Kartennummer und die Verkaeufernummer korrekt sind. Dabei  *)
(* wird jeweils eine Pruefziffer nach dem Modulo-9-Verfahren  *)
(* untersucht.                                                *)

TYPE testnummer = ARRAY [1..10] OF 0..9;
     kreditkarte =
     RECORD
            kartennr : testnummer; (* Nummer der Kreditkarte *)
            betrag : real;
            verkaeufer : testnummer (* Nummer des Verkaeufers *)
     END;

VAR  kauf : kreditkarte;
     knrok,vnrok : boolean;

(* "numok" untersucht, ob die Pruefziffer der Nummer o.k. ist. *)

FUNCTION numok (laenge : integer; nummer : testnummer) : boolean;
     VAR index,pruefziffer : integer;
     BEGIN
            pruefziffer := 0;
            FOR index := 1 TO laenge-1 DO
                pruefziffer := pruefziffer + nummer[index];
            pruefziffer := pruefziffer MOD 9;
            IF pruefziffer<>nummer[laenge] THEN
                numok := false
            ELSE
                numok := true
     END; (* numok *)

PROCEDURE lieskarte;
     VAR index : integer;
     BEGIN
            FOR index := 1 TO 10 DO
                read (kauf.kartennr[index]);
            read (kauf.betrag);
            FOR index := 1 TO 8 DO
                read (kauf.verkaeufer[index]);
            readln
     END; (* lieskarte *)

PROCEDURE druckekarte;
     VAR index : integer;
```

Bild 10.9   Ein Prüfsummenprogramm

```
          BEGIN
              write ('    Kreditkartennummer: ');
              FOR index := 1 TO 10 DO
                  write (kauf.kartennr[index]);
              writeln;
              writeln ('    Betrag:              ',kauf.betrag:5:2);
              write ('    Verkaeufernummer:   ');
              FOR index := 1 TO 8 DO
                  write (kauf.verkaeufer[index]);
              writeln; writeln
          END; (* druckekarte *)
  BEGIN (* kredit *)
        lieskarte;
        WHILE kauf.betrag<>0 DO
            BEGIN (* Karte untersuchen *)

                (* Nummern untersuchen *)

                IF numok(10,kauf.kartennr) THEN
                    knrok := true
                ELSE
                    knrok := false;

                IF numok(8,kauf.verkaeufer) THEN
                    vnrok := true
                ELSE
                    vnrok := false;

                (* Ergebnis auswerten *)

                IF (NOT knrok) OR (NOT vnrok) THEN
                    BEGIN (* Karte beschaedigt *)
                        IF NOT knrok THEN
                            writeln ('FALSCHE KARTENNUMMER!');
                        IF NOT vnrok THEN
                            writeln ('FALSCHE VERKAEUFERNUMMER!');
                        druckekarte
                    END (* Karte beschaedigt *)
                ELSE
                    BEGIN
                        writeln ('Karte in Ordnung');
                        writeln
                    END;

                (* Naechste Karte lesen *)

                lieskarte
            END (* Karte untersuchen *)

  END . (* kredit *)
```

KARTENNR und VERKAEUFER haben den Datentyp TESTNUM-MER, so daß der Verbund aus zwei ganzzahligen Feldern und einer reellen Zahl besteht:

```
PROGRAM KREDIT (INPUT,OUTPUT);
TYPE TESTNUMMER = ARRAY [1..10] OF 0..9;
    KREDITKARTE =
    RECORD
        KARTENNR : TESTNUMMER; (* NUMMER DER KREDITKARTE *)
        BETRAG : REAL;
        VERKAEUFER : TESTNUMMER (* NUMMER DES VERKAEU-
        FERS *)
    END;
```

Die Daten selbst müssen in einer Variablen vom Typ TESTNUMMER gespeichert werden, die hier KAUF heißt. Weiter sind zwei Flaggen notwendig, in denen für die Auswertung festgehalten wird, ob die Kartennummer (KNR) bzw. die Verkäufernummer (VNR) in Ordnung sind: KNROK und VNROK. Damit benutzt das Programm die globalen Variablen:

```
VAR KAUF : KREDITKARTE;
    KNROK,VNROK : BOOLEAN;
```

Eine Funktion und zwei Prozeduren werden benutzt. Die Boolesche Funktion NUMOK untersucht die Gültigkeit der übergebenen NUMMER, deren LAENGE als Parameter mit angegeben werden muß, denn Kartennummer und Verkäufernummer sind mit 10 bzw. 8 Stellen unterschiedlich lang.

```
FUNCTION NUMOK (LAENGE : INTEGER; NUMMER : TESTNUMMER) :
BOOLEAN;
```

Der Algorithmus ist unkompliziert. LAENGE-1 Ziffern der NUMMER werden aufaddiert und dann der Rest der Division durch 9 berechnet (MOD 9) und als PRUEFZIFFER festgehalten. Dabei dient die lokale Variable INDEX zur Bezeichnung der einzelnen Ziffern im Feld:

```
VAR INDEX,PRUEFZIFFER : INTEGER;
BEGIN
    PRUEFZIFFER := 0;
    FOR INDEX := 1 TO LAENGE-1 DO
        PRUEFZIFFER := PRUEFZIFFER + NUMMER[INDEX];
    PRUEFZIFFER := PRUEFZIFFER MOD 9;
```

Diese PRUEFZIFFER wird mit der letzten Ziffer in der übergegebenen NUMMER verglichen. Sind beide gleich, so wird er Wert der Funktion

NUMOK auf TRUE gesetzt. Anderenfalls liefert NUMOK den Wert
FALSE:

```
IF PRUEFZIFFER<>NUMMER[INDEX] THEN
    NUMOK := FALSE
ELSE
    NUMOK := TRUE
END; (* NUMOK *)
```

Genauso unkompliziert ist die Prozedur LIESKARTE, welche die Daten
einer Karte in die betreffenden Einträge der Verbundvariablen KAUF
einliest:

```
PROCEDURE LIESKARTE;
    VAR INDEX : INTEGER;
    BEGIN
        FOR INDEX := 1 TO 10 DO
            READ (KAUF.KARTENNR[INDEX]);
        READ (KAUF.BETRAG);
        FOR INDEX := 1 TO 8 DO
            READ (KAUF.VERKAEUFER[INDEX]);
        READLN
END; (* LIESKARTE *)
```

Beachten Sie dabei, daß die Felder KARTENNR und VERKAEUFER
Ziffer für Ziffer eingelesen werden müssen. Dabei dient die lokale Variable INDEX wieder als Zeiger.

Ganz entsprechend gibt die Prozedur DRUCKEKARTE die Kartenda-
ten an die gegenwärtig aktive Ausgabeeinheit aus:

```
PROCEDURE DRUCKEKARTE;
    VAR INDEX : INTEGER;
    BEGIN
        WRITE ('   KREDITKARTENNUMMER:   ');
        FOR INDEX := 1 TO 10 DO
            WRITE (KAUF.KARTENNR[INDEX]);
        WRITELN;
        WRITELN (' BETRAG:   ',KAUF.BETRAG:5:2);
        WRITE ('   VERKAEUFERNUMMER:   ');
        FOR INDEX := 1 TO 8 DO
            WRITE (KAUF.VERKAEUFER[INDEX]);
        WRITELN; WRITELN
END; (* DRUCKEKARTE *)
```

Die Meldungen sind dabei so angelegt, daß die Texte etwas vom linken
Rand eingerückt und die Werte in einer Spalte untereinander ausgegeben
werden. Das verbessert später die Übersicht.

Der Programmkörper selbst beginnt mit dem Einlesen der ersten Karte:

```
BEGIN (* KREDIT *)
    LIESKARTE;
```

Dann geht das Programm in eine Schleife über, solange der Kaufbetrag nicht Null ist:

```
WHILE KAUF.BETRAG<>0 DO
    BEGIN
```

Hier werden zunächst die beiden Nummern mit Hilfe der Funktion NU-MOK untersucht und das Testergebnis in den Booleschen Variablen KNROK für die Kartennummer und VNROK für die Verkäufernummer festgehalten:

```
IF NUMOK(10,KAUF.KARTENNR) THEN
    KNROK := TRUE
ELSE
    KNROK := FALSE;
IF NUMOK(8,KAUF.VERKAEUFER) THEN
    VNROK := TRUE
ELSE
    VNROK := FALSE;
```

Beachten Sie, daß wir hier das Ergebnis der Booleschen Funktion NU-MOK unmittelbar ausgewertet haben. Da sie bereits einen Wahrheitswert liefert, besteht kein Grund, das noch einmal extra durch einen Test NU-MOK(...)=TRUE nachzuprüfen.

Sind diese Untersuchungen abgeschlossen, dann kann anhand der Wahrheitswerte von KNROK und VNROK die zugehörige Meldung ausgedruckt werden:

```
IF (NOT KNROK) OR (NOT VNROK) THEN
    BEGIN (* KARTE BESCHAEDIGT *)
        IF NOT KNROK THEN
            WRITELN ('FALSCHE KARTENNUMMER!');
        IF NOT VNROK THEN
            WRITELN ('FALSCHE VERKAEUFERNUMMER!');
        DRUCKEKARTE
    END (* KARTE BESCHAEDIGT *)
ELSE
    BEGIN
        WRITELN ('KARTE IN ORDNUNG');
        WRITELN
    END;
```

Als letzter Schritt in der Schleife muß eine neue Karte gelesen werden, deren Einträge dann in einem neuen Durchgang nachgeprüft werden können:

```
        LIESKARTE
    END (* KARTE  UNTERSUCHEN *)
END. (* KREDIT *)
```

Varianten

Die Verbunde, die wir bis jetzt betrachtet haben, sind festliegende, unveränderbare Strukturen. Es kommt jedoch häufig vor, daß verschiedene Verbunde sich bis auf einige wenige Einträge gleichen. In diesem Fall wäre es sinnvoll, könnte man diese verschiedenen Möglichkeiten als *Varianten* ein und derselben Struktur auffassen. Die jeweilige Möglichkeit wäre im konkreten Einsatzfall dann abhängig von einem bestimmten Struktureintrag zu wählen. So kann es in einer Personaldatei für eine Frau notwendig sein, den Mädchennamen mitzuspeichern. Hier könnte im Programm abhängig vom Geschlecht automatisch die eine oder die andere Variante des Verbunds (mit oder ohne Mädchennamen) zur Datenspeicherung gewählt werden.

Pascal bietet diese Möglichkeit der *Variantendefinition*. Man benutzt hier eine Form der CASE-Anweisung in der Typendeklaration, die z. B. so aussehen kann:

```
TYPE  KATEGORIE = (EINZELN,FIRMA);
      RECHNUNG =
      RECORD
           NUMMER : 0..99999;
           AUSGESTELLT : DATUM;
           ARTIKELNR : 0..9999;
           ARTIKELNAME : ARRAY [1..40] OF  CHAR;
           MENGE : 0..99999;
           PREIS : REAL;
           KUNDE : ARRAY [1..32] OF  CHAR;
           ADRESSE : ARRAY [1..80] OF  CHAR;
           ENDBETRAG : REAL;
           CASE KUNDENART : KATEGORIE  OF
                EINZELN : ();
                FIRMA :
                    (ERHAELTKREDIT : BOOLEAN;
                     KUNDENNR : 0..9999;
                     ERMAESSIGUNG : REAL)
      END;
```

Hier werden zu dem festen Verbundsteil von NUMMER bis ENDBETRAG keine weiteren Einträge hinzugefügt, wenn der Kunde ein EINZELNer ist. Handelt es sich jedoch um eine FIRMA, dann wird der Ver-

bund RECHNUNG um die drei Einträge ERHAELTKREDIT,KUN-
DENNR und ERMAESSIGUNG erweitert.

Diese den Rahmenbedingungen entsprechende Zusatzdeklaration im
Verbund ist dessen Variante. Mit der Möglichkeit, Varianten zu deklarieren, kann man einen einzigen Verbund erstellen, der je nach Wert einer
besonderen Variablen ein oder mehrere besondere Einträge enthält. Damit hat man ein leistungsfähiges Werkzeug zur Hand, mit dem man die
Lesbarkeit eines Programms verbessern und seine Erstellung vereinfachen kann. Allerdings bringen Varianten auch neue Fehlerquellen mit
sich. Wenn man im vorigen Beispiel z. B. mit der Bestimmung EINZELN
arbeitet, dann kann man sich weder auf ERHAELTKREDIT noch auf
KUNDENNR beziehen, da diese Felder hier nicht vorhanden sind.

Der auf die Anweisung CASE folgende Eintrag KUNDENART ist das
Variantenkennzeichen (englisch: „tag field"). Es hat hier den Datentyp
KATEGORIE und gehört mit zum Verbund RECHNUNG. Der Wert
des Variantenkennzeichens legt fest, welche der Varianten gültig ist. Die-
se werden nach dem zugehörigen Variantenbezeichner in Klammern als
Eintragsliste angegeben. Auf diese Weise bilden Varianten den Inhalt des
variablen Teils in der Verbundsdeklaration. Bild 10.10 zeigt hierzu das
Syntaxdiagramm.

Variabler Teil

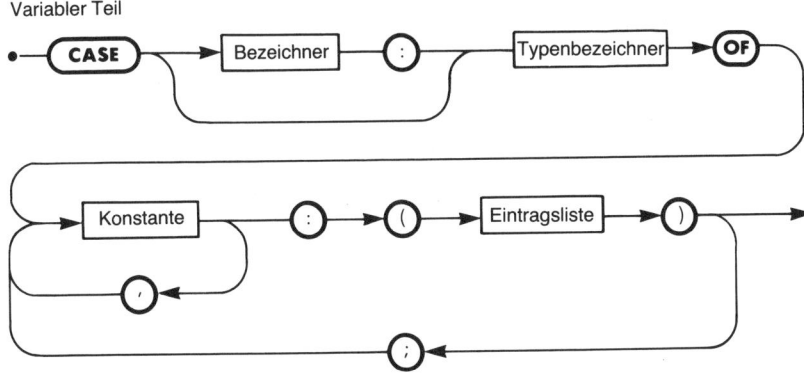

Bild 10.10 Die Variantensyntax

Aus diesem Syntaxdiagramm geht hervor, daß das ausdrückliche Variantenkennzeichen (der erste Bezeichner nach CASE) auch entfallen kann.
Derartige Verbunde ohne Variantenkennzeichen werden *freie Verbin-
dungen* (englisch: „free unions") genannt. Sie werden allerdings nicht
sehr häufig eingesetzt und können in einigen Versionen von vornherein
ausgeschlossen sein. Vor allem unerfahrene Programmierer sollten sie
meiden, da die Fehlermöglichkeiten bei Wegfall des Variantenkennzeichens stark anwachsen.

Man kann pro Verbund nur einen einzigen variablen Teil definieren, und

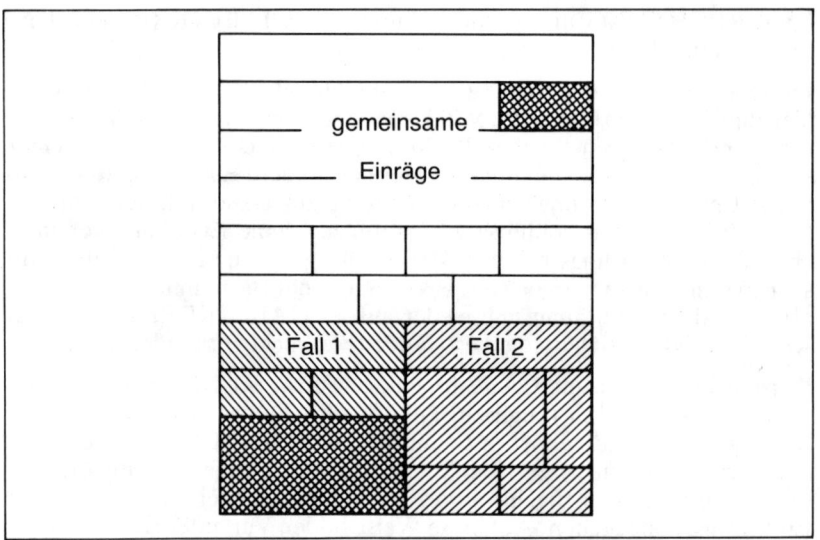

Bild 10.11   Zum Prinzip von Varianten

dieser muß am Ende der Verbundsdeklaration stehen. Allerdings unterbindet das nicht die Möglichkeit, Varianten zu schachteln, da in der Eintragsliste wieder alle Typen zugelassen sind.

So gestatten Varianten die Verwendung einer einzigen Verbundsdeklaration für mehrere leicht voneinander abweichende Verbundsdatentypen. Bild 10.11 macht das noch einmal graphisch deutlich. Beachten Sie dabei, daß die Einträge nach „Fall 1" und „Fall 2" wieder in sich nach Varianten untergliedert sind.

Gepackte Verbunde in UCSD-Pascal

Wie bei Feldern, kann man in UCSD-Pascal auch Verbunde packen, um so den Speicherbedarf zu senken.

Es gelten dieselben Bedingungen und Einschränkungen wie im Fall von Feldern. Um unnötige Fehler zu vermeiden, empfiehlt es sich, von vornherein das Wort PACKED bei RECORD oder ARRAY zu verwenden.

Zusammenfassung

Verbunde stellen eine wichtige Möglichkeit zur komplexen Strukturierung von Daten dar. Sie werden im kommerziellen Bereich und in textorientierten Anwendungsgebieten allgemein verwendet, können aber auch in vielen anderen Einsatzfällen von Nutzen sein. Grundsätzlich ist ein Verbund die Zusammenfassung mehrerer verschiedener selbständiger Datentypen zu einer Einheit. Für den Zugriff auf die verschiedenen Einträge in einem Verbund und zur Definition von Varianten gibt es besondere Regeln und Notationen. Dabei kann der Zugriff in vielen Fällen mit Hilfe der WITH-Anweisung vereinfacht werden.

Übungen

10.1: Entwerfen Sie eine Verbundstruktur, die eine Folge von Namen und Geburtsdaten in der Form NAME, TAG, MONAT, JAHR speichern kann. Lassen Sie diese Liste in Altersreihenfolge ausdrucken.

10.2: Verbessern Sie das Programm aus der vorigen Übung, indem Sie eine Gültigkeitsüberprüfung der eingegebenen Daten durchführen. Z. B. sollte der 30. Februar ausgeschlossen sein.

10.3: Schreiben Sie ein Programm, das jeweils einen Schülernamen, gefolgt von mehreren Notenangaben einliest. Sortieren Sie die Liste nach diesen Notenwerten (mit dem besten angefangen) und lassen Sie das Ergebnis ausdrucken.

10.4: Kann man in dem Programm von Bild 10.9 nach

BEGIN (* KARTE UNTERSUCHEN *)

die beiden IF-THEN-ELSE-Anweisungen durch

KNROK := NUMOK(...) bzw. VNROK := NUMOK(...)

ersetzen?

Kapitel 11

Dateien

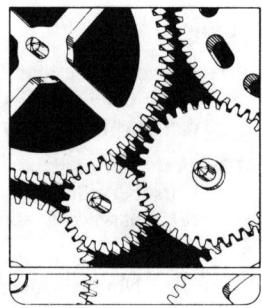

Grunddefinitionen

Eine *Datei* (englisch: „file") ist die Grundinformationseinheit, die vom *Betriebssystem* (englisch: „operating system") gehandhabt wird. Dabei versteht man unter dem Betriebssystem das Programm, das die Betriebsmittel des Computersystems (d. h. Geräte, Dateien, Programme) für den Benutzer verwaltet. So ist z. B. ein Programm als Datei gespeichert. Dazu wird es zuerst mit Hilfe eines Texteditors in den Rechner eingetippt und dann als Textdatei abgespeichert. Anschließend wird es durch den Compiler übersetzt und das übersetzte Programm als *binäre Datei* festgehalten.

Grob gesagt kann man eine Datei als Informationsmodul, der einen Namen trägt, betrachten. Des weiteren sind die Daten in einer solchen Datei homogen, d. h. vom selben Typ. So unterscheidet man z. B. zwischen Binär- und Textdateien.

Format und Eigenschaften der Dateien werden im allgemeinen von dem Betriebssystem des Computers festgelegt, auf dem sie verarbeitet werden sollen. Ein jedes Betriebssystem hat seine eigenen Regeln, Dateien zu speichern und zu organisieren. Dazu kann ein Betriebssystem noch besondere Dateieigenschaften festlegen, wie z. B. einen Schreibschutz verlangen („Read/Only"), aufgrund dessen die Datei nur gelesen aber nicht verändert werden kann, oder es wird ihr eine Benutzernummer gegeben, der Zugriff wird auf bestimmte Personengruppen eingeschränkt und ähnliches.

Die Betriebssystemmöglichkeiten werden von Pascal insofern genutzt, als man von Pascal aus auf Dateien zugreifen, Dateien erzeugen und Dateien handhaben kann. Die von Pascal erzeugten Dateien unterliegen jedoch besonderen Regeln und sind in einiger Hinsicht eingeschränkt.

Pascal-Dateien

Eine wesentliche Eigenschaft von Dateien unter Pascal ist, daß man auf einmal immer nur ein Element schreiben bzw. lesen kann. Theoretisch kann man auf eine Datei in verschiedener Weise zugreifen, wozu die Grundformen des wahlfreien Zugriffs („random access") und des sequentiellen Zugriffs („sequential access") gehören. Pascal schränkt den Umgang mit Dateien auf sequentiellen Zugriff ein. D. h. es speichert die Daten in der Datei oder liest sie aus ihr aus in einer Form, die der Speicherung auf Magnetband (also einem sequentiellen Datenträger) eher entspricht als der Speicherung auf Magnetplatten (d. h. mit wahlfreiem Zugriff arbeitenden) Einheiten.

Eine Pascal-Datei ist eine Zusammenfassung von Einheiten (Blöcken) derselben Struktur. So kann eine Datei z. B. einzelne alphanumerische Zeichen enthalten, oder sie trägt in Feldern bzw. Verbunden organisierte Daten. Dabei wird jede Pascal-Datei durch ein spezielles Dateiendezeichen („end-of-file marker") abgeschlossen, das EOF genannt wird. Alle Pascal-Dateien sind sequentiell organisiert: Die Dateielemente müssen eines nach dem anderen angesprochen werden. Man kann in der Datei keine Elemente, in welcher Richtung auch immer (nach vorne oder hinten), überspringen. Pascal-Dateien können auch leer sein. Eine solche leere Datei entsteht z. B. in dem Moment, in dem sie ausdrücklich erzeugt wird. Sie enthält dann nur das Dateiendezeichen. Wir wollen uns im folgenden die Operationen ansehen, mit denen Dateien erzeugt und gehandhabt werden können.

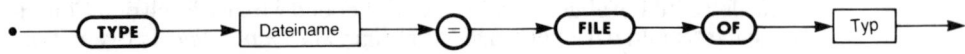

Bild 11.1   Die Syntax einer Dateideklaration

Die formale Definition von Dateien

Bild 11.1 enthält das Syntaxdiagramm zur Deklaration eines Bezeichners als Dateityp. Eine solche Deklaration sieht z. B. so aus:

TYPE WERTE = **FILE OF** INTEGER;

Diese Vereinbarung besagt, daß WERTE eine Datei (FILE) darstellt, bestehend aus (OF) ganzen Zahlen (INTEGER) als den einzelnen Datenelementen. Man kann im Prinzip jeden in Pascal möglichen Datentyp für die Dateielemente vorgeben. Doch kennen die meisten Pascal-Versionen keinen Datentyp „FILE OF FILE", obwohl das im Prinzip durchaus zugelassen ist.

Für die häufig benötigten Textdateien hat man eine Abkürzung mit der Standarddatei TEXT geschaffen, die definiert ist als:

TYPE TEXT = **FILE OF** CHAR;

Wir werden diesen Datentyp TEXT später in einem eigenen Abschnitt untersuchen.

Um eine Datei verwenden zu können, muß erst noch eine Dateivariable deklariert werden. Handelt es sich dabei um eine ständige (permanente) Datei (die bereits vor der Programmabarbeitung existiert), dann muß die Datei

1. als Variable deklariert sein,
2. im Programmkopf erscheinen.

So wird beispielsweise die ständige Datei „TEMPO" durch

VAR TEMPO : **FILE OF** INTEGER;

deklariert und im Programmkopf durch

PROGRAM BERECHNUNG (INPUT,OUTPUT,TEMPO);

dem System bekanntgegeben, daß es die Daten für die Programmabarbeitung zur Verfügung stellen muß.

Es ist bei all dem wichtig, sich stets vor Augen zu halten, daß die Typen- oder Variablendeklaration einer Datei zwar einen Datentyp, nicht aber eine Länge festlegt. Dateien sind die einzigen (unmittelbar definierbaren) Datenstrukturen in Pascal, deren Länge sich im Verlauf der Programmabarbeitung dynamisch ändern kann. Eine Datei ist zum Zeitpunkt ihrer Erzeugung leer, dann werden Elemente hinzugefügt und können untersucht, d. h. gelesen werden. Jedoch kann man in Standard-Pascal aus einer Datei keine Elemente löschen und keine Dateielemente verändern.

Der Zugriff auf die Elemente einer Datei verläuft beispielsweise so:

Zunächst wird die Datei SATZ deklariert:

VAR SATZ : **FILE OF** CHAR;

Mit Hilfe einer REWRITE-Operation wird dazu eine leere Datei erzeugt, die so veranschaulicht werden kann:

SATZ:

(leer)

Dann wird (mit einem noch zu beschreibenden Befehl) ein Element hinzugefügt, was folgende Situation ergibt:

SATZ:

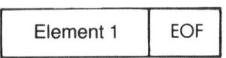

Und dann noch ein Element:

SATZ:

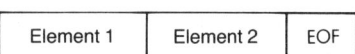

An diesem Punkt hat die Datei SATZ die Länge 2.

Standarddateien

Es gibt in Pascal mit INPUT und OUTPUT zwei Standarddateien. Diese dürfen im Programm nicht als Variable deklariert werden und brauchen im Programmkopf nur dann aufgeführt zu werden, wenn ohne weitere Angabe eines Dateinamens eine READ-Operation (aus der INPUT-Datei) oder eine WRITE-Operation (in die OUTPUT-Datei) erfolgen soll. Es schadet jedoch auch nichts, wenn man diese Standarddateien angibt, so daß es sich zur Verringerung des Fehlerrisikos empfiehlt, INPUT und OUTPUT immer im Programmkopf mit anzugeben. Es gibt sogar viele Pascal-Versionen, die in jedem Programm auf dieser Angabe bestehen.

Zugriffsfenster und Puffervariable

Eine Datei ist eine Folge von Elementen mit derselben Datenstruktur,
d. h. demselben Datentyp. So kann eine Datei beispielsweise aus einer
Folge von alphanumerischen Zeichen, von Zahlen oder von Verbunden
bestehen. Man kann eine Datei daher logisch als Aufeinanderfolge von
gleichartigen Moduln ansehen, wie das in Bild 11.2 verdeutlicht wird.

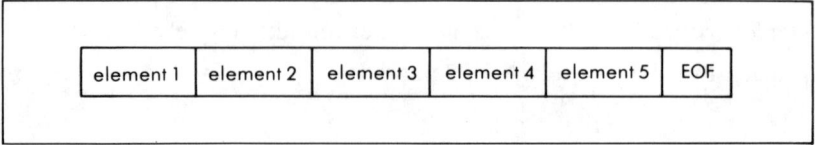

Bild 11.2   Zur prinzipiellen Struktur einer Datei

Die Datei von Bild 11.2 enthält fünf Elemente. Um sich auf eines von ihnen beziehen zu können, müssen wir es dem Programm zunächst irgendwie bekannt machen. Das bedeutet, seinen Ort in der Datei zu kennen.
Pascal benutzt hierzu einen besonderen Mechanismus.

Man kann in Pascal immer gerade auf ein Dateielement zur Zeit zugreifen. Dieses Element ist das einzige, was das Programm zur gegebenen Zeit
von der Datei weiß. Die Elemente, die in der Datei vor oder nach ihm stehen, sind im betreffenden Zeitpunkt vom Programm her nicht zu sehen.
Mit anderen Worten: Ein Pascal-Programm sieht eine Datei durch eine
Art Zugriffsfenster, in dem immer genau ein Dateielement auf einmal
steht.

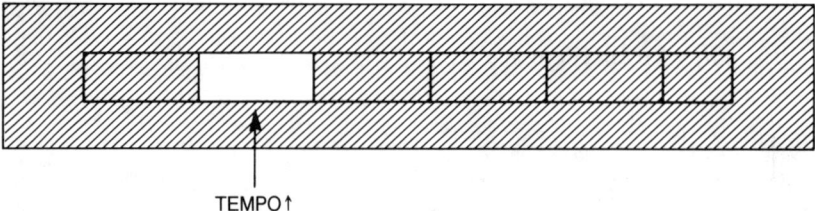

TEMPO↑

Bild 11.3   Das Zugriffsfenster

Bild 11.3 veranschaulicht diese Situation. Das Fenster ist so beschaffen,
daß genau ein Element des für die betreffende Datei vereinbarten Datentyps aufgenommen werden kann. Dazu wird vom Pascal-Compiler für jede Datei eine Variable des betreffenden Typs reserviert. In ihr steht das
gerade betrachtete Dateielement. Auf diese Weise wirkt die so automatisch mit der Dateideklaration erzeugte Variable als Puffer zwischen Programm und eigentlicher Datei. Sie „zeigt" dabei sozusagen auf die gerade
betrachtete Dateistelle.

Und so bezeichnet man diese Variable als *Puffervariable*. Da sie eng mit der gerade deklarierten Datei verbunden ist, erhält sie deren Namen und – zur Unterscheidung von der Datei selbst und wegen ihrer Zeigerfunktion – einen nachgestellten Pfeil ➤.

Durch die Deklaration
    VAR TEMPO : **FILE OF** INTEGER;

wird also automatisch eine Variable

TEMPO➤

vom Datentyp INTEGER erzeugt, die jeweils ein Datenelement aufnehmen soll. Und bei folgender Deklaration:

    TYPE DATUM =
        RECORD
            TAG : 1..31;
            MONAT : 1..12;
            JAHR : 1900..1999
        END;
    VAR TERMINE : **FILE OF** DATUM;

entsteht automatisch eine Variable TERMINE➤ vom Typ DATUM.

Schreiben in eine Datei

Man kann in Pascal nicht beliebig auf die Elemente einer Datei zugreifen, sondern muß streng die Abfolge vom Dateianfang bis hin zum Dateiende einhalten. Und natürlich muß die betreffende Datei erst existieren, soll mit den Elementen in ihr gearbeitet werden können. Dazu muß sie zunächst irgendwann einmal angelegt und die Dateielemente müssen in sie eingeschrieben werden. Das geschieht in zwei Schritten: Erzeugen der Datei und Einschreiben der Dateielemente.

Zum Erzeugen einer Datei genügt es noch nicht, die Datei nur zu deklarieren. Dieser Schritt schafft zunächst einmal nur die Puffervariable, läßt aber offen, wozu sie gebraucht werden soll. Zum Schreiben von Daten muß die Datei besonders erzeugt werden. Das geschieht in Pascal mit der Anweisung REWRITE („neu schreiben") unter Angabe der zu erzeugenden Datei. So wird durch

    REWRITE(TEMPO);

die Datei TEMPO geschaffen.

Dabei geschieht je nach Situation verschiedenes: Wenn bereits eine Datei dieses Namens existiert, dann wird sie *gelöscht* (denn sie ist ja neu zu schreiben). Ist die Datei noch nicht vorhanden, so entsteht sie durch diesen Befehl ganz neu.

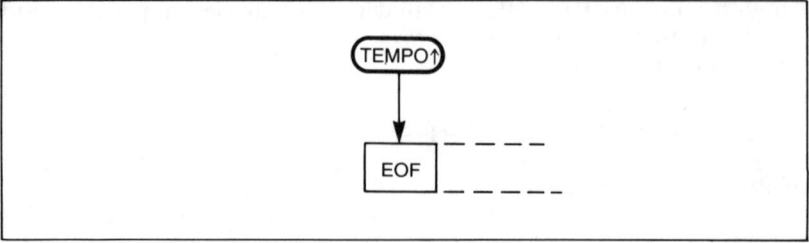

Bild 11.4   Der Zustand einer frisch erzeugten Datei

Auf alle Fälle aber ist die Datei leer, und das *Zugriffsfenster* zeigt auf die Dateiendmarke EOF, wie es in Bild 11.4 für das Beispiel mit der Puffervariablen TEMPO⬆ verdeutlicht wird. Dies ist die erste Stelle in der neuen Datei, auf die zugegriffen werden kann.

Um nun eine Aufzeichnung in die Datei vorzunehmen, muß zweierlei geschehen. Bedenken Sie, daß das Programm nur die Puffervariable „sieht". Also müssen die betreffenden Daten zunächst einmal dort abgelegt werden. Dazu reicht eine normale Zuweisungsoperation aus. Wenn z. B. der Inhalt der Variablen NUMMER in der Datei TEMPO abzulegen ist, dann erhält die Puffervariable diesen Wert durch die Operation:

TEMPO⬆ := NUMMER;

Das genügt aber nicht, denn noch befinden sich die Daten erst im Puffer und nicht in der Datei. Um sie in die Datei zu schreiben, muß der Pufferinhalt ausdrücklich dort *abgelegt* werden. Dem dient ein besonderer Befehl PUT („ablegen") unter Angabe der Datei, in der Daten abgelegt werden sollen. In unserem Fall sieht das so aus:

PUT(TEMPO);

Das Ergebnis dieser beiden Anweisungen zeigt Bild 11.5.

Diese Anweisungsfolge ist nun in Pascal so häufig, daß für sie – allerdings nur im Fall von Textdateien – eine zusammenfassende Abkürzung ge-

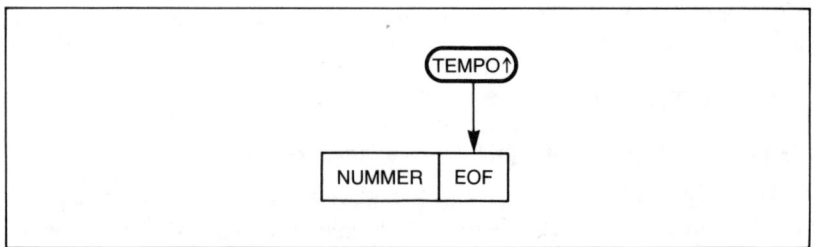

Bild 11.5   Ein Element wurde in die Datei geschrieben

schaffen wurde. Man befiehlt hier, in die angegebene Datei die betreffenden Daten zu *schreiben*. Dazu dient die WRITE-Anweisung, die für unser Beispiel die Form

WRITE (TEMPO,NUMMER);

annimmt. Das Ergebnis ist dasselbe wie in Bild 11.5. Man muß dabei beachten, daß nach dem Schreiben der Daten durch PUT oder WRITE der Inhalt der Puffervariablen undefiniert ist, d. h. man kann bis zur nächsten Zuweisung keine sinnvollen Daten mehr aus ihr lesen. Bild 11.6 verdeutlicht den Schreibvorgang bei Verwenden der WRITE-Anweisung.

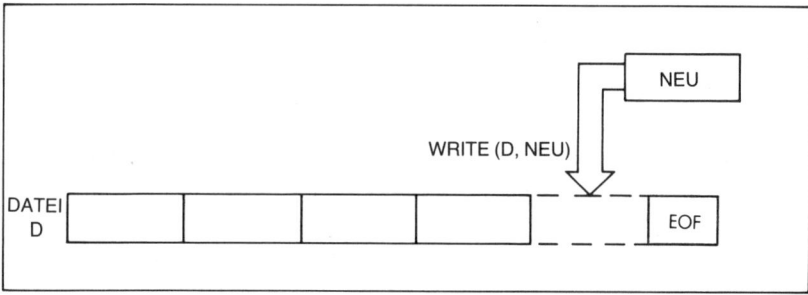

Bild 11.6   Neue Elemente werden immer am Dateiende angefügt

Die geschriebenen Daten werden in Pascal immer an das Dateiende angefügt. Das bedingt, daß die Puffervariable für Schreiboperationen immer auf das Dateiende zeigen muß. Dazu kommt noch die Einschränkung, daß in Pascal dieses Dateiende nur durch Schreiboperationen erreicht werden darf, soll ein Wert in der Datei abgelegt werden können. Eine Datei, aus der einmal die Daten gelesen wurden, kann damit von Pascal aus nicht mehr verändert werden. Diese Maßnahme dient der Datensicherheit, denn so ist es auch unmöglich, eine bereits bestehende Datei versehentlich zu verändern.

Zusammenfassung zur Schreiboperation

Es gibt zwei Möglichkeiten, Daten in einer Datei abzulegen. Dazu dienen folgende Befehle:

PUT(D)   fügt den Inhalt der Puffervariablen D↞ an die Datei D an. Nach der Schreiboperation ist der Inhalt von D↞ undefiniert. PUT muß *immer* an das Dateiende schreiben. (D. h. die Bedingung EOF(D) muß TRUE sein, bevor PUT verwendet werden kann.)

WRITE(D,ELEMENT)   weist der Puffervariablen D↞ den Wert von ELEMENT zu und führt dann eine automatische PUT(D)-Operation durch. Diese Anweisung ist nur für Textdateien zugelassen.

Lesen aus einer Datei

Wenn eine Datei erzeugt worden ist und Werte in ihr abgelegt wurden,
dann kann man die Datei lesen. Vier Befehle stehen hierfür zur Verfügung: EOF, RESET, GET und READ. Sehen wir sie uns der Reihe nach
an.

Die EOF-Funktion

Die Boolesche Standardfunktion EOF(D) untersucht, ob das Dateifen-
ster D▲ auf das Dateiende, d. h. hinter das letzte Dateielement, zeigt. Ist
das der Fall, so ergibt EOF(D) den Wert TRUE, andernfalls liefert die
Funktion den Wert FALSE. So kann man z. B. den Schreibbefehl
PUT(D) nur dann benutzen, wenn EOF(D) = TRUE und die Datei (mit
REWWRITE) zum Schreiben eröffnet worden ist.

Die RESET-Prozedur

Durch den Befehl RESET(D) wird das Dateifenster auf das erste Dateielement gesetzt und der Inhalt dieses Elements in die Puffervariable D▲
übertragen. So ergibt die Anweisung

    RESET (TEMPO);

die in Bild 11.7 wiedergegebene Situation.

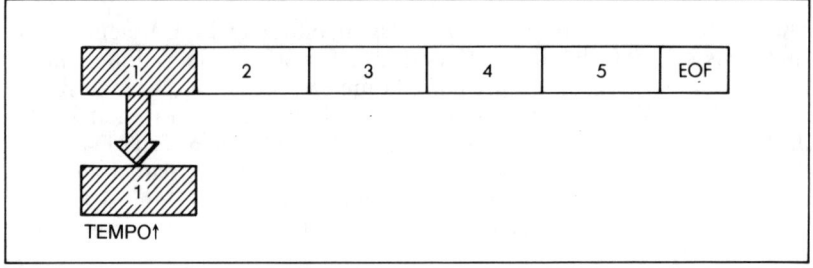

Bild 11.7   Zustand einer Datei nach RESET

In diesem Beispiel enthält die Datei TEMPO fünf Elemente. Nach Abar-
beiten der RESET-Prozedur (die den Dateizeiger auf den Anfang „zu-
rücksetzt") enthält die Puffervariable TEMPO▲ das erste Dateielement.
Wäre die Datei leer gewesen, dann hätte die Puffervariable nach dem RE-
SET einen undefinierten Inhalt angenommen. Dieser Fall kann durch
EOF getestet werden. So hat EOF(TEMPO) den Wert TRUE, wenn das
Dateiende erreicht worden ist. Dies ist insbesondere dann der Fall, wenn
die Datei leer ist.

Die GET-Prozedur

Das jeweils nächste Element einer Datei erreicht man mit Hilfe der GET-
Prozedur (nächstes Element in den Dateipuffer „holen"). GET(D) setzt

das Zugriffsfenster um ein Dateielement weiter und überträgt den Inhalt dieses Dateielements in die Puffervariable D⬥. Man muß dabei aufpassen, daß man nicht über das Dateiende hinaus zu lesen versucht, da sonst ein Fehler auftritt. Aus diesem Grund testet man in der Praxis vor Anwenden des GET-Befehls mit EOF, ob das Dateiende erreicht ist. EOF(D) muß den Wert FALSE liefern, um GET(D) ausführen zu können.

Die READ-Prozedur

Ähnlich der WRITE-Prozedur gibt es eine READ-Prozedur, die den Dateizugriff − allerdings nur bei Textdateien − abkürzt. Die Anweisung

```
READ(TEMPO,ELEMENT);
```

entspricht dabei der Anweisungsfolge

```
ELEMENT := TEMPO⬥;
GET(TEMPO);
```

Zusammenfassung zur Leseoperation

EOF(D)	ist eine Funktion, die testet, ob D⬥ die Dateiendmarke erreicht hat. In diesem Fall liefert EOF(D) den Wert TRUE.
RESET(D)	setzt das Zugriffsfenster auf das erste Dateielement zurück und überträgt dessen Inhalt in D⬥. Nach RESET kann in die betreffende Datei nichts mehr geschrieben werden.
GET(D)	setzt das Zugriffsfenster auf das nächste Element von D und überträgt dessen Inhalt in D⬥. Vor Anwendung von GET(D) muß EOF(D) den Wert FALSE haben.
READ(D,ELEMENT)	ist bei Textdateien gleichbedeutend mit ELEMENT := D⬥; GET(D).

Einige wichtige Anmerkungen

In Standard-Pascal sind die Prozeduren READ und WRITE nur für Textdateien zugelassen. Die meisten anderen Pascal-Versionen gestatten diese Art des Dateizugriffs für alle Dateitypen. Natürlich muß auch hier beim Lesen oder Schreiben das betreffende Element mit dem Datentyp der Datei übereinstimmen. Außerdem wird bei READ und EOF bei Fehlen der Dateiangabe angenommen, daß sich die Operation auf die Standarddatei INPUT bezieht. Entsprechend bezieht sich WRITE ohne Dateiangabe auf die Standarddatei OUTPUT.

Es ist wichtig, immer daran zu denken, daß die Dateien in Pascal sequentiell organisiert sind. Sie müssen ausdrücklich zum Lesen oder Schreiben geöffnet werden. In der Praxis bedeutet das, daß einem READ kein WRITE folgen darf und umgekehrt. Vor der ersten Leseoperation muß ein

RESET-Befehl, vor der ersten Schreiboperation ein REWRITE-Befehl gegeben werden.

Fallstudie 1: Mischen zweier Dateien

Das folgende Programm mischt (englisch: „merge") zwei ganzzahlige Dateien DATEIA und DATEIB in eine einzige Datei DATEIC. Dabei sind die Ausgangsdateien in aufsteigender Folge geordnet. Die kombinierte Datei DATEIC wird so erstellt, daß auch sie in aufsteigender Folge geordnet ist.

Das Programm enthält drei WHILE-Schleifen. Die erste Schleife entnimmt schrittweise (mit dem kleinsten Element angefangen) aus DATEIA oder DATEIB ein Element, bis eine der beiden Dateien leer ist. Es wird getestet, ob das Element im Zugriffsfenster von DATEIA kleiner als das im Zugriffsfenster von DATEIB ist. Wenn ja, dann wird das Element von DATEIA in DATEIC geschrieben, andernfalls kommt das Element von DATEIB dorthin. Ist eine der Dateien erschöpft, dann wird der Rest der anderen ohne weiteren Test nach DATEIC kopiert.

Damit hat das Programm folgende Form:

```
PROGRAM MISCHEN (INPUT,OUTPUT,DATEIA,DATEIB,DATEIC);
VAR DATEIA,DATEIB,DATEIC : FILE OF INTEGER;
    DATEIENDE : BOOLEAN;
BEGIN
    RESET (DATEIA);
    RESET (DATEIB);
    REWRITE (DATEIC);
    DATEIENDE := EOF(DATEIA) OR EOF (DATEIB);
    (* DATEIEN A UND B SORTIERT IN DATEI C ZUSAMMENFAS-
    SEN *)
    WHILE NOT DATEIENDE DO
    BEGIN
        IF DATEIA↑ <= DATEIB↑ THEN
            BEGIN
                DATEIC↑ := DATEIA↑;
                GET (DATEIA);
                DATEIENDE := EOF(DATEIA)
            END
        ELSE
            BEGIN
                DATEIC↑ := DATEIB↑;
                GET (DATEIB)
                DATEIENDE := EOF(DATEIB)
            END;
        PUT (DATEIC);
    END;
    (* REST DER NOCH NICHT ABGESCHLOSSENEN DATEI NACH
    C KOPIEREN *)
```

```
WHILE NOT EOF(DATEIA) DO
    BEGIN
        DATEIC♠ := DATEIA♠;
        PUT (DATEIC);
        GET (DATEIA)
    END;
WHILE NOT EOF(DATEIB) DO
    BEGIN
        DATEIC♠ := DATEIB♠;
        PUT (DATEIC);
        GET (DATEIB)
    END;
END.
```

Nach der Definition von DATEIA, DATEIB und DATEIC werden diese Dateien so initialisiert, daß A und B gelesen

```
RESET (DATEIA);
RESET (DATEIB);
```

und in Datei C geschrieben werden kann:

```
REWRITE (DATEIC);
```

Als erstes ist dann zu testen, ob vielleicht eine der Ausgangsdateien leer ist. Dazu werden die Dateiendbedingungen in der Booleschen Variablen DATEIENDE geeignet kombiniert:

```
DATEIENDE := EOF(DATEIA) OR EOF(DATEIB);
```

Die nachfolgende erste WHILE-Schleife wertet den Stand von DATEI-ENDE als Abbruchbedingung aus:

```
WHILE NOT DATEIENDE DO
    BEGIN
```

Dann werden die beiden Puffervariablen DATEIA♠ und DATEIB♠ miteinander verglichen:

```
IF DATEIA♠ <= DATEIB♠ THEN
```

Der kleinere Wert von beiden ist der Puffervariablen DATEIC♠ zuzuweisen und dann zum nächsten Element der Ausgangsdatei überzugehen. Das geschieht für DATEIA♠ so:

```
BEGIN
    DATEIC♠ := DATEIA♠;
    GET (DATEIA);
    DATEIENDE := EOF(DATEIA)
END
```

und wenn DATEIB↑ kleiner ist, geht das ganz entsprechend:

```
ELSE
   BEGIN
      DATEIC↑ := DATEIB↑;
      GET (DATEIB);
      DATEIENDE := EOF(DATEIB)
   END;
```

Das neue Element wird dann in DATEIC geschrieben

```
   PUT (DATEIC);
   END;
```

und anschließend ein neuer Schleifendurchlauf eingeleitet.

Diese Schleife wird solange durchlaufen, bis DATEIENDE den Wert TRUE annimmt, d. h. entweder EOF(DATEIA) oder EOF(DATEIB) ein TRUE ergibt. (Beachten Sie bei der WHILE-Bedingung, daß DATEIENDE bereits einen Booleschen Wert besitzt und somit kein weiterer Test notwendig ist.)

Nach Beenden dieser Schleife ist der gesamte Inhalt der einen und möglicherweise ein Teil der anderen Datei nach DATEIC übertragen. Es müssen dann noch die restlichen Elemente der noch nicht bis zum Ende abgearbeiteten Datei nach DATEIC kopiert werden. Dazu dienen zwei weitere Schleifen, die je nach Stand der Dateiendmarke entweder DATEIA oder DATEIB fertig auslesen und nach DATEIC übertragen.

```
      WHILE NOT EOF(DATEIA) DO
         BEGIN
            DATEIC↑ := DATEIA↑;
            PUT (DATEIC);
            GET (DATEIA)
         END;
      WHILE NOT EOF(DATEIB) DO
         BEGIN
            DATEIC↑ := DATEIB↑;
            PUT (DATEIC);
            GET (DATEIB)
         END;
   END.
```

Beachten Sie, daß eine REPEAT-UNTIL-Schleife in keinem dieser Fälle angebracht wäre, da hier garantiert ist, daß entweder EOF(DATEIA) oder EOF(DATEIB) wahr ist und die zugehörige Schleife nicht ausgeführt werden darf. Eine REPEAT-Schleife dagegen wird mindestens einmal durchlaufen.

Betrachten wir ein Beispiel für die Programmabarbeitung:

DATEIA enthält die Werte:

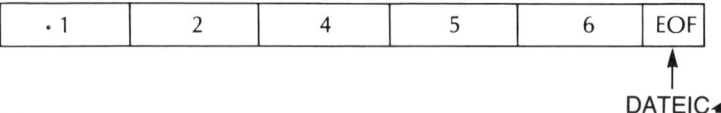

| 1 | 4 | 6 | EOF |

und DATEIB hat den Inhalt:

| 2 | 5 | 7 | 21 | 50 | EOF |

Nach Abarbeiten der ersten WHILE-Schleife enthält DATEIC:

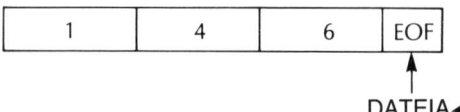

| . 1 | 2 | 4 | 5 | 6 | EOF |

DATEIC⬆

Von DATEIA wurde das Ende erreicht:

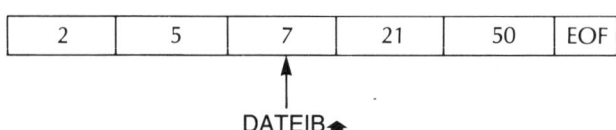

| 1 | 4 | 6 | EOF |

DATEIA⬆

Und in DATEIB sind noch drei Elemente zu bearbeiten:

| 2 | 5 | 7 | 21 | 50 | EOF |

DATEIB⬆

Damit liefert EOF(DATEIA) den Wert TRUE, so daß die zweite WHILE-Schleife übersprungen wird.

In der dritten WHILE-Schleife jedoch wird der Rest von DATEIB nach DATEIC übertragen, die bei Programmende schließlich folgenden Inhalt hat:

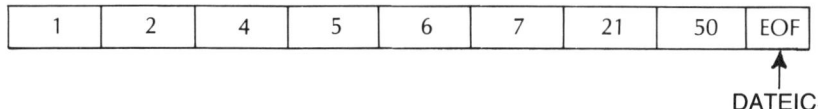

| 1 | 2 | 4 | 5 | 6 | 7 | 21 | 50 | EOF |

DATEIC⬆

Eine Nachbemerkung

Die korrekte Arbeit des oben vorgestellten Programms hängt davon ab, daß das Dateiende richtig entdeckt wird. Das ist bei Dateien, die mit reinen Zahlenwerten arbeiten, jedoch nicht unbedingt der Fall. Ob und wann das Dateiende entdeckt wird, hängt in erster Linie vom Betriebssystem des betreffenden Computers ab. Es gibt Betriebssysteme, welche die genaue Länge der betreffenden Datei kennen und entsprechend das Dateiende bestimmen können. Andere Betriebssysteme wiederum, wie beispielsweise CP/M, haben hier etwas Schwierigkeiten.

Man muß sich dazu vor Augen halten, daß die Daten oft als Folge von Bytes so gespeichert werden, wie sie im Computer vorliegen. Das Ende der Datei wird dadurch bezeichnet, daß ein besonderer Wert, die Dateiendmarke unmittelbar hinter das letzte Datenbyte geschrieben wird. Diese Endmarke ist in der Regel so beschaffen, daß ihr Wert nicht im allgemeinen alphanumerischen Zeichensatz des betreffenden Computers liegt. Damit kann das Ende von Textdateien immer einwandfrei festgestellt werden.

Hier ist in der Regel die aufgezeichnete Dateiendmarke nur ein Zahlenwert unter vielen. Das Betriebssystem kann das Dateiende hier nur genau feststellen, indem es die Länge der Datei in besonderen Aufzeichnungen mit in der Datei festhält. Einige Systeme gehen in der Tat hier so vor. Andere dagegen teilen den verfügbaren Speicherbereich in Blöcke bestimmter Länge (meist zwischen 128 und 1024 Bytes) auf und halten nur fest, wieviele derartige Blöcke aufgezeichnet worden sind. Das vereinfacht den Aufbau dieser Betriebssysteme zum Teil beträchtlich, bringt es aber mit sich, daß das Ende rein numerischer Dateien nicht mehr genau bestimmt werden kann.

Das Betriebssystem erkennt hier das Dateiende nämlich nur aufgrund der Tatsache, daß kein weiterer Block mehr aufgezeichnet worden ist. Das bedeutet in der Regel aber, daß von einem nur angefangenen Block auch alle über die Dateiendmarkierung hinausgehenden Daten als gültige Werte betrachtet werden. Erst wenn der betreffende Block völlig − einschließlich der nach der „Endmarkierung" stehenden Bytes − gelesen worden ist, wird hier vom Betriebssystem das Dateiende gemeldet. Die Folge sind krasse Fehlfunktionen des Programms, das sich auf die Dateiendmeldung verläßt.

Es gibt Pascal-Versionen, die dieses Verhalten durch eine passende Organisation der Dateiaufzeichnungen automatisch korrigieren. Andere wiederum können das nicht. Es ist besser, wenn man sich im Fall von numerischen Dateien von vornherein nicht darauf verläßt, daß das System das Dateiende entdecken kann. Man kann dem ganz einfach dadurch vorbeugen (wie wir es in früheren Beispielen bereits getan haben), wenn man sich im Zahlenbereich einen bestimmten Wert reserviert. Dieser hängt vom Aufbau der Datei ab und kann eine Null sein, eine negative Zahl, oder einer der Werte MAXINT, MAXREAL bzw. MININT oder MINREAL oder sonst etwas passendes. Wichtig ist, daß dieser Wert in der eigentlichen Datenaufzeichnung nicht auftreten darf. Schreibt man den reservierten Wert dann als künstliche „Dateiendmarke", als letzte Datenaufzeichnung in die Datei, dann kann man immer ohne Schwierigkeiten erkennen, ob die Datei ganz abgearbeitet worden ist oder nicht. Man verwendet hier statt EOF(D) einen Test darauf, ob der in der Puffervariablen D↞ stehende Wert die selbst definierte Dateiendemarke ist oder nicht.

So kann man z. B. in unserem Programm den Wert Null als Dateiende wählen und damit die Programmschleife neu gestalten:

```
BEGIN
     DATEIC◆ := DATEIA◆;
     GET (DATEIA);
     IF DATEIA◆=0 THEN
          DATEIENDE :=TRUE
     ELSE
          DATEIENDE := FALSE
END
```

In komplizierten Fällen kann man den betreffenden Wert auch dynamisch festlegen und als erste Aufzeichnung in der Datei festhalten. Oder man schreibt in das erste Element die Dateilänge, wenn sie bei der Dateierstellung bereits bekannt ist. Bei der Auswertung muß man dieses erste Dateielement dann gesondert behandeln. Dabei hängt das exakte Vorgehen von der jeweiligen Aufgabenstellung ab.

Ständige und vorübergehende Dateien

Eine Datei kann auf Dauer (ständig, englisch: „permanent") oder nur vorübergehend („temporary") angelegt sein. Ständig wird eine Datei dadurch, daß man sie auf einem Speichermedium (Disketten, Band u. ä.) aufzeichnet. Dabei gibt es in jedem System besondere Befehle zum Abspeichern ständiger Dateien. Ständig muß eine Datei beispielsweise im Fall eines Editorprogramms sein, bei dem der eingetippte Text zur weiteren Verwendung auf einem externen Speichermedium festzuhalten ist.

Wenn in späteren Arbeitsschritten das Editor- oder ein anderes Pascal-Programm mit dieser Textdatei arbeiten soll, dann muß es auf sie zugreifen können. In diesem Fall existiert die Datei bereits unabhängig vom Programm, und man spricht von einer *externen* Datei. Die Namen externer Dateien müssen dem System vor dem eigentlichen Programmlauf bekannt sein, so daß es sie gegebenenfalls vor Abarbeiten des Programms besonders anfordern kann. Dies ist besonders in großen Systemen notwendig und bewirkt z. B. vor Eintritt in das Programm eine Aufforderung an das Bedienungspersonal, ein bestimmtes Band einzulegen. Zu diesem Zweck werden externe Dateien im Programmkopf nach dem Namen in derselben Weise angegeben, wie man an eine Prozedur oder Funktion Parameter übergibt.

Neben diesen auf Dauer angelegten Dateien gibt es oft auch den Fall, daß eine Datei nur für die Zeit des Programmlaufs − beispielsweise zur Aufnahme von Zwischenergebnissen − benötigt wird. Diese vorübergehenden Dateien werden als lokale Dateien betrachtet und nach dem Programmlauf wieder entfernt.

Textdateien

Textdateien sind so verbreitet und wichtig, daß man für sie in Pascal einen eigenen Datentyp TEXT reserviert hat. Er ist definiert als:

TYPE TEXT = **FILE OF** CHAR;

Zur Verarbeitung von Textdateien hat man in Pascal drei spezielle Operationen bereitgestellt. Es sind die Prozeduren EOLN, READLN und WRITELN, die im folgenden genauer beschrieben werden sollen.

Eine Textdatei besteht aus einzelnen Zeilen, die von Zeilenendmarken (end-of-line markers, EOLN) begrenzt werden. Dabei hängt die genaue Form der Zeilenendmarkierung vom verwendeten Zeichenkode ab. Verwendet man ASCII-Zeichen, so findet man in der Regel ein Paar aus Wagenrücklauf- und Zeilenvorschubzeichen, die sogenannte CRLF-Sequenz (nach den ASCII-Bezeichnungen CR für „Carriage Return" − Wagenrücklauf und LF für „Line Feed" − Zeilenvorschub). Diese aktuelle Darstellung ist in Pascal jedoch für den Benutzer belanglos, da hier besondere Operationen zur Zeilenenderkennung vorliegen. Diese entdecken bzw. erzeugen die benötigten Zeilenendzeichen von selbst, ohne daß man sich um deren genaue Form viel Gedanken zu machen braucht. Im einzelnen handelt es sich um:

EOLN(D)

ist eine Boolesche Funktion, die nachprüft, ob ein Zeilenendzeichen vorliegt. Wenn das nächste zu lesende Zeichen der Datei D ein Zeilenende bezeichnet, so liefert EOLN(D) den Wert TRUE, sonst den Wert FALSE. Es ist zu beachten, daß das Zeilenendzeichen nicht mit übergeben wird. An seiner Stelle enthält die Puffervariable D↠ nach READ oder GET ein Leerzeichen. Das ermöglicht die Arbeit unabhängig von der genauen Textdarstellung im betrachteten System.

READLN(D,Variablenliste)

liest so viele Textzeichen, wie zur Belegung der Variablen in der Liste notwendig sind und springt dann zum Anfang der nächsten Textzeile in der Datei D. Dabei entspricht READLN(INPUT,Variable) der abgekürzten Form READLN (Variable). Wenn keine Variable angegeben ist, bewirkt READLN lediglich die Verschiebung des Zugriffsfensters auf den Anfang der nächsten Zeile.

WRITELN(D,VARIABLENLISTE)

schreibt den Text aus den angegebenen Variablen aus und schließt die Zeile mit der systemgerechten Zeilenendmarkierung ab, in ASCII-Dateien also mit einem Wagen-

rücklauf und einem Zeilenvorschub. WRI-
TELN(OUTPUT) entspricht dabei der abgekürzten Form WRITELN. Wenn keine Variable angegeben wurde, wird nur eine Zeilenendmarkierung geschrieben.

Bei der Arbeit mit Textdateien bieten die Lese- und Schreiboperationen
READ bzw. WRITE noch weitere Möglichkeiten. So werden beispielsweise alle ganzen und reellen Zahlen sowie die Booleschen Wahrheitswerte bei WRITE-Operationen auf Textdateien automatisch in Zeichenketten umgeformt und in dieser Gestalt (d. h. wie man den betreffenden
Wert schreiben würde, nicht wie er im Rechner als INTEGER usw. dargestellt ist) in der Datei abgelegt. Außerdem können mehrere Schreib- oder
Lesebefehle, die sich auf dieselbe Datei beziehen, zu einem Befehl zusammengefaßt werden, der dann mehrere Parameter aufweist. Die Anweisungsfolge

```
READ (BRIEF,Z1);
READ (BRIEF,Z2);
READ (BRIEF,Z3);
```

kann so auch als

```
READ (BRIEF,Z1,Z2,Z3);
```

geschrieben werden. Beachten Sie dabei, daß die Anweisung

```
READ (Z1,Z2,Z3);
```

für die Form

```
READ (INPUT,Z1,Z2,Z3);
```

steht.

Die Parameter Z1, Z2 und Z3 in diesen Beispielen müssen im Fall von
Textdateien Variable vom Typ CHAR, INTEGER oder REAL sein.
Dasselbe gilt für die Befehle READLN, WRITE und WRITELN. Allerdings können im Fall einer WRITE-Anweisung auch Ausdrücke verwendet werden, die Werte in einem dieser Datentypen ergeben.

Die meisten Pascal-Versionen bieten weitere Möglichkeiten zur Verarbeitung von Textdateien. Diese hängen jedoch in der Regel stark von der jeweiligen Version ab und müssen mit Vorsicht verwendet werden, wenn
die Programme zwischen verschiedenen Rechnern austauschbar bleiben
sollen.

Die Verarbeitung von Textdateien

Es gibt einige typische Anwendungsfälle im Zuge der Verarbeitung von
Textdateien, denen man beispielsweise mit folgenden *Programmblöcken*
gerecht werden kann:

Zeilenübertragung:

```
VAR C : CHAR
    A,B : TEXT;
(* EINE TEXTZEILE VON DATEI A NACH DATEI B UEBERTRAGEN *)
RESET (A); REWRITE (B);
WHILE NOT EOLN(A) DO
    BEGIN
        READ (A,C);
        WRITE (B,C)
    END; (* WHILE *)
```

Kopieren von Dateien:

```
(* EINE DATEI EINSCHLIESSLICH DER ZEILENENDMARKEN KOPIEREN *)
RESET (A); REWRITE (B);
WHILE NOT EOF(A) DO
    BEGIN
        WHILE NOT EOLN(A) DO
            BEGIN
                READ (A,C);
                WRITE (B,C);
            END; (* WHILE *)
        READLN (A);
        WRITELN (B)
    END; (* WHILE *)
```

Diese Beispiele lassen sich einfach abwandeln. Insbesondere kann man die aus Datei A gelesenen Zeichen weiterverarbeiten, anstatt sie in Datei B zu schreiben. So läßt sich z. B. die Häufigkeit der verschiedenen Zeichen in einem Text berechnen oder der Text in Datei A verschlüsseln. (Siehe hierzu die folgenden Fallbeispiele.)

Die Dateien INPUT und OUTPUT

INPUT und OUTPUT sind vordefinierte Textdateien in Pascal. Normalerweise beziehen sie sich auf das Standardeingabegerät (i.a. die Tastatur) und das Standardausgabegerät (z. B. den Bildschirm) des verwendeten Systems. Wenn in einem Lese- oder Schreibbefehl kein Dateiname angegeben ist, so wird automatisch INPUT bzw. OUTPUT angenommen.

So entsprechen einander die folgenden Befehle

Befehl	Bedeutung
EOF	EOF (INPUT)
EOLN	EOLN(INPUT)
READ (Z)	READ (INPUT,Z)
READLN	READLN (INPUT)
WRITE (Z)	WRITE (OUTPUT,Z)
WRITELN	WRITELN (OUTPUT)

dabei steht Z für das aus- oder einzugebende Zeichen.

Beachten Sie, daß bei der Verwendung der Standarddateien INPUT oder OUTPUT weder RESET noch REWRITE benutzt werden darf.

Fallstudie 2: Ein Verschlüsselungsprogramm
Die Problemstellung

Um den Inhalt einer Datei gegen unbefugtes Lesen zu schützen, wird er hin und wieder nach besonderen Verfahren verschlüsselt. Das Prinzip einfacher Verschlüsselungsmethoden besteht darin, jedes Textzeichen durch ein anderes Symbol so zu ersetzen, daß keine zwei Zeichen dasselbe Symbol ergeben. Einer der einfachsten Algorithmen ersetzt hierzu einfach jedes Zeichen durch das ihm im Alphabet um N Schritte folgende Zeichen. Setzt man z. B. N=3, dann wird ein A in ein D, ein E in ein H usw. umgesetzt.

Die Grundstruktur des Programms

Das Programm verwirklicht diesen einfachen Algorithmus mit Hilfe der SUCC-Funktion. Da es in beiden Richtungen arbeiten, d. h. eine Datei sowohl ver- als auch entschlüsseln können soll, geht dem eigentlichen Text eine Zeile mit einer Kennziffer voran, die wie folgt die Arbeitsrichtung angibt:

„0" bedeutet Verschlüsselung;
„1" bedeutet Entschlüsselung.

Bild 11.8 zeigt einen zu verschlüsselnden Text und Bild 11.9 die vom Programm daraus erstellte verschlüsselte Datei.

```
0
DAS PROGRAMM "KODIERUNG" VERSCHLUESSELT EINEN UEBERGEBENEN TEXT NACH DER
METHODE DER ALPHABETVERSCHIEBUNG. DAZU WIRD JEDES EINGEGEBENE ZEICHEN UM
3 STELLEN IM ALPHABET VERSCHOBEN.

DIE VERSCHLUESSELUNG ERFOLGT, WENN DIE DATEI "EINGABE" ALS ERSTE ZEILE
DIE ZIFFER 0 ENTHAELT. DIE DARAUFFOLGENDEN ZEILEN WERDEN WIE OBEN ANGE-
GEBEN VERSCHLUESSELT UND IN DIE DATEI "AUSGABE" GESCHRIEBEN.

DEM VERSCHLUESSELTEN TEXT GEHT EINE "1" IN EINER EIGENEN ZEILE VORAN ALS
ZEICHEN, DASS DAS PROGRAMM, GIBT MAN IHM DIESEN TEXT ALS DATEI "EINGABE"
VOR, IHN IN DEN ORIGINALEN ZUSTAND ENTSCHLUESSELN SOLL.
```

Bild 11.8   Eine zu verschlüsselnde Eingabe

```
1
GDV#SURJUDPP#%NRGLHUXQJ%#YHUVFKOXHVVHOW#HLQHQ#XHEHUJHEHQHQ#WH[W
QDFK#GHU#PHWKRGH#GHU#DOSKDEHWYHUVFKLHEXQJ1#GDIX#ZLUG#MHGHV#HLQO
JHJHEHQH#]HLFKHQ#XP#6#VWHOOHQ#LP#DOSKDEHW#YHUVFKREHQ1

GLH#YHUVFKOXHVVHOXQJ#HUIROJW/#ZHQQ#GLH#GDWHL#%HLQJDEH%#DOV#HUO
VWH#]HLOH#GLH#]LIIHU#3#HQWKDHOW1#GLH#GDUDXIIROJHQGHQ#]HLOHQ#ZHU
GHQ#ZLH#REHQ#DQJHJHEHQ#YHUVFKOXHVVHOW#XQG#LQ#GLH#GDWHL#%DXVJDEH%
JHVFKULHEHQ1

GHP#YHUVFKOXHVVHOWHQ#WH[W#JHKW#HLQH#%4%#LQ#HLQHU#HLJHQHQ#]HLOH
YRUDQ#DOV#]HLFKHQ/#GDVV#GDV#SURJUDPP/#JLEW#PDQ#LKP#GLHVHQ#WH[W
DOV#GDWHL#%HLQJDEH%#YRU/#LKQ#LQ#GHQ#RULJLQDOHQ#]XVWDQG#HQW]
VFKOXHVVHOQ#VROO1
```

Bild 11.9   . . . und was das Programm daraus gemacht hat

Das Programm

Das Programm selbst steht in Bild 11.10. Es benötigt zwei Dateien:

EINGABE enthält den zu verarbeitenden Text
AUSGABE erhält den vom Programm umkodierten Text

Mit den sicherheitshalber mit angegebenen Standarddateien INPUT und OUTPUT ergibt das den Programmkopf:

```
PROGRAM KODIEREN (INPUT,OUTPUT,EINGABE,AUSGABE);
```

Das Programm soll den Inhalt der Datei EINGABE Zeichen für Zeichen lesen, dieses Zeichen je nach Vorgabe ver- oder entschlüsseln und dann in die Datei AUSGABE schreiben. Dazu sind zwei Variable notwendig:

Z   hält das jeweils gelesene Zeichen fest und enthält
                           später die umkodierte Form

VERSCHLUESSELN   ist eine Flagge, welche die Richtung der Kodie-
                           rung angibt. Sie ist wahr (TRUE), wenn der Text
                           zu verschlüsseln ist.

Zusammen mit den Dateivariablen ergibt das folgende Deklarationen:

```
VAR  Z : CHAR;
     VERSCHLUESSELN : BOOLEAN;
     EINGABE,AUSGABE : TEXT;
```

Zunächst sind die beiden Dateien zur Ein- bzw. Ausgabe zu öffnen:

```
BEGIN
    RESET (EINGABE);
    REWRITE (AUSGABE);
```

Dann muß anhand der ersten Dateizeile festgelegt werden, ob der folgende Text ver- oder entschlüsselt werden soll. Dazu wird zunächst das erste Zeichen der Datei EINGABE gelesen:

```
READLN (EINGABE,Z);
```

Entsprechend dem Wert von Z wird die VERSCHLUESSELN-Flagge gesetzt und anschließend das entgegengesetzte Zeichen in die AUSGABE-Datei geschrieben:

```
IF  Z='0' THEN
    BEGIN
        VERSCHLUESSELN := TRUE;
        WRITELN (AUSGABE,'1')
    END
ELSE
    BEGIN
        VERSCHLUESSELN := FALSE;
        WRITELN (AUSGABE,'0')
    END;
```

```
PROGRAM kodieren (input,output,eingabe,ausgabe);

(* Verschluesselt oder entschluesselt den Text der Datei EINGABE *)
(* und legt ihn ihn der Datei AUSGABE ab. *)

VAR z : char;                    (* haelt das gelesene Zeichen fest *)
    verschluesseln : boolean; (* bestimmt die Arbeitsrichtung *)
    eingabe,ausgabe : text;

BEGIN
    reset (eingabe);
    rewrite (ausgabe);
    readln (eingabe,z);

    (* Arbeitsrichtung bestimmen und Schluesselzeile schreiben *)

    IF z='0' THEN
        BEGIN (* Arbeitsrichtung: Verschluesseln *)
            verschluesseln := true;
            writeln (ausgabe,'1')
        END (* Arbeitsrichtung: Verschluesseln *)
    ELSE
        BEGIN (* Arbeitsrichtung: Entschluesseln *)
            verschluesseln := false;
            writeln (ausgabe,'0')
        END; (* Arbeitsrichtung: Entschluesseln *)

    (* Eingabedatei umkodieren *)

    WHILE NOT eof(eingabe) DO
        BEGIN (* Datei lesen *)
            WHILE NOT eoln(eingabe) DO
                BEGIN (* Zeile lesen *)
                    read (eingabe,z);
                    IF verschluesseln THEN
                        z := succ(succ(succ(z)))
                    ELSE
                        z := pred(pred(pred(z)));
                    write (ausgabe,z)
                END; (* Zeile lesen *)
            writeln (ausgabe);
            readln (eingabe)
        END (* Datei lesen *)

END .
```

Bild 11.10   Ein Verschlüsselungsprogramm

Dann wird eine Schleife eingeleitet, die abbricht, wenn die Endmarke der Datei EINGABE erreicht worden ist:

WHILE NOT EOF(EINGABE) **DO**

Eine zweite Schleife übernimmt jeweils eine Zeile dieser Datei:

BEGIN
   WHILE NOT EOLN(EINGABE) **DO**

In ihr wird jeweils ein Zeichen in die Variable Z übernommen und abhängig vom Wert der Flagge VERSCHLUESSELN ver- oder entschlüsselt. Das Ergebnis wird in die Datei AUSGABE geschrieben:

```
BEGIN
    READ (EINGABE,Z);
    IF VERSCHLUESSELN THEN
        Z := SUCC(SUCC(SUCC(Z)))
    ELSE
        Z := PRED(PRED(PRED(Z)));
    WRITE (AUSGABE,Z)
END;
```

Nach Abbruch dieser Schleife geht das Programm zur nächsten Zeile über:

```
        WRITELN (AUSGABE);
        READLN (EINGABE)
    END
END.
```

Zusammenfassung zum Programm KODIEREN

Das Programm verdeutlicht den Einsatz einer Ein- und einer Ausgabedatei und zeigt, wie man einen Text zeichen- und zeilenweise bis zum Ende der Eingabedatei übernehmen kann. Dabei wird das eingegebene Zeichen vor dem Übertragen in die Ausgabedatei weiterverarbeitet.

Nachbemerkung

Für die meisten Pascal-Versionen stellt dieses wie das vorangehende Programmbeispiel insofern nur einen Rumpf dar, als nicht angegeben wird, wie die Dateien auf dem externen Datenträger erreicht werden sollen. Viele Versionen verlangen die besondere Angabe eines Dateinamens, viele fordern auch zusätzliche Operationen am Schluß des Programms, um die ausgegebene(n) Datei(en) permanent zu machen, ein Vorgang der als *Schließen* der Datei bezeichnet wird. Die dazu notwendigen Befehle und Ausdrücke unterscheiden sich jedoch stark von Pascal-Version zu Pascal-Version und von Computersystem zu Computersystem, so daß hier

nicht weiter darauf eingegangen werden kann. (Die diesbezügliche Datei-
behandlung in UCSD-Pascal befindet sich am Kapitelende.)

Fallstudie 3: Suchen von Zeichenketten in einem Text

Die Problemstellung

Es geht hier darum, ein Programm zu entwerfen, das eine Textdatei nach
einem vorgegebenen Teiltext durchsucht und jedes Vorkommen dieses
Texts anzeigt und zählt. Damit wird eine bei der Textverarbeitung häufige
Aufgabe gelöst.

Das Programm, das diese Aufgabe bewältigt, zeigt den Einsatz von Zeichenfeldern, von Textdateien und stellt einige Grundlagen der Textverarbeitung dar.

Bild 11.11 enthält einen vom Programm zu verarbeitenden Text und Bild
11.12 das Verarbeitungsergebnis..

```
DAS PROGRAMM "SUCHEN" DURCHSUCHT EINE VORGEGEBENE TEXDATEI
NACH EINER VOM BENUTZER BEIM PROGRAMMLAUF EINGEGEBENEN
ZEICHENKETTE UND MELDET DIE PLAETZE, AN DENEN EIN AUFTRETEN
GEFUNDEN WURDE, ZUSAMMEN MIT DER ZEILENNUMMER.
```

Bild 11.11   Ein zu durchsuchender Text

```
    zu suchende Zeichenkette: EIN

    Zeile    Ort
        1: DAS PROGRAMM "SUCHEN" DURCHSUCHT EINE VORGEGEBENE TEXDATEI
                                           ↑
        2:  NACH EINER VOM BENUTZER BEIM PROGRAMMLAUF EINGEGEBENEN
                 ↑
        2:  NACH EINER VOM BENUTZER BEIM PROGRAMMLAUF EINGEGEBENEN
                                              ↑
        3:  ZEICHENKETTE UND MELDET DIE PLAETZE, AN DENEN EIN AUFTRETEN
                                                           ↑

        4 Vorkommen gefunden.
```

Bild 11.12 Das Suchergebnis

Das Programm

Der Programmtext findet sich in Bild 11.13. Dabei ist vorausgesetzt, daß
der zu untersuchende Text in einer Datei SUCHDATEI vom Datentyp
TEXT steht:

```
PROGRAM suchen (input,output,suchdatei);

(* Sucht eine vorgegebene Zeichenkette in einer Textdatei auf, *)
(* zaehlt das Auftreten und gibt die entsprechenden Zeilen zu- *)
(* sammen mit der Nummer des Auftretens aus.                   *)

TYPE kette = ARRAY [1..120] OF char;

VAR wortzahl,zeilenzahl,wortlaenge,zeilenlaenge,
        wortpos,index : integer;
    zeile,wort : kette;
    suchdatei : text;

PROCEDURE drucke (VAR ausgabe : kette; laenge : integer);
    VAR index : integer;
    BEGIN
        FOR index := 1 TO laenge DO write (ausgabe[index]);
        writeln
    END;

PROCEDURE auffinden (VAR kette1,kette2 : kette;
                     laenge1,laenge2 : integer;
                     VAR ort : integer);

    (* Sucht "kette1" in "kette2" auf, beginnend mit "ort". *)
    (* Wenn "kette1" nicht vorhanden ist, wird *)
    (* ort > laenge2-laenge1+1 *)
    (* zurueckgeliefert. *)

    VAR zlr1,zlr2,endposition : integer;
    BEGIN
        (* "endposition" dient zur Beschleunigung der Abarbeitung. *)
        endposition := laenge2-laenge1+1;
        zlr1 := 0 ; zlr2 := 0;
        REPEAT
            ort := ort+1;
            IF kette2[ort]=kette1[1] THEN (* 1. Zeichen gefunden *)
                BEGIN (* Rest vergleichen *)
                    zlr1 := 1;
                    zlr2 := ort;
                    REPEAT
                        zlr1 := zlr1+1;
                        zlr2 := zlr2+1;
                    UNTIL (kette2[zlr2] <> kette1[zlr1])
                          OR (zlr1 > laenge1)
                END;
        UNTIL (ort>endposition) OR (zlr1>laenge1) (* EOLN oder gefunden *)
    END; (* auffinden *)
```

Bild 11.13   Ein Programm zur Textuntersuchung

```
BEGIN (* suchen *)
    wortzahl := 0;
    zeilenzahl := 0;
    wortlaenge := 0;
    write ('zu suchende Zeichenkette: ');
    REPEAT (* Zeichenkette uebernehmen *)
        wortlaenge := wortlaenge+1;
        read (wort[wortlaenge])
    UNTIL eoln;
    wortlaenge := wortlaenge-1;
    writeln;
    reset (suchdatei);
    writeln ('Zeile    Ort');
    WHILE NOT eof(suchdatei) DO
        BEGIN
            zeilenlaenge := 0;
            REPEAT (* Suchzeile uebernehmen *)
                zeilenlaenge := zeilenlaenge+1;
                read (suchdatei,zeile[zeilenlaenge])
            UNTIL eoln(suchdatei);

            zeilenzahl := zeilenzahl+1;
            wortpos := 0;
            REPEAT (* Alle Vorkommen aufsuchen *)
                auffinden(wort,zeile,wortlaenge,zeilenlaenge,wortpos);
                IF (wortpos > 0) AND
                   (wortpos <= zeilenlaenge-wortlaenge+1) THEN
                    BEGIN (* Wort gefunden: anzeigen *)
                        wortzahl := wortzahl+1;
                        write (zeilenzahl:5,': ');
                        drucke (zeile,zeilenlaenge);
                        FOR index := 1 TO wortpos+6 DO
                            write (' ');
                        writeln ('^')
                    END
            UNTIL wortpos>zeilenlaenge-wortlaenge+1

        END;
    writeln;
    writeln (wortzahl:6,' Vorkommen gefunden.')

END . (* suchen *)
```

PROGRAM SUCHEN (INPUT,OUTPUT,SUCHDATEI);

Zur Verarbeitung des Texts wird ein Datentyp KETTE deklariert, der ein
Feld aus 120 alphanumerischen Zeichen angibt. Dies ist die größte Zeilen-
breite der meisten Drucker. Die Verarbeitung dieser Ketten findet in den
beiden Variablen ZEILE (zur Aufnahme der gerade untersuchten Textzeile) und WORT (in der die gesuchte Teilkette festgehalten ist) statt. Des
weiteren werden einige ganzzahlige Variable für Verarbeitungszwecke
benötigt, auf die noch einzugehen sein wird. Insgesamt erfordert das die
Deklarationen:

```
TYPE KETTE = ARRAY [1..120] OF CHAR;
VAR WORTZAHL,ZEILENZAHL,WORTLAENGE,ZEILENLAENGE,
      WORTPOS,INDEX : INTEGER;
    ZEILE,WORT : KETTE;
    SUCHDATEI : TEXT;
```

Das Programm benutzt zwei Prozeduren: DRUCKE und AUFFINDEN.
Die erste druckt eine zur Ausgabe übergebene Zeichenkette bis zu einer
als Parameter angegebenen LAENGE aus.

```
PROCEDURE DRUCKE (VAR AUSGABE : KETTE; LAENGE : INTEGER);
    VAR INDEX : INTEGER;
    BEGIN
        FOR INDEX := 1 TO LAENGE DO WRITE (AUSGABE[INDEX]);
        WRITELN
    END;
```

Beachten Sie, daß AUSGABE als *variabler* Parameter übergeben ist, obwohl die so übergebene Zeichenkette von der Prozedur nicht verändert
wird. Die Übergabe variabler Parameter bedeutet in der Praxis, daß die
betreffenden Werte nicht in eine eigene lokale Variable der Prozedur kopiert werden, sondern daß man die Adresse angibt, unter der die Variablenwerte im Speicher zu finden sind. In unserem Beispiel sind dadurch
keine Seiteneffekte zu erwarten, dafür spart man sich aber den Zeit- und
Platzaufwand beim Umkopieren der auszugebenden Zeichenfelder.

Die Prozedur AUFFINDEN hat die Aufgabe, KETTE2 daraufhin zu untersuchen, ob ab der Zeichenposition ORT in ihr der als KETTE1 übergebene Textteil enthalten ist. Ist das der Fall, dann wird die so gefundene Position in ORT zurückgeliefert. Andernfalls wurde bei der Suche die verfügbare Kettenlänge überschritten, was sich darin manifestiert, daß ORT
einen Wert größer als die Differenz LAENGE2−LAENGE1+1 besitzt,
wobei LAENGE2 die Länge der durchsuchten Zeichenkette KETTE2
und LAENGE1 die Anzahl der in KETTE1 übergebenen Zeichen angibt,
nach denen gesucht werden soll.

```
PROCEDURE AUFFINDEN (VAR KETTE1,KETTE2 : KETTE;
    LAENGE1,LAENGE2 : INTEGER;
    VAR ORT : INTEGER);
```

(Auch hier sparen wir wieder Speicherplatz ein durch Übergabe der Ketten als variable Parameter; ORT dagegen soll das Suchergebnis zurückliefern und wird daher in „normaler" Weise als variabler Parameter übergeben.)

In der Prozedur werden drei lokale ganzzahlige Variable verwendet. Davon sind ZLR1 und ZLR2 Zähler, die für die Vergleichsoperation gebraucht werden. ENDPOSITION dagegen ist eine Hilfsvariable, deren Aufgabe es ist, das Endkriterium der Suchschleife leichter aufzufinden. Dazu erhält ENDPOSITION die Zahl der effektiv zu untersuchenden Zeichen LAENGE2−LAENGE1+1 zugewiesen. Sobald ORT diesen Wert überschreitet, sind nicht mehr genügend Zeichen für KETTE1 in KETTE2 übrig, so daß die Suche mit negativem Ergebnis abgebrochen werden kann, ohne den Rest noch prüfen zu müssen.

Außer ENDPOSITION müssen sicherheitshalber auch die beiden Zählervariablen ZLR1 und ZLR2 mit einem definierten Ausgangswert initialisiert werden. Andernfalls kann es sein, daß sie beim Aufruf der Prozedur zufällige Werte (oder noch die Werte aus dem letzten Aufruf) besitzen und so Fehlfunktionen bewirken können.

```
VAR ZLR1,ZLR2,ENDPOSITION : INTEGER;
BEGIN
    ENDPOSITION := LAENGE2−LAENGE1+1;
    ZLR1 := 0 ; ZLR2 := 0;
```

Die Suche selbst findet in einer REPEAT-Schleife statt. Hier zeigt die Variable ORT auf das erste Zeichen in KETTE2, das zu untersuchen ist. Dieses Zeichen muß zunächst einmal mit dem ersten aus KETTE1 übereinstimmen:

```
REPEAT
    ORT := ORT+1;
    IF KETTE2[ORT]=KETTE1[1] THEN
```

Wenn die beiden ersten Zeichen übereinstimmen, dann muß der Rest von KETTE1 mit den auf KETTE2[ORT] folgenden Zeichen verglichen werden. Dazu werden die beiden Zähler ZLR1 und ZLR2 so herangezogen, daß ZLR1 auf das jeweils nächste Zeichen von KETTE1 und ZLR2 auf das entsprechende Zeichen in KETTE2 zeigt:

```
BEGIN
    ZLR1 := 1;
    ZLR2 := ORT;
    REPEAT
        ZLR1 :=ZLR1+1;
        ZLR2 :=ZLR2+1;
```

Die so bezeichneten Feldelemente werden miteinander verglichen:

```
    UNTIL KETTE2[ZLR2] <> KETTE1[ZLR1])
        OR (ZLR1 > LAENGE1)
END;
```

Dabei kann diese innere REPEAT-Schleife in zwei Fällen abgebrochen werden:

1. KETTE2[ZLR2] <> KETTE1[ZLR1]: Die Zeichen stimmen nicht überein, d. h. KETTE1 ist hier nicht in KETTE2 enthalten.
2. ZLR1 >LAENGE1: Alle Zeichen von KETTE1 sind − beginnend mit Position ORT − in KETTE2 in der richtigen Folge vorgefunden worden, d. h KETTE1 ist an Position ORT in KETTE2 enthalten.

Im ersten Fall ist die Suche mit dem nächsten Zeichen von KETTE2 zu wiederholen, falls die durch ENDPOSITION gegebene Suchlänge nicht überschritten worden ist. Das heißt, die äußere Suchschleife läuft bis zur Bedingung:

```
    UNTIL (ORT>ENDPOSITION) OR (ZLR1>LAENGE1)
END;
```

Damit wird diese Schleife in folgenden zwei Fällen abgebrochen:

1. ZLR > LAENGE1: In der inneren Zählschleife ist ein Vorkommen von KETTE1 in KETTE2 entdeckt worden.
2. ORT > ENDPOSITION: Das Ende von KETTE2 wurde erreicht, ohne daß KETTE1 in ihr aufgefunden worden ist.

Beachten Sie, daß in beiden Fällen alle notwendige Information über den Ausgang der Suche in der Variablen ORT steht.

Das Programm selbst ist unkompliziert. Es benutzt folgende Variablen:

WORTZAHL	zählt die verschiedenen Vorkommen des gesuchten Teiltexts in der Datei
ZEILENZAHL	zählt die in der Datei untersuchten Zeilen
WORT	hält den aufzufindenden Teiltext fest
ZEILE	enthält die zu untersuchende Textzeile
WORTLAENGE	ist die Anzahl der Zeichen in WORT
ZEILENLAENGE	ist die Anzahl der Zeichen in der zu untersuchenden Zeile
WORTPOS	gibt die Position des Zeichens an, das vor demjenigen in der Zeile steht, mit dem die Suche jeweils beginnen soll
INDEX	schließlich dient als Hilfsvariable bei der Übernahme der verschiedenen Zeichenfelder

Zunächst werden die Zählervariablen initialisiert und vom Benutzer Zeichen für Zeichen der aufzufindende Textteil übernommen. Dessen Ende wird durch ein Zeilenendzeichen angegeben:

```
BEGIN
    WORTZAHL := 0;
    ZEILENZAHL := 0;
    WORTLAENGE := 0;
    WRITE ('ZU SUCHENDE ZEICHENKETTE: ');
    REPEAT (* ZEICHENKETTE UEBERNEHMEN *)
        WORTLAENGE := WORTLAENGE+1;
        READ (WORT[WORTLAENGE])
    UNTIL EOLN;
```

Mit dem Zeilenendzeichen wurde ein Zeichen zuviel übernommen, die
WORTLAENGE muß also angepaßt werden:

```
WORTLAENGE := WORTLAENGE-1;
```

Dann wird die Ausgabe durch Ausdrucken des Tabellenkopfs vorbereitet
und Zeile für Zeile die SUCHDATEI ausgelesen:

```
WRITELN;
RESET (SUCHDATEI);
WRITELN ('ZEILE   ORT');
WHILE NOT EOF(SUCHDATEI) DO
    BEGIN
        ZEILENLAENGE := 0;
        REPEAT
            ZEILENLAENGE := ZEILENLAENGE+1;
            READ (SUCHDATEI,ZEILE[ZEILENLAENGE])
        UNTIL EOLN(SUCHDATEI);
```

ZEILE enthält jetzt den Text, in dem nach Vorkommen von WORT gesucht werden soll. Das geschieht mit Hilfe der Prozedur AUFFINDEN:

```
ZEILENZAHL := ZEILENZAHL+1;
WORTPOS := 0;
REPEAT
    AUFFINDEN(WORT,ZEILE,WORTLAENGE,ZEILENLAENGE,WORT-
    POS);
    IF (WORTPOS > 0) AND
        (WORTPOS <= ZEILENLAENGE-WORTLAENGE+1) THEN
```

Treffen diese beiden Bedingungen zu, dann ist WORT in ZEILE an der
Position WORTPOS aufgefunden worden. Das wird sofort angezeigt, wobei der Text mit Hilfe der Prozedur DRUCKE ausgegeben wird:

```
BEGIN
WORTZAHL := WORTZAHL+1;
WRITE (ZEILENZAHL:5,': ');
DRUCKE (ZEILE,ZEILENLAENGE);
```

In ZEILE ist ist nun anzugeben, welche der Zeichenkombinationen dort gefunden wurde. Dazu setzen wir einen Pfeil unter deren Anfang:

```
    FOR INDEX := 1 TO WORTPOS+6 DO
        WRITE (' ');
    WRITELN ('^')
END
```

Das wird wiederholt, bis die Zeilenlänge bei der Suche überschritten worden ist:

```
UNTIL WORTPOS>ZEILENLAENGE-WORTLAENGE+1
```

Die äußere Schleife wird wiederholt, bis das Dateiende erreicht wurde. Anschließend wird die Anzahl der vorgefundenen Vorkommen gemeldet:

```
    END;
    WRITELN;
    WRITELN (WORTZAHL:6,' VORKOMMEN GEFUNDEN.')
END. (* SUCHEN *)
```

Dateien in UCSD-Pascal

In Standard-Pascal sind die Dateien formal so definiert, daß sie unabhängig von dem Medium, auf dem sie stehen, verarbeitet werden können. Genau genommen ist die Dateidefinition in Standard-Pascal beeinflußt von den Systemen seiner Entstehungszeit, die vorwiegend mit Magnetbändern und Kernspeichern arbeiteten. Aus diesem Grund sind alle Dateizugriffe sequentiell angelegt.

UCSD-Pascal dagegen faßt seine Dateien in erster Linie als *Disketten*-Dateien auf, obwohl sie auch auf Band gespeichert werden können. Disketten sind bei Kleincomputern zum vorherrschenden externen Speichermedium geworden. Damit aber genügen die Zugriffsmechanismen von Standard-Pascal nicht mehr, da sie die Möglichkeiten von Diskettenspeichern kaum ausnutzen. UCSD-Pascal bietet daher zusätzliche Strukturen und Zugriffsmechanismen an.

UCSD-„Volumes"

Jede physische Ein/Ausgabeeinheit (oder Kombination davon) wird in UCSD-Pascal als *Volume* („Band", das wie ein größeres Buch in mehrere Bände unterteilt sein kann) bezeichnet. Derartige Einheiten sind beispielsweise der Drucker, die Ein/Ausgabekonsole oder ein Diskettenspeicher. Tastatur und Bildschirm der Konsole werden als verschiedene Volumes behandelt.

Jedes Volume erhält einen eigenen Namen. Für einige der gebräuchlicheren von ihnen sind die Namen reserviert, insbesondere:

„CONSOLE:" bezieht sich auf die Kombination von Tastatur und Bildschirm mit Echo der eingetippten Zeichen auf dem Bildschirm.

„PRINTER:" bezeichnet den Drucker des Systems.

Ein/Ausgabe-Strukturen in UCSD-Pascal

UCSD-Pascal unterscheidet blockstrukturierte und nicht-blockstrukturierte Einheiten. Eine blockstrukturierte Einheit speichert die Information in Blöcken gleicher Größe. So kann eine Diskette die Daten z. B. in 128 Bytes langen Blöcken speichern. Eine blockstrukturierte Einheit besitzt immer ein Verzeichnis (englisch: „directory) und kann mehrere Dateien enthalten.

Eine nicht-blockstrukturierte Einheite dagegen ist ein sequentiell arbeitendes Gerät, das die Daten intern nicht in Blöcke gliedert. Derartige Einheiten sind beispielsweise die Tastatur oder der Drucker des Geräts.

Eine weitere Unterscheidung besteht zwischen den Dateien, wie sie von Betriebssystemen gehandhabt werden und den Dateien, wie sie Pascal benutzt. Die vom Betriebssystem verwendeten Dateien werden als *externe* Dateien bezeichnet.

Namen externer Dateien in UCSD-Pascal

Auf eine Datei kann man sich durch Angabe von Volume und externem Dateinamen beziehen. Ein Dateiname umfaßt dabei bis zu 15 Zeichen. Soll er als Programm übersetzt oder abgearbeitet werden können, dann muß er mit „.TEXT" bzw. „.CODE" enden. So können z. B. folgende Dateinamen verwendet werden:

```
DISK1:BEISPIEL.TEXT
DISK2:DEMO.CODE
```

TEXT und CODE werden in diesem Fall als Typensuffixe bezeichnet. Sie geben an, zu welchem Zweck die betreffende Datei verwendet werden darf.

Typen externer UCSD-Dateien

Jede auf Diskette gespeicherte Datei erhält einen Typenbezeichner, der ihren Verwendungszweck angibt. Dabei sind acht Typen in UCSD-Pascal reserviert. Sie lauten:

.TEXT im ASCII-Kode aufgezeichneter, normal lesbarer Text

.BACK wie .TEXT, aber als Sicherungsdatei („back-up file") verwendet

.CODE übersetzter Kode, der vom Rechner abgearbeitet werden kann

.DATA Daten

.FOTO   eine Datei, die ein Speicherabbild des Bildschirminhalts enthält
.GRAF   gedacht zur Speicherung eines komprimierten Grafikkodes,
        derzeit (Version II.O) jedoch nicht verwendet
.BAD   eine auf der Diskette physisch festliegende (d. h. nicht ver-
        schiebbare) Datei, die eine beschädigte („bad") Stelle vor dem
        normalen Zugriff verbergen soll.
.INFO   Informationen für das „Debugger"-Programm zur Fehlersuche
        in Pascal-Programmen

Dateitypen in UCSD-Pascal

UCSD-Pascal unterscheidet typisierte („typed") und typenfreie („untyped") Dateien. Typisierte Dateien entsprechen denen von Standard-Pascal. Typenfreie Dateien sind UCSD-spezifische Aufzeichnungsformen,
die unmittelbar von der physischen Dateidarstellung abhängen. Eine typisierte Standard-Datei wird deklariert als:

DATEINAME : FILE OF Typ;

Bei einer typenfreien Datei entfällt die Typenangabe in der Deklaration:

DATEINAME : FILE;

Darüberhinaus kennt UCSD-Pascal einen weiteren Dateityp, der als
INTERACTIVE bezeichnet wird.

Interaktive UCSD-Dateien

Wenn ein Anwenderprogramm abgearbeitet wird, dann werden automatisch drei spezielle Dateien eröffnet: INPUT, OUTPUT und KEYBO-
ARD. Diese drei Dateien werden INTERACTIVE genannt.

INPUT   wiederholt wie üblich die eingetippten Zeichen auf dem
              Bildschirm (sogenannte Echo-Operation).
KEYBOARD   („Tastatur") ist eine Eingabemöglichkeit ohne Echo.
              Das kann beispielsweise zum Eintippen eines geheimen
              Paßworts zum Zugriff auf das System benutzt werden
              oder dazu dienen, ein anderes als das eingetippte Zei-
              chen auszugeben.
OUTPUT   Ausgabeform an die Konsole, die eine besondere Ausga-
              besteuerung beinhaltet. Die Textausgabe kann angehal-
              ten und abgebrochen werden.

INPUT kann vom Benutzer definiert werden. Geschieht das nicht, so wird
es als CONSOLE angesehen. Jedes auf der Konsole eingetippte und mit
READ(INPUPT,Z) übernommene Zeichen Z wird automatisch auf der
Konsolenausgabeeinheit wiederholt.

KEYBOARD arbeitet wie INPUT mit dem einzigen Unterschied, daß
kein Echo der eingegebenen Zeichen erfolgt.

OUTPUT kann ebenfalls vom Benutzer definiert werden und ist ohne das als CONSOLE festgelegt.

Auch eine Dateivariable kann als INTERACTIVE vereinbart werden, z. B. so:

VAR D1,D2,D3 : INTERACTIVE;

Eine solche INTERACTIVE-Datei hat den Datentyp TEXT und wird anders gelesen als die üblichen Dateien.

Beim Lesen einer normalen Datei entspricht READ(D,Z) der Anweisungsfolge:

Z := D▲; (Zeichen von der Pufferfariablen übernehmen)
GET (D); (Zugriffsfenster auf nächstes Dateielement schieben)

Das setzt voraus, daß bei der Öffnung der Datei ein Wert in die Puffervariable D▲ geschrieben wird.

Geschieht nun die Eingabe über die Tastatur, so kann die Datei erst geöffnet werden, wenn ein Zeichen eingetippt worden ist. Hierin spiegelt sich die Tatsache wider, daß Pascal ursprünglich zur Stapelverarbeitung, d. h. für nicht interaktiv arbeitende Rechner entwickelt worden ist.

Um dieses Problem zu umgehen und um eine bequeme interaktive Arbeit zu ermöglichen, wurden in UCSD-Pascal INTERACTIVE-Dateien mit folgendem Zugriffsablauf für READ(D,Z) definiert:

GET (D);
Z := D▲;

Auf diese Weise kann man eine Datei eröffnen, ohne sofort die Puffervariable mit einem Zeichen laden zu müssen. Das kann zu einem späteren Zeitpunkt geschehen.

Im Fall von als INTERACTIVE deklarierten Textdateien unterscheiden sich EOF, EOLN und RESET geringfügig von Standard-Pascal.

EOF, EOLN und RESET in UCSD-Pascal

Für alle nicht als INTERACTIVE deklarierten Dateien arbeiten EOF, EOLN und RESET genau wie im Standard-Pascal. Bei INTERACTIVE-Dateien verhalten sie sich wie im folgenden beschrieben etwas abweichend.

EOF(Datei) in UCSD-Pascal

EOF behält den Wert FALSE, solange Text auf der Konsole eingegeben wird. Um EOF auf den Wert TRUE zu setzen, muß das Dateiendzeichen eingetippt werden. Bei nicht an die Tastatur gebundenen Dateien liefert EOF(Datei) TRUE, wenn die Datei geschlossen ist. Nach einem RESET

liefert EOF(Datei) den Wert FALSE. Wenn EOF im Verlauf eines Lese-
zugriffs auf die Datei durch READ(Datei,...) oder GET(Datei) den Wert
TRUE annimmt, dann sind die übernommenen Daten undefiniert (da das
Dateiende bereits überschritten ist).

EOLN(Datei) in UCSD-Pascal

Diese Funktion ist nur für Textdateien definiert. Als Zeilenendzeichen
dient ein einfacher Wagenrücklauf („carriage return"). Bei der Arbeit mit
als INTERACTIVE deklarierten Dateien wird EOLN erst *nach* Übernahme des Zeilenendzeichens TRUE. In jedem Fall wird ein Zeilenende
an die betreffende Variable als Leerzeichen übergeben. Wenn EOF(Datei) im Fall einer Textdatei TRUE liefert, dann liefert automatisch auch
EOLN(Datei) den Wert TRUE.

RESET(Datei) in UCSD-Pascal

RESET arbeitet bei nicht-interaktiven Dateien genau wie in Standard-
Pascal. Ist die betreffende Datei dagegen als INTERACTIVE deklariert,
dann wird durch RESET(Datei) in UCSD-Pascal lediglich das Zugriffsfenster auf den Dateianfang gesetzt, die Puffervariable aber nicht geladen. Um dieselbe Funktion wie in Standard-Pascal auszuführen, muß dem
UCSD-RESET ein GET folgen:

```
RESET(D);
GET(D);
```

Es gibt in UCSD-Pascal noch eine zweite Form des RESET-Befehls, die
zum Eröffnen einer extern bestehenden Datei verwendet werden kann:

RESET(Datei,Verzeichnisname);

Dabei steht „Verzeichnisname" für den Dateinamen, wie er auf dem externen Datenträger (z. B. auf der Diskette) im dortigen Dateiverzeichnis
festgehalten ist. So gibt man beispielsweise an:

```
RESET(D1,'BEISPIEL.TEXT');
```

Das öffnet die auf dem aktiven Volume unter dem Namen„ BEISPIEL
.TEXT" geführte Datei und weist ihr für die weitere Arbeit in Pascal den
Namen D1 zu.

Man kann aber auch Volumes direkt ansprechen:

```
RESET(EINGABE,'CONSOLE:');
```

Hier wird die programminterne Datei EINGABE mit der externen Einheit (dem Volume) „CONSOLE:" verbunden und gleichzeitig zum Lesen
eröffnet. (EINGABE übernimmt also Zeichen von der Konsolentastatur
mit Echo auf der Konsolenausgabeeinheit.)

Wenn diese RESET-Form auf eine Datei angewendet wird, die bereits eröffnet worden ist, dann wird von der Funktion IORESULT (für „Ein/ Ausgabeergebnis") ein Fehler gemeldet und die Datei unverändert belassen. Ansonsten setzt RESET das Zugriffsfenster auf den Dateianfang (Element 0) zurück. Bei üblichen nicht-interaktiven Dateien wird durch RESET auch der Wert des ersten Dateielements in die Puffervariable der Datei übertragen.

Wichtig ist jedoch, sich zu merken, daß bei als INTERACTIVE deklarierten Dateien RESET das erste Dateielement *nicht* in die Puffervariable überträgt. Dazu muß bei interaktiven Dateien erst noch ein GET-Befehl gegeben werden.

Ein- und Ausgabe in UCSD-Pascal

Die Befehle READ und WRITE können in UCSD-Pascal nur bei Dateien vom Typ TEXT oder FILE OF CHAR angewendet werden.

GET(Datei)

Diese Prozedure arbeitet wie gewohnt. Sie kann allerdings nur mit typisierten Dateien verwendet werden, d. h. mit Dateien, die einen der in Standard-Pascal möglichen Datentypen tragen. Auf typenfreie Dateien kann man mit dieser Prozedur nicht zugreifen.

PUT(Datei)

Dies ist ebenfalls die in Standard-Pascal übliche Prozedur. Auch sie kann nur bei typisierten Dateien verwendet werden.

READ(Datei,Variablenliste)
READLN(Datei,Variablenliste)

In der Variablenliste können Variable vom Typ CHAR, STRING oder PACKED ARRAY OF CHAR verwendet werden. Die Prozeduren selbst sind auf Text- und interaktive Dateien beschränkt.

Wie in Standard-Pascal wird für den Fall, daß kein Dateiname angegeben ist, die Standarddatei INPUT angenommen.

Anders als in Standard-Pascal kann READ eine vollständige Zeichenkette (STRING) übernehmen, d. h. ist nicht auf die Übernahme einzelner Zeichen beschränkt. Beim Lesen in eine STRING-Variable mit READ wird die ganze Zeile bis zum Zeilenendzeichen übernommen und EOLN auf den Wert TRUE gesetzt. Danach allerdings kann mit READ keine weitere Zeichenkette mehr gelesen werden, solange EOLN diesen Wert hat. Man muß entweder READLN verwenden oder von vornherein in Variable vom Typ CHAR lesen.

Ein Boolescher Wert kann nicht gelesen werden. Beim Lesen von ganzen Zahlen werden führende Leerschritte und Zeilenendmarken automatisch übersprungen.

WRITE(Datei,Variablenliste)
WRITELN(Datei,Variablenliste)

WRITE und WRITELN arbeiten in UCSD-Pascal nicht mit Booleschen Variablen, d. h. sie drucken kein „TRUE" oder „FALSE" in Abhängigkeit dieser Variablen aus. Dagegen kann man ganze Zeichenketten der Form PACKED ARRAY OF CHAR oder STRING mit einem einzigen Befehl ausgeben lassen, so z. B.:

```
VAR STAAT : PACKED ARRAY [0..2] OF CHAR;
BEGIN
    STAAT := 'USA';
    WRITELN (AUSGABE,STAAT);
END;
```

Man kann beim Schreiben von STRING-Variablen in UCSD-Pascal Feldbreiten vorgeben. Wenn das angegebene Feld mehr Zeichen als die auszugebende Kette hat, dann werden führende Leerzeichen eingeschoben. Wenn die Feldbreite kleiner ist, dann werden nur die ersten Zeichen ausgegeben, bis das Feld gefüllt ist. So ergibt z. B.

```
VAR A : STRING;
BEGIN
    A := 'ABCDEF USW';
    WRITELN (A) ;
    WRITELN (A : 3);
    WRITELN (A : 12)
END;
```

die Ausgabe

```
ABCDEF USW
ABC
ƀƀABCDEF USW
```

Dabei dient ƀ zur Bezeichnung eines führenden Leerzeichens.

REWRITE(Datei,Verzeichnisname)

Die Prozedur REWRITE braucht anders als in Standard-Pascal in der UCSD-Version zwei Parameter, nämlich den Dateinamen, wie er im Pascal-Programm gebraucht wird, und den Verzeichnisnamen, unter dem die Datei extern zu finden ist:

```
REWRITE(Datei,Verzeichnisname);
```

Um z. b. die Datei D, die extern unter den Namen 'BEISPIEL.TEXT' abgelegt ist, zum Schreiben zu öffnen, muß man angeben:

```
REWRITE(D,'BEISPIEL.TEXT');
```

Der Verzeichnisname muß in jedem Fall angegeben werden. Er hat die Form einer Zeichenkette und kann einen beliebigen in UCSD-Pascal zugelassenen externen Dateinamen enthalten.

Wenn die betreffende Datei bereits geöffnet ist, führt REWRITE zu einer Fehlermeldung durch IORESULT, wobei die Datei unverändert bleibt. Dies weicht von dem Verhalten unter Standard-Pascal ab und ist einer der Fälle, in denen ein normales Pascal-Programm nicht, ohne es umzuschreiben, unter der UCSD-Version läuft.

CLOSE(Datei[,Zusatzparameter])

Diese Prozedur dient allgemein dazu, eine vorher eröffnete Datei wieder zu schließen. War die betreffende Datei vorher durch REWRITE eröffnet worden und fehlt bei Aufruf der CLOSE-Prozedur der Zusatzparameter, dann wird die Datei „gelöscht" d. h. aus dem betreffenden Verzeichnis entfernt. Sie kann dann nicht mehr aufgefunden werden, und der von ihr belegte Speicherplatz wird für andere Operationen freigegeben.

Wird der Zusatzparameter im CLOSE-Befehl benutzt, dann wird die betreffende Datei als geschlossen gekennzeichnet, und außerdem werden je nach Parameterwert weitere Aufgaben durchgeführt. Folgende drei Werte sind für den Zusatzparameter vorgesehen (der wie oben gezeigt vom Dateinamen durch ein Komma abgetrennt werden muß):

LOCK   („einschließen, sichern") Die Datei wird hier, falls sie vorher durch REWRITE geöffnet worden ist und auf einer blockstrukturierten Einheit steht (die bekanntlich ein Verzeichnis enthalten muß), „gesichert", d. h. permanent gemacht. Wurde die Datei anders geöffnet, so wird sie einfach nur wieder geschlossen, d. h. vom Programm abgetrennt.

PURGE   („bereinigen") Wenn die Datei auf einer blockstrukturierten Einheit steht, wird der Dateiname (TITLE) aus dem Verzeichnis gelöscht. Anderenfalls wird die betreffende externe Einheit vom System abgetrennt.

CRUNCH   („abbrechen") arbeitet ähnlich wie LOCK, nur daß hier die Datei auf die Position des letzten GET oder PUT eingeschränkt wird.

Nach jedem CLOSE ist die Puffervariable D⬥ der betreffenden Datei D undefiniert, da die Datei für das Programm jetzt nicht mehr existiert.

Wichtig ist es, daß eine neu geschriebene Datei unter UCSD-Pascal erst dann permanent wird, wenn ein CLOSE-Befehl gegeben wurde. Ohne diesen ausdrücklichen Abschluß der Datei können die in sie eingeschriebenen Daten verlorengehen.

IORESULT

Dies ist eine Funktion, durch welche die Ausführung einer Ein- oder Ausgabeoperation getestet werden kann. Sie liefert ein ganzzahliges Ergebnis, das 0 ist, wenn kein Fehler vorliegt. Anderenfalls wird ein Kode zurückgeliefert, der Anhaltspunkte auf den eingetretenen Fehler zuläßt. Im einzelnen sind folgende Werte von IORESULT möglich:

0 − Kein Fehler
1 − Aufzeichnungsblock nicht in Ordnung, Paritätsfehler
2 − Nummer der Einheit nicht in Ordnung
3 − Modus nicht in Ordnung, nicht zugelassene Operation
4 − nicht weiter definierter Hardwarefehler
5 − Einheit verloren, Einheit ist nicht mehr angeschlossen
6 − Datei verloren, Datei ist nicht mehr im Verzeichnis
7 − Dateiname ist nicht zugelassen
8 − Platz reicht nicht aus
9 − Keine derartige Einheit (Volume) vorhanden
10 − Keine derartige Datei im gegebenen Volume vorhanden
11 − Datei liegt bereits vor
12 − Versuch, eine bereits geöffnete Datei erneut zu öffnen
13 − Versuch, auf eine geschlossene Datei zuzugreifen
14 − Ringpuffer ist übergelaufen

UNITBUSY(Nummer)

Diese Funktion liefert den Wert TRUE, wenn die Einheit mit der angegebenen Nummer noch „beschäftigt" (busy) ist, d. h. wenn die eingeleitete Ein- oder Ausgabeoperation noch nicht beendet ist. Diese Funktion ist derzeit nur auf DEC-Computern implementiert.

UNITWAIT(Nummer)

Diese Prozedur wartet, bis die angegebene Einheit ihre Ein- oder Ausgabeoperation abgeschlossen hat. Sie ist derzeit nur auf DEC-Computern implementiert.

UNITCLEAR(Nummer)

Diese Porzedur bricht jegliche für die betreffende Einheit eingeleitete Ein- oder Ausgabeoperation ab und setzt sie in den „CLEAR"-Zustand, also den gelöschten Ausgangszsutand zurück, den sie bei Einschalten des Systems einnehmen würde. Wenn die betreffende Einheit nicht im System vorhanden ist, so wird über IORESULT ein Wert ungleich Null geliefert.

UNITREAD und UNITWRITE

Dies sind zwei UCSD-Pascal-Prozeduren, die den Datenaustausch zwischen zwei externen Einheiten vereinfachen sollen. Sie sind nur für den erfahrenen Programmierer gedacht und sollten vom Anfänger gemieden werden. Das Aufrufformat dieser beiden Prozeduren lautet:

    UNITREAD(Nummer,Feld,Länge[, [Blocknummer] [, Modus]]);
    UNITWRITE(Nummer,Feld,Länge[, [Blocknummer] [, Modus]]);

Dabei sind die Parameter „Blocknummer" und „Modus" (wie durch die eckigen Klammern angedeutet) nicht unbedingt notwendig. Sie können je nach Bedarf angegeben werden oder auch entfallen. Die Bedeutungen der Parameter lauten:

Nummer	ist die Nummer der betreffenden Ein- oder Ausgabeeinheit.
Feld	ist ein gepacktes Feld, in das oder aus dem die Daten kommen sollen. Es kann mit einem Index versehen werden, um eine bestimmte Startposition festzulegen.
Länge	ist die Anzahl der zu übertragenden Bytes.
Blocknummer	ist eine Nummer, die bei blockstrukturierten Einheiten wie beispielsweise Diskettenspeichern verwendet werden muß. Sie gibt an, welcher der Blöcke der betreffenden Datei übertragen werden soll. Fehlt die Angabe, dann wird der Wert 0 angenommen.
Modus	ist eine 0 außer eine 1 wurde spezifiziert und bezeichnet die Art der Datenübertragung. Bei einer 1 wird eine asynchrone Übertragung durchgeführt.

Typenfreie Dateien in UCSD-Pascal

Typenfreie Dateien werden in folgender Form deklariert:

VAR Dateiname1,Dateiname2,...,DateinameN : FILE;

Derartige Dateien sind einfach nur Folgen von Bytes. Sie besitzen keine besondere Struktur und kein Zugriffsfenster. Alle Ein- und Ausgabeoperationen mit typenfreien Dateien müssen durch BLOCKREAD oder BLOCKWRITE vollzogen werden. Eröffnet und geschlossen werden diese Dateien durch die üblichen Prozeduren RESET, REWRITE und CLOSE.

BLOCKREAD(Datei,Feld,Block[,Position])
BLOCKWRITE(Datei,Feld,Block[,Position])

Dies sind Funktionen, welche die im „Feld" stehenden Daten übertragen und die Anzahl der tatsächlich übertragenen Blocks als ganze Zahl zurückliefern. Die Parameter haben dabei folgende Bedeutung:

Datei	ist ein Name, der als typenfreie Datei deklariert worden ist.
Feld	muß als PACKED ARRAY OF CHAR deklariert worden sein. Seine Länge muß ein Mehrfaches von 512 bilden. Das Feld kann mit einem Index versehen werden, wenn die Übertragung irgendwo in der Mitte anfangen soll.
Block	gibt die Anzahl der zu übertragenen Datenblöcke an. Jeder Block umfaßt 512 Bytes.
Position	ist ein nur bei Bedarf notwendiger Parameter. Ohne seine Angabe erfolgt die Übertragung sequentiell. Ansonsten legt er die Position (die Nummer) des betreffenden Blocks in der Datei fest. Dabei trägt der erste Block der Datei die Nummer Null.

Mit BLOCKREAD und BLOCKWRITE können Daten zwischen Typenfreien Dateien ausgetauscht werden. Das als Parameter angegebene
„Feld" ist normalerweise ein Puffer. [Position] bezeichnet in der Regel eine Blocknummer. Und wenn nur ein einziger Block übertragen werden
soll, dann erhält „Block" den Wert 1.

Nach Abschluß der Datenübertragung liefern BLOCKREAD und
BLOCKWRITE die Anzahl der tatsächlich übertragenen Datenblöcke
zurück. Eine Null zeigt dabei einen Fehler an.

Bei der Anwendung dieser Funktionen ist Vorsicht geboten, da die Feldgrenzen ohne Warnung überschritten werden können.

Unmittelbarer Dateizugriff in UCSD-Pascal

Der Dateizugriff erfolgt in Standard-Pascal strikt sequentiell. In UCSD-
Pascal dagegen kann man die einzelnen Aufzeichnungen mit Hilfe der
SEEK-Prozedur („suchen") auch unmittelbar erreichen. Dabei ist folgen-
de Syntax zu verwenden:

```
SEEK(Datei,Nummer);
```

„Datei" ist dabei der übliche Dateiname, und „Nummer" gibt an, welche
der Aufzeichnungen aufgesucht werden soll. Dabei hat die erste Aufzeichnung in der Datei die Nummer 0.

Mit SEEK wird das Fenster auf die betreffende Datei gestellt. GET(Datei) überträgt die dort stehenden Daten in die Puffervariable und setzt das
Fenster weiter. PUT(Datei) schreibt die in der Puffervariablen stehenden
Daten in das betreffende Fenster. Selbstverständlich darf man mit SEEK
nicht über das Dateiende hinaus suchen.

Mit dem folgenden Beispiel kann man auf Aufzeichnung Nummer 3 der
Datei BEISPIEL, die extern unter dem Namen DEMO.DATA festgehalten ist, zugreifen:

```
VAR BEISPIEL : DATEI OF AUFZEICHNUNGSTYP;
BEGIN
    RESET (BEISPIEL,'DEMO.DATA');
    . . .
    SEEK (BEISPIEL,3);
    GET (BEISPIEL); (* Setzt das Fenster weiter *)
    . . .
    SEEK (BEISPIEL,3); (* Setzt das Fenster zurück *)
    PUT (BEISPIEL);
    . . .
END;
```

Beachten Sie, daß wir hier eine Möglichkeit haben, in eine Datei zu schreiben, ohne sie vorher mit REWRITE ausdrücklich zum Schreiben öffnen
(und dabei löschen) zu müssen.

Zusammenfassend gesagt dient SEEK dazu, das Zugriffsfenster auf eine bestimmte Stelle in der Datei zu stellen. Dabei ist zu beachten, daß diese Prozedur nur mit strukturierten Dateien (nicht mit TEXT-Dateien) arbeitet. Zwischen zwei SEEK-Aufrufen muß mindestens ein GET oder ein PUT stehen. Die Prozedur setzt EOF und EOLN immer auf den Wert FALSE.

Zusammenfassung zur Ein- und Ausgabe in UCSD-Pascal

Die folgenden Funktionen und Prozeduren unterscheiden sich geringfügig von Standard-Pascal:

EOF, EOLN, GET, PUT, READ, WRITE, READLN, WRITELN, RESET und REWRITE

Die folgenden Funktionen und Prozeduren sind in UCSD-Pascal zusätzlich definiert:

BLOCKREAD, BLOCKWRITE, UNITREAD, UNITWRITE, UNITBUSY, UNITWAIT, UNITCLEAR, CLOSE, IORESULT und SEEK

Hierdurch wird die Erstellung von System- und von Steuerprogrammen erleichtert.

UCSD-Pascal öffnet automatisch bei der Abarbeitung eines Programms drei interaktive Dateien: INPUT, OUTPUT und KEYBOARD. Alle im Programm sonst noch benötigten Dateien müssen wie üblich deklariert werden.

Zusammenfassung

Eine Datei ist die einzige unmittelbar deklarierbare Datenstruktur in Pascal, deren Größe sich während der Abarbeitung ändern darf. In Standard-Pascal erfolgen alle Dateizugriffe sequentiell. Zum elementweisen Lesen und Schreiben stehen besondere Operationen zur Verfügung, des weiteren zur Positionierung des Zugriffsfensters auf das gewünschte Dateielement.

Für Textdateien ist der Datentyp TEXT vordefiniert. Außerdem gibt es zum Umgang mit Textdateien besondere Operationen.

Übungen

11.1: Schreiben Sie ein Programm, das ermittelt, wie oft jeder Buchstabe des Alphabets in einer vorgegebenen Textdatei auftritt.

11.2: Schreiben Sie ein Programm, das eine Datei liest und sie je nach Benutzerbefehl mit einfachem, doppeltem oder dreifachem Zeilenabstand ausdruckt.

11.3: Wie in Übung 11.2, doch sollen jetzt die Zeilen im Ausdruck numeriert werden.

11.4: Schreiben Sie eine Prozedur, mit deren Hilfe man alle Leerzeichen in einer Textzeile überspringen kann.

11.5: Sortieren Sie eine ganzzahlige Datei in aufsteigender Folge. Wie kann das mit einer einzigen Datei erfolgen? Wäre es schneller, wenn man zwei Dateien benutzen würde?

11.6: Schreiben sie ein Texteditorprogramm, das in einer Textdatei auf Befehl Zeilen löschen, am Ende anfügen, einfügen, anzeigen und verändern kann.

11.7: Lesen Sie eine Datei, deren Aufzeichnungen wie folgt gegliedert sind: Name, Kundennummer, Betrag, eine Null oder Eins (Null bei Schulden, Eins bei Guthaben), Straße, Hausnummer, Landeskennung, Postleitzahl und Ort. Teilen Sie sie dann in zwei Dateien auf, von denen die eine die Kunden mit Schulden, die andere diejenigen mit Guthaben enthält. Diese Ausgabedateien sollen nur Name und Adresse der Kunden enthalten.

Kapitel 12

Mengen

Mengen in Pascal

Unter einer Menge (englisch: „set") versteht man in Pascal die Zusammenfassung mehrerer Objekte desselben Typs. Dabei hängt die maximal mögliche Anzahl dieser Elemente von der jeweiligen Pascal-Version und von dem Computer ab, auf dem sie läuft. Die Maximalzahl von Elementen einer Menge ist in der Regel recht klein und liegt zumeist irgendwo zwischen 64 und 256 (4080 Elemente in UCSD-Pascal). Der Typ der zu einer Menge gehörenden Objekte heißt „Grundtyp" der Menge. Es kann jeder skalare, nicht aber ein strukturierter Typ sein. Bild 12.1 zeigt die formale Definition einer Menge.

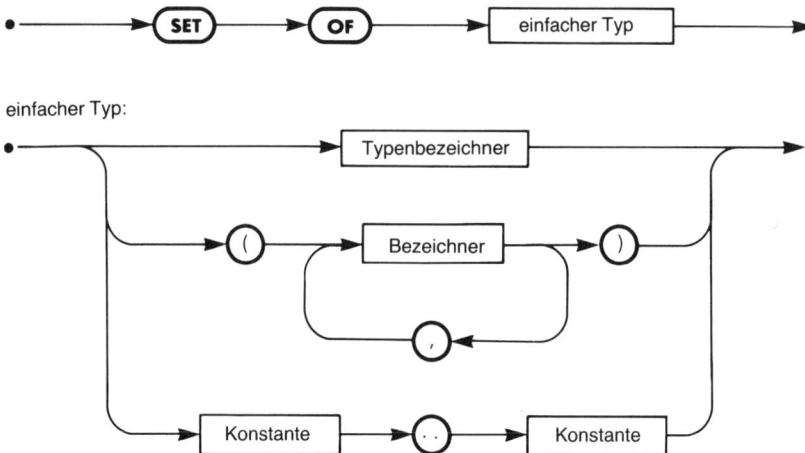

Bild 12.1   Die Syntax der Mengendeklaration

Sehen wir uns beispielsweise die folgende Mengendeklaration an:

```
TYPE  WAGEN = (OPEL,FORD,VOLVO,VW,HONDA,PEUGEOT,MER-
CEDES,RENAULT,BMW);
   PARK = SET OF WAGEN;
```

Hier ist WAGEN ein durch Aufzählen definierter Datentyp und PARK ist eine Menge. Variable des Datentyps PARK können beispielsweise Autovermietungen sein:

```
VAR  INTERRENT,HERTZ,AVIS : PARK;
```

Der *Grundtyp* der Menge PARK ist WAGEN. Damit sind folgende Zuweisungen möglich:

```
INTERRENT := [OPEL,VW,MERCEDES];
HERTZ := [FORD,RENAULT];
AVIS := [];
```

Die Variablen vom Typ PARK sind Mengen mit 0 bis 9 Elementen, wie sie in der Deklaration WAGEN aufgeführt worden sind. Wenn eine Menge keine Elemente enthält, dann wird sie als *leere Menge* bezeichnet und als „[]" geschrieben.

Man gibt den Wert einer Menge an, indem man die Elemente in eckigen Klammern als Konstantenliste aufzählt. (Vergleiche die vorangehenden Beispiele.) Wie bei jeder geordneten Aufzählung kann man auch hier einen Teilbereich durch die üblichen zwei Punkte (..) angeben. So kann man z. B. für

    EUROCAR := [VOLVO,VW,HONDA,PEUGEOT,MERCEDES,RENAULT];

auch schreiben

    EUROCAR := [VOLVO..RENAULT];

Für die Anzahl der Elemente einer Menge gilt: Wenn die Kardinalität des Grundtyps der Menge (d. h. die Anzahl der im Grundtyp vorhandenen Elemente) den Wert N hat, dann hat die Menge die Kardinalität 2^N (nämlich die Anzahl der verschiedenen Kombinationsmöglichkeiten dieser Elemente).

Angabe einer Menge

Eine Menge kann durch Aufzählen ihrer Elemente angegeben werden:

    [1,2,8,10]
    ['T','M','I','S']
    [ALPHA,BETA+2,DELTA]
    [1..10]
    ['A'..'L']
    ['A'..'F','+','−','0'..'9']

Beachten Sie dabei, daß man ein Element auch durch einen Ausdruck angeben und daß man das Aufzählungssymbol „.." benutzen kann.

Die Syntax für die Angabe von Mengen findet sich in Bild 12.2.

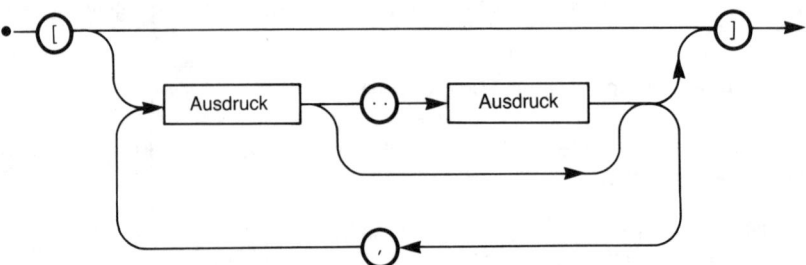

Bild 12.2   Die Syntax zur Angabe von Mengen

Mengenoperationen

Man kann zwei Mengen vereinigen, ihren Durchschnitt bilden oder ihre Differenz (ihr Komplement) ermitteln. Diese drei Operationen sind auch in Pascal möglich.

Die *Vereinigung* zweier Mengen ist die Menge, die alle Elemente beider Mengen enthält. Diese Operation wird durch den Operator „+" ausgeführt. So ergibt z. B.

['A','B'] + ['C','D','E']

die Menge

['A'..'E']

Man kann die Vereinigung zweier Mengen S1 und S2 wie in Bild 12.3 veranschaulichen.

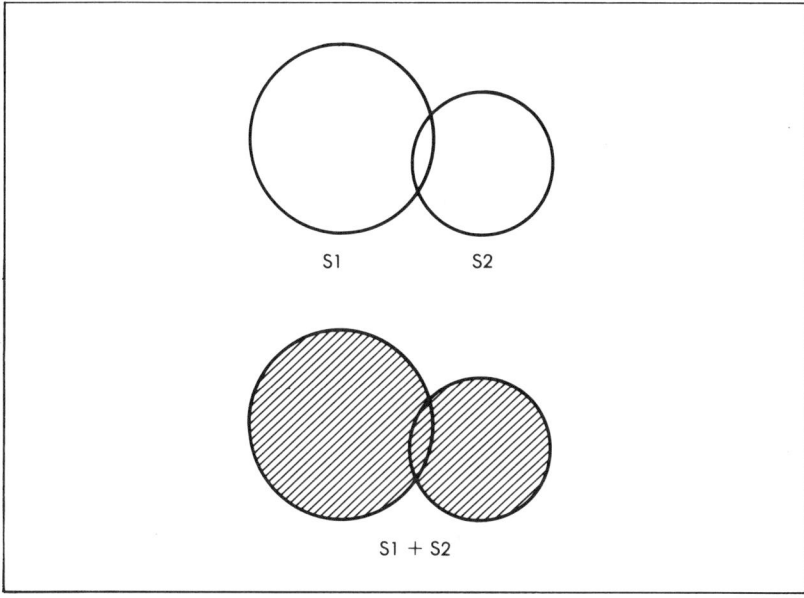

Bild 12.3   Die Vereinigung zweier Mengen

Der *Durchschnitt* zweier Mengen ist die Menge, die nur diejenigen Elemente besitzt, die beiden Mengen gemeinsam sind. Der Operator dafür lautet „*". Der Mengenausdruck

['A','B','D','F'] * ['B','G','K']

liefert so das Ergebnis

['B']

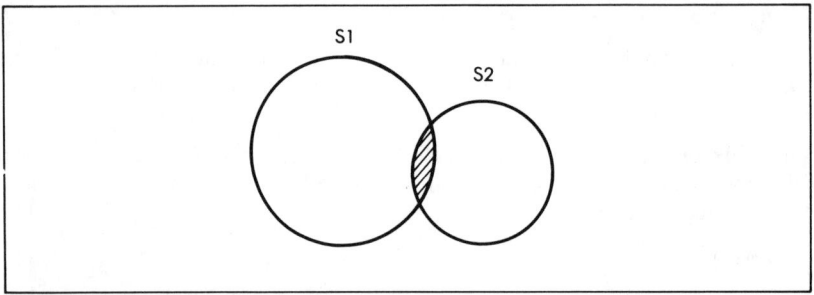

Bild 12.4   Der Durchschnitt zweier Mengen

Bild 12.4 verdeutlicht den Begriff des Mengendurchschnitts.

Die *Differenz* zweier Mengen, auch ihr *Komplement* genannt, ist die Menge der Elemente der zuerst angegebenen Menge, die nicht auch in der zweiten Menge enthalten sind. Der Operator zur Differenzbildung ist das Minuszeichen „–". Zum Beispiel hat

['A','B','D','F'] – ['B','G','K']

das Ergebnis

['A','D','F']

Die Differenz zweier Mengen verdeutlicht Bild 12.5.

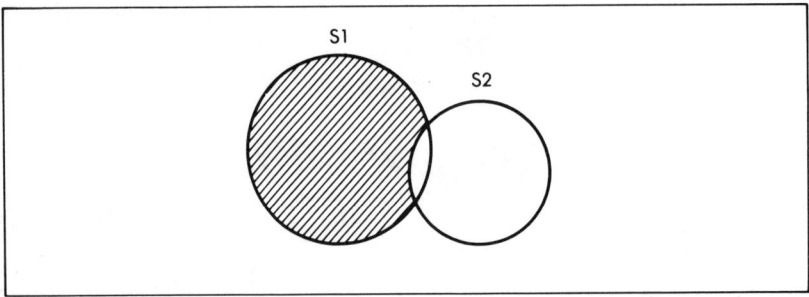

Bild 12.5   Die Differenz zweier Mengen

Vergleichsoperationen

Man kann bei Mengen sowohl die Zuweisungsoperation als auch die durch die Operatoren „=", „<>", „<=", „>=" bezeichneten Vergleichsoperationen verwenden. Dazu kommt noch ein spezieller Mengenoperator „IN".

Die Vergleichsoperatoren haben die Bedeutung:

    =   Gleichheit der Mengen
    <>   Ungleichheit der Mengen
    <=   Inklusion („ist enthalten in")
    >=   Inklusion („enthält")

Die Menge A ist in der Menge B dann enthalten, wenn alle Elemente von
A auch Elemente von B sind. So hat beispielsweise nach der Definition
von oben

    [VOLVO..HONDA] <= [FORD..MERCEDES]

den Wert TRUE, und die Operation

    INTERRENT <> HERTZ

ist ebenfalls wahr.

Die Element-Operation

Der besondere, durch „IN" wiedergegebene Operator testet, ob der linke
Operator ein *Element* der auf der rechten Seite angegebenen Menge ist.
Links von IN muß ein Ausdruck stehen, der einen bestimmten Wert lie-
fern soll, und die rechte Seite muß einen Ausdruck enthalten, der eine
Menge liefert. Die Syntax lautet allgemein:

    Ausdruck IN Menge

Das Ergebnis ist entweder der Wert TRUE oder der Wert FALSE. Wenn
wir z. B. herausfinden sollen, ob ein bestimmtes Zeichen Z eine der Ziffern zwischen 0 und 9 ist, dann können wir schreiben:

    Z **IN** ['0'..'9'];

So läßt sich die Element-Operation vorteilhaft überall dort einsetzen, wo
man vorgegebene Werte danach untersuchen muß, ob sie bestimmte Mengen angehören.

Wenn bei der Auswertung einer Untersuchung ein Objekt Q beispielsweise dann in die Kategorie BKLASSE gehört, wenn in dem Test eine Punk-
tezahl zwischen 5 und 10 erreicht worden ist, dann kann man das so bestimmen:

    IF Q **IN** [5..10] **THEN** BKLASSE := TRUE;

Oft kombiniert man Mengen und die CASE-Anweisung, wie in dem folgenden Beispiel geschehen:

```
IF ZEICHEN IN ['.',',','?',':',';'] THEN
   CASE ZEICHEN OF
      '.',',': WRITELN ('PUNKT ODER KOMMA');
      '?': WRITELN ('FRAGEZEICHEN');
      ':',';': WRITELN ('DOPPEL- ODER STRICHPUNKT')
   END (* CASE *)
ELSE
   WRITELN ('KEIN SONDERZEICHEN');
```

Eine Fallstudie: Zeichen gliedern

Die Problemstellung

Bei der Verarbeitung von Texten tritt häufig das Problem auf, Zeichen oder Zeichenketten nach bestimmten Gruppen zu unterscheiden.

Grundstruktur des Programms

Das vorliegende Programm gliedert die über die Tastatur eingetippten Zeichen nach sechs verschiedenen Kategorien:

- Großbuchstaben
- Kleinbuchstaben
- Ziffern
- Satzzeichen
- Sonderzeichen
- sonstige (nicht in diese Kategorien passende) Zeichen

Bild 12.6 zeigt einen vom Programm „ZEICHEN" zu verarbeitenden Text, und in Bild 12.7 steht, was daraus geworden ist.

```
           Was immer man hier auch eingibt:
           ...eine Eins (1), eine %Zwei%
           ......oder schlichtweg nur
                    UNSINN
           Es wird gezaehlt -
              es wird gezaehlt:
                 1 2 3 4 5 6 7 ...
```

Bild 12.6   Ein zu untersuchender Text

```
ZEICHEN
Geben Sie den zu untersuchenden Text ein:
Was immer man hier auch eingibt:
...eine Eins (1), eine %Zwei%
......oder schlichtweg nur
            UNSINN
Es wird gezaehlt -
    es wird gezaehlt:
        1 2 3 4 5 6 7 ...


Gefunden wurden:
    10 Grossbuchstaben
    84 Kleinbuchstaben
     8 Ziffern
    18 Satzzeichen
     2 Sonderzeichen
    51 sonstige Zeichen
    ------
   173 Zeichen insgesamt
```

Bild 12.7   Die in dem Beispiel vorhandenen Zeichenkategorien

Das Programm

Das in Bild 12.8 vorgestellte Programm vollzieht die Einteilung der eingegebenen Zeichen in Kategorien mit Hilfe von fünf verschiedenen Mengen, die zu Beginn deklariert werden. Dazu kommen noch sechs Zähler,
in denen die Zuordnung der Eingabezeichen zur jeweiligen Kategorie erfaßt wird, und schließlich muß das eingegebene ZEICHEN selbst irgendwo festgehalten werden:

```
PROGRAM ZEICHEN (INPUT,OUTPUT);
VAR GROSS,KLEIN,ZIFFER,PUNKTUATION,SPEZIAL : SET OF CHAR;
    G,K,Z,P,S,UNDEFINIERT : INTEGER;
    ZEICHEN : CHAR;
```

Zuerst müssen die Mengen definiert werden:

```
BEGIN
    GROSS := ['A'..'Z'];
    KLEIN := ['a'..'z']
    ZIFFER := ['0'..'9'];
    PUNKTUATION := ['.',',',':',';','-','!',
                    ',','(',')','_','"','?'];
    SPEZIAL := ['#','$','%','&','-','=','[',
                ']','+','*','>','<','/','♠','@'];
```

```
PROGRAM zeichen (input,output);

(* Liest eine Folge von Textzeilen und zaehlt die vorgefundenen *)
(* Zeichen nach Kategorien.                                     *)

VAR gross,klein,ziffer,punktuation,spezial : SET OF char;
    g,k,z,p,s,undefiniert : integer;
    zeichen : char;

BEGIN

    (* Initialisieren *)

    gross := ['A'..'Z'];
    klein := ['a'..'z'];
    ziffer := ['0'..'9'];
    punktuation := ['.',',',':',';','-','!','"','(',')','_','''','?'];
    spezial := ['#','$','%','&','=','[',']','+','*','>','<','/','^'];

    g := 0;
    k := 0;
    z := 0;
    p := 0;
    s := 0;
    undefiniert := 0;

    (* Text uebernehmen und auswerten *)

    writeln ('Geben Sie den zu untersuchenden Text ein:');

    WHILE NOT eof DO
        BEGIN
            WHILE NOT eoln DO
                BEGIN
                    read (zeichen);
                    IF NOT (zeichen IN gross+klein+ziffer+punktuation
                                        +spezial) THEN
                        undefiniert := succ(undefiniert)
                    ELSE
                    IF zeichen IN gross THEN g := succ(g)
                    ELSE
                    IF zeichen IN klein THEN k := succ(k)
                    ELSE
                    IF zeichen IN ziffer THEN z := succ(z)
                    ELSE
                    IF zeichen IN punktuation THEN p := succ(p)
                    ELSE
                        s := succ(s)
                END;
            readln
        END;
```

Bild 12.8   Ein Programm zur Textuntersuchung

```
(* Ergebnis ausdrucken *)

writeln;
writeln ('Gefunden wurden:');
writeln (g:5,' Grossbuchstaben');
writeln (k:5,' Kleinbuchstaben');
writeln (z:5,' Ziffern');
writeln (p:5,' Satzzeichen');
writeln (s:5,' Sonderzeichen');
writeln (undefiniert:5,' sonstige Zeichen');
writeln ('------');
writeln (g+k+z+p+s+undefiniert:5,' Zeichen insgesamt')

END . (* zeichen *)
```

Dann sind die Zählervariablen mit Null zu initialisieren:

```
G := 0;
K := 0;
Z := 0;
P := 0;
S := 0;
```

Sie sind nach den Anfangsbuchstaben der zugehörigen Mengen benannt, d. h. „G" gehört zur Kategorie „GROSSBUCHSTABEN", „K" zählt die „KLEINBUCHSTABEN" usw. Die Zeichen, die in keine dieser Kategorien passen, werden als „UNDEFINIERT" gezählt.

```
UNDEFINIERT := 0;
```

Das Programm selbst beginnt mit einer Meldung an den Benutzer:

```
WRITELN ('GEBEN SIE DEN ZU UNTERSUCHENDEN TEXT EIN:');
```

Dann wird der Text in einer WHILE-Schleife übernommen und ausgewertet. Diese bricht dann ab, wenn ein Dateiende signalisiert worden ist (durch Eintippen des im System definierten Dateiendzeichens):

```
WHILE NOT EOF DO
   BEGIN
```

Der Eingabetext wiederum wird – wie im vorigen Kapitel erklärt – zeilenweise übernommen:

```
WHILE NOT EOLN DO
   BEGIN
```

In jedem inneren Schleifendurchlauf wird zunächst ein ZEICHEN von der Tastatur übernommen:

```
READ (ZEICHEN);
```

Wenn dieses ZEICHEN nicht zu einer der fünf Mengen gehört, dann wird es als UNDEFINIERT behandelt. Dazu testen wir zunächst, ob es *kein* Element der Vereinigung der fünf Mengen ist, welche die Kategorien bestimmen:

```
IF NOT (ZEICHEN IN GROSS+KLEIN+ZIFFER+PUNKTUATION+SPEZIAL)
```

Ist das der Fall, dann wird der Zähler UNDEFINIERT um Eins weitergesetzt:

```
THEN
    UNDEFINIERT := SUCC(UNDEFINIERT)
```

Beachten sie, wie wir hier die Zählfunktion implementiert haben. Man hätte auch schreiben können:

```
UNDEFINIERT := UNDEFINIERT + 1;
```

Da UNDEFINIERT, wie die anderen Zähler auch, eine ganzzahlige Variable ist, stellt der Ausdruck UNDEFINIERT+1 gerade den Nachfolger des vorigen Werts von UNDEFINIERT in der Folge der ganzen Zahlen dar. Das nutzen wir hier aus.

Ansonsten gehört das ZEICHEN zu einer der vordefinierten Mengen, so daß der betreffende Zähler weitergesetzt werden muß. Das geschieht in der Entscheidungskette:

```
    ELSE
    IF ZEICHEN IN GROSS THEN G := SUCC(G)
    ELSE
    IF ZEICHEN IN KLEIN THEN K := SUCC(K)
    ELSE
    IF ZEICHEN IN ZIFFER THEN Z := SUCC(Z)
    ELSE
    IF ZEICHEN IN PUNKTUATION THEN P := SUCC(P)
    ELSE
        S := SUCC(S)
END;
```

Ein Wort zur Schreibweise dieser Kette: Nach unserem bisherigen Vorgehen hätten wir nach jedem ELSE weiter einrücken müssen. Dem entspricht üblicherweise die Tatsache, daß das Problem hierarchisch gegliedert ist und so verschiedene Entscheidungs*ebenen* aufweist. In unserem Fall sind die einzelnen Möglichkeiten aber im Grunde gleichberechtigt.

Das kommt deutlicher zum Ausdruck, wenn wir die verschiedenen Entscheidungsmöglichkeiten hier *untereinander* statt Schritt für Schritt weiter nach rechts eingerückt schreiben. In diesem Fall von Entscheidungsketten, die manchmal sehr lang werden können, wird durch die vorgeschlagene Schreibweise die Übersichtlickeit beträchtlich erhöht.

Wenn die ganze Zeile übernommen worden ist, dann muß zur nächsten übergegangen werden, bis die Dateiangabe beendet wurde:

```
        READLN
    END;
```

Zum Abschluß werden die gefundenen Werte gemeldet:

```
    WRITELN;
    WRITELN ('GEFUNDEN  WURDEN:');
    WRITELN (G:5,' GROSSBUCHSTABEN');
    WRITELN (K:5,' KLEINBUCHSTABEN');
    WRITELN (Z:5,' ZIFFERN');
    WRITELN (P:5,' SATZZEICHEN');
    WRITELN (S:5,' SONDERZEICHEN');
    WRITELN (UNDEFINIERT:5,' SONSTIGE ZEICHEN');
    WRITELN ('-----');
    WRITELN  (G+K+Z+P+S+UNDEFINIERT:5,'  ZEICHEN  INSGE-
    SAMT')
END. (* ZEICHEN *)
```

Mengen in UCSD-Pascal

Eine Menge kann hier (maximal) 4080 Elemente umfassen, wozu 255 Worte benötigt werden. Unter der Voraussetzung, daß beide Mengen denselben Grundtyp besitzen oder Teilbereiche desselben Grundtyps erfassen, kann man sie wie üblich vergleichen und sonstige Operationen mit ihnen ausführen.

Zusammenfassung

Eine Menge ist eine bequeme Pascal-Datenstruktur für die Fälle, in denen eine Variable nur wenige verschiedene Werte annehmen kann. Dabei ist allerdings der Mengenbegriff in Pascal nicht so allgemein wie der übliche mathematische Mengenbegriff. Dies betrifft vor allem die Tatsache, daß die Mengenelemente (durch ihre Aufzählung) geordnet sind. Viele Pascal-Versionen schränken den Umgang mit und die Darstellung von Mengen in der einen oder anderen Weise ein. Man sollte die Verwendung von Mengen daher nur als zusätzliche Möglichkeit neben den anderen betrachten und sie mit Vorsicht einsetzen, wenn die Programme austauschbar bleiben sollen. In vielen Fällen lassen sich andere Datenstrukturen wie beispielsweise Dateien oder Verbunde vorteilhafter verwenden. Dennoch ist es wichtig, mit allen Strukturmöglichkeiten in Pascal vertraut zu sein.

Übungen

12.1: Betrachten Sie den Inhalt Ihres Kühlschranks als Menge. Legen Sie dann zu fünf verschiedenen Gerichten die benötigten Zutaten als Mengen an. Untersuchen Sie darauf mit Hilfe von Mengenoperationen, ob für ein bestimmtes Gericht die Zutaten vorhanden sind oder nicht.

12.2: Schreiben Sie ein Programm, das in einem übergebenen Text alle die Worte zählt, die zugleich ein A und ein E enthalten.

12.3: Schreiben Sie ein Programm, das eine Liste von Namen einliest, denen jeweils drei Zahlen folgen, die Geschlecht, Alter und Haarfarbe angeben. Drucken Sie alle Personen eines bestimmten Geschlechts, einer bestimmten Haarfarbe und einer bestimmten Altersgruppe aus.

12.4: Schreiben Sie das vorherige Programm so um, daß es einem Heiratsinstitut dienlich sein kann.

12.5: Schreiben Sie ein Programm, das mit Hilfe von Mengen bestimmt, ob ein gegebenes Tier ein Pflanzen-, Fleisch- oder Allesfresser ist.

Kapitel 13

Zeiger und Listen

Einführung

In diesem Kapitel hier soll eine weitere Datenstruktur besprochen werden, die in Pascal bequem benutzt werden kann: die Liste. Genau genommen bietet Pascal allerdings keine Listenstruktur, sondern nur den Datentyp „Zeiger", der jedoch zur Konstruktion von Listen verschiedenster Art verwendet werden kann. Zwar werden in einfachen Programmen kaum Listen benutzt, bei komplexen Programmen jedoch gehören Listen zu den flexibelsten Datenstrukturen, die möglich sind. Viele ausgefeilte und umfangreiche Programme beruhen auf Listen, darunter die sogenannte Systemsoftware, also Interpreter, Assembler oder Compiler.

Wir werden uns zuerst die Grundprinzipien ansehen und dann die besonderen Eigenschaften von Pascal untersuchen. Das Kapitel ist insbesondere dann wichtig, wenn die Möglichkeiten von Pascal voll ausgeschöpft werden sollen.

Dynamische Datenstrukturen

Alle bis jetzt besprochenen Datenstrukturen (außer Dateien) sind statisch, d. h. ihre Größe kann beim Abarbeiten des Programms nicht verändert werden. Dies ist eigentlich auch der Zweck von Typenfestlegungen, denn der Compiler soll durch sie in die Lage versetzt werden, im Speicher den für eine bestimmte Datenstruktur bzw. Variable benötigten Platz im vornhinein, d. h. vor Programmausführung, festzulegen. Das hat unter anderem auch den Vorteil, daß der anschließende Programmlauf wesentlich beschleunigt werden kann.

Wenn die Aufgabenstellung aber erfordert, daß sich im Lauf der Programmabarbeitung die Reihenfolge der Datenelemente oder ihre Anzahl oder beide dynamisch verändert, dann braucht man flexiblere Datenstrukturen, wie sie beispielsweise von Listen geboten werden. Man kann in einer Liste an beliebigen Stellen Elemente entfernen oder Elemente hinzufügen, ohne die übrigen Listenelemente zu beeinflussen. Im Gegensatz dazu muß man beispielsweise zum Einfügen eines Elements in ein Feld die anderen Feldelemente ganz oder teilweise verschieben, um dem neuen Element Platz zu machen. Und wenn ein Element aus einem Feld entfernt werden soll, dann muß man wieder schieben, um das entstandene Loch zu schließen. Bei Dateien muß man gar zum Einfügen oder Löschen eines Elements die ganze Datei umkopieren.

Der Grund für diesen Aufwand liegt darin, daß der Platz beispielsweise der Elemente eines Felds durch den Compiler im Rechner fest vorgegeben ist und vom Programm unmittelbar nicht verändert werden kann. Mehr Flexibilität erhält man nur, wenn man irgendwie den benötigten Speicherplatz, d. h. den Ort der gespeicherten Elemente und ihre Beziehung zu den übrigen Elementen auch vom Programm aus bestimmen kann. Diesem Zweck dient ein weiteres grundlegendes Programmierwerkzeug, die sogenannten *Zeiger* (englisch: „pointer"). Solchen Zeigern und den mit ihnen erstellbaren Listen wollen wir uns im folgenden zuwenden.

Listen

Eine *Liste* ist eine Sammlung von Elementen desselben Typs, die in einer bestimmten, jedoch nicht streng vorgeschriebenen Form miteinander verbunden sind. Jedes Listenelement besitzt einen Vorgänger und einen Nachfolger. Dabei ist der Vorgänger des ersten und der Nachfolger des letzten Listenelements ein sogenanntes *leeres* Element. Eine Liste wird durch einige wesentliche Eigenschaften charakterisiert:

- Die Art und Weise, in der die Listenelemente miteinander verkettet sind (d. h. wie man den Vorgänger und den Nachfolger eines gegebenen Listenelements bestimmt). Dieser Zusammenhang wird in der Regel durch *Zeiger* beschrieben.
- Wie und wo Elemente in die Liste eingefügt und wieder entnommen werden. Normalerweise kann das an beliebigen Stellen in der Liste geschehen. Es gibt aber auch Listen, wie z. B. den *Stapel* („stack"), bei dem man nur auf ein ganz bestimmtes Listenelement zugreifen kann.
- Die Anzahl von Vorgängern und von Nachfolgern, die ein Listenelemet haben kann. In den meisten Listen ist das jeweils ein Element. Ein *binärer Baum* dagegen kennt zwei Nachfolger für ein Element.

Genau betrachtet sind auch Dateien, Felder, Mengen oder Verbunde Listen, die jedoch lückenlos im Speicher untergebracht sind (ein Element unmittelbar neben dem anderen). Dadurch und wegen ihrer statischen Eigenart kann der Compiler den Speicherplatz für sie im vornhinein festlegen. Und aus eben diesem Grund können sie auch (bis auf Dateien) nicht erweitert werden.

Manchmal jedoch braucht man eine allgemeinere Listenstruktur, bei der die verschiedenen Elemente während des Programmlaufs beliebig hinzugefügt und entfernt werden können. Hier ist die Listengröße im vornhinein unbekannt, weshalb der Compiler für sie keinen zusammenhängenden Platz im Speicher festlegen kann. Eine jede Liste muß daher an den Speicherstellen untergebracht werden, die gerade verfügbar sind. Damit aber braucht man ein Mittel, zu einem Element anzugeben, wo sein Vorgänger und wo sein Nachfolger im Speicher steht. Diese Aufgabe kann von Zeigern erfüllt werden.

Zeiger

Bild 13.1 zeigt als Beispiel einen Speicherausschnitt, in dem an den Plätzen mit den Adressen 1000, 2222 und 4123 die Zeichen „D", „A" und „S" untergebracht sind, die zusammen das Wort „DAS" bilden sollen, d. h. das A ist der Nachfolger des D und ihm folgt wiederum das S nach.

Wenn das Programm nun den Nachfolger von D bestimmen soll, dann muß es die Adresse kennen, unter dem das A im Speicher abgelegt ist. Die Lösung des Problems liegt auf der Hand: Man speichert einfach die betreffende Adresse zusammen mit dem D ab. Dasselbe gilt für den Nachfolger des A, womit wir zu einer Speicherorganisation wie in Bild 13.2 kommen.

Beachten Sie, daß der Nachfolger des S in Bild 13.2 mit „NIL" bezeichnet

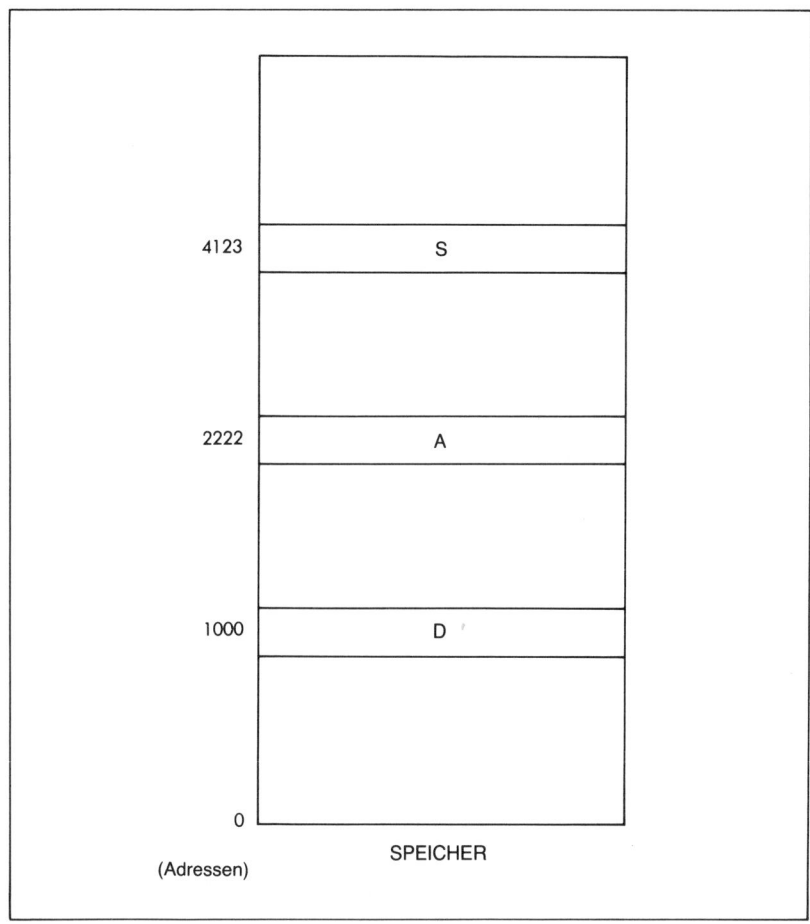

Bild 13.1   Drei Elemente im Speicher

ist. Das gibt an, daß es sich bei dem S um das letzte Element unserer eben erzeugten Liste D-A-S handelt. („NIL" bedeutet „NICHTS" oder auch „Not In List" [nicht in der Liste] und ist ein besonderer Wert, mit dem Pascal das Listenende erkennen kann.)

Der mit dem D zusammen gespeicherte Wert 2222 ist die Adresse des nächsten Listenelements. Er „zeigt" auf die Stelle im Speicher, wo dieses Element zu suchen ist und wird deshalb *Zeiger* genannt. Diese Aufgabe von Zeigern wird in Bild 13.3 verdeutlicht.

Aus Bild 13.3 läßt sich ein weiterer Zeiger ANFANG entnehmen. Er bezeichnet das erste Listenelement und gibt so an, wo im Speicher die Liste zu finden ist. Als solcher muß er dem Programm besonders bekanntgege-

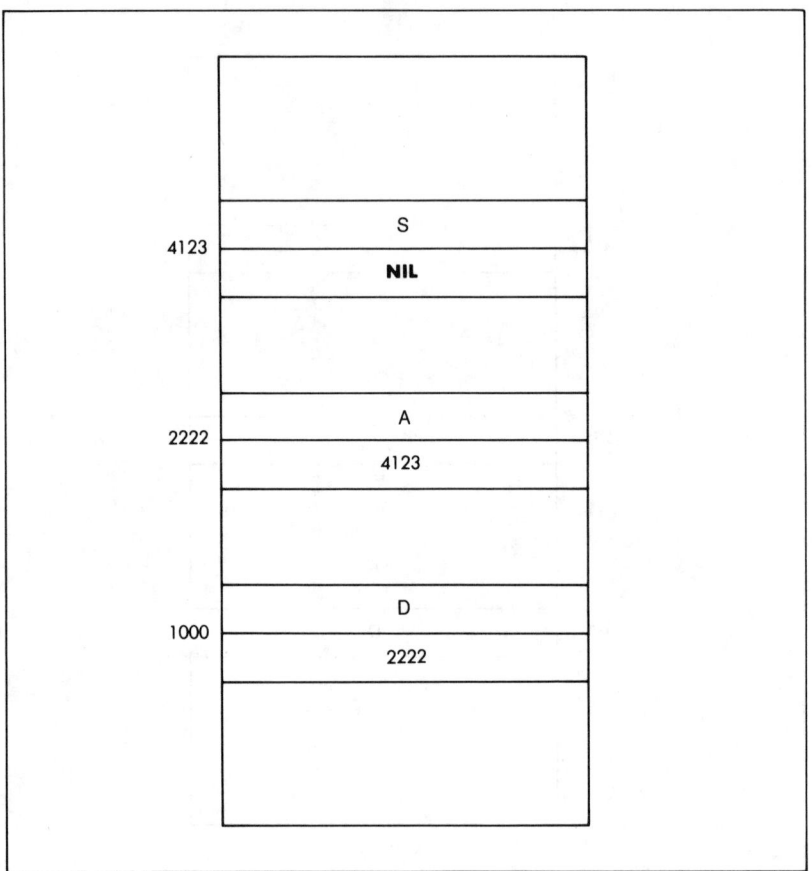

Bild 13.2   Wie die Elemente durch Zeiger verbunden werden können

ben werden, was durch eine besondere *Zeigervariable* erfolgt, welche die Form „◆LISTE" hat (was sich als „Zeiger auf LISTE" liest).

Man kann einen Zeiger als eine Platzangabe verstehen, als einen Pfeil, der auf ein Listenelement zeigt. So zeigt ANFANG in Bild 13.3 auf das erste Listenelement. Indem man den Zeiger in der Liste auf- oder abwärts verschiebt, kann man jedes Listenelement bezeichnen. Das geschieht dadurch, daß man der betreffenden Zeigervariablen jeweils den Wert zuweist, der mit dem Listenelement, von dem man ausgeht, zusammen gespeichert ist. Da unsere Liste D-A-S nur einfach verkettet ist, d. h. da von einem Element zum anderen nur ein einziger Zeiger vorhanden ist, kann man hier den Zugriffszeiger nur in einer Richtung — aufwärts — verschieben. Im allgemeinen aber kann ein Listenelement mehrere Zeiger besit-

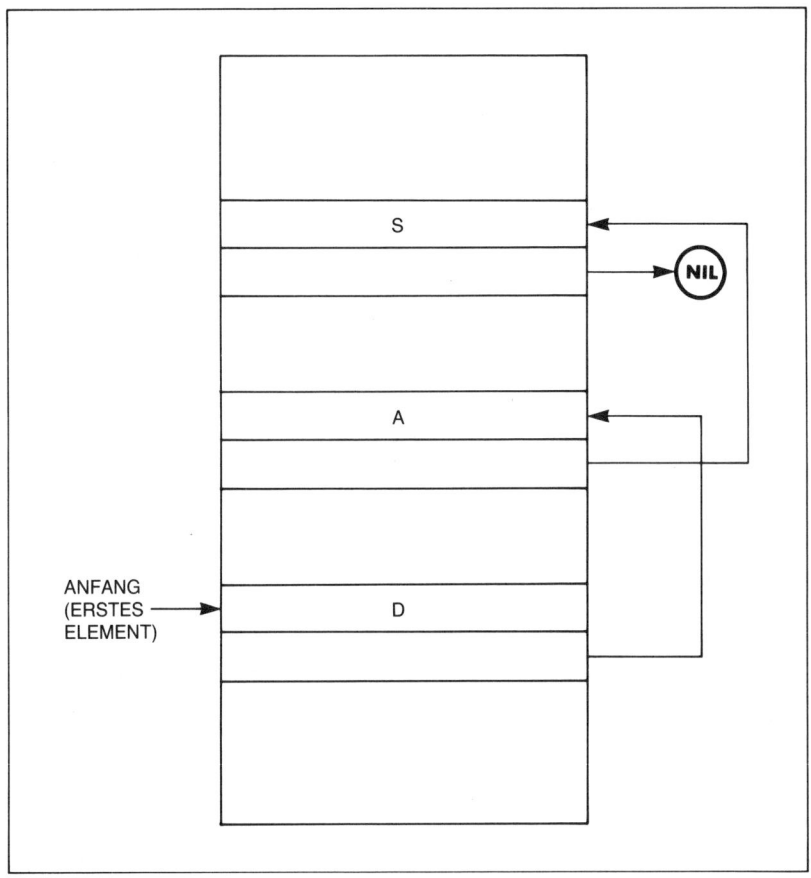

Bild 13.3   Die Veranschaulichung von Zeigern

zen, so daß man in beliebige Richtung gehen kann: Auf oder ab, nach links oder nach rechts.

Auf diese Art und Weise kann man mit Hilfe von Zeigern die verschiedensten Listenstrukturen erzeugen. Die wichtigsten unter ihnen – einfach und doppelt verkettete Listen und binäre Bäume – werden wir im vorliegenden Kapitel behandeln.

Ein Zeiger wird in Pascal wiedergegeben durch:

TYPE NAECHSTER = ▲ELEMENT;

Das wird so gelesen: „Die Variable vom Typ NAECHSTER ist ein Zeiger auf ein Objekt vom Typ ELEMENT." Dabei wird ELEMENT als dynamischer Datentyp bezeichnet.

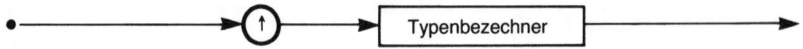

Bild 13.4   Die Syntax der Zeigerdeklaration

Die formale Syntax von Zeigern findet sich in Bild 13.4.

Man kann eine Zeigervariable z. B. so deklarieren:

VAR ZGR : ➤ELEMENT;

Hier ist ZGR der neu deklarierte Zeiger. Das von ihm bezeichnete Element wird durch ZGR➤ angegeben und hat in unserem Fall den Datentyp ELEMENT. Diese Unterscheidung zwischen dem bezeichneten Element ZGR➤ und der Zeigervariablen ZGR selbst wird in den in den folgenden Abschnitten deutlicher werden.

Man muß noch den Sonderfall betrachten, in dem ein Zeiger auf kein bestimmtes Element zeigt. In diesem Fall erhält die Zeigervariable, wie oben bereits angedeutet, den vordefinierten Wert NIL:

ZGR := **NIL;**

Im allgemeinen bezeichnet der Wert NIL das Ende einer Liste oder eines Listenbereichs.

Zuweisungen

Man kann Zeigern Werte zuweisen. So kann man z. B. schreiben:

P1 := P2;

wobei P1 und P2 Zeiger sind. Betrachten wir dazu die in Bild 13.5 dargestellte Situation. P1 zeigt auf ein Element mit dem Wert 12, P2 zeigt auf ein Element mit dem Wert 24.

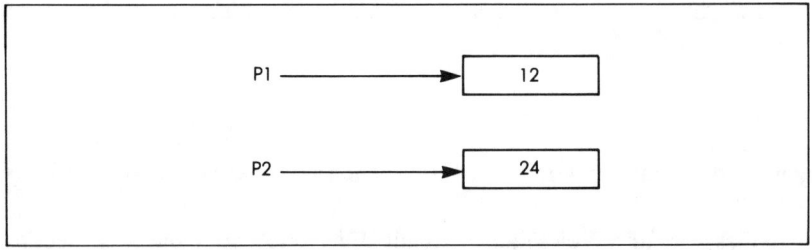

Bild 13.5   Zwei von Zeigern bezeichnete Elemente

Nach der Zuweisung haben wir den Fall von Bild 13.6. Zwei Punkte sind festzuhalten:

1. Das von P1 vorher bezeichnete Element hat nicht etwa seinen Wert in 24 geändert, sondern der Wert des Zeigers P1 selbst wurde so verändert, daß er jetzt auch auf das Element 24 zeigt, das vorher nur durch P2 bezeichnet wurde.

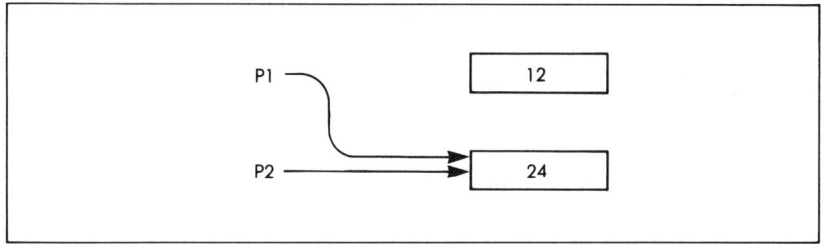

Bild 13.6   Das Ergebnis der Zuweisung eines Zeigers an einen Zeiger

2. Das Element 12 ist nicht verlorengegangen. Es existiert nach wie vor an seinem alten Platz im Speicher. Allerdings kann es über P1 nicht mehr erreicht werden. Es kann jedoch sein, daß ein anderer Zeiger – beispielsweise P4 – irgendwo im System definiert ist, der auf Element 12 zeigt. Über ihn könnte es nach wie vor erreicht werden.

Anders wäre das Ergebnis ausgefallen, wenn wir geschrieben hätten:

   P1▲ := P2▲;

P1▲ und P2▲ sind nach dem oben Gesagten keine Zeiger, sondern die Elemente, auf die P1 bzw. P2 zeigen. Damit ergibt diese Anweisung die Situation von Bild 13.7.

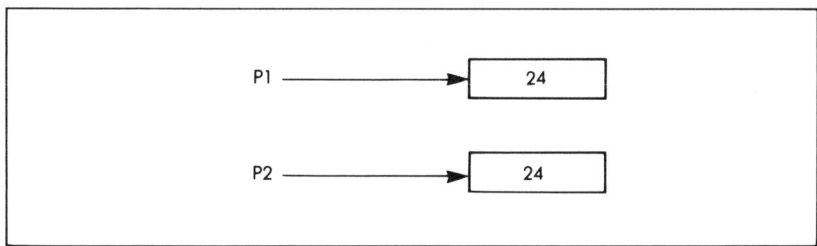

Bild 13.7   Das Ergebnis der Zuweisung der bezeichneten Elemente

Hier hat das erste Element den Wert des zweiten , nämlich 24 angenommen. Die Zeiger P1 und P2 zeigen immer noch auf zwei verschiedene Elemente, die jetzt nur denselben Wert besitzen.

Wichtig ist also, sich zu merken, daß die Operation P1 := P2 zu unterscheiden ist von der Zuweisung P1▲ := P2▲. Im ersten Fall werden die Werte der Zeiger verändert, im zweiten dagegen die Werte der von den Zeigern bezeichneten Elemente.

Die Erzeugung einer dynamischen Variablen

In diesem Abschnitt wollen wir eine Listenstruktur erzeugen. Wir werden betrachten, wie man Elemente zur Liste hinzufügt und wie man Zeiger erzeugt, welche die Elemente miteinander verketten.

Um eine dynamische Datenstruktur zu erzeugen, müssen ein oder mehrere Zeiger auf einen oder mehrere Werte gesetzt werden. Ein Listenelement als Datenstruktur enthält also mindestens einen Wert und mindestens einen Zeiger. Das aber läßt sich als Verbund deklarieren.

Betrachten wir dazu das folgende Beispiel:

```
TYPE ZGR = ◆OBJEKT;
      OBJEKT = RECORD
               NAECHSTER : ZGR;
               WERT : WERTTYP
               END;
VAR  Z,LINKS,RECHTS,ANFANG : ZGR;
```

Beachten Sie hier, daß wir in der Deklaration von ZGR den Typ OBJEKT benutzen (wir legen hier „Zeiger auf den Datentyp OBJEKT" fest). Den Datentyp OBJEKT deklarieren wir in diesem Fall aber erst *nach* der Deklaration des Zeigers. Wir haben es hier mit einer Ausnahme von der allgemeinen Pascal-Regel zu tun, nach der ein Datentyp, eine Variable usw. erst nach ihrer Vereinbarung benutzt werden darf. Man nennt das einen *Vorwärtsbezug*. Die Deklaration von Zeigern ist der einzige Fall in Pascal, in dem ein Vorwärtsbezug ohne weitere Angaben erlaubt ist. (Im Fall von Funktionen und Prozeduren muß man den Vorwärtsbezug durch FORWARD ausdrücklich angeben.)

Um eine Listenstruktur zu erzeugen, können wir zunächst einmal einen Zeiger namens ANFANG definieren, der auf das erste Listenelement zeigen soll. Da wir im Augenblick eine solche Liste noch nicht vorliegen haben, kann ANFANG auf noch kein Element zeigen, so daß wir ihm den WERT NIL zuweisen müssen:

```
ANFANG := NIL;
```

Man nennt dies das *Initialisieren* der Liste, die zunächst leer ist. Als nächstes brauchen wir mindestens ein Listenelement. Und dieses wiederum benötigt Platz im Speicher, der durch eine besondere Standardprozedur namens NEW bereitgestellt werden kann. NEW verlangt einen Zeiger als Parameter und erzeugt eine *dynamische Variable* vom Typ des durch den Zeiger bezeichneten Datenelements. Die Struktur dieser Variablen ist aus der Zeigerdeklaration bekannt und damit auch ihr Speicherbedarf. Dynamisch ist die Variable deshalb, weil sie erst während der Programmabarbeitung und nicht bereits bei der Compilierung erzeugt, d. h. Speicherplatz für sie reserviert wird. Legt man die oben gegebenen Deklarationen zugrunde, so erzeugt

```
NEW(Z);
```

eine Variable vom Typ OBJEKT an einer passenden Stelle im noch verfügbaren Speicherbereich. Der Name der Variablen ist ausgedrückt durch die Adresse des Speicherabschnitts für den neuen Verbund OBJEKT, und diese Adresse wird in dem als Parameter übergebenen Zeiger Z festgehalten. So reserviert also NEW(Z) neuen Speicherplatz für eine Variable Z♠ vom Datentyp OBJEKT und setzt den Zeiger Z so, daß er auf diese neue Variable zeigt.

Wenn eine dynamische Variable erst einmal erzeugt ist, dann muß man ihr einen Wert zuweisen. In unserem Fall müssen die Einträge WERT und NAECHSTER einen Wert erhalten. Und das Element muß in die Liste eingeordnet werden. Das alles führt beispielsweise zu folgender Anweisungssequenz:

```
NEW(Z);
Z♠.WERT := 24;
Z♠.NAECHSTER := ANFANG;
ANFANG := Z;
```

Z zeigt auf ein OBJEKT, d. h. auf einen Verbund mit zwei Einträgen. Der Name des Verbunds ist gegeben durch den Inhalt von Z, also durch Z♠. Einen Verbundeintrag erreicht man bekanntlich durch Angabe des Verbundnamens, gefolgt von einem Punkt und dem Eintragsnamen. Um also den Eintrag WERT in der neu erzeugten dynamischen Variablen Z♠ zu erreichen, muß man Z♠. WERT angeben.

Auf diese Weise erhält das OBJEKT einen WERT:

```
Z♠.WERT := 24;
```

Wir fügen das Element nun an den ANFANG einer Liste (die im gegebenen Fall zufällig leer ist) an, also ist der Nachfolger des neu eingefügten Elements gerade das Element, auf das im Moment noch der Zeiger ANFANG zeigt. Der Nachfolger wird in unserem Datentyp OBJEKT durch den Zeiger NAECHSTER bezeichnet, so daß dieser nun den Wert des Zeigers ANFANG erhalten muß:

```
Z♠.NAECHSTER := ANFANG;
```

Der Anfangszeiger schließlich muß auf das neu erzeugte Element gesetzt werden:

```
ANFANG := Z;
```

Diese Vorgänge werden in Bild 13.8 veranschaulicht.

Es gibt auch eine erweiterte Form von NEW, die hier aber nicht im einzelnen beschrieben werden soll, da ihr Gebrauch über den Rahmen einer Einführung hinausgeht. Es handelt sich um die Form

```
NEW (Z,V1,...,Vn)
```

Hier ist Z ein Zeiger wie zuvor, V1 bis Vn dagegen sind Konstanten, die

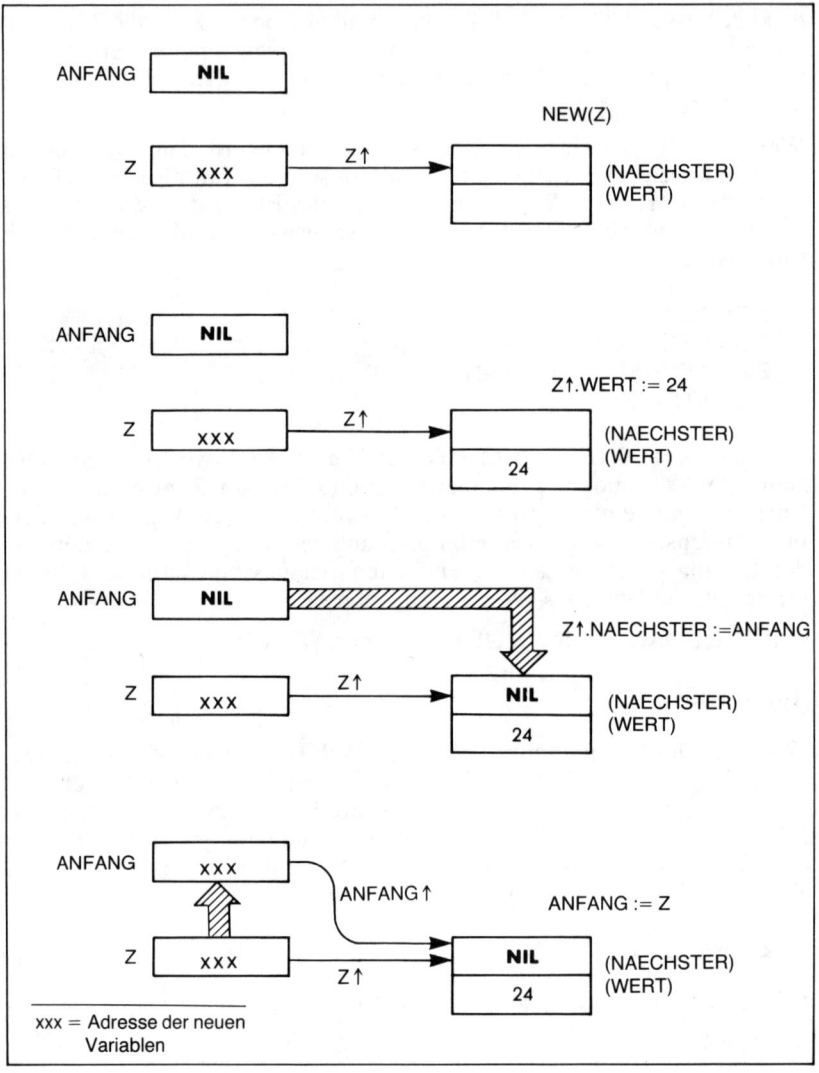

Bild 13.8   Wie eine Liste erzeugt wird

verschiedene Werte für das Variantenkennzeichen des für Z deklarierten Verbunds wiedergeben. Man kann mit dieser Form also Speicherplatz für n Varianten eines gegebenen Verbunds dynamisch reservieren. Diese Form von NEW wird in der Regel zur Optimierung des Speicherbedarfs eingesetzt. Sie ist allerdings schwierig zu handhaben und führt leicht zu Fehlern. Außerdem kann sie durch die verschiedenen Pascal-Versionen in unterschiedlicher Weise eingeschränkt sein.

Um ein Element aus einer Liste zu entfernen, muß man einfach dafür sorgen, daß es keine Vorgänger und keine Nachfolger in der Liste mehr hat. Mit anderen Worten: Man muß die Zeiger in der Liste so umsetzen, daß aus der Liste kein Zeiger mehr zu dem zu entfernenden Element führt und von dem Element kein Zeiger in die Liste hinein. Das Element ist von der Liste isoliert.

Beachten Sie aber, daß das aus der Liste entfernte Element nach wie vor im Speicher existiert und dort Platz belegt. Wenn die Elemente umfangreich sind, oder wenn viele Elemente im Verlauf eines Programmlaufs entfernt werden sollen, dann geht durch die überflüssigen Elemente beträchtlich viel Speicherplatz verloren. Es gibt verschiedene Möglichkeiten, dem Herr zu werden. Die eine ist im Programm selbst festgelegt, indem man die entfernten Elemente in einer „Reserveliste" sammelt und sie von dort bei Bedarf neu in die gegebenen Strukturen einordnet. (Dazu müssen lediglich die Zeiger umgesetzt werden.) Die andere Möglichkeit ist, dem Pascal-System mitzuteilen, daß der von dem betreffenden Element belegte Speicherplatz wieder frei ist und für Neuzuteilungen „zur Disposition" steht. Hierfür gibt es die eingebaute Prozedur DISPOSE, die in ihrer Syntax der Funktion NEW entspricht:

DISPOSE(Z) gibt den Speicherplatz des Elements Z♠ frei.

DISPOSE(Z,V1,...,Vn) muß benutzt werden, wenn das Element durch NEW(Z,V1,...,Vn) (mit *denselben* Werten V1...Vn) erzeugt worden ist.

Leider ist die DISPOSE-Prozedur schwierig zu implementieren und daher selten vorhanden, so daß man die Speicherverwaltung in diesem Punkt selbst vornehmen muß. Es kann auch sein, daß die betrachtete Pascal-Version andere Prozeduren zu diesem Zweck anbietet.

Zugriff auf ein Listenelement

Um auf ein Element einer Liste zugreifen zu können, dessen genaue Lage (d. h. dessen Zeiger) nicht bekannt ist, muß man sich vom Listenanfang her die Zeigerkette hindurch bis zu dem betreffenden Element hin vorarbeiten. Allerdings darf dabei das Listenende nicht überschritten werden. Dieses ist durch einen Zeiger mit dem Wert NIL gekennzeichnet, so daß wir beispielsweise schreiben können:

```
Z := ANFANG;
WHILE Z<>NIL DO
    BEGIN
    UNTERSUCHE (Z♠.WERT);
    Z := Z♠.NAECHSTER
    END;
```

Hier ist Z ein *Abtastzeiger,* mit dessen Hilfe das gesuchte Element aufgefunden werden soll. Er wird zuerst durch Z := ANFANG auf das erste Listenelement gesetzt und dann in eine Schleife übergegangen, die abbricht, sobald mit Z=NIL das Listenende erreicht worden ist. In jedem Schleifendurchgang wird zunächst geeignet anhand des WERTs des Listenelements untersucht (Prozedur UNTERSUCHE), ob es sich bei ihm um das gewünschte handelt. Wenn nicht, dann muß der Abtastzeiger auf das nächste Element der Liste gesetzt werden. Dessen Zeiger ist im Verbund (in unserem Beispiel) unter dem Namen NAECHSTER festgehalten; mit der Zuweisung Z := Z♠.NAECHSTER können wir demnach den Abtastzeiger Z durch die Liste verschieben.

Ersetzt man in dieser Schleife die Elementuntersuchung durch eine passende WRITE-Anweisung, dann kann man mit ihr alle Listenelemente ausgeben.

Einfügen und Entfernen von Listenelementen

Man kann ein Element in eine Liste einfügen, indem man einfach zwei Zeigern neue Werte gibt. Nehmen wir an, ein durch den Zeiger Z bezeichnetes Element vom Typ OBJEKT solle an den Anfang einer Liste gesetzt werden. Dazu ist es zunächst mit dem bisherigen Listenanfang zu verbinden:

> Z♠. NAECHSTER := ANFANG;

Und dann muß der Listenanfang neu definiert werden:

> ANFANG := Z;

Bild 13.9 verdeutlicht diesen Vorgang.

Das Einfügen eines Elements mitten in eine Liste ist etwas komplizierter. Zunächst muß die Stelle aufgesucht werden, an der das neue Element eingefügt werden soll. Das kann mit einer Anweisungsfolge ähnlich der im vorigen Abschnitt vorgestellten geschehen, die in der Liste nach dem be-

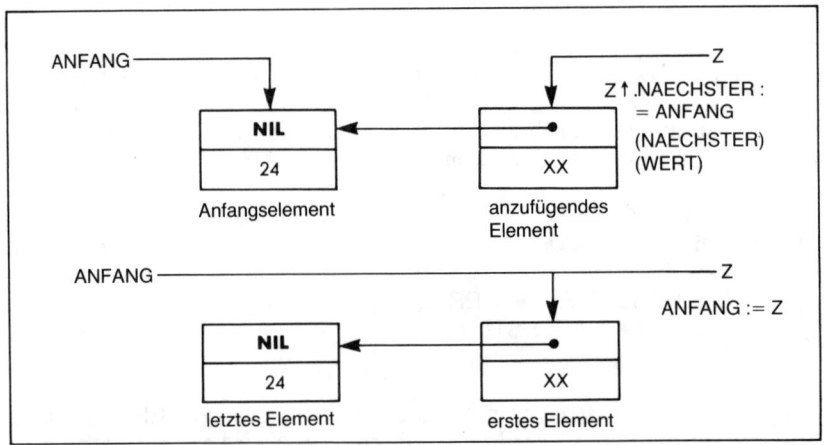

Bild 13.9   Wie man ein Element am Listenanfang anfügt

treffenden Element sucht. Sie möge einen passend definierten ABTAST-
ZEIGER auf dasjenige Element setzen, das der Position des neuen Elements unmittelbar vorangeht. Der Zeiger des neu einzufügenden OB-
JEKTs muß dann auf den Nachfolger des Listenelements gesetzt werden,
das durch den ABTASTZEIGER bestimmt wird:

    Z♠.NAECHSTER := ABTASTZEIGER♠.NAECHSTER;

Weiter ist dann das neue Element als Nachfolger des durch den ABTAST-
ZEIGER bestimmten Elements zu definieren, d. h. wir müssen dem betreffenden Zeiger einen neuen Wert zuweisen:

    ABTASTZEIGER♠.NAECHSTER := Z;

Dieser Vorgang ist in Bild 13.10 illustriert.

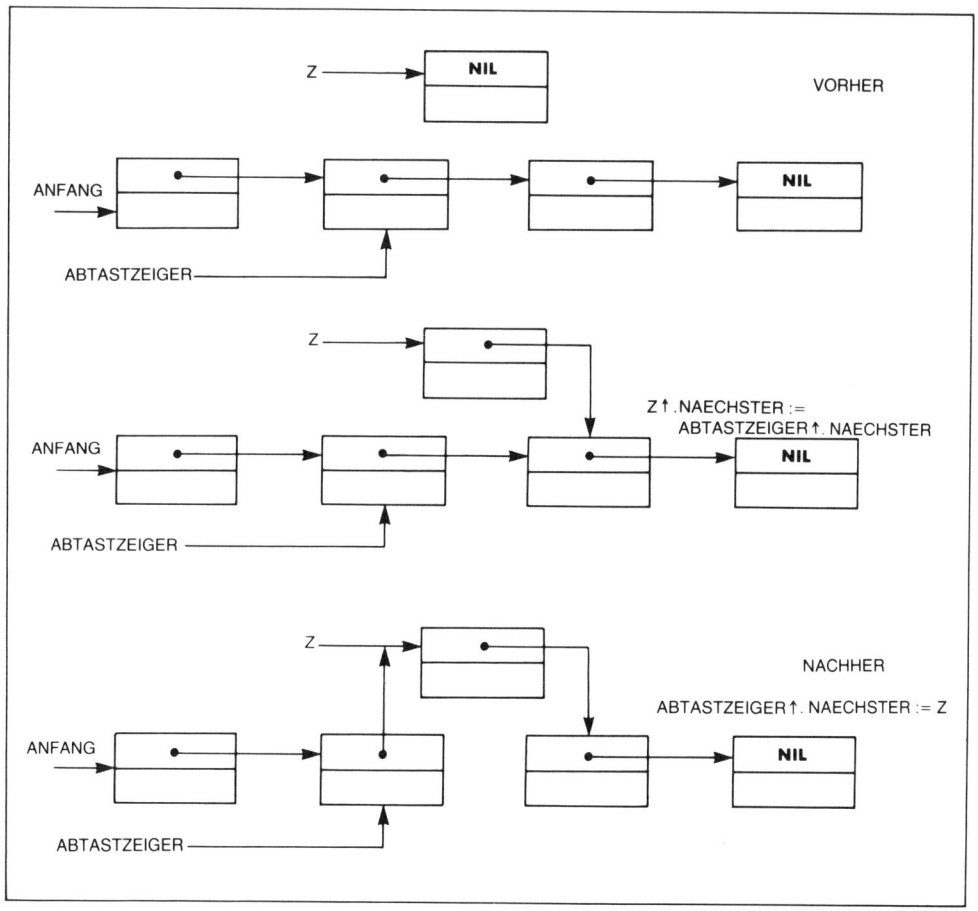

Bild 13.10   Wie man ein Element in eine Liste einfügt

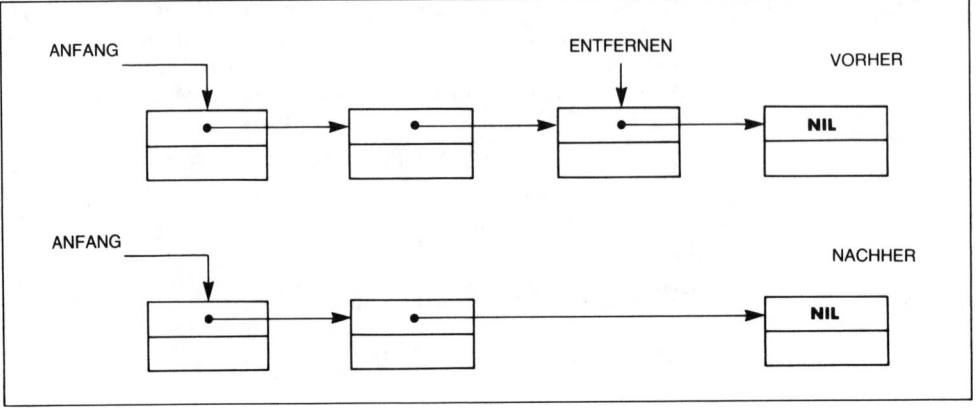

Bild 13.11   Wie man ein Element aus einer Liste entfernt

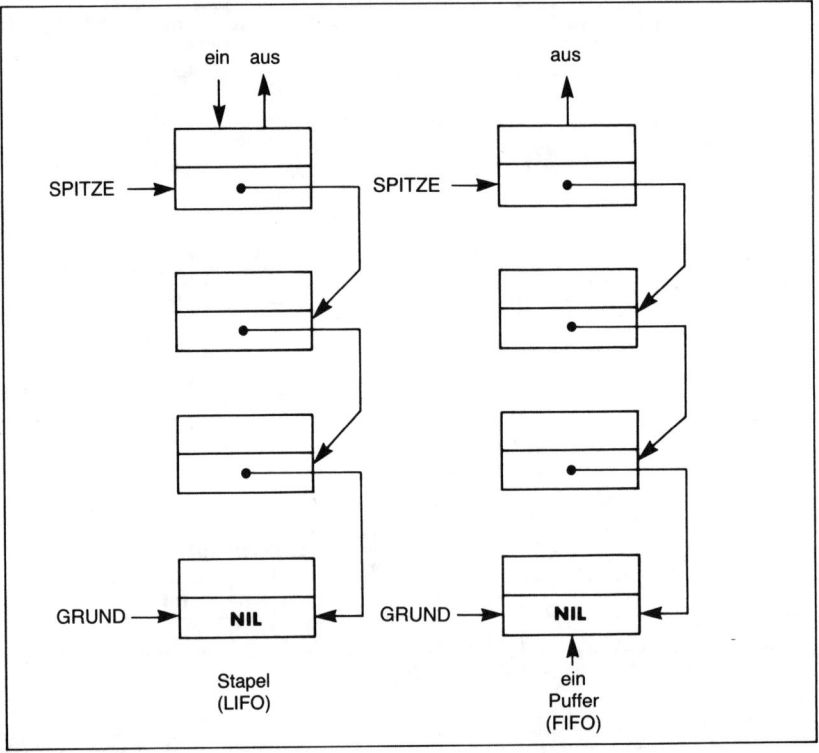

Bild 13.12   Listenstrukturen: Stapel und FIFO-Puffer

Das Einfügen eines Elements erfordert die Umdefinition zweier Zeiger (vorausgesetzt, eine einfache Liste mit je einem Zeiger pro Listenelement, eine sogenannte *einfach verkettete* Liste wird verwendet). Ganz entsprechend kann man, wie das Bild 13.11 zeigt, ein Element aus einer Liste entfernen, wenn man den Nachfolgerzeiger des ihm unmittelbar vorangehenden Elements neu definiert.

Eine Grundeigenschaft der Listenstruktur ist die Tatsache, daß kein Element physisch verschoben wird. Einzig und allein ein oder mehrere Zeiger müssen verändert werden. Auf diese Weise können Listen das Sortieren erleichtern: Man kann die Elemente in die richtige Folge bringen, indem man einfach den Zeigern die entsprechenden Werte zuweist.

Andere Listenstrukturen

Bis jetzt haben wir nur einfach verkettete Listen als Beispiel dieser Datenstruktur kennengelernt. Mit Hilfe von Zeigern kann man aber eine große Vielfalt komplizierter Listenstrukturen aufbauen, die zur effektiven Wiedergabe strukturierter Information dienen können. So gibt es z. B. Listen, bei denen immer nur auf das an der SPITZE stehende Element zugegriffen werden kann (d. h. ein Element darf nur an der SPITZE eingefügt und nur von dort entnommen werden). Hier handelt es sich um einen sogenannten *Stapel* (englisch: „stack"), der auch als „Last-In, First-Out"-Struktur, kurz LIFO bezeichnet wird, da das zuletzt eingefügte Element als erstes entnommen werden muß (siehe Bild 13.12). Dem steht die „First-In, First-Out"-Struktur (FIFO) gegenüber, bei dem das zuerst eingegebene Element auch wieder zuerst entnommen wird. Diese Struktur wird beispielsweise als Puffer eingesetzt. Sie zeichnet sich dadurch aus, daß die Elemente am einen Ende (dem GRUND der Liste) eingegeben und am anderenEnde (ihrer SPITZE) wieder ausgegeben werden.

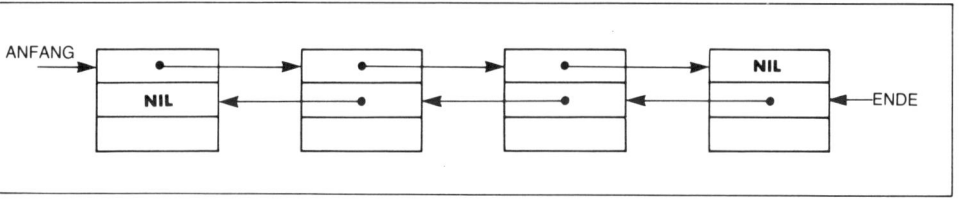

Bild 13.13   Eine doppelt verkettete Liste läßt sich in zwei Richtungen durchsuchen

Wie Bild 13.13 zeigt, kann man Listen auch mehrfach verketten. Hier laufen die Zeiger beispielsweise in beiden Richtungen, so daß die Elemente rasch sowohl von links als auch von rechts aufgefunden werden können. Man nennt diese beiden Zeiger demzufolge zumeist den „linken" und den „rechten" Verkettungszeiger.

Wenn man den letzten Zeiger der Liste auf das erste Element zurückverweisen läßt, dann kommt man zur geschlossenen, zur *zirkularen* Liste. Sie

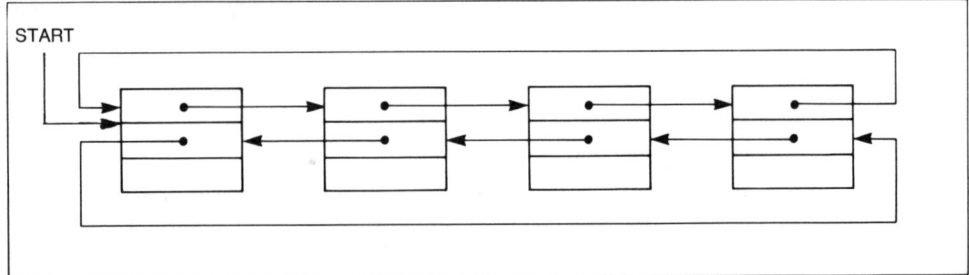

Bild 13.14   Die Verkettungen in einer zirkularen Liste

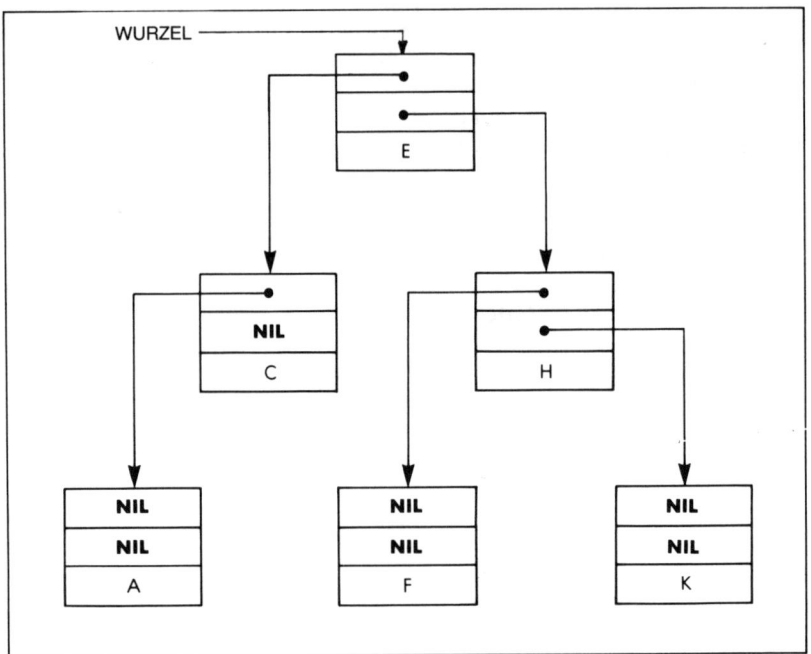

Bild 13.15   Ein binärer Baum

ermöglicht ebenfalls einen raschen Datenzugriff. Die Liste kann dabei einfach oder wie in Bild 13.14 doppelt verkettet sein.

Mit Hilfe von Zeigern lassen sich auch *Baumstrukturen* aufbauen. Bild 13.15 zeigt z. B. einen binären Baum mit jeweils maximal zwei Nachfolgern eines Elements.

Beachten Sie, daß die Elemente in Bild 13.15 sortiert sind. Der linke Zweig eines gegebenen Elements ist immer niederwertiger als der des Elements (des *Knotens*) selbst, und das Element im rechten Zweig besitzt einen höheren Wert.

Ein allgemeinerer Baum liegt beispielsweise im Stammbaum vor, bei dem die Verzweigungen nicht auf zwei Nachfolger eines Elements beschränkt sind.

Für jede Datenstruktur sind verschiedene Methoden entwickelt worden, auf die einzelnen Elemente zuzugreifen. Man hat diesem Thema ganze Bücher gewidmet, weshalb wir hier nicht in die Einzelheiten gehen können.

Fallstudie 1: Ein Bücherverzeichnis

Die Problemstellung

Eine Datei soll ein Verzeichnis von Büchern mit Titel, Autor und Bestellnummer aufnehmen. Die Dateielemente sollen dabei nach Bestellnummern sortiert werden, und es muß möglich sein, Bücher aus der Datei zu entfernen und neu in die Datei einzufügen.

```
                    Programming the 6502
                    Rodnay Zaks
                          202
                    Programming the 8080
                    Rodnay Zaks
                          208
                    Programming the Z80
                    Rodnay Zaks
                          280
                    6502 Games Book
                    Rodnay Zaks
                          402
```

Bild 13.16   Die Ausgangsdatei für das Bücherverzeichnis

Es handelt sich hier um ein Problem, das in den meisten kommerziellen Dateien von Adressenlisten bis hin zu Personalakten in ähnlicher Form auftritt. Bild 13.16 zeigt eine Datenliste, wie sie bei Beginn eines Programmlaufs in der Datei vorliegen kann. Bild 13.17 zeigt einen typischen Dialog bei der Bedienung des Programms, und Bild 13.18 schließlich enthält die damit neu erstellte Bücherliste, in der Buch Nr. 202 gelöscht worden und Buch Nr. 302 neu hinzugekommen ist.

```
BUECHER
Wollen Sie ein Buch einfuegen oder loeschen?
Geben Sie ein "E" oder ein "L" an: E

Geben Sie den Buchtitel an: 6502 Applications

Geben Sie den Autornamen an: Rodnay Zaks

Geben Sie die Bestellnummer an: 302

Einfuegen (E), Loeschen (L) oder Beenden (B)? L

Geben Sie die Bestellnummer an: 202

Einfuegen (E), Loeschen (L) oder Beenden (B)? L

Geben Sie die Bestellnummer an: 100

Buch nicht gefunden.

Einfuegen (E), Loeschen (L) oder Beenden (B)? B

Die Bibliotheksdatei ist auf neuen Stand gebracht.
```

Bild 13.17   Zur Arbeit mit dem Bücherverzeichnisprogramm

```
                    Programming the 8080
                    Rodnay Zaks
                         208
                    Programming the Z80
                    Rodnay Zaks
                         280
                    6502 Applications
                    Rodnay Zaks
                         302
                    6502 Games Book
                    Rodnay Zaks
                         402
```

Bild 13.18   Das neu entstandene Bücherverzeichnis

Die Grundstruktur des Programms

Man kann mit Pascal eine Datei nicht unmittelbar beeinflussen. Will man die Dateiinformation verändern, so muß man sie zuerst in eine andere Struktur umkopieren, die Veränderungen dort vornehmen und das Ergebnis schließlich in eine neue Datei schreiben. Dazu muß die betreffende Struktur die folgenden Eigenschaften besitzen:

- Einfaches Einfügen und Löschen von Elementen
- Sequentielle Aufeinanderfolge der Elemente

Diese Anforderungen werden von einfachen verketteten Listen erfüllt, weshalb unser Programmbeispiel BUECHER auf einer solchen Liste aufbaut.

Wir müssen folgende Aufgaben lösen:

- Datei lesen und Liste aufbauen
- Liste in die Datei schreiben
- Element in die Liste einfügen
- Element aus der Liste löschen

Und natürlich wird eine Steuerung aller dieser Funktionen je nach Vorgabe des Benutzers gebraucht.

Das Programm

Der Programmtext findet sich in Bild 13.19. Die Titel sind dort in einer externen Datei abgelegt, die im Programm unter dem Namen BIBDATEI (von „Bibliotheksdatei") gehandhabt wird:

```
PROGRAM BUECHER (INPUT,OUTPUT,BIBDATEI);
```

Jedes Buch wird in der Liste als Verbund dynamisch festgehalten:

```
TYPE KETTE = ARRAY [1..20] OF CHAR;
     BIBZGR = ◆BIBLISTE;
     BIBLISTE =
        RECORD
           NAECHSTER : BIBZGR;
           NAME : KETTE;
           AUTOR : KETTE;
           BESTNR : INTEGER
        END;
```

Bild 13.20 veranschaulicht die so entstehende Listenstruktur.

Beachten Sie, daß auch hier wieder der Zeiger BIBZGR („Bibliothekszeiger") vor dem Element deklariert wurde, auf das er zeigen soll:

```
BIBZGR = ◆BIBLISTE;
```

```
PROGRAM buecher (input,output,bibdatei);

(* Fuehrt ein Verzeichnis von Buechern nach Autor, Titel und *)
(* Bestellnummer. Gestattet das Aufsuchen, Einfuegen und      *)
(* Loeschen von Buechern.                                     *)

TYPE kette = ARRAY [1..20] OF CHAR;
     bibzgr = ^bibliste;
     bibliste =
          RECORD
               naechster : bibzgr;
               name : kette;
               autor : kette;
               bestnr : integer
          END;

VAR anfang,buch : bibzgr;
    bstnummer,index : integer;
    auswahl : char;
    bibdatei : text;

PROCEDURE einfuegen (buch : bibzgr);
    VAR p,q : bibzgr;
    BEGIN
        IF   anfang=NIL THEN
             BEGIN
                  buch^.naechster := NIL;
                  anfang := buch
             END
         ELSE
             IF anfang^.bestnr>buch^.bestnr THEN
                 BEGIN (* an der Spitze einfuegen *)
                      buch^.naechster := anfang;
                      anfang := buch;
                 END (* an der Spitze einfuegen *)
             ELSE
                 BEGIN (* in der Mitte einfuegen *)
                      p := anfang;
                      q := anfang;
                      WHILE (p^.naechster<>NIL) AND (p=q) DO
                          BEGIN (* Element aufsuchen *)
                               p := p^.naechster;
                               IF p^.bestnr>buch^.bestnr THEN
                                   BEGIN (* einfuegen *)
                                        q^.naechster := buch;
                                        buch^.naechster := p
                                   END (* einfuegen *)
                               ELSE
                                   q := p
                          END; (* Element aufsuchen *)
```

Bild 13.19   Ein Programm zur Führung eines Bücherverzeichnisses

```
                        IF (p^.naechster=NIL) AND (p^.bestnr<buch^.bestnr) THEN
                            BEGIN (* am Ende anfuegen *)
                                buch^.naechster := NIL;
                                p^.naechster := buch
                            END
                    END (* in der Mitte einfuegen *)
        END; (* einfuegen *)

PROCEDURE loeschen (bestnr : integer);
    VAR p,q : bibzgr;
        geloescht : boolean;
    BEGIN
        geloescht := false;
        IF anfang=NIL THEN
            writeln ('Nichts zu loeschen.')
        ELSE
            IF anfang^.bestnr=bestnr THEN
                BEGIN (* erstes Element loeschen *)
                    anfang := anfang^.naechster;
                    geloescht := true
                END (* erstes Element loeschen *)
            ELSE
                BEGIN (* Liste durchsuchen *)
                    p := anfang;
                    q := anfang;
                    WHILE  (p^.naechster<>NIL) AND (p=q) AND
                           (p^.bestnr<bestnr) AND (geloescht=false) DO
                        BEGIN (* suchen und loeschen *)
                            p := p^.naechster;
                            IF p^.bestnr=bestnr THEN
                                BEGIN (* Buch loeschen *)
                                    q^.naechster := p^.naechster;
                                    geloescht := true
                                END (* Buch loeschen *)
                            ELSE
                                q := p
                        END; (* suchen und loeschen *)
                    IF geloescht=false THEN
                        BEGIN
                            writeln ('Buch nicht gefunden.');
                            writeln
                        END
                END (* Liste durchsuchen *)
    END; (* loeschen *)

PROCEDURE liesdatei;
    VAR index : integer;
        buch : bibzgr;
    BEGIN
        reset (bibdatei);
        WHILE NOT eof(bibdatei) DO
```

```
            BEGIN (* Buch uebernehmen *)
                new (buch);
                FOR index := 1 TO 20 DO
                    read (bibdatei,buch^.name[index]);
                readln (bibdatei);
                FOR index := 1 TO 20 DO
                    read (bibdatei,buch^.autor[index]);
                readln (bibdatei);
                readln (bibdatei,buch^.bestnr);
                einfuegen (buch)
            END (* Buch uebernehmen *)
    END; (* liesdatei *)

PROCEDURE schreibdatei;

    VAR p : bibzgr;
        index : integer;

    BEGIN
        rewrite (bibdatei);
        p := anfang;
        WHILE p<>NIL DO
            BEGIN (* Buch in Datei schreiben *)
                FOR index := 1 TO 20 DO
                    write (bibdatei,p^.name[index]);
                writeln (bibdatei);
                FOR index := 1 TO 20 DO
                    write (bibdatei,p^.autor[index]);
                writeln (bibdatei);
                writeln (bibdatei,p^.bestnr);
                p := p^.naechster
            END (* Buch in Datei schreiben *)
    END; (* schreibdatei *)

BEGIN (* buecher *)
    anfang := NIL;
    liesdatei;
    writeln ('Wollen Sie ein Buch einfuegen oder loeschen?');
    write ('Geben Sie ein "E" oder ein "L" an: ');
    readln (auswahl);
    writeln;
    WHILE auswahl<>'B' DO
        BEGIN (* Liste auf neuen Stand bringen *)
            IF auswahl='E' THEN
                BEGIN (* Buch uebernehmen und einfuegen *)
                    new (buch);
                    write ('Geben Sie den Buchtitel an: ');
                    FOR index := 1 TO 20 DO
                        IF NOT eoln THEN
                            read (buch^.name[index])
```

```
                        ELSE
                                buch^.name[index] := ' ';
                    readln;
                    writeln;
                    write ('Geben Sie den Autornamen an: ');
                    FOR index := 1 TO 20 DO
                        IF NOT eoln THEN
                                read (buch^.autor[index])
                        ELSE
                                buch^.autor[index] := ' ';
                    readln;
                    writeln;
                    write ('Geben Sie die Bestellnummer an: ');
                    readln (buch^.bestnr);
                    writeln;
                    einfuegen (buch)
                END; (* Buch uebernehmen und einfuegen *)
            IF auswahl='L' THEN
                BEGIN (* Nummer uebernehmen und Buch loeschen *)
                    write ('Geben Sie die Bestellnummer an: ');
                    readln (bstnummer);
                    writeln;
                    loeschen (bstnummer)
                END; (* Nummer uebernehmen und Buch loeschen *)
            write ('Einfuegen (E), Loeschen (L) oder Beenden (B)? ');
            readln (auswahl);
            writeln
        END; (* Liste auf neuen Stand bringen *)

    schreibdatei;
    writeln ('Die Bibliotheksdatei ist auf neuen Stand gebracht.');
    writeln; writeln
END. (* buecher *)
```

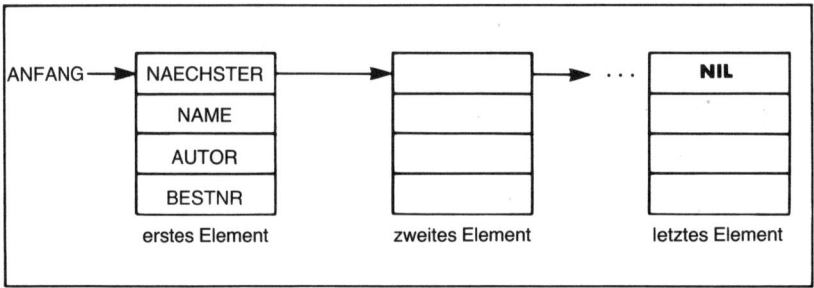

Bild 13.20   Die Struktur der Bücherliste

Das Programm verwendet sechs globale Variable:

```
VAR  ANFANG,BUCH : BIBZGR;
     BSTNUMMER,INDEX : INTEGER;
     AUSWAHL : CHAR;
     BIBDATEI : TEXT;
```

Davon bezeichnet ANFANG den Listenanfang (zeigt also auf das erste Listenelement), BUCH soll jeweils das zu bearbeitende Element in der Liste angeben, und AUSWAHL ist ein Zeichen, mit dem der Benutzer die auszuführende Funktion auswählt. Die übrigen Variablen sprechen für sich.

Den Aufgaben entsprechend werden vier Prozeduren eingesetzt

EINFUEGEN   fügt ein neues Buch in die Liste ein
LOESCHEN   entfernt ein Buch aus der Liste
LIESDATEI   liest die BIBDATEI und baut die zugehörige Liste auf
SCHREIBDATEI schreibt die Liste in eine neue BIBDATEI

Diese Prozeduren wollen wir uns jetzt der Reihe nach ansehen.

Die Prozedur EINFUEGEN erhält als Parameter ein BUCH übergeben (genauer gesagt, den Zeiger auf einen Verbund, der das betreffende Buch beschreibt):

```
PROCEDURE EINFUEGEN (BUCH : BIBZGR);
```

Sie muß dieses Buch so in die Liste einfügen, daß die Bestellnummern geordnet vorliegen. Dazu muß die Liste mit Hilfe zweier lokaler Zeigervariablen P und Q nach dem Einfügeort durchsucht werden:

```
VAR  P,Q : BIBZGR;
```

Hierbei sind mehrere Fälle zu unterscheiden. Ist die Liste leer (d. h. AN-FANG=NIL), dann wird das Buch als einziges Element an den Listenanfang gesetzt:

```
BEGIN
   IF ANFANG=NIL THEN
      BEGIN
         BUCH♠.NAECHSTER := NIL;
         ANFANG := BUCH
      END
```

Beachten Sie, daß es nicht genügt, einfach nur ANFANG := BUCH zu schreiben, sondern daß ausdrücklich auch das Listenende dadurch zu definieren ist, daß BUCH♠.NAECHSTER := NIL gesetzt wird.

Ist die Liste nicht leer, jedoch die Bestellnummer des neuen Buchs kleiner als die Bestellnummer des ersten Buchs in der Liste, dann kommt das Buch ganz an den Listenanfang:

```
ELSE
   IF ANFANG♠.BESTNR>BUCH♠.BESTNR THEN
      BEGIN
         BUCH♠.NAECHSTER := ANFANG;
         ANFANG := BUCH;
      END
```

Andernfalls muß die Liste nach einem Buch durchsucht werden, dessen Bestellnummer größer als die des neu einzufügenden Elements ist. Das bedeutet, daß Element für Element die Bestellnummer zu lesen und mit der Vorgabe zu vergleichen ist.

Für die Einfügeoperation selbst benötigen wir allerdings nicht nur das Element, das größer als das neu einzufügende ist, sondern auch das gerade davorstehende, dessen Nachfolger das neue Buch werden soll. Aus diesem Grund verwenden wir zur Suche mit P und Q zwei Zeiger, die je zwei aufeinanderfolgende Listenelemente bezeichnen. Q zeigt auf Element n und P bezeichnet das darauffolgende Element n+1. Wenn die BESTNR des von P bezeichneten Buchs größer als die BESTNR des durch BUCH gegebenen Elements ist, dann wird das neue Buch zwischen Q und P eingefügt, wie das Bild 13.21 zeigt. Die neuen Zeiger sind dort gestrichelt gezeichnet.

```
ELSE
   BEGIN
      P := ANFANG;
      Q := ANFANG;
      WHILE (P♠.NAECHSTER<>NIL) AND (P=Q) DO
         BEGIN
            P := P♠.NAECHSTER;
            IF P♠.BESTNR>BUCH♠.BESTNR THEN
```

Wie Bild 13.21 zeigt, erfordert das Einfügen selbst nur ein Umdefinieren von zwei Zeigern:

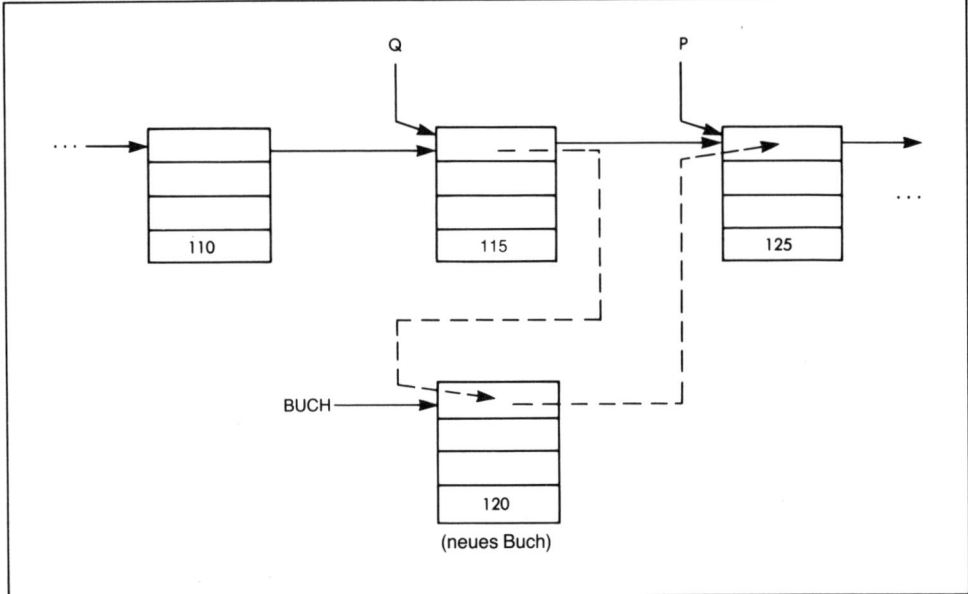

Bild 13.21   Ein neues Buch wird in die Liste eingefügt

```
BEGIN
    Q▲.NAECHSTER := BUCH;
    BUCH▲.NAECHSTER := P
END
```

Wurde in diesem Schleifendurchgang weder die Einfügestelle noch das
Tabellenende gefunden, dann werden die Zeiger ein Element weitergesetzt und die Schleife anschließend neu durchlaufen:

```
        ELSE
            Q := P
    END;
```

Wurde dagegen das Listenende erreicht, und ist die neue Bestellnummer
immer noch zu groß, dann wird das Buch am Listenende eingefügt, wobei
auch hier wieder auf den richtigen Listenabschluß zu achten ist:

```
    IF (P▲.NAECHSTER=NIL)
        AND (P▲.BESTNR<BUCH▲.BESTNR) THEN
        BEGIN
            BUCH▲.NAECHSTER := NIL;
            P▲.NAECHSTER := BUCH
        END
    END
END;
```

Die Prozedur LOESCHEN soll ein durch seine Bestellnummer angege-
benes Buch aus der Liste entfernen:

PROCEDURE LOESCHEN (BESTNR : INTEGER);

Zu diesem Zweck muß wie oben die Liste mit Hilfe zweier lokaler Zeiger
P und Q durchsucht werden. Dazu können wir uns die Arbeit vereinfachen, wenn wir noch eine lokale Flagge einsetzen, die anzeigt, ob in dem
betreffenden Schleifendurchlauf ein Element GELOESCHT wurde oder
nicht:

```
VAR  P,Q: BIBZGR;
     GELOESCHT : BOOLEAN;
```

Wenn die Liste leer sein sollte, dann wird eine Meldung an den Benutzer
ausgegeben:

```
BEGIN
    GELOESCHT := FALSE;
    IF ANFANG=NIL THEN
        WRITELN ('NICHTS ZU LOESCHEN.')
```

Wenn nicht, dann wird untersucht, ob das zu löschende Element ganz am
Listenanfang steht und dieses gegebenenfalls entfernt:

```
ELSE
    IF ANFANG♠.BESTNR=BESTNR THEN
        BEGIN
            ANFANG := ANFANG♠.NAECHSTER;
            GELOESCHT := TRUE
        END
```

Ansonsten wird die Liste bis zum Ende hin durchsucht:

```
ELSE
    BEGIN
        P := ANFANG;
        Q := ANFANG;
        WHILE (P♠.NAECHSTER<>NIL) AND (P=Q) AND
              (P♠.BESTNR<BESTNR) AND (GELOESCHT=FALSE) DO
        BEGIN
            P := P♠.NAECHSTER;
            IF P♠.BESTNR=BESTNR THEN
                BEGIN (* BUCH LOESCHEN *)
                    Q♠.NAECHSTER := P♠.NAECHSTER;
                    GELOESCHT := TRUE
                END (* BUCH LOESCHEN *)
            ELSE
                Q := P
        END;
```

Bricht diese Schleife ab, ohne daß etwas GELOESCHT worden ist, dann
wird das dem Benutzer gemeldet:

```
IF GELOESCHT=FALSE THEN
    BEGIN
        WRITELN ('BUCH NICHT GEFUNDEN.');
        WRITELN
    END
END
END;
```

LIESDATEI ist eine Prozedur, mit der die BIBDATEI eingelesen und in
eine Liste umgesetzt wird. Dazu muß für jedes von der Datei gelesene
Buch zunächst einmal eine neue Listenvariable erzeugt werden:

```
PROCEDURE LIESDATEI;
    VAR INDEX : INTEGER;
        BUCH : BIBZGR;
    BEGIN
        RESET (BIBDATEI);
        WHILE NOT EOF(BIBDATEI) DO
            BEGIN
                NEW (BUCH);
```

Dann wird der Buchtitel mit Hilfe von INDEX in den Eintrag NAME des
neuen Listenelements übernommen:

```
FOR INDEX := 1 TO 20 DO
    READ (BIBDATEI,BUCH↞.NAME[INDEX]);
    READLN (BIBDATEI);
```

Es folgt der Autor:

```
FOR INDEX := 1 TO 20 DO
    READ (BIBDATEI,BUCH↞.AUTOR[INDEX]);
READLN (BIBDATEI);
```

Dann die Bestellnummer:

```
READLN (BIBDATEI,BUCH↞.BESTNR);
```

Und schließlich ist das Element in die Liste einzufügen:

```
EINFUEGEN (BUCH)
    END
END;
```

Das wiederholt sich, bis das Dateiende erreicht worden ist.

Die Prozedur SCHREIBDATEI kehrt diesen Vorgang einfach um. Nach und nach werden alle Listenelemente in die BIBDATEI übertragen:

```
PROCEDURE SCHREIBDATEI;
    VAR P : BIBZGR;
        INDEX : INTEGER;
    BEGIN
        REWRITE (BIBDATEI);
        P := ANFANG;
        WHILE P<>NIL DO
            BEGIN
                FOR INDEX := 1 TO 20 DO
                    WRITE (BIBDATEI,P↠.NAME[INDEX]);
                WRITELN (BIBDATEI);
                FOR INDEX := 1 TO 20 DO
                    WRITE (BIBDATEI,P↠.AUTOR[INDEX]);
                WRITELN (BIBDATEI);
                WRITELN (BIBDATEI,P↠.BESTNR);
                P := P↠.NAECHSTER
            END
    END;
```

Das Hauptprogramm muß zunächst den Anfangszeiger der Liste definieren und die Liste aus der Datei aufbauen:

```
BEGIN
    ANFANG := NIL;
    LIESDATEI;
```

Ist das geschehen, dann kann der Benutzer zwischen zwei Befehlen wählen:

```
WRITELN ('WOLLEN SIE EIN BUCH EINFUEGEN ODER LOESCHEN?');
WRITE ('GEBEN SIE EIN „E" ODER EIN „L" AN:');
READLN (AUSWAHL);
WRITELN;
```

Darauf wird eine Schleife eingeleitet, die erst auf ausdrücklichen Befehl vom Benutzer (durch ein „B", für „BEENDEN") verlassen wird:

```
WHILE AUSWAHL<>'B' DO
    BEGIN
```

Wurde die Operation „Einfügen" angefordert, so muß zunächst einmal eine neue dynamische Listenvariable erzeugt werden:

```
IF AUSWAHL='E' THEN
    BEGIN
        NEW (BUCH);
```

Dann werden die verschiedenen Eintragselemente angefordert und von
der Tastatur übernommen, nämlich:

Der Buchtitel:

```
WRITE ('GEBEN SIE DEN BUCHTITEL AN: ');
FOR INDEX := 1 TO 20 DO
  IF NOT EOLN THEN
      READ (BUCH♠.NAME[INDEX])
  ELSE
      BUCH♠.NAME[INDEX] := ' ';
READLN;
WRITELN;
```

Der Autorname:

```
WRITE ('GEBEN SIE DEN AUTORNAMEN AN: ');
FOR INDEX := 1 TO 20 DO
  IF NOT EOLN THEN
      READ (BUCH♠.AUTOR[INDEX])
  ELSE
      BUCH♠.AUTOR[INDEX] := ' ';
READLN;
WRITELN;
```

Und schließlich die Bestellnummer:

```
WRITE ('GEBEN SIE DIE BESTELLNUMMER AN: ');
READLN (BUCH♠.BESTNR);
WRITELN;
```

Dieses Element wird dann passend in die Liste eingefügt:

```
      EINFUEGEN (BUCH)
END;
```

Der Prozeß ist einfacher, wenn „Loeschen" angegeben wurde. Hier wird
zunächst die Bestellnummer angefordert:

```
IF AUSWAHL='L' THEN
  BEGIN
      WRITE ('GEBEN SIE DIE BESTELLNUMMER AN: ');
      READLN (BSTNUMMER);
      WRITELN;
```

Und dann wird das zugehörige Element mit Hilfe der Prozedur LOE-
SCHEN aus der Liste entfernt:

```
      LOESCHEN (BSTNUMMER)
END;
```

Der Schleifendurchgang endet mit einer neuen Befehlsübernahme:

```
        WRITE ('EINFUEGEN (E), LOESCHEN (L) ODER BEENDEN (B)?');
        READLN (AUSWAHL);
        WRITELN
    END;
```

Darauf wird die Schleife wiederholt, bis ausdrücklich „Beenden" gefordert worden ist. War das der Fall, dann muß die Datei neu aufgebaut werden:

```
    SCHREIBDATEI;
```

Schließlich erhält der Benutzer noch eine Mitteilung über den erfolgreichen Abschluß des Programms:

```
WRITELN ('DIE BIBLIOTHEKSDATEI IST AUF NEUEN STAND GEBRACHT.');
    WRITELN;WRITELN
END.
```

Fallstudie 2: Ein binärer Baum

Die Problemstellung

Eine Datei aus ganzen Zahlen soll in aufsteigender Folge sortiert werden. Dazu wird ein binärer Baum aufgebaut, dessen Knoten jeweils eine ganze Zahl darstellen und dessen Zweige so angelegt sind, daß die in ihm festge-

47
94
23
87
35
71
66
98
12
16
2
46
38

Bild 13.22   Eine zu sortierende Zahlenliste

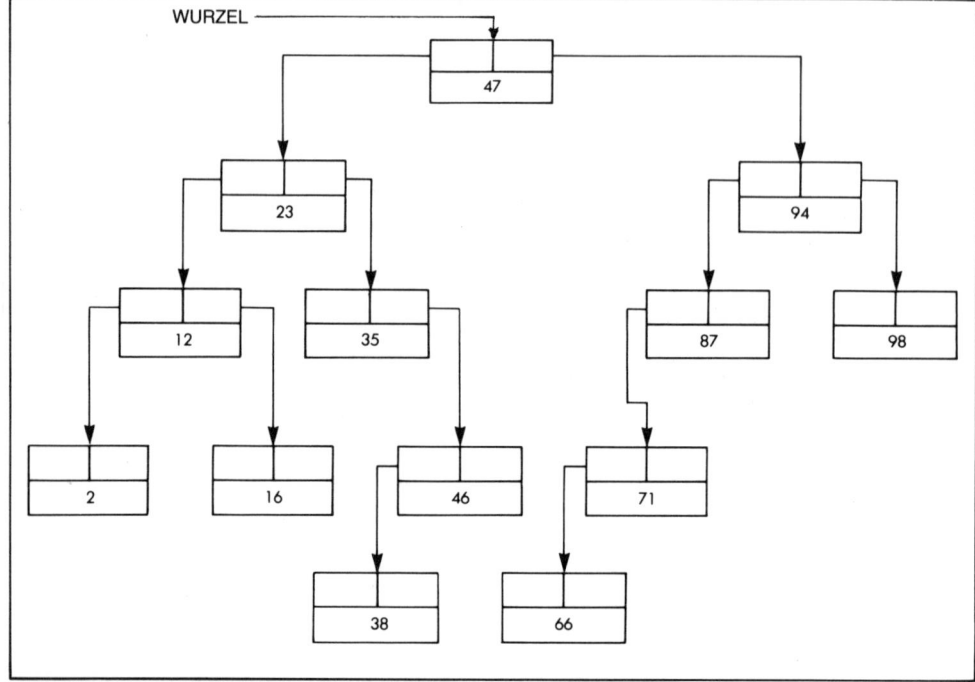

Bild 13.23   Der binäre Baum für diese Liste

haltenen Werte von links nach rechts geordnet vorliegen. Der Bauminhalt soll dann in der durch seine Struktur gegebenen Ordnung, d. h. in der
Folge linker Teilbaum, Wurzel, rechter Teilbaum, ausgegeben werden.

Bild 13.23 verdeutlicht den Aufbau eines solchen binären Baums anhand
der Wertvorgaben von Bild 13.22. Druckt man den Bauminhalt wie angegeben aus, so erhält man die geordnete Liste von Bild 13.24.

Aufbau eines binären Baums

Binäre Bäume werden für viele Aufgaben eingesetzt. Sie finden insbesondere dort Verwendung, wo Entscheidungsalgorithmen kodiert oder die
Strukturen von Text oder Daten untersucht werden sollen.

Ein binärer Baum entsteht nach dem Beispiel von Bild 13.23 folgenderma-
ßen:

– Das erste Element (47) wird als Wurzel eingegeben.
– Das zweite Element (94) wird mit dem ersten verglichen. Da es größer
  als dieses ist, kommt es in den *rechten* Zweig.
– Das nächste Element (23) ist kleiner als 47 und wird demzufolge im *linken* Zweig untergebracht.

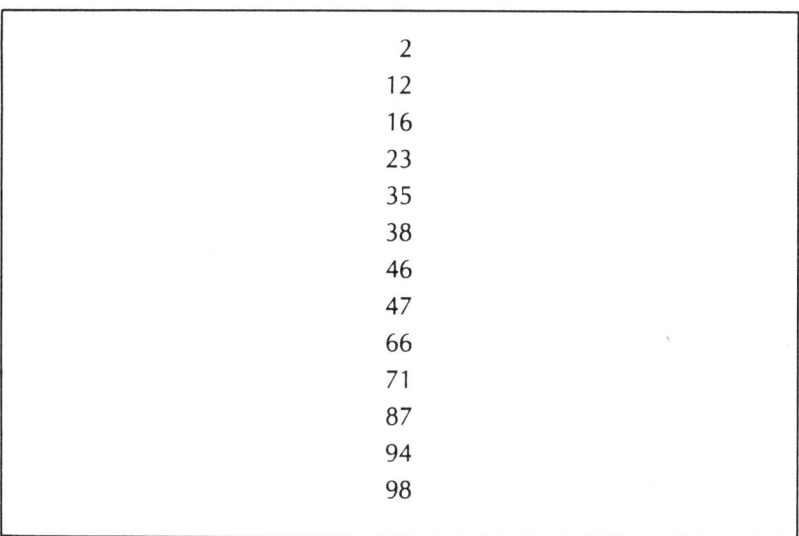

2

12

16

23

35

38

46

47

66

71

87

94

98

Bild 13.24   Das Ergebnis der Baumabtastung

– Es folgt mit 87 ein Element, das größer als 47 ist. Folglich wird der rechte Zweig eingeschlagen. Dort steht bereits ein Knoten mit dem Wert 94. Da 87 kleiner ist, wird es im linken Zweig dieses Knotens abgelegt.

Und so geht das weiter. Jedes neue Element wird mit der Wurzel des Baums verglichen. Ist sein Wert kleiner, dann kommt es in den linken Teilbaum, ist er größer, dann wird der Weg nach rechts eingeschlagen. Dieser Prozeß wiederholt sich mit dem jeweiligen Teilbaum, bis ein leerer Zweig gefunden wurde. Dort wird das neue Element abgelegt.

Die Verkettung im Baum geschieht über je zwei Zeiger pro Knoten, von denen der eine zum linken und der andere zum rechten Teilbaum zeigt. Ein leerer Zweig ist durch den Zeigerwert NIL gekennzeichnet.

Ausgeben des Bauminhalts

Die Ausgabe des Bauminhalts ist auch nicht schwierig. Man geht hier am besten nach einem rekursiven Algorithmus vor, bei dem man zuerst die linken Zweige abarbeitet und dann schrittweise nach rechts geht. In unserem Beispiel sind das folgende Schritte:

– Zunächst verfolgt man von der Wurzel aus alle linken Teilbäume, bis der ganz links außen liegende Endknoten gefunden ist. Er hat hier den Wert 2.
– Von da aus geht man zur Wurzel dieses Teilbaums, d. h. zum nächsthöheren Knoten zurück, der in unserem Fall den Wert 12 hat.
– Der nächsthöhere Wert muß im ganz links stehenden Endknoten des sich von hier nach rechts verzweigenden Teilbaums stehen. Im gegebenen Fall ist da nur ein einziger Endknoten mit dem Wert 16.

- Damit haben wir den Teilbaum 2−12−16 voll erfaßt und können einen Schritt zurück zum nächsthöheren Knoten gehen. Sein linker Zweig wurde gerade abgearbeitet, also ist sein Wert der nächste in der Folge: 23.
- Von da aus gehen wir in den rechten Teilbaum. Hier liegt am nächsten Knoten kein linker Zweig vor, so daß dessen Wert 35 als nächster erfaßt wird.
- Der rechte Teilbaum liefert hier in seinem linken Zweig den Wert 38 und an der Wurzel den Wert 46.
- Ein weiterer rechter Teilbaum existiert nicht, womit der zum Knoten 23 gehörende Teilbaum voll erfaßt ist und man eine Stufe höher gehen kann.

In dieser Form arbeitet man sich immer in der Folge linker Teilbaum, Wurzel, rechter Teilbaum durch, bis alle Baumelemente erfaßt sind. Das ist dann der Fall, wenn man nach Rückkehr aus dem rechten Teilbaum an der Wurzel des gesamten Baums angelangt ist, d. h. keine weitere Knotenebene mehr zurückgehen kann.

Das Ausgeben des Bauminhalts vollzieht also als ineinandergeschachtelte Folge immer desselben Algorithmus. Damit bietet sich eine rekursive Programmierung an, die wir im Programm BAUM von Bild 13.25 genauer betrachten wollen.

Das Programm

Das Programm baut auf einer mit Zeigern erstellten Baumstruktur auf. In sie werden die Daten aus der EINGABE-Datei einsortiert. Dazu bestehen die Knoten aus Verbunden mit je drei Einträgen, wie sie in Bild 13.23 dargestellt sind. Dem entsprechen folgende Typendeklarationen:

```
PROGRAM BAUM (INPUT,OUTPUT,EINGABE);
TYPE BAUMZGR = ♠BINBAUM;
     BINBAUM =
        RECORD
           DATEN : INTEGER;
           RECHTS : BAUMZGR;
           LINKS : BAUMZGR
        END;
```

Für das Ausdrucken des Bauminhalts wird ein Stapel benötigt, dessen Elemente jeweils zwei Zeiger beinhalten. Seine Aufgabe wird weiter unten dargelegt werden.

```
STAPELZGR = ♠STAPELELEMENT;
STAPELELEMENT =
   RECORD
      BZGR : BAUMZGR;
      STZGR : STAPELZGR
   END;
```

```
PROGRAM baum (input,output,eingabe);

(* Uebernimmt aus einer Eingabedatei ganzzahlige Datenwerte, *)
(* sortiert sie in einem binaeren Baum und schreibt sie dann *)
(* sortiert wieder in die Eingabedatei zurueck.              *)

TYPE baumzgr = ^binbaum;
     binbaum =
          RECORD
               daten : integer;
               rechts : baumzgr;
               links : baumzgr
          END;
     stapelzgr = ^stapelelement;
     stapelelement =
          RECORD
               bzgr : baumzgr;
               stzgr : stapelzgr
          END;

VAR eingabe : text;
    wurzel,knoten,p : baumzgr;
    spitze : stapelzgr;

PROCEDURE machknoten;

     (* Liest eine ganze Zahl aus der EINGABE-Datei und erzeugt *)
     (* einen neuen voll initialisierten Knoten.                *)

     BEGIN
         new (knoten);
         knoten^.rechts := NIL;
         knoten^.links := NIL;
         IF eof(eingabe) THEN
              knoten^.daten := 0
         ELSE
              readln (eingabe,knoten^.daten)
     END; (* machknoten *)

PROCEDURE machbaum (anfang : baumzgr);
     VAR p,q : baumzgr;
     BEGIN
         p := anfang;
         q := anfang;
         IF knoten^.daten<q^.daten THEN
              BEGIN (* im linken Zweig suchen *)
                  p := q^.links;
                  IF p=NIL THEN (* an leeren linken Zweig anfuegen *)
                       q^.links := knoten
                  ELSE (* weitersuchen *)
                       machbaum (p)
```

Bild 13.25   Ein Programm zur Baumsortierung

```
                END (* im linken Zweig suchen *)
            ELSE
                BEGIN (* im rechten Zweig suchen *)
                    p := q^.rechts;
                    IF p= NIL THEN (* an leeren rechten Zweig anfuegen *)
                        q^.rechts := knoten
                    ELSE (* weitersuchen *)
                        machbaum (p)
                END (* im rechten Zweig suchen *)
    END; (* machbaum *)

PROCEDURE baumdrucken;

    (* Uebernimmt die Knoten in geordneter Folge und schreibt *)
    (* mit ihnen die EINGABE-Datei neu.                        *)

    VAR stapel : stapelzgr;
    BEGIN
        WHILE p<>NIL DO
            BEGIN (* nach links durcharbeiten *)
                new (stapel);
                stapel^.bzgr := p;
                stapel^.stzgr := spitze;
                spitze := stapel;
                p := p^.links
            END; (* nach links durcharbeiten *)
        IF spitze<>NIL THEN
            BEGIN (* ausschreiben und nach rechts gehen *)
                p := spitze^.bzgr;
                spitze := spitze^.stzgr;
                writeln (eingabe,p^.daten);
                p := p^.rechts;
                baumdrucken
            END (* ausschreiben und nach rechts gehen *)
    END; (* baumdrucken *)

BEGIN (* baum *)
    reset (eingabe);
    machknoten;
    wurzel := knoten;
    machknoten;
    WHILE knoten^.daten<>0 DO (* daten=0 bezeichnet das Ende *)
        BEGIN (* Baum aufbauen *)
            machbaum (wurzel);
            machknoten
        END; (* Baum aufbauen *)
    rewrite (eingabe);
    spitze := NIL;
    p := wurzel;
    baumdrucken;
END. (* baum *)
```

Fünf globale Variable werden verwendet:

```
VAR EINGABE : TEXT;
    WURZEL,KNOTEN,P : BAUMZGR;
    SPITZE : STAPELZGR;
```

Des weiteren folgende drei Prozeduren:

MACHKNOTEN   liest eine Ganzzahl aus der EINGABE-Datei aus
                 und erzeugt einen neuen Knoten mit diesem Wert.

MACHBAUM   fügt den Knoten an die richtige Stelle im Baum
                 ein.

BAUMDRUCKEN   erfaßt die Baumelemente der Struktur des Baums
                 gemäß und schreibt sie in die EINGABE-Datei.

Die Prozedur MACHKNOTEN erzeugt zunächst eine neue dynamische
Variable KNOTEN:

```
PROCEDURE MACHKNOTEN;
    BEGIN
        NEW (KNOTEN);
```

Dann werden die Zeiger initialisiert:

```
KNOTEN♠.RECHTS := NIL;
KNOTEN♠.LINKS := NIL;
```

Und schließlich wird ein Wert aus der EINGABE-Datei in den DATEN-
Eintrag des Knotens gelesen:

```
IF EOF(EINGABE) THEN
    KNOTEN♠.DATEN := 0
ELSE
    READLN (EINGABE,KNOTEN♠.DATEN)
END;
```

Dabei gibt ein DATEN-Wert Null das Ende der Datenübernahme an.

Dieser neue Knoten wird mit der Prozedur MACHBAUM in den Baum
eingefügt, der die als Parameter übergebene Wurzel ANFANG besitzt:

```
PROCEDURE MACHBAUM (ANFANG : BAUMZGR);
```

Dazu muß der Baum nach einem passenden Knoten untersucht werden,
was durch die beiden lokalen Zeiger P und Q ermöglicht wird.

```
VAR P,Q : BAUMZGR;
```

Die Zeiger werden zunächst auf die Wurzel ANFANG des zu untersuchenden Baums gesetzt:

```
BEGIN
    P := ANFANG;
    Q := ANFANG;
```

Wenn der Wert des neu einzufügenden Knotens kleiner als der des gerade betrachteten Knotens im Baum ist, dann müssen wir nach links gehen. Zu diesem Zweck wird der Zeiger P auf den linken Zweig von Q↑ gesetzt:

```
IF KNOTEN↑.DATEN<Q↑.DATEN THEN
    BEGIN
        P := Q↑.LINKS;
```

Hier können dann zwei verschiedene Fälle vorliegen:

— P hat den Wert NIL. Das bedeutet, daß der von P bezeichnete Knoten leer ist und den neuen Knoten aufnehmen kann:

```
IF P=NIL THEN
    Q↑.LINKS := KNOTEN
```

— Andernfalls ist der Knoten besetzt, und wir müssen weitersuchen. Das kann durch rekursiven Aufruf der Prozedur MACHBAUM mit P als neuem ANFANGsparameter geschehen:

```
    ELSE
            MACHBAUM (P)
    END
```

Ist der neue Knotenwert dagegen größer als der des betrachteten Baumknotens, dann müssen wir nach rechts voranschreiten, wo sich im Prinzip die gleichen Möglichkeiten wie im linken Zweig bieten:

```
    ELSE
        BEGIN (* IM RECHTEN ZWEIG SUCHEN *)
            P := Q↑.RECHTS;
            IF P=NIL THEN
                Q↑.RECHTS := KNOTEN
            ELSE
                MACHBAUM (P)
        END
    END;
```

Die Prozedur BAUMDRUCKEN benutzt eine Stapelstruktur, um sich ihren Weg durch den Baum zu „merken". Jedes Element in diesem Stapel speichert zwei Elemente:

— einen Zeiger BZGR, in dem der betreffende Baumzeiger festgehalten wird
— einen Zeiger STZGR, der auf den nächsten Stapeleintrag verweist.

Der Verbund STAPELELEMENT wurde bereits im Programmkopf deklariert:

```
STAPELELEMENT =
  RECORD
    BZGR : BAUMZGR;
    STZGR : STAPELZGR
  END;
```

Am Programmanfang wurden ebenfalls die beiden globalen Variablen

```
P : BAUMZGR;
SPITZE : STAPELZGR;
```

deklariert, die folgende Aufgabe haben:

SPITZE zeigt auf das oberste Element des Stapels
P   bezeichnet den im Baum gerade betrachteten Knoten.

Die Prozedur selbst benutzt eine lokale Variable STAPEL als Zeiger auf das gerade betrachtete Stapelelement:

```
PROCEDURE BAUMDRUCKEN;
  VAR STAPEL : STAPELZGR;
```

Um den Knoten im Baum mit dem kleinsten Wert aufzufinden, werden zunächst alle linken Zweige abgesucht, bis eine linke Verzweigung mit dem Wert NIL gefunden wurde:

```
BEGIN
  WHILE P<>NIL DO
```

Alle beim Durcharbeiten nach links vorgefundenen Knoten werden im Stapel festgehalten. Dazu muß in jedem Schleifendurchgang zunächst ein neues Stapelelement geschaffen werden:

```
BEGIN (* NACH LINKS DURCHARBEITEN *)
  NEW (STAPEL);
```

Ihm werden die gerade vorliegenden Zeigerwerte zugewiesen:

```
STAPEL♠.BZGR := P;
STAPEL♠.STZGR := SPITZE;
```

Darauf sind die Zeiger weiterzusetzen:

```
    SPITZE := STAPEL;
    P := P♠.LINKS
END;
```

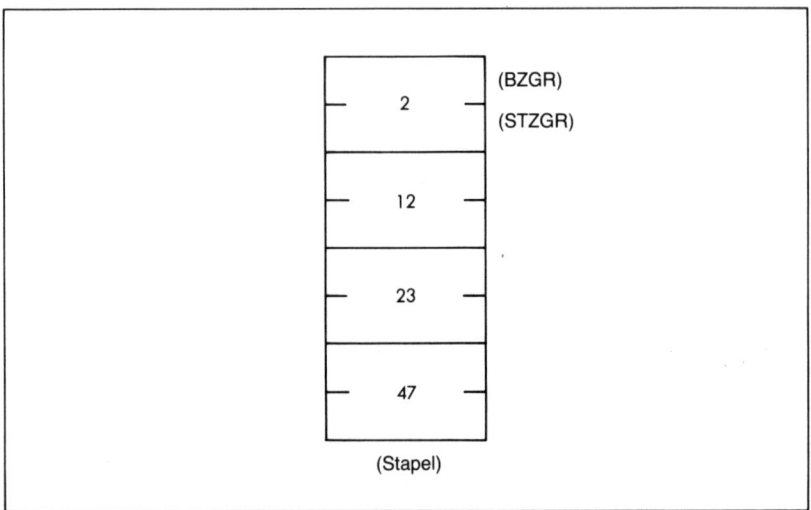

	(BZGR)
2	(STZGR)
12	
23	
47	
(Stapel)	

Bild 13.26   Der Stapelzustand beim Arbeitsbeginn

Das ergibt bei dem Baum von Bild 13.23 zunächst einmal den in Bild 13.26 wiedergegebenen Stapelinhalt. (Es sind von den abgetasteten Knoten nur die Werte eingetragen.)

Nach Beenden der WHILE-Schleife hat der Stapel, sofern er nicht leer ist (SPITZE=NIL), an der Spitze den kleinsten der untersuchten Knotenwerte stehen. Dieses Stapelelement wird in die Datei EINGABE als erstes zurückgeschrieben:

```
IF SPITZE<>NIL THEN
   BEGIN
      P := SPITZE♠.BZGR;
      SPITZE := SPITZE♠.STZGR;
      WRITELN (EINGABE,P♠.DATEN);
```

Das oberste Stapelelement wurde durch Zurücksetzen des Zeigers SPITZE bereits „entfernt“. Es bleibt noch, den Baumzeiger auf den nächstgrößeren Knoten zu setzen, der von dem neuen Element auf der Stapelspitze bezeichnet wird:

```
      P := P♠.RECHTS;
```

An diesem Knoten kann ein rechter Teilbaum vorhanden sein, der zunächst abgearbeitet werden muß. Dazu wird die Prozedur Baumdrucken rekursiv neu aufgerufen:

```
      BAUMDRUCKEN
   END
END;
```

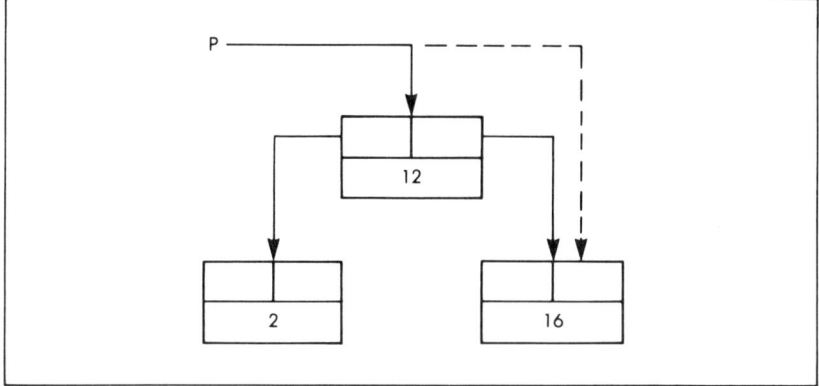

Bild 13.27   Der Übergang zum rechten Zweig

In unserem Beispiel erhält an dieser Stelle der Zeiger P den Wert NIL, so daß der neue Aufruf von BAUMDRUCKEN folgendes Ergebnis bringt:

- Da P=NIL ist, wird die WHILE-Schleife nicht abgearbeitet.
- SPITZE hat einen Wert ungleich NIL, also wird das nächste Element (die 12) vom Stapel genommen und in die Datei EINGABE geschrieben. P wird auf den rechten Zweig des Knoten-Elements 12 gesetzt und zeigt jetzt auf das Element 16. Das ist die Situation, die in Bild 13.27 eingefangen ist.

Der nächste rekursive Aufruf von BAUMDRUCKEN, der an dieser Stelle erfolgt, führt dazu, daß 16 auf den Stapel gesetzt und dann ausgedruckt wird. Damit bezeichnet das Element auf der Stapelspitze den Knoten mit dem Wert 23. Von dort aus wiederholt sich die Prozedur, bis der ganze Baum in die Datei EINGABE übertragen worden ist.

Der Programmkörper bietet keine weiteren Schwierigkeiten mehr. Zunächst wird die Wurzel des Baums als erster Knoten erzeugt:

```
BEGIN
    RESET (EINGABE);
    MACHKNOTEN;
    WURZEL := KNOTEN;
```

Dann wird ein neuer Knoten erzeugt und in eine Schleife übergegangen, in der die ganze Datei ausgelesen und in den Baum eingebaut ist. Als Endbedingung wird dazu von der Prozedur MACHKNOTEN ein DATEN-Eintrag mit dem Wert Null geliefert:

```
    MACHKNOTEN;
    WHILE KNOTEN↑.DATEN<>0 DO
        BEGIN
            MACHBAUM (WURZEL);
            MACHKNOTEN
        END;
```

Ist das geschehen, dann wird der Inhalt von EINGABE nicht mehr benötigt. Der Bauminhalt kann also in dieselbe Datei zurückgeschrieben werden:

```
    REWRITE (EINGABE);
    SPITZE := NIL;
    P := WURZEL;
    BAUMDRUCKEN;
    END. (* BAUM *)
```

Das Programm ist, obwohl es einen komplexen Algorithmus verwirklicht,
dank der rekursiven Techniken relativ kurz. Sie sollten es vollständig verstanden haben. Untersuchen Sie das Programm sorgfältig, machen Sie
sich klar, wie der Baum aufgebaut wird und wie man einen Stapel als einfach verkettete Liste konstruiert. Beachten Sie weiter, wie beim Abtasten
einer komplexen Liste, wie der hier für den Baum benutzten, zwei Zeiger
für den Weg vor und zurück durch die Liste verwendet werden.

DISPOSE, MARK und RELEASE in UCSD-Pascal

Die Prozedur DISPOSE ist in UCSD-Pascal nicht vorhanden. Man kann
den Speicher aber oft mit Hilfe von MARK und RELEASE wiedergewin-
nen.

Dazu muß man den Mechanismus kennen, mit dem in UCSD-Pascal dynamische Variable erzeugt werden. Dies geschieht in einem besonderen Stapel, der vom Speicherende her wächst. Auf der „Spitze" dieser *Halde*
(englisch: „heap") wird durch NEW der für dynamische Variable notwendige Speicherplatz geschaffen. D. h. bei jedem Aufruf von NEW wächst
die Halde ein Stück weiter in den verfügbaren Speicherraum hinein. Die
Zeigerwerte, die man durch NEW erhält, beziehen sich auf den in der Halde zur Verfügung gestellten Speicherplatz.

Mit Hilfe der Prozedure MARK („markieren") kann man nun diese normalerweise unbekannte Speicheradresse festhalten. Die Prozedur hat die
Syntax

```
    MARK (Zeiger);
```

wobei „Zeiger" als Zeiger auf eine ganze Zahl deklariert sein muß. Durch
Aufruf der Prozedur MARK wird dieser Zeiger auf die Spitze der Halde
gesetzt. Auf diese Weise kann das Programm sich vor einem NEW-Befehl
die gegenwärtige Lage der Haldenspitze merken.

Ist das geschehen, dann kann man mit Hilfe der Prozedur RELEASE die Halde wieder in die alte Größe zurückversetzen. Das geschieht durch den Aufruf

```
RELEASE (Zeiger);
```

wobei es sich bei dem „Zeiger" um eine vorher durch MARK geschaffene Markierung der Haldenspitze handeln muß. RELEASE gibt dann den gesamten Bereich zwischen der gegenwärtigen Haldenspitze und der durch den Zeiger markierten Stelle wieder frei. Die Halde erhält also wieder den Zustand, den sie vor dem MARK-Befehl hatte.

Betrachten wir dazu als Beispiel folgenden Programmausschnitt:

```
VAR Z : ♠VERBUND;
    HALDE : ♠INTEGER;
. . .
BEGIN
    MARK (HALDE); (* Haldenspitze in HALDE festhalten *)
    NEW (Z); (* Halde wächst um die Größe von Z♠ *)
    . . .
    RELEASE (HALDE); (* Haldenspitze auf HALDE zurücksetzen *)
END;
```

Die Kombination von MARK und RELEASE hat ihre Grenzen. So kann man sinnvollerweise immer nur den zuletzt durch NEW reservierten Speicherplatz wieder freigeben. Denn durch RELEASE gehen die gesamten zwischen der neuen Haldenspitze und dem durch MARK gesetzten Zeiger liegenden Bereich gespeicherten Variablenwerte für das Programm wieder verloren. Wenn man das Programmbeispiel z. B. so erweitert:

```
VAR Z1 : ♠VERBUND1;
    Z2 :♠VERBUND2;
    HALDE : ♠INTEGER;
. . .
BEGIN
    MARK (HALDE);
    NEW (Z1);
    . . .
    NEW (Z2);
    . . .
    RELEASE (HALDE);
END;
```

dann geht durch das RELEASE auch die durch NEW (Z2) geschaffene Variable wieder verloren, obwohl man möglicherweise nur Z1♠ freigeben wollte. Man muß bei der Anwendung von MARK und RELEASE also einige Vorsicht walten lassen.

Zusammenfassung

Zeiger und Listen sind ein wichtiges Werkzeug für den Umgang mit komplexen Datenstrukturen. Sie sind vor allem nützlich, wenn Modelle konstruiert oder gegebene logische Strukturen untersucht werden sollen. Insbesondere können sie in kommerziellen Anwendungen und beim Entwurf von Systemsoftware wertvoll sein. Man sollte dabei allerdings nicht übersehen, daß durch Zeiger aufgebaute Strukturen wegen ihrer höheren Komplexität langsamer verarbeitet werden als gleichwertige statische Strukturen wie beispielsweise Verbunde oder Felder.

Übungen

13.1: Bauen Sie mit Hilfe eines Programms Ihren eigenen Stammbaum auf und lassen Sie ihn ausdrucken. Die Eingabe soll in folgendem Format geschehen:

VATER,MUTTER = KIND1,KIND2,...,KINDn

Schließen Sie die Eingabe mit dem Paar „0,0" ab. Sorgen Sie dafür, daß das Programm bei gleichen Elternnamen im Stammbaum weitere Informationen zur Unterscheidung anfordert. Denken Sie auch daran, daß jedes Kind selbst wieder zum Elternteil werden kann.

13.2: Schreiben Sie ein Programm, mit dem Sie eine Liste von Terminen und Aufgaben führen können. Es soll möglich sein, neue Termine und Beschreibungen hinzuzufügen und alte Termine zu entfernen. Halten Sie die Liste nach Datum und Zeit sortiert.

13.3: Ändern Sie das Programm von Übung 13.2 so ab, daß Sie damit die Ausgaben und Serviceoperationen für Ihren Wagen verwalten können. Machen Sie es außerdem möglich, daß auf Vorgabe des Kilometerstands Meldungen wie über einen notwendigen Ölwechsel und ähnliche Servicetermine ausgegeben werden.

Kapitel **14**

UCSD-Pascal

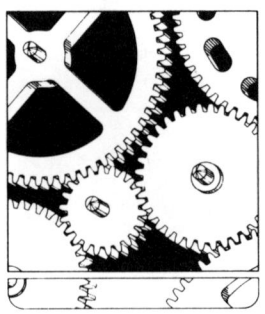

Pascal-Versionen

Standard-Pascal wurde zu einer Zeit entwickelt, als man mit Computern in der Regel im *Stapelbetrieb* arbeitete, d. h. in der Form der Arbeitsorganisation, in der Programme und Daten auf Lochkartenstapeln angeliefert wurden und Dateien fast ausschließlich auf Magnetbändern angelegt waren. Viele der grundlegenden Eigenschaften von Pascal wie beispielsweise die Mechanismen zum Dateizugriff sind auf diese Situation zugeschnitten.

Mit der Verbreitung von Mini- und vor allem von Mikrocomputern wurde die Verarbeitung von Pascal auf preiswerten Kleincomputern möglich. Nun war aber Pascal nicht dazu entwickelt worden, *interaktiv* mit dem Benutzer zu arbeiten, so daß eine Reihe von Änderungen und Erweiterungen notwendig wurden.

Man hat mittlerweile viele Pascal-Versionen und einen ISO-Standard geschaffen (siehe dazu* [12]). Eine der verbreitetsten interaktiven Pascal-Versionen dürfte jedoch UCSD-Pascal sein, das an der „University of California, San Diego" entwickelt wurde. Diese Version umfaßt Standard-Pascal im wesentlichen, enthält viele Erweiterungen und weicht in ein paar Punkten von Standard-Pascal ab.

Allerdings handelt es sich bei UCSD-Pascal um mehr als nur um einen Compiler. Es ist ein vollständiges Betriebssystem, das folgende Programmeinheiten mit umfaßt:

– Ein System zur Wartung von Dateien („Filer")
– Texteditoren (zur Eingabe von Text oder Programmkode)
– Ein Binder („Linker"), mit dem verschiedene unabhängig erstellte Programmteile zusammengefaßt werden können
– Verschiedene Assembler
– Eine Bibliothek von Hilfsprogrammen („Utilities")

Im vorliegenden Buch sollen davon allerdings nur die Eigenschaften besprochen werden, die mit dem Pascal-Compiler selbst zusammenhängen. Eine Beschreibung des gesamten UCSD-Systems findet sich in [8].

In den vorangegangenen Kapiteln wurden die wichtigsten Erweiterungen und Abweichungen von UCSD-Pascal gegenüber Standard-Pascal bereits beschrieben. Wir wollen hier noch einmal die wichtigsten UCSD-Eigenschaften zusammenfassen und einige weitere Besonderheiten dieser Version vorstellen.

Ein Überblick über UCSD-Pascal

Die interaktiven Fähigkeiten des Systems werden durch den INTERACTIVE genannten Dateityp in UCSD-Pascal verbessert. Bei Start jedes Programms werden drei interaktive Dateien dieses Typs automatisch geöffnet: INPUT, OUTPUT und KEYBOARD.

Beachten Sie den Unterschied zwischen INPUT und KEYBOARD. Während der normalen Eingabe werden die eingetippten Zeichen auf dem Schirm wiederholt, eine als „ECHO" bezeichnete Systemeigenschaft. Es

* Anhang K

gibt jedoch Fälle, in denen die eingetippten Daten nicht oder anders als eingegeben dargestellt werden sollen. Das ist beispielsweise der Fall bei der Eingabe eines Schutzwortes (englisch: „password"), das ausgewählte Personen zum Zugriff auf bestimmte Systemteile berechtigt. Für solche Anwendungsfälle kann man die normale Eingabe durch INPUT durch die Eingabedatei KEYBOARD (was „Tastatur" bedeutet) ersetzen, welche die Eigenschaft hat, daß alle Eingabeechos unterdrückt werden. Hier hängt die Bildschirmdarstellung unmittelbar vom Programm ab.

UCSD-Pascal geht davon aus, daß die Dateien auf Platten (insbesondere auf Disketten) gespeichert sind und verfügt daher über die Möglichkeit des unmittelbaren Zugriffs auf diese Dateien. Dem dienen besonders eingebaute Funktionen und Prozeduren, die als „Intrinsics" bezeichnet werden. Dazu kennt UCSD-Pascal auch typenfreie („untyped") Dateien, die als reine Bytefolgen blockweise gelesen oder geschrieben werden können. Und es verfügt über eine Reihe nützlicher Erweiterungen zur Handhabung von Zeichenketten.

Alle diese Zusatzeigenschaften machen es möglich, UCSD-Pascal nicht nur für Anwendungsprogramme sondern auch zum Schreiben sogenannter „Systemsoftware" einzusetzen, wozu beispielsweise Programm zum Datenaustausch zwischen zwei Computern gehören.

Die Einschränkungen von UCSD-Pascal gegenüber Standard-Pascal sind in Anhang I zusammengefaßt.

UCSD-Pascal verfügt außer der in Kapitel 7 beschriebenen EXTERNAL-Deklaration über zwei weitere Möglichkeiten, ein Programm in mehrere Teile aufzugliedern oder aus verschiedenen unabhängigen Teilen zusammenzufügen. Diesen beiden Deklarationen UNIT und SEGMENT wollen wir uns in den folgenden Abschnitten zuwenden. Ihnen folgt noch eine kurze Zusammenstellung der systemorientierten Prozeduren von UCSD-Pascal.

UNIT

Ein Programm, das eine bestimmte Aufgabe ausführt, kann als selbständige Einheit, als „UNIT" betrachtet werden. Eine solche UNIT ist in UCSD-Pascal wie folgt aufgebaut:

1. UNIT-Kopf
2. INTERFACE
3. IMPLEMENTATION
4. der durch BEGIN und END geklammerte Programmkörper

Durch diese zusätzlichen Deklarationsteile wird es möglich, mit Hilfe der Deklaration USES („benutzt") eine UNIT in anderen Programmen mitzuverwenden. Dazu werden im INTERFACE-Teil die zur „Verbindung" zwischen beiden Programmen notwendigen Typen, Variablen, Konstanten, Prozeduren und Funktionen benannt. Mit anderen Worten: Die hier aufgeführten Bezeichner der UNIT können von dem Programm, das die

UNIT später benutzen soll, im hier deklarierten Sinne mit verwendet werden.

Die Konstanten, Typen, Variablen, Prozeduren und Funktionen dagegen, die ausschließlich lokale Aufgaben in der betreffenden UNIT haben, werden im IMPLEMENTATION-Teil deklariert. Dazu kommen hier die eigentlichen Prozedur- und Funktionskörper der im INTERFACE-Teil lediglich *deklarierten* Programmteile.

Ein UNIT-Programm kann beispielsweise so aussehen:

```
UNIT BEISPIEL;
    INTERFACE
        CONST FAKTOR = 10;
        TYPE EXPONENT = (1,2,4,8,16,32);
        VAR ZAHL : INTEGER;
        PROCEDURE AUSTAUSCH (WERT : INTEGER);
        FUNCTION BERECHNEN : INTEGER;
    IMPLEMENTATION
        CONST ZWEI = 2;
        TYP GRAD = 1..8;
        VAR REST : INTEGER;
        PROCEDURE AUSTAUSCH;
            BEGIN
                (* Anweisungen dieser Prozedur *)
            END;
        FUNCTION BERECHNEN;
            BEGIN
                (* Anweisungen dieser Funktion *)
            END;
    BEGIN
        (* Anweisungen des UNIT-Körpers *)
    END.
```

Beachten Sie, daß eine solche UNIT wie ein PROGRAM mit einem Punkt nach dem letzten END abgeschlossen werden muß. Sie wird auch wie ein normales Programm kompiliert, hat jedoch in der Regel keine selbständige Funktion, sondern ist zum Einstz in anderen Programmen gedacht. Das muß dem betreffenden Programm mit Hilfe der Deklaration USES bekanntgegeben werden:

```
PROGRAM SPEZIAL;
    USES BEISPIEL;
```

Die in der Bibliothek von UCSD-Hilfsprogrammen festgehaltenen Elemente sind zumeist als UNITs ausgelegt, so daß sie bequem in andere Programme eingebaut werden können.

Das Programm, das eine UNIT benutzt, muß sie immer vor dem LABEL-

Teil deklarieren. Ist beispielsweise MAGIC eine UNIT, dann sieht der
Kopf eines Programms, das MAGIC benutzen soll, so aus:

```
PROGRAM DEMO;
   USES MAGIC;
   LABEL 100;
   ...
```

SEGMENT

UCSD-Pascal ist so entworfen, daß man die Pascal-Programme auch auf
Computern mit einem geringen Speicherumfang laufen lassen kann. Die
Speicherbeschränkungen machen es allerdings notwendig, ein umfangreiches Programm in mehrere Teile, Segmente, aufzubrechen, die unabhängig voneinander in den Speicher geladen und abgearbeitet werden können. Man spricht hier von der *Überlagerungs*technik (englisch: „overlay
technique") beim Programmbetrieb.

In UCSD-Pascal kann man eine solche Programmaufteilung mit Hilfe der
SEGMENT-Deklaration erreichen. So z. B.:

```
PROGRAM BEISPIEL;
   (* Deklarationen *)
SEGMENT PROCEDURE ALPHA;
   BEGIN
   ...
   END;
SEGMENT PROCEDURE BETA;
   BEGIN
   ...
   END;
BEGIN
   ...
   ALPHA; (* lädt Prozedur ALPHA in den Speicher und führt sie aus*)
   ...
   BETA; (*lädt Prozedur BETA in den Speicher und führt sie aus *)
   ...
END.
```

Prozeduren (und Funktionen) können durch SEGMENT als selbständig
abarbeitbare Einheiten gekennzeichnet werden. Sie werden ansonsten
formal genau wie andere Prozeduren gehandhabt. Bei der Abarbeitung
des Programms jedoch wird bei Aufruf einer durch SEGMENT gekenn-
zeichneten Prozedur der zugehörige Programmteil neu in den Speicher geladen, dort abgearbeitet und nach Abschluß wieder durch den aufrufenden Programmteil ersetzt. Dadurch wird der verfügbare Speicher besser
ausgenutzt − allerdings zu Lasten der Programmlaufzeit, denn das Laden
der verschiedenen Programmsegmente braucht seine Zeit.

SEGMENT-Deklarationen müssen den anderen kodeerzeugenden Programmteilen immer vorangehen. Außerdem kann man – einschließlich des Hauptprogramms! – maximal sieben Segmente pro Programm benutzen.

Systembezogene Routinen

SIZEOF(Name)

Diese Funktion gibt den von der angegebenen Variablen im Speicher tatsächlich belegten Platz in Bytes an. In der Regel wird SIZEOF zusammen mit FILLCHAR und MOVExxxx benutzt.

Es gibt Programmierprobleme, bei denen man SIZEOF vorteilhaft einsetzen kann. Beispielsweise beim Initialisieren eines Zeichenfelds mit Leerzeichen:

```
VAR EINHEIT : PACKED ARRAY [0..80] OF CHAR;
BEGIN
    FILLCHAR(EINHEIT[0],SIZEOF(EINHEIT),' ');
END;
```

MARK (Haldenzeiger)
RELEASE(Haldenzeiger)

Die Halde ist, wie im vorigen Kapitel bereits dargelegt, eine vom Pascal-System erzeugte dynamische Speicherstruktur, in der bei der Programmausführung die Werte der dynamischen Variablen festgehalten werden. Sie dehnt sich vom Speicherende her bis zu einem intern vom System gehandhabten Zeiger auf die Haldenspitze aus. Dieser Zeiger kann mit MARK in einen vom Benutzer als Zeiger auf eine ganze Zahl deklarierten „Haldenzeiger" kopiert werden. Mit RELEASE wird die Haldenspitze auf den als Parameter übergebenen Zeigerwert gesetzt.

HALT

Mit dieser Prozedur kann man einen Haltepunkt (englisch: „breakpoint") in das Programm setzen. Die Programmabarbeitung stoppt an dieser Stelle, wobei automatisch das „Debugger" genannte Programm zur Fehlersuche geladen wird. Mit seiner Hilfe lassen sich dann die vom Programm bis dahin erarbeiteten Ergebnisse untersuchen.

GOTOXY(X-Koordinate, Y-Koordinate)

Dies ist eine Prozedur, mit deren Hilfe sich der Bildschirmkursor auf die durch die X- und Y-Koordinate angegebene Stelle setzen läßt. Dabei hat die Schirmecke links oben die Koordinatenwerte (0,0). GOTOXY muß an jedes Bildschirmgerät besonders angepaßt werden.

MEMAVAIL

MEMAVAIL steht für „memory available" – verfügbarer Speicherplatz. Es ist eine Funktion, die den zwischen dem Stapel und der Halde im Programmspeicher noch frei verfügbaren Speicherplatz ermittelt und gemessen in Bytes als ganze Zahl zurückliefert. Mit ihr ist es beispielsweise möglich, in Verbindung mit SIZEOF den jeweils verfügbaren Speicherplatz vom Programm her optimal auszunutzen.

Zusammenfassung

UCSD-Pascal umfaßt Standard-Pascal mit einigen Erweiterungen, die das interaktive Systemverhalten, die Textverarbeitung und den Dateizugriff verbessern. Es gibt weitere Unterschiede, die zum größten Teil an den betreffenden Stellen in den vorangegangenen Kapiteln beschrieben worden sind. UCSD-Pascal eignet sich besonders gut zum Betrieb mit Bildschirmgeräten, wie sie in Timesharingsystemen oder Kleincomputern verwendet werden.

Kapitel 15

Programmentwicklung

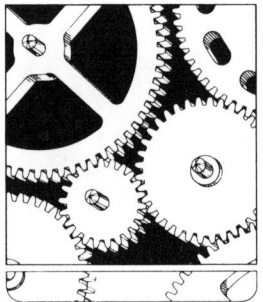

Der Entstehungsprozeß eines Programms

In diesem Buch haben wir die Regeln kennengelernt, mit denen zum Lösen bestimmter Aufgaben Pascal-Programme erstellt werden können. Mit den bis jetzt erarbeiteten Fähigkeiten sollte es Ihnen möglich sein, selbst einfache Pascal-Programme zur Lösung einfacher Probleme zu schreiben. Wenn das Programm jedoch geschrieben ist, dann muß es in den Computer eingegeben und von ihm abgearbeitet werden. Der Prozeß, der dazu nötig ist, soll in diesem Kapitel hier beschrieben werden.

Zunächst wollen wir die fünf Hauptschritte betrachten, die zum Schreiben und Abarbeiten eines Pascal-Programms benötigt werden. Danach werden wir die Programmierphase im einzelnen betrachten, in der ein Algorithmus in ein Programm überführt wird.

Die fünf Schritte bei der Programmerstellung

Bild 15.1 führt fünf Schritte auf, die zum Erzeugen und Einsatz eines Pascal-Programms notwendig sind.

---

1. Schritt: Programm entwerfen
2. Schritt: Programm eintippen
3. Schritt: Programm auslisten
4. Schritt: Programm compilieren und abarbeiten
5. Schritt: Programm von Fehlern befreien (Debugging)

Bild 15.1   Die fünf Schritte bei der Programmentwicklung

Je nach Umständen kann der eine oder andere Schritt entfallen, während andererseits weitere Schritte notwendig werden können. Sehen wir uns die fünf Schritte genauer an.

1. Schritt: Programm-Entwurf

Man benutzt das Wort „Programmieren" für verschiedene Tätigkeiten. Es kann damit einfach nur das Erzeugen des Programmtexts auf dem Papier gemeint sein, oder es umfaßt alle Phasen von der ersten Programmidee bis hin zum korrekt arbeitenden Programm selbst. Die zweite Betrachtungsmöglichkeit ist die verbreitetere, da normalerweise alle diese Phasen vom Programmierer beim Erstellen eines Programms durchlaufen werden müssen. Wir wollen daher das Erzeugen des Programmtexts auf dem Papier mit dem Wort „Programm-Entwurf" beschreiben. Diese Aktion ist mit die wichtigste Phase im ganzen Programmierprozeß.

Sehen wir uns diese Entwurfsphase an, wie sie in Bild 15.2 illustriert ist.

Wenn man die Lösung für ein Problem skizziert oder eine Folge von auszuführenden Aktionen beschreibt, dann sollte man zuerst einen Algorithmus festlegen und die (von diesem Algorithmus zu verarbeitenden) Da-

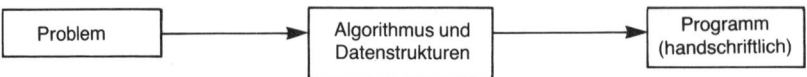

Bild 15.2   Die Entwurfphase

tenstrukturen erzeugen. Danach kann der Algorithmus mit Hilfe einer Programmiersprache wie Pascal in ein Programm übersetzt werden.

Auf dieser Ebene wird das Programm zunächst auf Papier niedergeschrieben. Wenn immer möglich, sollte das handgeschriebene Programm zunächst „von Hand" auf seine Richtigkeit hin getestet werden. Insbesondere empfiehlt es sich sehr, das Programm anhand von einigen typischen Anwendungsfällen durchzurechnen. Denn in der Regel ist es so, daß die Phase, in der Fehler im fertiggestellten Programm entdeckt und aus ihm entfernt werden sollen (die sogenannte Debugging-Phase) die meiste Zeit im Programmierprozeß benötigt. Diese Zeit läßt sich beträchtlich verringern, wenn man beim Programmentwurf richtig vorgeht und vor allem auch die ersten Entwürfe von Hand durcharbeitet, bevor man sie endgültig formuliert.

Ist das Programm auf diese Weise sorgfältig untersucht worden, dann kann es im zweiten Programmierschritt in das Computersystem eingegeben werden.

2. Schritt: Programm-Eingabe

Das Programm muß jetzt im Computer als Datei abgelegt werden. Dazu steht mit dem *Editor* ein besonderes Programm zur bequemen Eingabe und Korrektur von Texten zur Verfügung. Die Aufgabe des Editors faßt Bild 15.3 zusammen.

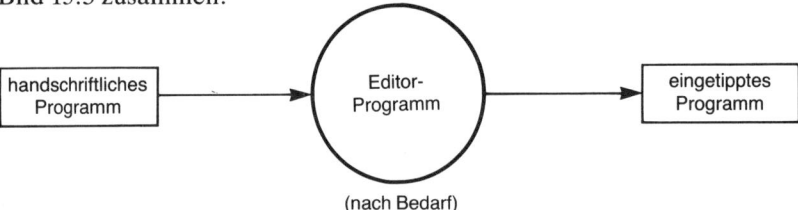

Bild 15.3   Die Aufgabe des Editors

Ein Editor ist ein besonders für die Texteingabe entwickeltes Programm. Man kann mit seiner Hilfe den eingetippten Text in vieler Hinsicht überarbeiten: Zeichen und Worte löschen, Textstellen einfügen und verschieben, Zeichen und Wörter gegen andere Zeichenkombinationen austauschen oder nach bestimmten Zeichenketten suchen. Je leistungsfähiger der Editor ist, um so bequemer kann der Programmtext in den Computer eingegeben werden. Eine sehr nützliche Eigenschaft mancher Editoren ist die Möglichkeit, den Text einrücken zu lassen. Derartige Texteinzüge sind ein wichtiger Faktor für die Lesbarkeit eines Pascal-Programms.

Wenn das Programm mit Hilfe des Editors vom Entwurf in den Computer übertragen worden ist, dann wird es in der Regel als Datei auf einer Diskette abgelegt. Der nächste Schritt besteht darin, diese Textdatei auf Tippfehler hin zu untersuchen. Dazu muß man die Datei ausdrucken oder, wie man auch sagt, das Programm *auslisten* lassen, was im dritten Programmierschritt geschieht.

3. Schritt: Programm auslisten

Das in der Textdatei festgehaltene Programm wird in diesem Schritt über den Drucker des Systems ausgegeben, d. h. ausgetippt. Diese Funktion wird durch das Betriebssystem ausgeführt, genauer durch einen bestimmten Programmteil zur *Dateiverwaltung* (englisch: „file system") im Betriebssystem. Dieses Programm gestattet die Ausgabe des Dateiinhalts an den Drucker oder an eine andere Datei. Außerdem ermöglicht das Dateiverwaltungssystem die Umbenennung von Dateien und die Vorgabe bestimmter Dateieigenschaften (Attribute). Diese Phase ist in Bild 15.4 wiedergegeben.

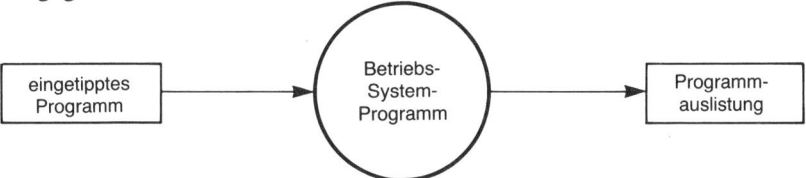

Bild 15.4   Die Dateiverwaltung

Wenn kein Drucker zur Verfügung steht, dann kann man die Datei auch auf dem Bildschirm des Bedienungsgeräts ansehen und mit dem handschriftlichen Entwurf vergleichen. Eine mit einem Drucker erzeugte Programmauslistung, ein Programmausdruck, erleichtert diese Arbeit jedoch beträchtlich, da das Programm besser les- und überschaubar ist. Außerdem sinkt so die Fehleranfälligkeit.

Ist das Programm auf diese Weise in den Computer als Datei eingegeben und nach allen Richtungen hin überprüft worden, dann kann man zur Programmausführung übergehen. In Pascal erfordert das wie in allen compilierten Sprachen zwei Teilschritte, die in Schritt 4 zusammengefaßt sind.

4. Schritt: Programm-Compilation und -Ausführung

1. Teilschritt: Compilation

Ein in einer höheren Programmiersprache geschriebenes Programm kann nicht unmittelbar abgearbeitet werden, da der Computer nur einen begrenzten Satz binärer Befehle versteht. Das Programm muß daher entweder als Ganzes in ein solches Binärformat gebracht werden, oder man muß es durch einen Interpreter Stück für Stück dekodieren. Im Fall von Pascal wird normalerweise ein spezielles Übersetzungsprogramm, ein „Compiler" benutzt. Das diesem Übersetzungsschritt zugrundeliegende Prinzip ist in Bild 15.5 verdeutlicht.

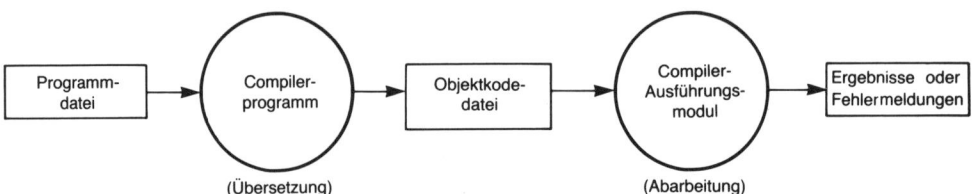

Bild 15.5   Die Grundaufgaben eines Compilers

Bild 15.5 zeigt, daß das Programm in *Objektkode* übersetzt wird. Die Befehle der höheren Sprache (also die Deklarationen und Anweisungen des Pascal-Programms) werden in passende Folgen von binären Maschinenbefehlen übersetzt, welche die betreffende Aufgabe durchführen können. Das übersetzte Programm wird in einer Objektkodedatei abgelegt, wenn alles in Ordnung ist. Falls der Compiler Syntaxfehler vorfindet, dann wird er dies durch *Fehlermeldungen* mitteilen, die Auskunft über Art und Ort des Fehlers geben.

2. Teilschritt:

Wenn das Programm in Objektkode übersetzt worden ist, dann kann es abgearbeitet werden. Diese Abarbeitungsphase erfolgt durch einen speziellen Compilerbestandteil, den sogenannten *Ausführungsmodul* (englisch: „execution module"). Wenn das Programm korrekt abgefaßt ist, wird man hier irgendwelche Abarbeitungsergebnisse erhalten. Wenn das Programm dagegen noch immer formale Fehler aufweist, dann werden entsprechende Fehlermeldungen ausgegeben.

Der wichtige Punkt ist hier, daß viele Compiler in mindestens zwei Schritten arbeiten: einer Übersetzungsphase gefolgt von einer Ausführungsphase. Darüber hinaus verringern manche Compiler in einer besonderen Optimierungsphase den Platzbedarf des Objektkodes und steigern die Abarbeitungsgeschwindigkeit, indem z. B. der Einsatz der internen Computerregister optimiert wird oder in Programmschleifen unverändert bleibende Programmteile „ausgeklammert", d. h. aus der Schleife selbst herausgeschoben werden. Solche Optimierungsphasen sind wichtig, um die Ausführungsgeschwindigkeit der Programme zu verbessern; jedoch sind sie sehr aufwendig zu programmieren und werden daher oft weggelassen oder stark eingeschränkt.

Einige Pascal-Versionen benutzen einen im Prinzip zwar gleichen, im Detail jedoch abweichenden Ansatz. Da Pascal in Hinblick auf seine Portabilität entworfen wurde, d. h. möglichst einfach auf jedem Computer implementierbar sein sollte, wird hier das Programm zunächst in einen P-Kode genannten Zwischenkode übersetzt (und nicht unmittelbar in binären Objektkode gebracht). Dieser Schritt findet sich in Bild 15.6.

In der zweiten Phase wird dieser P-Kode von einem besonderen Programmodul interpretiert, das üblicherweise mit zu dem „Compiler" gehört: dem P-Kode-Interpreter. Bild 15.7 verdeutlicht diesen Vorgang.

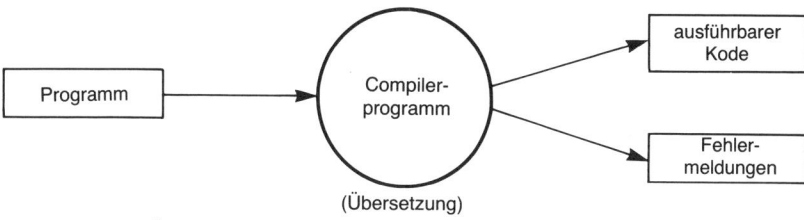

Bild 15.6   *Die Übersetzung in P-Kode*

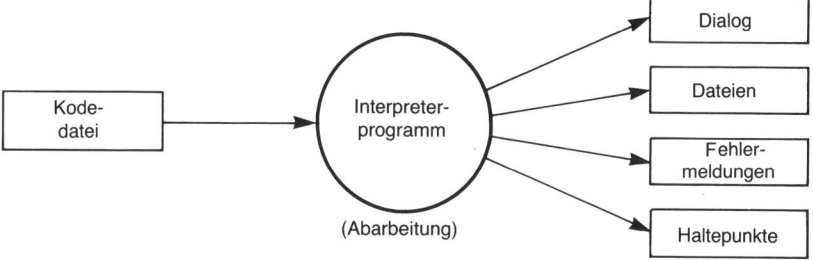

Bild 15.7   *Die Interpretation des P-Kodes*

Der Effekt beim Einsatz von P-Kode anstelle von Objektkode ist letztlich derselbe. Allerdings ist die Leistungsfähigkeit des so übersetzten Programms deutlich geringer. Der Vorteil liegt darin, daß man einen einzigen standardisierten Compilermodul, der selbst in P-Kode geschrieben ist, für alle Maschinen verwenden kann, die in der Lage sind, diesen P-Kode zu interpretieren. Man muß dann nur noch die vergleichsweise einfachere Aufgabe lösen, einen P-Kode-Interpreter für die jeweilige Zielmaschine, auf der das Programm laufen soll, zu schreiben. Die Übersetzung in P-Kode vereinfacht so die Implementation von Pascal für eine Vielzahl verschiedener Computertypen. Allerdings arbeitet ein in P-Kode übersetztes und dann interpretiertes Programm nicht so effektiv wie ein unmittelbar in Objektkode gebrachtes. Das bedeutet in erster Linie, daß es langsamer läuft. Dennoch benutzen die meisten Pascal-Versionen für Kleincomputer die Übersetzung in P-Kode.

An dieser Stelle im Programmierprozeß hat man entweder Fehlermeldungen vom Computer erhalten oder nicht. Wurden bei der Übersetzung oder bei der Programmausführung Fehlermeldungen ausgegeben, dann müssen die Fehlerursachen im Programm beseitigt werden. Das bedeutet, daß man zu Schritt 2 zurückgehen und den Programmtext passend verändern muß. In ernsten Fällen muß man sogar zurück zu Schritt 1 und Algorithmus, Datenstruktur oder die Programmkodierung selbst abändern. Sind diese Korrekturen angebracht worden, dann wird das Programm (hoffentlich) arbeiten. Dennoch ist es auch dann, wenn das Programm ohne Fehlermeldungen läuft, durchaus nicht sicher, daß es auch in allen Fällen einwandfrei arbeitet.

Man muß das Programm erst noch gründlich austesten. Das heißt, man muß so viele Programmläufe wie möglich mit immer anderen Testdaten durchgehen, um den richtigen Ablauf in allen Fällen sicherzustellen. Diese „Debugging" genannte Phase kann mit einem besonderen Hilfsprogramm, dem Debugger vereinfacht werden, was Aufgabe des fünften Programmierschritts ist.

5. Schritt: Fehler-Beseitigung

Aufgabe eines Debugger-Programms ist es, die Fehlersuche in Programmen zu vereinfachen. Dazu hat man als wichtigste Möglichkeit den Einsatz von *Haltepunkten* („breakpoints") im Programm. Es handelt sich dabei um einen besonderen Befehl, der die Programmabarbeitung an einer bestimmten Stelle anhält. Das ermöglicht es, sowohl die bis dahin erarbeiteten Variablenwerte als auch den Inhalt des Speichers zu untersuchen. Man kann so die korrekte Programmarbeit an ausgewählten Stellen nachprüfen. Ausgefeilte Debugger-Programme erlauben weiter einen „Schnappschuß" von bestimmten Programmzuständen, indem die an ausgewählten Haltepunkten vorhandenen Variablen festgehalten werden. Der Debugger stellt an diesen Stellen automatisch den Wert der betreffenden Variablen und Speicherstellen dar. Bild 15.8 verdeutlicht allgemein die Aufgabe eines Debugger-Programms.

Bild 15.8   Zur Arbeit eines Debugger-Programms

Wenn wie bei den meisten Pascal-Implementationen kein Debugger vorhanden ist, dann müssen andere Techniken verwendet werden. Sehen wir uns davon die beiden verbreitetsten an.

Die erste Methode besagt, daß jeder Programmodul für sich untersucht wird. Jede Prozedur und Funktion wird mit „typischen Daten" erprobt, bis sie mit ihnen sicher arbeitet. Es ist allerdings wichtig, hier im Auge zu behalten, daß selbst sorgfältig durchgetestete Programmteile manchmal wegen nicht zusammenpassender Parameter oder als Folge von Seiteneffekten nicht zusammenarbeiten können.

Die zweite Methode besteht darin, daß man sich mit Hilfe von WRITE-Anweisungen an ausgewählten Programmstellen eine „Spur" („trace") des Programmablaufs ausdrucken läßt. Hier werden im Verlauf der Programmabarbeitung ausgesuchte Werte ausgegeben, die dann auf ihre Richtigkeit hin untersucht werden können. So kann man beispielsweise die Werte kritischer Variabler und Datenstrukturen bei jedem Eintritt in eine Schleife oder bei jedem Aufruf einer Funktion bzw. Prozedur ausgeben. Das ermöglicht es, Fehlfunktionen zu erkennen und auf die Ursache, d. h. auf die fehlerhafte Befehlsfolge zurückzuschließen. Das Schwierigste ist hier, den exakten Ort eines Fehlers herauszuarbeiten. Da Pascal eine blockstrukturierte Sprache ist, kann ein sauber ausgearbeitetes Programm die Fehlersuche dadurch erleichtern, daß der fehlerhafte Block relativ rasch aufzufinden ist. Bei wachsender Programmkomplexität, vor allem, wenn fortgeschrittenere Programmtechniken eingesetzt werden, kann es nötig werden, noch weitere Schritte zur Fehlersuche einzusetzen.

Weitere Schritte

Viele Pascal-Versionen erlauben den Einbezug von in Assemblersprache geschriebenen Programmteilen oder den Aufruf von Programmen, die in anderen Sprachen − beispielsweise in FORTRAN − geschrieben worden sind. In diesen Fällen müssen die verschiedenen, unabhängig voneinander erarbeiteten Programmbestandteile zu einem Gesamtprogramm zusammengebunden werden. Das ist Aufgabe des in Bild 15.9 vorgestellten Binders (englisch: „linker"). Die genauen Einzelheiten der Arbeit eines Binders hängen allerdings stark von der betreffenden Programmversion ab, so daß hier nicht näher darauf eingegangen werden soll.

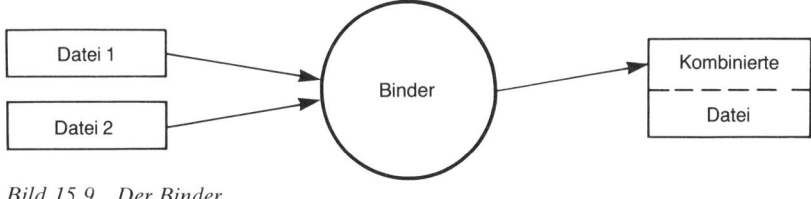

Bild 15.9   Der Binder

Zusammenfassung zur Programmentwicklung

Der Programmierprozeß umfaßt viele verschiedene Schritte. Am kritischsten ist dabei die Phase, in der das Programm entworfen wird. Die Regeln, die beim Entwurf von Pascal-Programmen zu beachten sind, haben wir in diesem Buch bereits betrachtet.

Wenn das Programm entworfen ist, dann muß es in den nächsten Schritten in den Computer geladen, übersetzt und abgearbeitet werden. Die Einzelheiten des Editor-Programms wie die verschiedenen Befehle, mit denen Editor oder Compiler betrieben werden, hängen vom gegebenen System ab und sind dem zugehörigen Handbuch zu entnehmen. In der Regel weichen diese Befehle bei verschiedenen Systemen stark voneinander ab. Eine Ausnahme liegt bei UCSD-Pascal vor, das nicht nur eine Pascal-Version implementiert, sondern auch ein Betriebssystem mit Editor, Compiler, Binder und anderen Programmen umfaßt, deren Bedienungsstruktur auf allen Maschinen gleich ist. Diese Möglichkeiten wurden − was den Compiler angeht − im ganzen Buch und insbesondere in Kapitel 14 beschrieben. Weitere Informationen kann man [8] entnehmen.

Zum Schreiben von Pascal-Programmen

Programmieren wird allgemein eher als Kunst denn als exakte Wissenschaft angesehen. Das kommt von der Tatsache, daß es fast nie einen eindeutig von vornherein festliegenden Weg gibt, ein Problem durch ein Programm zu lösen. Man kann für jedes Problem viele gleichwertige Programme erstellen, indem man verschiedene Algorithmen, verschiedene Datenstrukturen, verschiedene Kodierungstechniken benutzt. Damit steht einem Programmentwickler eine große Vielfalt an Techniken zur Programmierung zur Verfügung. Und da es für jedes Problem mehrere Lösungsmöglichkeiten gibt, muß man als Programmierer eine Vielzahl von Entscheidungen treffen, um die Entwicklungszeit, die Programmeffektivität und die Programmgröße zu optimieren.

Man hat eine Reihe von Theorien ausgearbeitet, die darlegen sollen, welches die beste Vorgehensweise bei der Programmierung sei. Aus der Praxis wird berichtet, daß vielleicht zehn Prozent aller Programmierer eine natürliche Begabung für ihren Beruf besitzen und korrekte Programme rasch und ohne viel Aufwand erstellen können. Derartige Genies haben im allgemeinen ihre eigenen Vorstellungen darüber, wie man am besten programmiert und benutzen, Theorie hin, Theorie her, ihre eigenen Programmiermethoden.

Die Mehrzahl der programmierenden Bevölkerung jedoch hat diese Gabe nicht. Leider halten sich aber die meisten der Programmierer aus diesen verbleibenden 90 Prozent für derartig begabt. Und das wiederum führt dazu, daß sie die vorgeschlagenen Programmierregeln gerne übergehen und im Endeffekt regelmäßig mit ihren Programmen Schiffbruch erleiden. Möglicherweise wird das mit wachsender Erfahrung besser werden.

Zweck der meisten Programmiertheorien ist es so, dieser Sorte von Programmierern einen Satz von Regeln an die Hand zu geben, der sie durch den Programmierprozeß führen kann und ausreichend guten Erfolg verspricht. Irgendeine Regel ist fast immer besser als gar keine Regel, denn Regeln helfen die Programmierdisziplin zu heben.

Disziplin ist bei jedem Programm der Schlüssel zum Erfolg. Eine wichtige Technik beim disziplinierten Entwurf von Computerprogrammen ist die sogenannte strukturierte Programmierung. Hier wird das Gesamtproblem schrittweise immer mehr in kleinere, einfachere Aufgaben zerlegt. Man bezeichnet dieses Vorgehen daher auch als *schrittweises Verfeinern* oder nach dem Englischen als *Top-Down-Methode* (d. h. Programmieren „von oben nach unten").

Pascal wurde zur Programmierung nach dieser Methode entworfen. Man kann ein Pascal-Programm als Folgen von Prozeduren und Funktionen abfassen, die genau die verschiedenen Unterabschnitte des Algorithmus widerspiegeln. Es empfiehlt sich, diese Prozeduren und Funktionen kurz zu halten, so kurz, daß sie auf einer Seite (meist 66 Zeilen) passen oder gar auf dem Bildschirm (in 24 Zeilen) voll erfaßt werden können. Damit ist sichergestellt, daß das Programm aus lauter für sich problemlos erfaßbaren Stücken aufgebaut ist. Mehrere Veröffentlichungen befassen sich mit strukturierter Programmierung, so z. B. [13] und [14].

Etwas zum Programmierstil

Der strukturierte Ansatz beim Programmieren führt in der Regel zu klaren, gut organisierten Programmen, die sowohl einfach zu lesen, als auch einfach von Fehlern zu befreien sind. Ein jedes Programm sollte klar dokumentiert und übersichtlich festgehalten sein. Beschreibende Kommentare sollten, wo immer sinnvoll, einbezogen werden. Die Arbeitsweise eines jeden Programmoduls sollte an den betreffenden Stellen sorgfältig durch Kommentare erklärt werden. Dies ist insbesondere für die Fehlersuche ungemein wichtig, darüber hinaus aber auch für die Weiterentwicklung und Umarbeitung des Programms durch den Entwickler selbst oder durch andere. Außerdem sollte man in Pascal-Programmen von den vielfältigen Formatierungsmöglichkeiten des Programmtexts Gebrach machen und so die Lesbarkeit verbessern, beispielsweise durch Unterstreichen der vorgegebenen Gliederung in logische Einheiten (Prozeduren, Funktionen usw.) mit Leerzeilen und durch Einrücken der Unterelemente von umfassenden Anweisungen. Die Programmbeispiele in diesem Buch mögen hierzu Hinweise geben.

Zusammenfassend gesagt sollte man beim Programmieren drei wichtige Punkte beachten:

1. Korrektheit: Das Programm muß arbeiten.
2. Klarheit: Organisation, Erscheinung und Dokumentation des Programms müssen sein Verständnis erleichtern.
3. Effektivität: Das Programm sollte so schnell wie möglich arbeiten und so wenig Speicherplatz wie möglich benötigen, vor allem wenn die betreffende Systemeigenschaften (Programmlaufzeit, Speicherkapazität) teuer oder begrenzt sind.

Schlußbemerkungen

Für jeden, der effektives Programmieren erlernen möchte, einen wichtigen Hinweis: Programmieren Sie selbst! Es gibt keinen Ersatz. Alle anderen Regeln, die sich mit dem Programmieren beschäftigen, können nur eine allgemeine Richtschnur liefern. Und kein Buch kann den eigenen Entwurf von Programmen ersetzen. Denken Sie daran, daß die überwiegende Mehrzahl aller Programme zunächst einmal nicht das tut, was man eigentlich beabsichtigt hat. Außerdem gibt es kaum ein umfangreiches Programm, das vollständig in Ordnung ist. Wegen der beim Entwickeln von Programmen zu bewältigenden Komplexität sind die Möglichkeiten für Fehler nahezu unbegrenzt. Ein Programm gilt als korrekt, wenn es in allen *vorhersehbaren* Fällen korrekt arbeitet. Das bedeutet nicht, daß es nicht irgendwann, unter irgendwelchen abgewandelten Bedingungen Fehler produzieren kann. Als Programmierer sollte man sich auch dessen ständig bewußt bleiben. Und so gehört es auch zum Werdegang eines Programmierers, in vielen Programmen alle die üblichen Fehler selbst erfahren und Möglichkeiten zu ihrer Beseitigung gefunden zu haben. Kenntnisse, Erfahrungen und sinnvolle Programmiergewohnheiten machen nun einmal den guten Programmierer aus.

Wenn Sie mehr über Pascal lernen wollen, dann können Sie zu einigen Büchern greifen, die zusätzliche Hilfen, Anleitungen und Beispiele bieten. Sie sind am Ende des Buchs aufgeführt.

Schließlich und endlich sind Sie eingeladen, mit Hinweisen und Vorschlägen, mit konstruktiver Kritik zur Verbesserung des Buchs beizutragen. Schreiben Sie, wenn etwas irgendwo unklar geblieben ist, wenn ein Punkt nach Ihrer Meinung anders besser erklärt werden könnte. Jede Anregung ist willkommen und wird für zukünftige Auflagen in Betracht gezogen werden.

Pascal-Operatoren

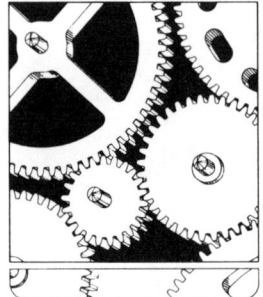

Operator	Typ	Funktion	Typ der Operanden	Typ des Ergebnisses
: =		Zuweisung	alles außer Dateien	
+	arithmetisch	Vorzeichen	ganzzahlig, reell	ganzzahlig, reell
−	arithmetisch	Vorzeichen	ganzzahlig, reell	ganzzahlig, reell
+	arithmetisch	Addition	ganzzahlig, reell	ganzzahlig, reell
+	Mengen	Vereinigung	Mengen	Menge
−	arithmetisch	Subtraktion	ganzzahlig, reell	ganzzahlig, reell
−	Mengen	Differenz	Mengen	Menge
*	arithmetisch	Multiplikation	ganzzahlig, reell	ganzzahlig, reell
*	Mengen	Durchschnitt	Mengen	Menge
DIV	arithmetisch	Division	ganzzahlig	ganzzahlig
/	arithmetisch	Division	(ganzzahlig), reell	reell
MOD	arithmetisch	(Modulus), Rest	ganzzahlig	ganzzahlig
=	Vergleich	Gleichheit	Skalare, Mengen, Ketten, Zeiger	Boolesch
<>	Vergleich	Ungleichheit	Skalare, Mengen, Ketten, Zeiger	Boolesch
<	Vergleich	kleiner als	Skalare*, Ketten	Boolesch
< =	Vergleich	kleiner oder gleich	Skalare*, Ketten	Boolesch
< =	Mengen	Inklusion „ist enthalten in"	Mengen	Boolesch
>	Vergleich	größer als	Skalare*, Ketten	Boolesch
> =	Vergleich	größer oder gleich	Skalare*, Ketten	Boolesch
> =	Mengen	Inklusion „enthält"	Mengen	Boolesch
IN	Mengen	Elementbeziehung	Skalar, Menge	Boolesch
AND	logisch	UND-Verknüpfung	Boolesch	Boolesch
NOT	logisch	Negation	Boolesch	Boolesch
OR	logisch	ODER-Verknüpfung	Boolesch	Boolesch

*: außer reellen Zahlen

Reservierte Wörter

Reservierte Wörter in Pascal

AND	NIL
ARRAY	NOT
BEGIN	OF
CASE	OR
CONST	PACKED
DIV	PROCEDURE
DO	PROGRAM
DOWNTO	RECORD
ELSE	REPEAT
END	SET
FILE	THEN
FOR	TO
FUNCTION	TYPE
GOTO	UNTIL
IF	VAR
IN	WHILE
LABEL	WITH
MOD	

Reservierte Wörter in UCSD-Pascal

EXTERNAL	UNIT
INTERFACE	USES
IMPLEMEMTATION	
SEGMENT	
SEPARATE	

Standardfunktionen und -prozeduren

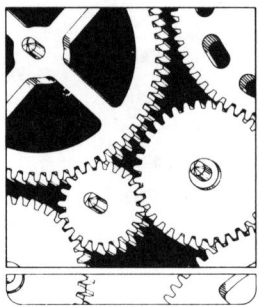

DATEIOPERATIONEN	ARITHMETIK	PRÄDIKATE
GET (F)	ABS (X)	EOF (F)
PAGE (F)	ARCTAN (X)	EOLN (F)
PUT (F)	COS (X)	ODD (X)
READ	EXP (X)	
READLN	LN (X)	
RESET (F)	SIN (X)	
REWRITE (F)	SQR (X)	
WRITE	SQRT (X)	
WRITELN		

UMWANDLUNG	SPEICHERVERWALTUNG	ORDNUNGSBEZIEH.
CHR (X)	PACK (A,I,Z)	PRED (X)
ORD (X)	UNPACK (Z,A,I)	SUCC (X)
ROUND (X)	NEW (P)	
TRUNC (X)	NEW (P,T_1...T_N)	
	DISPOSE (P,T_1,T_2...T_N)	

Standardbezeichner

BEZEICHNER	KONSTANTE	TYP	FUNKTION	PROZEDUR	DATEI
ABS			X		
ARCTAN			X		
BOOLEAN		X			
CHAR		X			
CHR			X		
COS			X		
EOF			X		
EOLN			X		
EXP			X		
FALSE	X				
GET				X	
INPUT					X
INTEGER		X			
LN			X		
MAXINT	X				
NEW				X	
ODD			X		
ORD			X		
OUTPUT					X
PACK				X	
PAGE				X	
PRED			X		
PUT				X	
READ				X	
READLN				X	
REAL		X			
RESET				X	
REWRITE				X	
ROUND			X		
SIN			X		
SQR			X		
SQRT			X		
TEXT		X			
TRUE	X				
TRUNC			X		
UNPACK				X	
WRITE				X	
WRITELN				X	

Anhang **E**

Vorrangstufen
der Operatoren

Prioritätsebene 3 (größter Vorrang)	NOT
Prioritätsebene 2	* / DIV MOD AND
Prioritätsebene 1	+ − OR
Prioritätsebene 0 (geringster Vorrang)	= < > <= >= <> IN

Syntaxdiagramme

Block

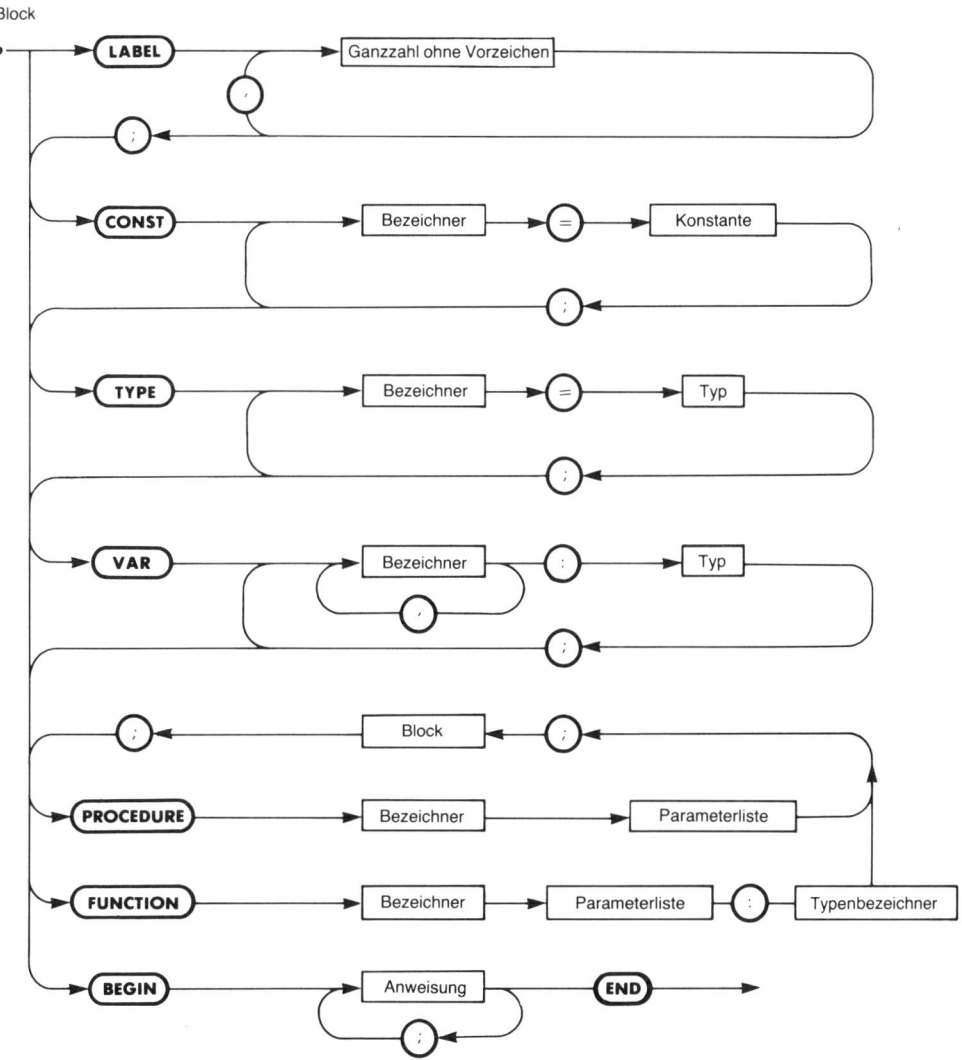

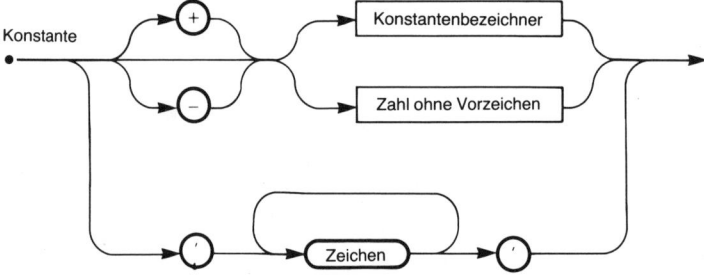

Konstante

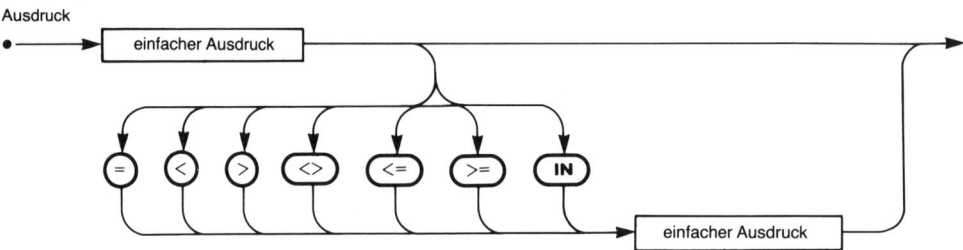

Ausdruck

Faktor

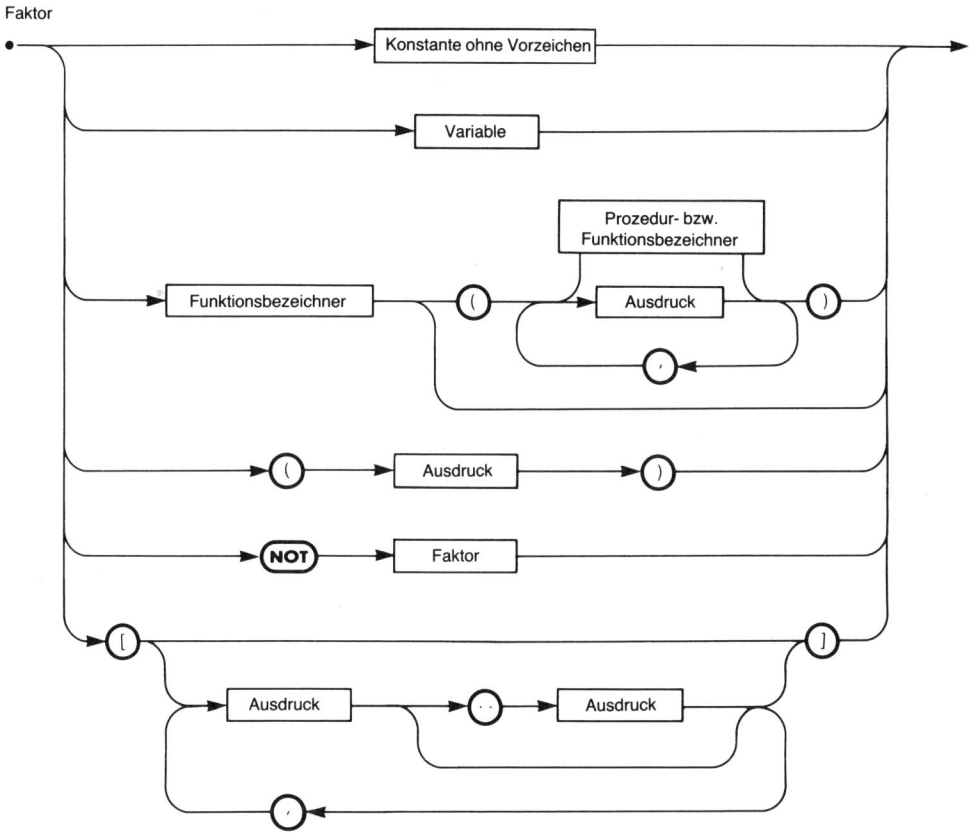

Eintragsliste

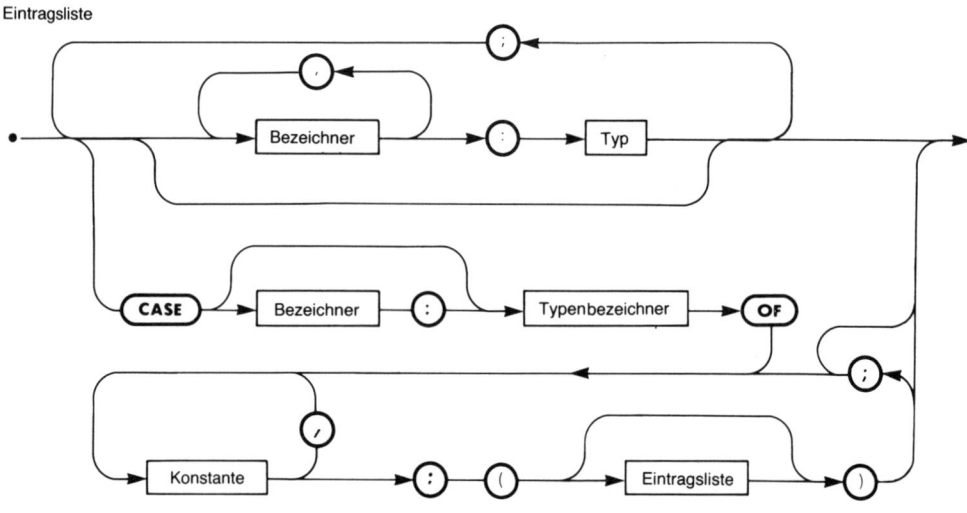

Bezeichner

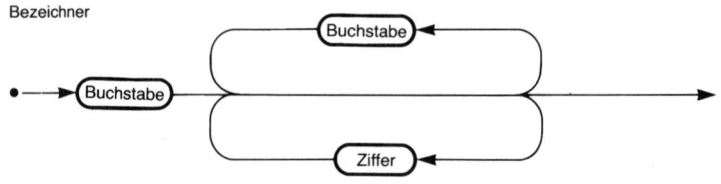

Parameterliste

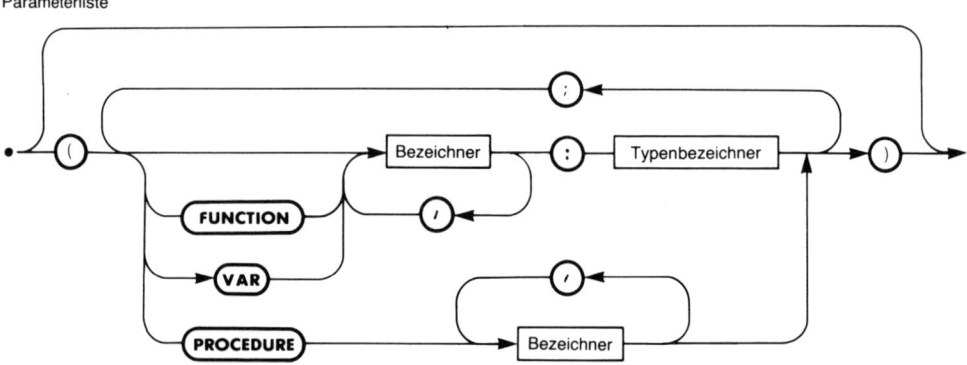

Programm

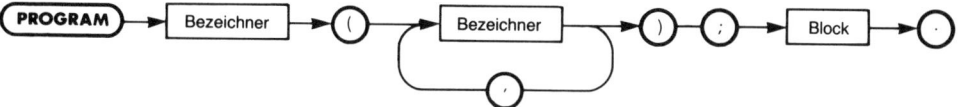

einfacher Ausdruck

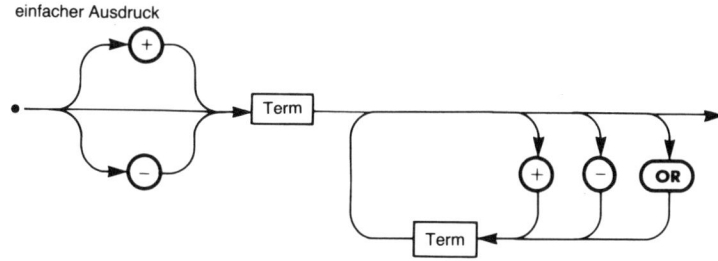

einfacher Typ

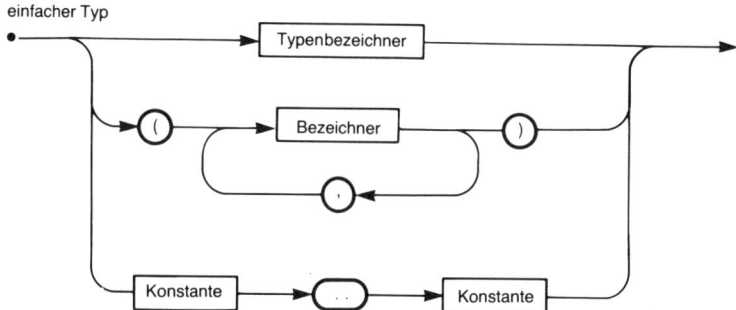

Anweisung

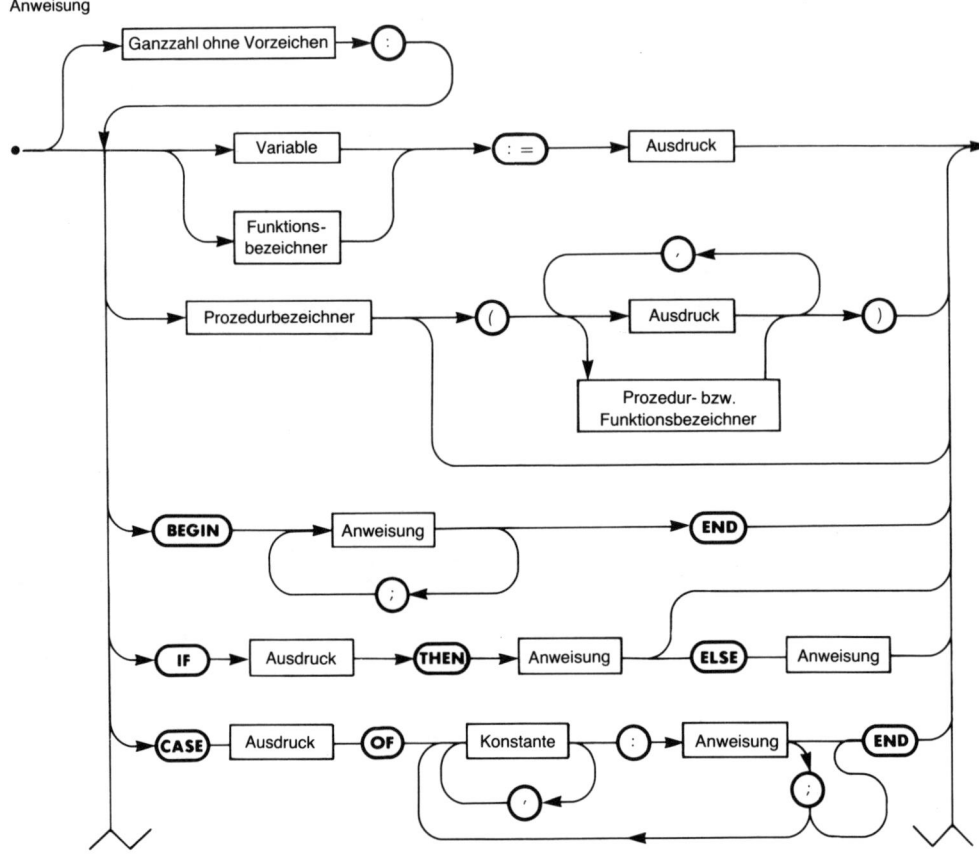

Anweisung (Forts.)

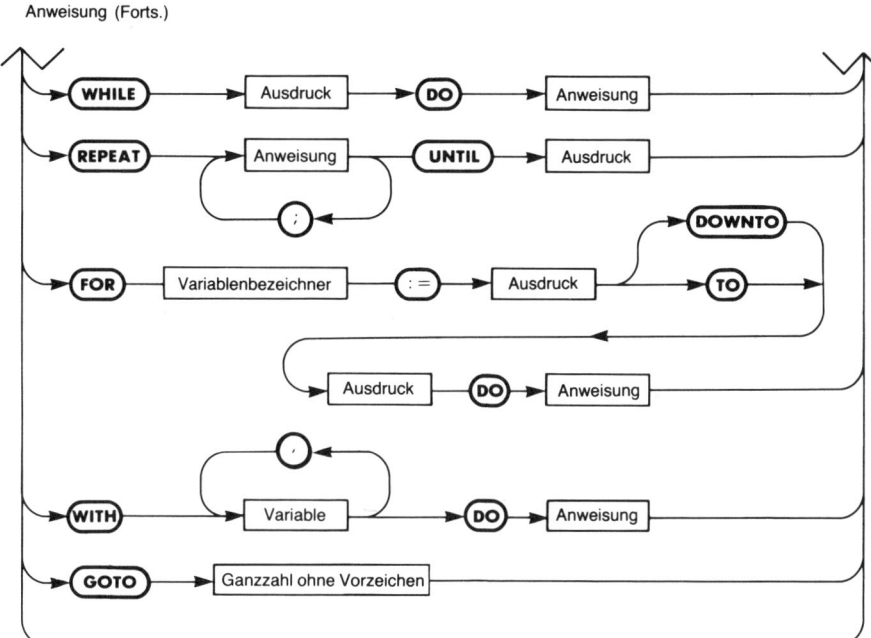

Term

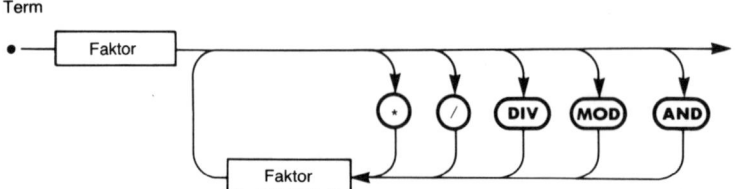

Typ

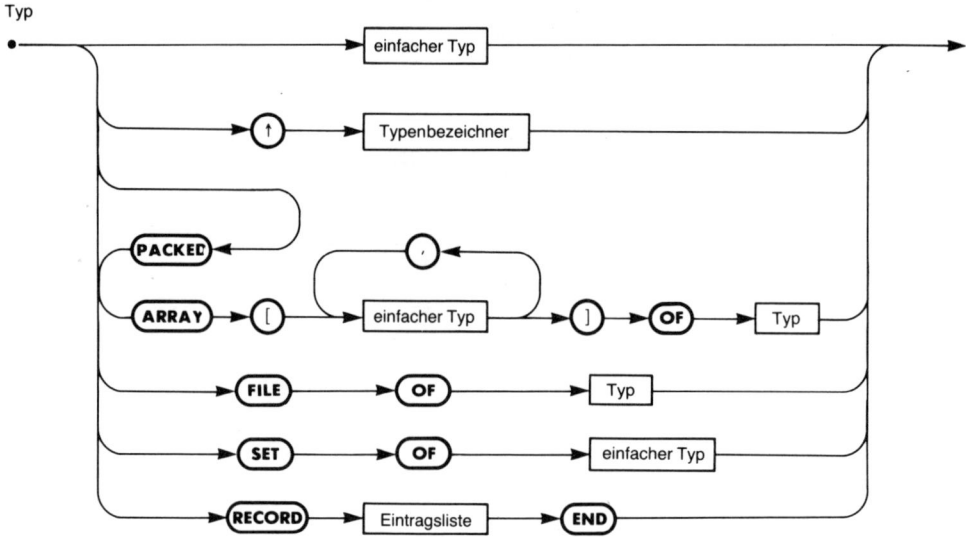

Konstante ohne Vorzeichen

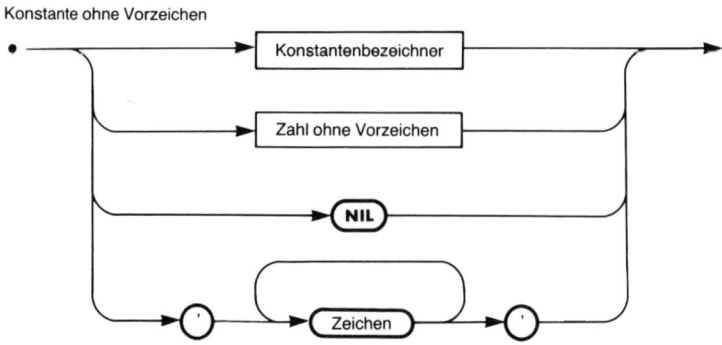

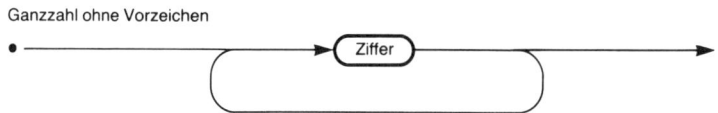

Ganzzahl ohne Vorzeichen

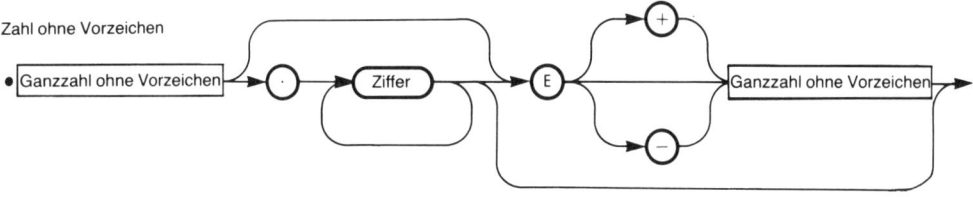

Zahl ohne Vorzeichen

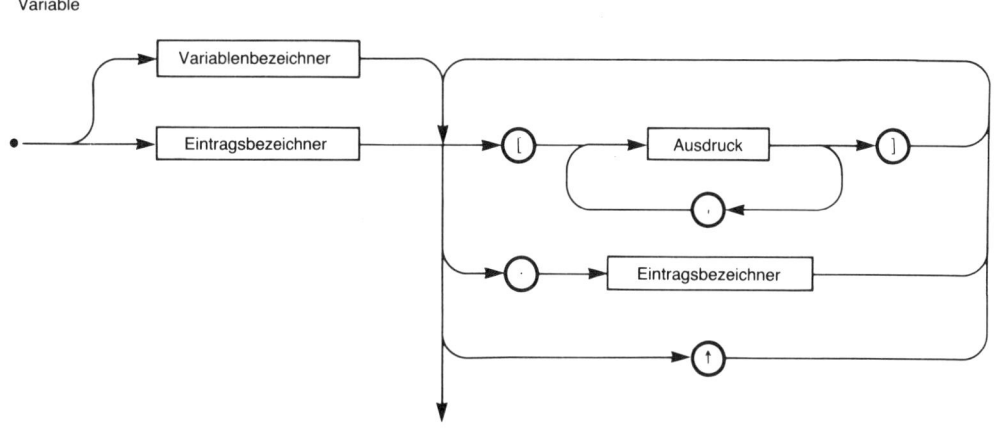

Variable

Der ASCII-Kode

Die ASCII-Zeichen von 0 bis 31 (erste Spalte der Tabelle) dienen zur Steuerung bestimmter Funktionen in Peripheriegeräten und bei der Datenübertragung. Sie werden daher Steuerzeichen genannt und tragen international vereinbarte Kurzbezeichnungen. Man kann sie bei den meisten Tastaturen durch Umschaltung mit Hilfe der CONTROL-Taste bei gleichzeitigem Drücken einer Buchstaben- oder Zeichentaste erreichen. Das ergibt die häufig anzutreffende Kurzbezeichnung CTRK-X bzw. ˆX, wobei „X" für die jeweils zusammen mit CONTROL zu drückende Taste steht. Im einzelnen ist vereinbart:

	NUL	Null	ˆA	SOH	Start Of Heading
		(Leerlauffunktion)			Vorspannbeginn
ˆB	STX	Start of Text	ˆC	ETX	End of Text
		Textbeginn			Textende
ˆD	EOT	End of Transmission	ˆE	ENQ	Enquiry
		Übertragungsende			Stationsanforderung
ˆF	ACK	Acknowledge	ˆG	BEL	Bell
		Bestätigung, Rückmeldung			Glocke
ˆH	BS	Backspace	ˆI	HT	Horizontal Tabulation
		Rückwärtsschritt			horizontale Tabulation
ˆJ	LF	Line Feed	ˆK	VT	Vertical Tabulation
		Zeilenvorschub			vertikale Tabulation
ˆL	FF	Form Feed	ˆM	CR	Carriage Return (Cursor Return)
		Seitenvorschub			Wagenrücklauf (Kursorrücklauf)
ˆN	SO	Shift Out	ˆO	SI	Shift In
		Modusumschaltung			Modusrückschaltung
ˆP	DLE	Data Link Escape	ˆQ	DC1	Device Control 1
		Umschaltung der Datenverbindung			freie Gerätesteuerung 1
ˆR	DC2	Device Control 2	ˆS	DC3	Device Control 3
		freie Gerätesteuerung 2			freie Gerätesteuerung 3
ˆT	DC4	Device Control 4	ˆU	NAK	Negative Acknowledge
		freie Gerätesteuerung 4			negative Rückmeldung, Fehler
ˆV	SYN	Synchronous Idle	ˆW	ETB	End of Transmission Block
		Synchronisierzeichen			Ende eines Übertragungsblocks
ˆX	CAN	Cancel	ˆY	EM	End of Medium
		Ungültigkeitszeichen			(physisches) Aufzeichnungsende
ˆZ	SUB	Substitute		ESC	Escape
		Ersetzungsbefehl			(momentane) Umschaltung
	FS	Form Separator		GS	Group Separator
		Hauptgruppentrennung			Gruppentrennung
	RS	Record Separator		US	Unit Separator
		Aufzeichnungstrennung			Einheitentrennung
	SP	Space		DEL	Delete
		Leerschritt			Löschzeichen

(Anmerkung: Bei den meisten Mikrocomputerprogrammen ist die Funktion dieser Steuerzeichen abweichend von dieser Norm vereinbart und muß in den jeweiligen Dokumentationen nachgeschlagen werden. Allgemein gültig sind in der Regel nur BS, CR und LF. ˆC oder ESC wird oft zum Programmabbruch eingesetzt.)

dezimale, oktale und hexadezimale Kodewerte der ASCII-Zeichen

#	OCTAL	HEX	Zei-chen	#	OCTAL	HEX	Zei-chen	#	OCTAL	HEX	Zei-chen	#	OCTAL	HEX	Zei-chen
0	000	00	NUL	32	040	20	SP	64	100	40	@	96	140	60	`
1	001	01	SOH	33	041	21	!	65	101	41	A	97	141	61	a
2	002	02	STX	34	042	22	"	66	102	42	B	98	142	62	b
3	003	03	ETX	35	043	23	#	67	103	43	C	99	143	63	c
4	004	04	EOT	36	044	24	$	68	104	44	D	100	144	64	d
5	005	05	ENQ	37	045	25	%	69	105	45	E	101	145	65	e
6	006	06	ACK	38	046	26	&	70	106	46	F	102	146	66	f
7	007	07	BEL	39	047	27	'	71	107	47	G	103	147	67	g
8	010	08	BS	40	050	28	(	72	110	48	H	104	150	68	h
9	011	09	HT	41	051	29	)	73	111	49	I	105	151	69	i
10	012	0A	LF	42	052	2A	*	74	112	4A	J	106	152	6A	j
11	013	0B	VT	43	053	2B	+	75	113	4B	K	107	153	6B	k
12	014	0C	FF	44	054	2C	,	76	114	4C	L	108	154	6C	l
13	015	0D	CR	45	055	2D	-	77	115	4D	M	109	155	6D	m
14	016	0E	SO	46	056	2E	.	78	116	4E	N	110	156	6E	n
15	017	0F	SI	47	057	2F	/	79	117	4F	O	111	157	6F	o
16	020	10	DLE	48	060	30	0	80	120	50	P	112	160	70	p
17	021	11	DC1	49	061	31	1	81	121	51	Q	113	161	71	q
18	022	12	DC2	50	062	32	2	82	122	52	R	114	162	72	r
19	023	13	DC3	51	063	33	3	83	123	53	S	115	163	73	s
20	024	14	DC4	52	064	34	4	84	124	54	T	116	164	74	t
21	025	15	NAK	53	065	35	5	85	125	55	U	117	165	75	u
22	026	16	SYN	54	066	36	6	86	126	56	V	118	166	76	v
23	027	17	ETB	55	067	37	7	87	127	57	W	119	167	77	w
24	030	18	CAN	56	070	38	8	88	130	58	X	120	170	78	x
25	031	19	EM	57	071	39	9	89	131	59	Y	121	171	79	y
26	032	1A	SUB	58	072	3A	:	90	132	5A	Z	122	172	7A	z
27	033	1B	ESC	59	073	3B	;	91	133	5B	[	123	173	7B	{
28	034	1C	FS	60	074	3C	<	92	134	5C	\	124	174	7C	¦
29	035	1D	GS	61	075	3D	=	93	135	5D	]	125	175	7D	}
30	036	1E	RS	62	076	3E	>	94	136	5E	↑	126	176	7E	~
31	037	1F	US	63	077	3F	?	95	137	5F	_	127	177	7F	DEL

(Anmerkung: Der ASCII-Kode verwendet nur 7 Bits eines Bytes. Das höchstwertige Bit (Bit 7) ist in dieser Tabelle auf Null gesetzt. Es kann in anderen Fällen auch den Wert 1 haben. Dann ist zum dezimalen Kodewert 128, zum oktalen 200 und zum hexadezimalen 80 zu addieren.)

Syntaxdiagramme für
UCSD-Pascal

Block

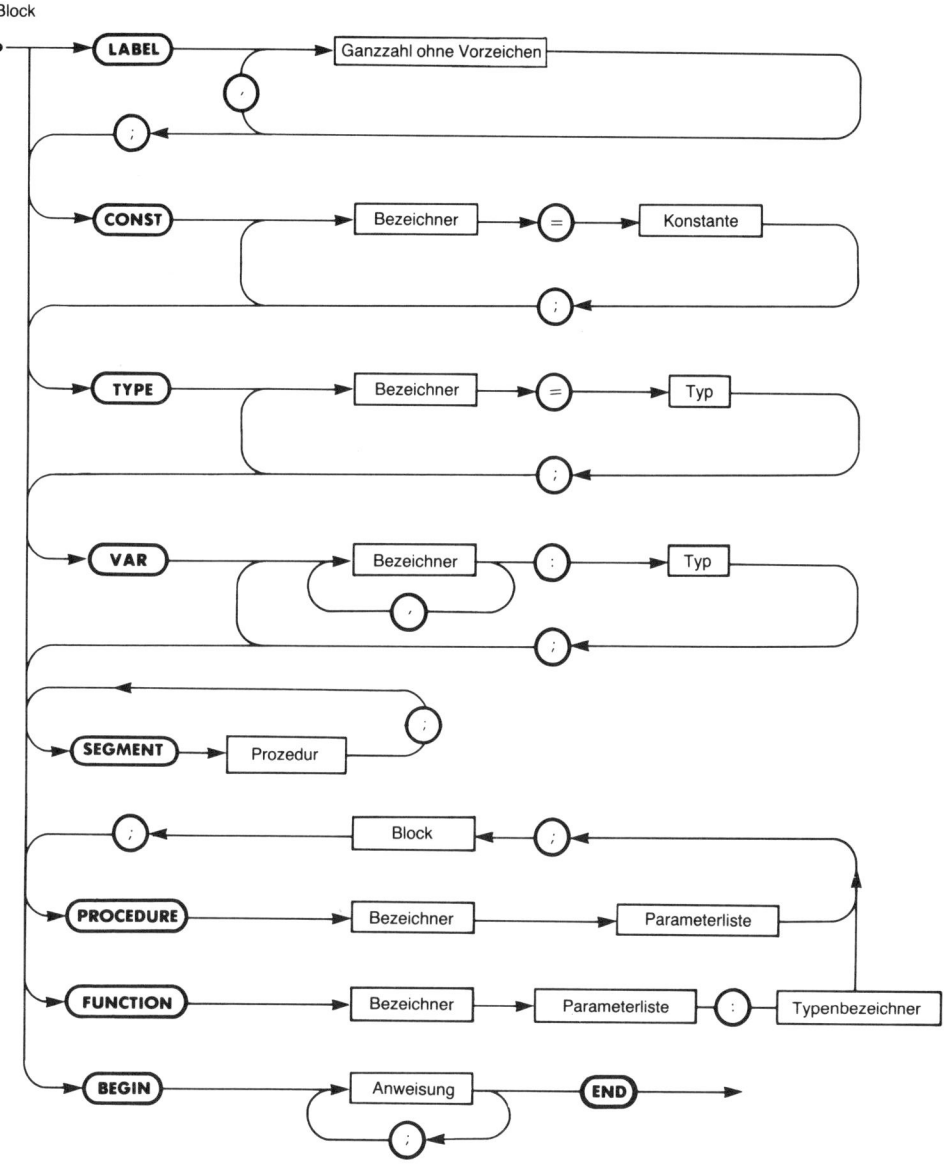

Kompilierung

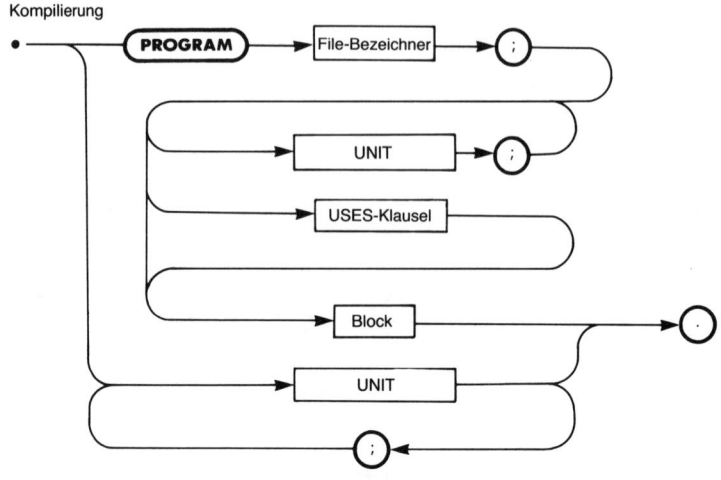

Konstante

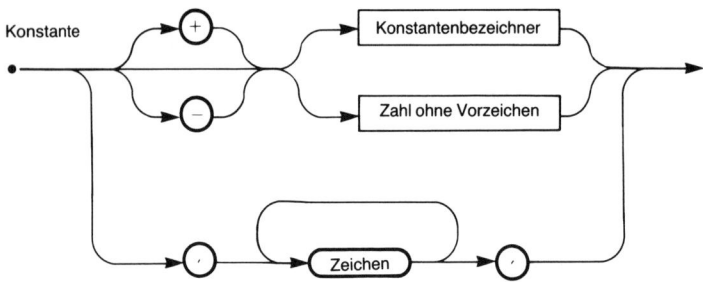

Ausdruck

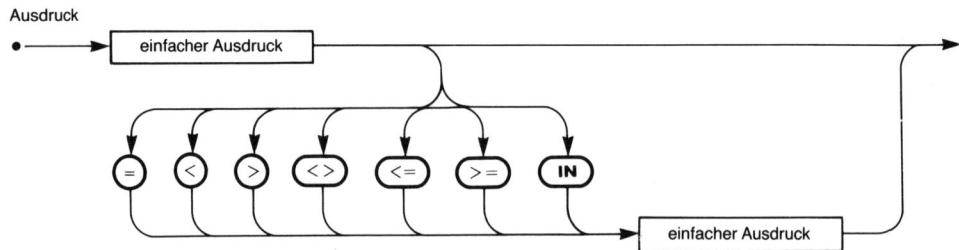

Faktor

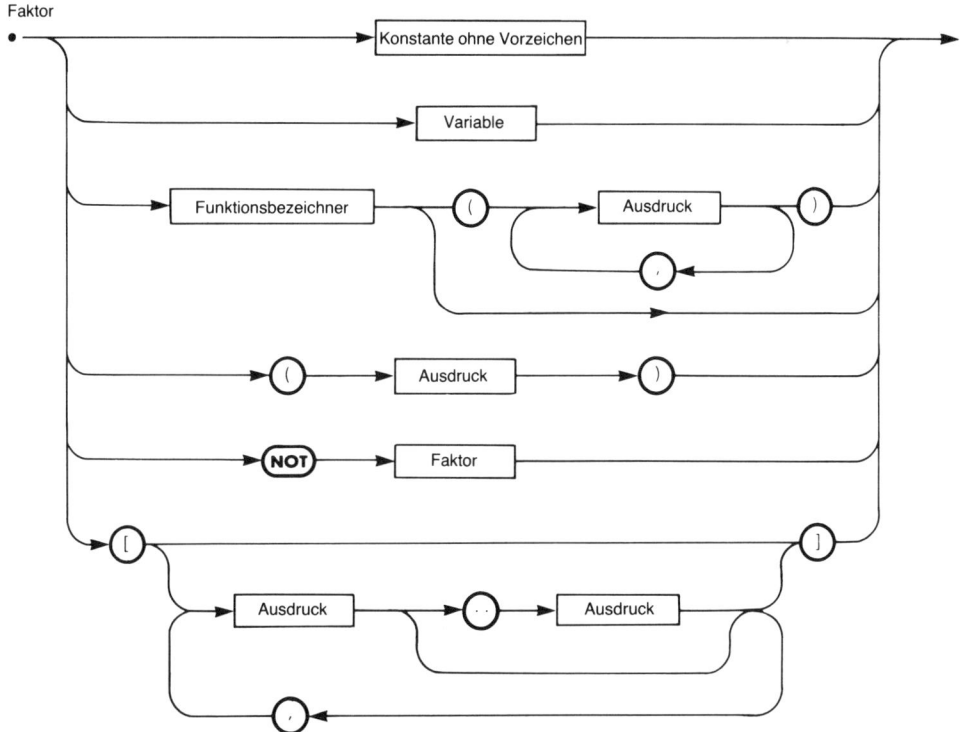

Eintragsliste

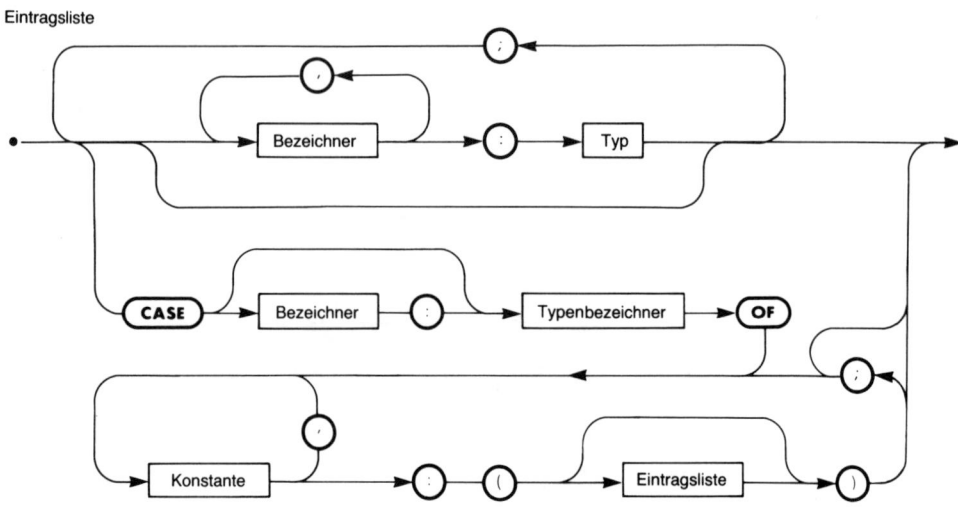

Bezeichner

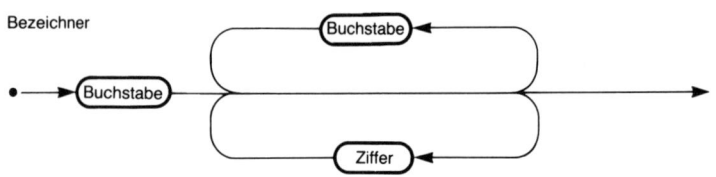

Parameterliste

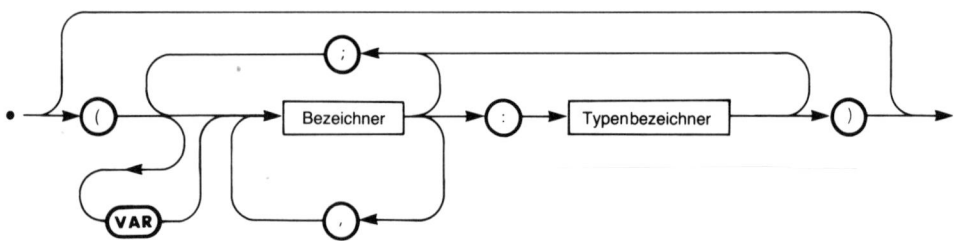

Prozedur

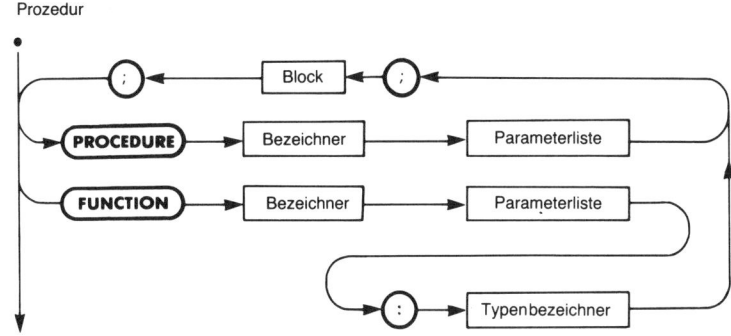

einfacher Ausdruck

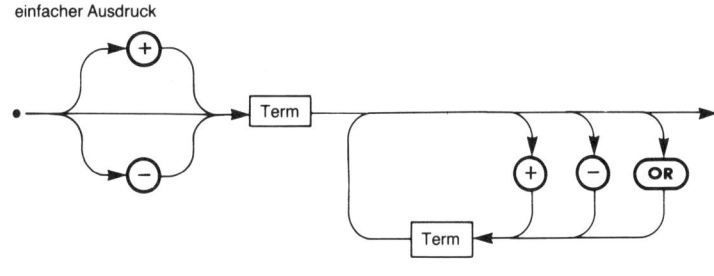

einfacher Typ

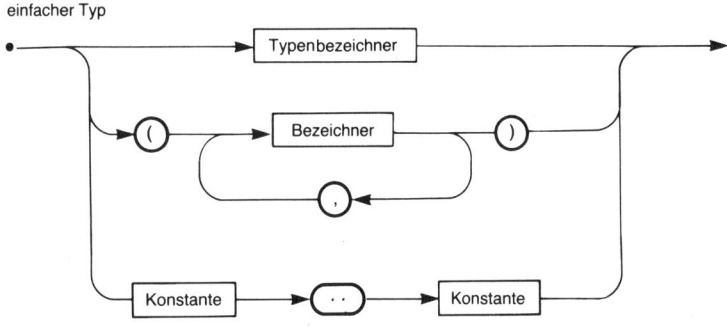

Term

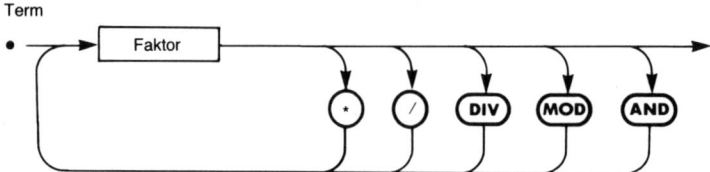

Konstante ohne Vorzeichen

Ganzzahl ohne Vorzeichen

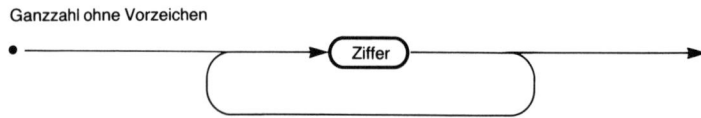

Zahl ohne Vorzeichen

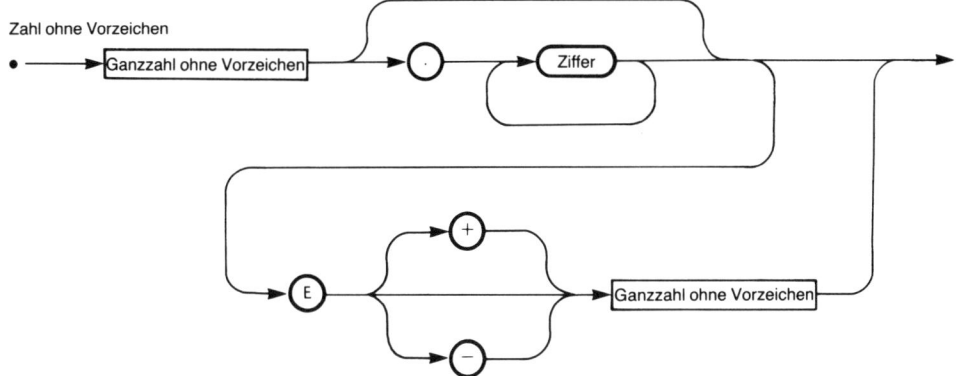

Einschränkungen in
UCSD-Pascal

Zeichenzahl in	STRING (Zeichenkette)	255	
Elemente in	SET (Menge)	4080	(255 * 16)
Kodeumfang einer (in Bytes)	PROCEDURE FUNCTION	1200	
Anzahl der Worte für lokale Variable in einer	PROCEDURE FUNCTION	16383	
Anzahl von SEGMENTen	PROCEDURE FUNCTION	16	(7 für den Benutzer)
Anzahl von Prozeduren oder Funktionen pro	SEGMENT	127	

Anhang **J**

Eingebaute Eigenschaften (INTRINSICs) in UCSD-Pascal

INTRINSIC	Funktion	Prozedur	Argumente	Ergebnis
BLOCKREAD	✔		versch.	Ganzzahl
BLOCKWRITE	✔		versch.	Ganzzahl
CLOSE		✔	Dateibez.	
CONCAT	✔		Kette	Kette
COPY	✔		Kette	Kette
DELETE		✔	Kette	
EXIT		✔	Bezeichner	
GOTOXY		✔	Ganzzahl	
FILLCHAR		✔	versch.	
HALT		✔		
INSERT		✔	Kette	
IORESULT	✔		–	Ganzzahl
LENGTH	✔		Kette	Ganzzahl
LOG	✔		Zahl	reelle Zahl
MARK		✔	Zeiger	
MEMAVAIL	✔			Ganzzahl
MOVELEFT		✔	versch.	
MOVERIGHT		✔	versch.	
POS			Kette	Ganzzahl
PWROFTEN	✔		Ganzzahl	reelle Zahl
RELEASE		✔	Zeiger	
RESET		✔	Datei	
REWRITE		✔	Datei	
SCAN	✔		versch.	Ganzzahl
SEEK		✔	Dateibez., Ganzzahl	
SIZEOF	✔		Variable	Ganzzahl
STR		✔	Ganzzahl oder lange Ganzzahl	Kette
TIME		✔	versch.	Ganzzahl
UNITBUSY	✔		UNIT-Nummer	Boolesch
UNITCLEAR		✔	UNIT-Nummer	
UNITREAD		✔	versch.	
UNITWAIT		✔	UNIT-Nummer	
UNITWRITE		✔	versch.	

Anhang **K**

Literatur

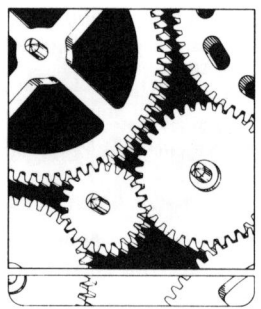

[1]   **Pascal User Manual and Report.** Kathleen Jensen and Niklaus Wirth.
      Springer-Verlag (1974-Revised Edition 1978).

[2]   **A Primer on Pascal.** R. Conway, D. Gries, E.C. Zimmermann.
      Winthrop Publishers (1976).

[3]   **Microcomputer Problem Solving Using Pascal.** Kenneth L. Bowles.
      Springer-Verlag (1977).

[4]   **Pascal — An Introduction to Methodical Programming.** W. Findlay, D.A. Watt.
      Computer Science Press (1978).

[5]   **An Introduction To Programming and Problem Solving with Pascal.**
      M. Schneider, S. Weingart, S. Perlman.
      John Wiley & Sons (1978).

[6]   **Programming in Pascal.** P. Grogono.
      Addison Wesley (1978-Revised Edition 1980).

[7]   **A Practical Introduction to Pascal.** I.R. Wilson and A.M. Addyman.
      Springer-Verlag (1978).

[8]   **UCSD Pascal Users Manual.**
      Softech Microsystems (1978).

[9]   **Structured Programming and Problem-Solving with Pascal.** Richard B. Kie-
      burtz.
      Prentice Hall (1978).

[10] **Beginner's Manual for the UCSD Pascal System.** Kenneth L. Bowles.
      Byte Books, McGraw-Hill (1979).

[11] **Pascal with Style: Programming Problems.** M. Ledgard, J. Hueras, P. Nagin.
      Hayden (1979).

[12] **The Pascal Handbook.** Jacques Tiberghien.
      Sybex (1980).

[13] **A Discipline of Programming.** E.W. Dijkstra.
      Prentice Hall (1976).

[14] **Structured Programming.** O.J. Dahl, E.W. Dijkstra, C.A.R. Hoare.
      Academic Press (1972).

[15] **Systematic Programming — An Introduction.** N. Wirth.
      Prentice Hall (1973).

[16] **Introduction to Pascal.** J. Welsh, J. Elder.
      Prentice Hall (1979).

[17] **Techniques of Program Structure and Design.** E. Yourdon.
      Prentice Hall (1975).

[18] **The Art of Computer Programming, Vol. III (Searching and Sorting).**
      D. Knuth.
      Addison Wesley (1973).

[19] **Pascal Programs for Scientists and Engineers.** A. Miller.
      Sybex (1981).

[20] **Fifty Pascal Programs.** R. Zaks and R. Langer.
      Sybex (1981).

Lösung ausgewählter Übungen

Vorbemerkung des Übersetzers:

Die im folgenden vorgestellten Pascal-Programme sind für die deutsche Ausgabe eingehend überarbeitet und durchgetestet worden. Dem lag die Version Pascal/MT+ zugrunde, die sich eng an den neuen ISO-Standard anlehnt. Es wurde versucht, nur die im vorliegenden Buch besprochenen Eigenschaften auszuwerten. Der Einsatz systemspezifischer Eigenschaften wurde soweit sinnvoll ausdrücklich vermerkt.

Vor allem in den letzten Kapiteln stellen die Programme in einem gewissen Sinne „Maximallösungen" dar, indem sie einige Eigenschaften enthalten, die in der Aufgabenstellung nicht ausdrücklich vorgeschrieben wurden. Insbesondere werden verschiedene Formen für das Zusammenspiel von Programm und Benutzer vorgestellt. Auch eine Anzahl nicht unbedingt offensichtlicher Programm- und Datenstrukturen wurde eingearbeitet. In diesem Sinne sind die vorgestellten Programme weniger als „Lösungen" zu betrachten, sondern verdienen ebenso wie der Text selbst eingehend studiert zu werden. Auch das ist ein Übungszweck: Zum sinnvollen Programmieren gehört das Studium fremder Programme untrennbar dazu.

Kapitel 1: Grundlagen

Übung 1.1:

```
PROGRAM prod (input,output);

(* Multipliziert zwei ueber die Tastatur eingegebene Zahlen *)
(* und druckt das Ergebnis aus.                             *)

VAR a,b,produkt : integer;

BEGIN
    writeln ('Geben Sie zwei Zahlen ein: ');
    read (a,b);
    produkt := a * b;
    writeln ('Das Produkt aus ',a,' und ',b,' ist ',produkt)
END .
```

Übung 1.2:

```
PROGRAM summe (input, output);

(* Uebernimmt drei ganze Zahlen von der Tastatur und *)
(* druckt ihre Summe aus.                            *)

VAR a,b,c,ergebnis : integer;

BEGIN
    writeln ('Geben Sie drei Zahlen ein: ');
    read (a,b,c);
    ergebnis := a + b + c;
    writeln ('Die Summe aus ',a,', ',b,' und ',c,' ist ',ergebnis)
END .
```

Übung 1.3:
Nein

Übung 1.5:
Ja. Man kann Kommentare überall im Programm anbringen. Sie werden bei der Übersetzung und Abarbeitung nicht beachtet.

Übung 1.6:
Nein. Ein Algorithmus ist lediglich die eindeutige Beschreibung einer Problemlösung in (endlich vielen) Schritten. Ein Programm ist die übertragung eines Algorithmus in eine Programmiersprache dergestalt, daß das Problem tatsächlich bearbeitet werden kann. Oft kann jedoch ein gut abgefaßter Algorithmus fast unverändert in ein Programm übertragen werden.

Kapitel 2: Programmieren mit Pascal

Übung 2.1:
a) Ja   b) Nein   c) Ja   d) Nein   e) Nein

Übung 2.2:
Sie werden alle drei als ein un derselbe Bezeichner PERSONNR angesehen, da nur die acht ersten Zeichen ausgewertet werden.

Kapitel 3: Skalare Typen und Operationen

Übung 3.2:
Nein. Ein Bezeichner kann auch eine Konstante oder einen Datentyp angeben. Ferner gehören auch die Titel von Programmen und Programmteilen zu den Bezeichnern.

Übung 3.3:
a) Ja   b) Ja   c) Nein (Komma)   d) Nein (Punkt)

Übung 3.4:
a) 32   b) 1   c) 32

Übung 3.5:
a) Nein (Punkt fehlt)   b) Nein (Komma)   c) Ja   d) Nein

Übung 3.7:
a) FALSE   b) TRUE   c) TRUE

Übung 3.8:
VIERZEHN ist in dieser Zuweisung nur dann erlaubt, wenn es sich dabei entweder um einen Konstantenbezeichner handelt oder wenn VIERZEHN als Variable deklariert und (!) ihr ein Wert zugewiesen worden ist.

Übung 3.9:
Keine

Übung 3.10:
a) boolean   b) real   c) boolean   d) integer

Übung 3.11:
a) 1   b) 2   c) 2   d) 2

Kapitel 4: Ausdrücke und Anweisungen

Übung 4.1:
a) 3   b) -2.2 c) 196

Übung 4.2:
a) 9   b) 0   c) -6.0 d) 32

Übung 4.3:
a) Ja (ergibt real)
b) Nein (richtig: B := A + 2;)
c) Nein (An eine Konstante kann nichts zugewiesen werden.)
d) Nein (Das Zuweisungszeichen ist falsch.)

Übung 4.4:
a) Nein (Die Operatoren müssen getrennt werden: A := 2 * (−3))
b) Nein (Die Multiplikation ist immer anzugeben: B := (−6.73) * 2)
c) Ja (Rechts steht ein Boolescher Ausdruck.)
d) Nein (DIV ist nur für ganze Zahlen definiert.)
e) Nein (In einer Zuweisung kann nur ein einziges „:=" stehen.)

Übung 4.5:
a) (3 * SQR(X)) + (2 * SQRT(X))
b) ABS(4 * A)
c) SQRT ((6 * A) − 2 * SQR(X))
   (Anmerkung: Hier können Sie ein paar Klammern weglassen. Welche?)

Übung 4.6:
FALSE
TRUE
TRUE
FALSE
FALSE
TRUE

Kapitel 5: Eingabe und Ausgabe

Übung 5.1:

```
PROGRAM quadrate (input,output);

(* Druckt eine Tabelle der ersten 10 Quadratzahlen aus. *)

VAR zahl : integer;

BEGIN
    writeln ('Zahl   Quadrat');
    writeln ('--------------');
    zahl := 1;
    writeln (zahl : 4, sqr(zahl) : 7);
    zahl := 2;
    writeln (zahl : 4, sqr(zahl) : 7);
    zahl := 3;
    writeln (zahl : 4, sqr(zahl) : 7);
    zahl := 4;
    writeln (zahl : 4, sqr(zahl) : 7);
    zahl := 5;
    writeln (zahl : 4, sqr(zahl) : 7);
    zahl := 6;
    writeln (zahl : 4, sqr(zahl) : 7);
    zahl := 7;
```

```
    writeln (zahl : 4, sqr(zahl) : 7);
    zahl := 8;
    writeln (zahl : 4, sqr(zahl) : 7);
    zahl := 9;
    writeln (zahl : 4, sqr(zahl) : 7);
    zahl := 10;
    writeln (zahl : 4, sqr(zahl) : 7)
END .
```

Übung 5.2:

```
PROGRAM zahlen (input,output);

(* Uebernimmt zehn reelle Zahlen von der Tastatur *)
(* und gibt sie in umgekehrter Reihenfolge wieder aus. *)

VAR zahl1,zahl2,zahl3,zahl4,zahl5,
    zahl6,zahl7,zahl8,zahl9,zahl10 : real;

BEGIN
    writeln ('Geben Sie 10 reelle Zahlen ein:');
    readln (zahl1,zahl2,zahl3,zahl4,zahl5,zahl6,zahl7,zahl8,zahl9,zahl10);
    writeln (zahl10,zahl9,zahl8,zahl7,zahl6,zahl5,zahl4,zahl3,zahl2,zahl1)
END .
```

Übung 5.4:

```
PROGRAM quadtab (input,output);

(* Druckt eine Tabelle der Quadrate und Quadratwurzeln *)
(* der ersten zehn ganzen Zahlen aus.                  *)

VAR zahl : integer;

BEGIN
    writeln ('+------+---------+----------+');
    writeln ('! Zahl ! Quadrat !  Wurzel  !');
    writeln ('+------+---------+----------+');
    zahl := 1;
    writeln ('!',zahl:4,' ! ',sqr(zahl):5,'    ! ',sqrt(zahl):7:4,' !');
    writeln ('+------+---------+----------+');
    zahl := 2;
    writeln ('!',zahl:4,' ! ',sqr(zahl):5,'    ! ',sqrt(zahl):7:4,' !');
    writeln ('+------+---------+----------+');
    zahl := 3;
    writeln ('!',zahl:4,' ! ',sqr(zahl):5,'    ! ',sqrt(zahl):7:4,' !');
    writeln ('+------+---------+----------+');
    zahl := 4;
    writeln ('!',zahl:4,' ! ',sqr(zahl):5,'    ! ',sqrt(zahl):7:4,' !');
    writeln ('+------+---------+----------+');
    zahl := 5;
```

```
    writeln ('!',zahl:4,' ! ',sqr(zahl):5,'   ! ',sqrt(zahl):7:4,'  !');
    writeln ('+------+---------+----------+');
    zahl := 6;
    writeln ('!',zahl:4,' ! ',sqr(zahl):5,'   ! ',sqrt(zahl):7:4,'  !');
    writeln ('+------+---------+----------+');
    zahl := 7;
    writeln ('!',zahl:4,' ! ',sqr(zahl):5,'   ! ',sqrt(zahl):7:4,'  !');
    writeln ('+------+---------+----------+');
    zahl := 8;
    writeln ('!',zahl:4,' ! ',sqr(zahl):5,'   ! ',sqrt(zahl):7:4,'  !');
    writeln ('+------+---------+----------+');
    zahl := 9;
    writeln ('!',zahl:4,' ! ',sqr(zahl):5,'   ! ',sqrt(zahl):7:4,'  !');
    writeln ('+------+---------+----------+');
    zahl := 10;
    writeln ('!',zahl:4,' ! ',sqr(zahl):5,'   ! ',sqrt(zahl):7:4,'  !');
    writeln ('+------+---------+----------+')
END .
```

Übung 5.7:

1.1	6.49	17.260	27	2
2.3	8.60	5.154	1	2
3.2	7.50	4.108	8	−10

Kapitel 6: Steuerstrukturen

Übung 6.1:

```
PROGRAM summiere (input,output);

(* Berechnet die Summe der ersten n ganzen Zahlen. *)

VAR i,n,s : integer;

BEGIN
    write ('Wieviele Zahlen sollen summiert werden? ');
    readln (n);
    s := 0;
    FOR i:=1 TO n DO
        s := s + i;
    writeln ('Die Summe der ersten ',n:0,' ganzen Zahlen betraegt ',s:0,'.');

    (* Beachten Sie hier den Einsatz der Feldweite 0. Durch sie wird   *)
    (* bewirkt, dass die betreffende Zahl ohne jeden fuehrenden Leer-  *)
    (* schritt ausgedruckt wird. Das verbessert die Meldung betraecht- *)
    (* lich.                                                           *)

    writeln; writeln; writeln
END .
```

Übung 6.5:

```
PROGRAM mittel1 (input,output);

(* Bildet den Durchschnitt der ersten 25 ganzen Zahlen mit Hilfe *)
(* einer REPEAT-Schleife.                                         *)

VAR
    summe,zahl: integer;
    mittel : real;

BEGIN
    summe := 0;
    zahl := 0;
    REPEAT
        summe := summe + zahl;
        zahl := zahl + 1
    UNTIL zahl>24;
    mittel := summe / 25;
    writeln;
    write ('Der Durchschnitt der ersten 25 ganzen Zahlen hat den Wert ');
    writeln (mittel:0:1,'.');
    writeln; writeln; writeln
END .
```

Übung 6.7:

```
PROGRAM mittel2 (input,output);

(* Bildet den Durchschnitt der ersten n ganzen Zahlen mit Hilfe *)
(* einer REPEAT-Schleife.                                        *)

VAR
    n,summe,zahl: integer;
    mittel : real;

BEGIN
    summe := 0;
    zahl := 0;
    write ('Wieviele Zahlen sollen summiert werden? ');
    readln (n);
    REPEAT
        summe := summe + zahl;
        zahl := zahl + 1
    UNTIL zahl>n;
    mittel := summe / n;
    writeln;
    write ('Der Durchschnitt der ersten ',n:0,' ganzen Zahlen hat den Wert '
    writeln (mittel:0:1,'.');
    writeln; writeln; writeln
END .
```

Übung 6.8:

```pascal
PROGRAM mittel3 (input,output);

(* Bildet den Durchschnitt von n beliebigen ganzen Zahlen. *)

VAR
    i,n,summe,zahl: integer;
    mittel : real;

BEGIN
    summe := 0;
    i := 0;
    writeln; writeln; writeln;
    write ('Wieviele ganze Zahlen sollen summiert werden? ');
    readln (n);
    writeln; writeln;
    writeln ('Geben Sie jetzt die Zahlen wie angefordert ein und');
    writeln ('schliessen Sie jede einzelne Eingabe mit RETURN ab.');
    writeln;
    WHILE i<n DO
        BEGIN
            write (i+1:0,'. Zahl: ');
            readln (zahl);
            summe := summe + zahl;
            i := i+1
        END;
    mittel := summe / n;
    writeln;
    write ('Der Durchschnitt der ',n:0,' eingegebenen Zahlen hat den Wert ');
    writeln (mittel:0:2,'.');
    writeln; writeln; writeln
END .
```

Übung 6.10:

```pascal
PROGRAM filter (input,output);

(* Filtert aus einem Strom von ueber die Tastatur eingegebenen *)
(* ganzen Zahlen diejenigen heraus, die zwischen zwei vom Be-  *)
(* nutzer bestimmten Werten liegen. Zaehlt, wieviele Werte im   *)
(* erlaubten und wieviele im verbotenen Bereich lagen.          *)

VAR
    zahl,ogrenze,ugrenze,erlaubt,verboten : integer;
```

```
BEGIN
    writeln;
    writeln ('************* Eine Filter-Demonstration **************');
    writeln; writeln;
    writeln ('Bestimmen Sie zuerst den Bereich, in dem die folgenden');
    writeln ('Zahlen erlaubt sind, anhand seiner Unter- und seiner');
    writeln ('Obergrenze. Schliessen Sie jede Eingabe durch RETURN ab.');
    writeln;
    REPEAT
        write ('Untergrenze: ');
        readln (ugrenze);
        write (' Obergrenze: ');
        readln (ogrenze);
        writeln;
        IF ugrenze>ogrenze THEN
            BEGIN
                writeln ('Sie haben die Grenzen vertauscht!');
                writeln ('Noch einmal...');
                writeln;
            END;

        IF (ugrenze=0) AND (ogrenze=0) THEN
            writeln ('Damit haben Sie gar keinen erlaubten Bereich!')
    UNTIL ugrenze<=ogrenze;
    erlaubt := 0;
    verboten := 0;
    writeln; writeln;
    writeln ('Sie koennen jetzt beliebig viele ganze Zahlen eingeben.');
    writeln ('Eine Null bezeichnet das Ende der Zahlenfolge.');
    writeln;
    write ('Erste');
    REPEAT
        write (' Zahl, dann RETURN: ');
        readln (zahl);
        IF zahl<>0 THEN            (* Die Endmarke nicht mitzaehlen. *)
            BEGIN
                IF (zahl<ugrenze) OR (zahl>ogrenze) THEN
                    BEGIN
                        verboten := verboten + 1;
                        writeln ('LIEGT IM VERBOTENEN BEREICH')
                    END
                ELSE
                    erlaubt := erlaubt + 1;
                write ('Naechste')
            END
    UNTIL zahl=0;
    writeln; writeln;
    write (erlaubt:0);
    IF erlaubt=1 THEN
        write (' Eingabe lag')
    ELSE
```

```
            write (' Eingaben lagen');
        write (' im erlaubten und ',verboten:0);
        IF verboten=1 THEN
            write (' lag')
        ELSE
            write (' lagen');
        writeln (' im verbotenen Bereich.');
        writeln; writeln
END .
```

Übung 6.11:

```
PROGRAM datum (input,output);

(* Uebernimmt eine numerische Datumsangabe der Form TT MM JJJJ und *)
(* wandelt sie in eine Form mit voll ausgeschriebenem Monat um. *)

VAR
    tag,monat,jahr : integer;
    korrekt,ende : boolean;
    antwort : char;

BEGIN
    ende := FALSE;
    writeln; writeln;
    writeln ('Geben Sie ein Datum in der Form TT MM JJJJ mit ganzen');
    writeln ('Zahlen an. Jahresangaben vor unserer Zeitrechnung');
    writeln ('koennen als negative Zahl angegeben werden.');
    writeln;
    WHILE NOT ende DO
        BEGIN
            REPEAT
                korrekt := TRUE;

                writeln;
                write ('Datum: ');
                readln (tag,monat,jahr);
                writeln;

                IF (tag<1) OR (tag>31) THEN
                    BEGIN
                        writeln ('Die Tagesangabe ist falsch!');
                        korrekt := FALSE
                    END;

                IF (monat<1) OR (monat>12) THEN
                    BEGIN
                        writeln ('Die Monatsangabe ist falsch!');
                        korrekt := FALSE
                    END;
```

```
            IF NOT korrekt THEN
                    writeln ('Bitte neu eingeben.')

        UNTIL korrekt;

        write ('Sie haben den ',tag:0,'. ');

        CASE monat OF
             1: write ('Januar ');
             2: write ('Februar ');
             3: write ('Maerz ');
             4: write ('April ');
             5: write ('Mai ');
             6: write ('Juni ');
             7: write ('Juli ');
             8: write ('August ');
             9: write ('September ');
            10: write ('Oktober ');
            11: write ('November ');
            12: write ('Dezember ')
        END;

        write (abs(jahr):0);

        IF jahr<0 THEN
            write (' vor Christus');

        writeln (' angegeben.');

        writeln; writeln;

    write ('Noch ein Datum umwandeln (J/N)? ');
    read (antwort);
    IF (antwort='N') OR (antwort='n') THEN
        ende := TRUE;
    writeln; writeln
  END
END .
```

Übung 6.12:

```
PROGRAM monat (input,output);

(* Uebernimmt drei Zeichen von der Tastatur und ergaenzt sie, *)
(* wenn moeglich, auf einen ganzen Monatsnamen.               *)

VAR
    eins,zwei,drei : char;
    ende,korrekt : boolean;
```

```
BEGIN
    ende := FALSE;
    writeln; writeln;
    writeln ('Geben Sie in Grossbuchstaben die drei Anfangsbuchstaben');
    writeln ('eines der zwoelf Monate an. Das Programm wird sie auf');
    writeln ('den vollen Namen ergaenzen.');
    writeln;
    writeln ('Geben Sie als ein beliebiges der drei einzugebenden Zeichen');
    writeln ('eine Null (0) an, wenn Sie das Programm beenden wollen.');
    writeln;
    REPEAT
        korrekt := TRUE;
        writeln;
        write ('Monat (in Grossbuchstaben!): ');
        read (eins,zwei,drei);
        IF (eins='0') OR (zwei='0') OR (drei='0') THEN
            ende := TRUE
        ELSE
            IF (eins<>'J') AND (eins<>'F') AND (eins<>'M') AND
               (eins<>'A') AND (eins<>'J') AND (eins<>'S') AND
               (eins<>'O') AND (eins<>'N') AND (eins<>'D')
            THEN
                korrekt := FALSE
            ELSE
                CASE eins OF
                    'J': IF (zwei='A') AND (drei='N') THEN
                            writeln ('UAR')
                         ELSE
                         IF (zwei='U') AND ((drei='N') OR (drei='L')) THEN
                            writeln ('I')
                         ELSE
                            korrekt := FALSE;
                    'F': IF (zwei='E') AND (drei='B') THEN
                            writeln ('RUAR')
                         ELSE
                            korrekt := FALSE;
                    'M': IF (zwei='A') AND (drei='E') THEN
                            writeln ('RZ')
                         ELSE
                         IF (zwei='A') AND (drei='I') THEN
                            writeln
                         ELSE
                            korrekt := FALSE;
                    'A': IF (zwei='P') AND (drei='R') THEN
                            writeln ('IL')
                         ELSE
                         IF (zwei='U') AND (drei='G') THEN
                            writeln ('UST')
                         ELSE
                            korrekt := FALSE;
```

```
                       'S': IF (zwei='E') AND (drei='P') THEN
                                writeln ('TEMBER')
                            ELSE
                                korrekt := FALSE;
                       'O': IF (zwei='K') AND (drei='T') THEN
                                writeln ('OBER')
                            ELSE
                                korrekt := FALSE;
                       'N': IF (zwei='O') AND (drei='V') THEN
                                writeln ('EMBER')
                            ELSE
                                korrekt := FALSE;
                       'D': IF (zwei='E') AND (drei='Z') THEN
                                writeln ('EMBER')
                            ELSE
                                korrekt := FALSE
                    END;
                    writeln;
                    IF korrekt=FALSE THEN
                        BEGIN
                            writeln ('Einen solchen Monat gibt es nicht!');
                            writeln
                        END
        UNTIL ende;
        writeln; writeln; writeln
END .
```

Übung 6.13:

```
PROGRAM temp (input,output);

(* Gibt eine Umwandlungstabelle zwischen Celsius- und Fahrenheit- *)
(* temperaturen fuer einen vorwaehlbaren Bereich aus.             *)

VAR
    ugrenze,ogrenze,i : integer;
    temp1,temp2 : real;
    richtung : char;
    korrekt : boolean;

BEGIN
    writeln; writeln;
    writeln ('Dieses Programm erstellt eine Umwandlungstabelle von');
    writeln ('Celsius- in Fahrenheittemperaturen oder umgekehrt.');
    writeln;
    writeln ('Geben Sie ein "C" an, wenn Sie Celsius- in Fahrenheit-');
    writeln ('grade umgerechnet haben moechten. Wenn die Umwandlung');
    writeln ('dagegen von Fahrenheit- in Celsiusgrade erfolgen soll,');
    writeln ('muessen Sie ein F angeben.');
    writeln;
```

```
    REPEAT
        korrekt := TRUE;
        write ('Umwandlungsrichtung (C oder F): ');
        read (richtung);
        writeln; writeln;
        IF (richtung<>'C') AND (richtung<>'F') THEN
            BEGIN
                writeln ('Wie bitte? Bitte neu angeben.');
                korrekt := FALSE
            END;
        writeln;
    UNTIL korrekt;
    write ('Geben Sie noch den Tabellenbereich fuer die ');
    IF richtung='C' THEN
        write ('Celsius')
    ELSE
        write ('Fahrenheit');
    writeln ('temperaturen an.');
    writeln ('(Nur ganze Zahlen.)');
    writeln;
    REPEAT
        write ('Untergrenze, dann RETURN: ');
        readln (ugrenze);
        write (' Obergrenze, dann RETURN: ');
        readln (ogrenze);
        IF ugrenze>ogrenze THEN
            writeln ('Sie haben die Grenzen vertauscht! Nochmal...');
    UNTIL ugrenze<=ogrenze;
    writeln; writeln; writeln;
    IF richtung='C' THEN
        writeln ('Celsius':9,'Fahrenheit':13)
    ELSE
        writeln ('Fahrenheit':9,'Celsius':13);
    writeln;
    FOR i:=ugrenze TO ogrenze DO
        BEGIN
            temp1 := i;
            IF richtung='C' THEN
                temp2 := (i * 9/5) + 32
            ELSE
                temp2 := (i-32) * 5/9;
            writeln (temp1:9:2, temp2:9:2)
        END;
    writeln; writeln;
END .
```

Übung 6.14:

```
PROGRAM sinus1 (output);

(* Druckt eine Sinuskurve aus. *)
CONST
    breite = 79 ; (* Anzahl der verfuegbaren Spalten pro Zeile *)
    hoehe = 20;   (* Anzahl der nutzbaren Zeilen *)
    stern = '*';
    leer = ' ';
    hstrich = '-';
    vstrich = '!';
    pi = 3.14159265;
VAR
    xmax,i1,i2,sinus : integer;
    schritt : real;
    zeichen : char;
BEGIN
    xmax := hoehe DIV 2;
    schritt := 360/breite; (* Grad pro Spalte *)
    FOR i1:=xmax DOWNTO 1 DO  (* Obere Kurvenhaelfte (y>0) *)
        BEGIN
            FOR i2:=0 TO breite-1 DO
                BEGIN
                    sinus := round(sin(schritt * i2 * pi/180) * xmax);
                    IF sinus=i1 THEN
                        zeichen := stern
                    ELSE
                        zeichen := leer;
                    IF (i2=0) THEN
                        IF i1=xmax THEN
                            zeichen := '1'
                        ELSE
                            zeichen := vstrich;
                    write (zeichen)
                END;
                writeln
        END;
    FOR i2:=0 TO breite-1 DO  (* Mittellinie drucken (Y=0) *)
        BEGIN
            IF (i2 MOD 10 = 0) THEN
                zeichen := vstrich;
            IF round(sin(schritt * i2 * pi/180) * xmax) = 0 THEN
                zeichen := stern
            ELSE
                zeichen := hstrich;
            IF i2=0 THEN
                zeichen := '0';
            write (zeichen)
        END;
```

```
    writeln;
    FOR i1:=1 TO xmax DO   (* Obere Kurvenhaelfte (y>0) *)
        BEGIN
            FOR i2:=0 TO breite-1 DO
                BEGIN
                    sinus := round(sin(schritt * i2 * pi/180) * xmax);
                    IF sinus=(-i1) THEN
                        zeichen := stern
                    ELSE
                        zeichen := leer;
                    IF (i2=0) THEN
                        IF i1=xmax THEN
                            zeichen := '1'
                        ELSE
                            zeichen := vstrich;
                    write (zeichen)
                END;
                writeln
        END;
END .
```

(Alternative Lösungsmöglichkeit:)

```
PROGRAM sinus2 (output);

(* Druckt eine Sinuskurve aus, zweite Moeglichkeit *)

CONST
    breite = 79; (* Anzahl der verfuegbaren Spalten pro Zeile *)
    stern = '*';
    leer = ' ';
    hstrich = '-';
    vstrich = '!';
    pi = 3.14159265;

VAR
    x,y,i,j : integer;

BEGIN
    FOR x:=-45 TO 45 DO
        BEGIN
            y := round(sin(4*x*pi/180)*(breite DIV 2 - 1)) + (breite DIV 2);
            IF x=0 THEN
                FOR i:=1 TO breite DO
                    IF i=y THEN
                        write (stern)
                    ELSE
                        write (hstrich)
            ELSE
```

```
            BEGIN
                IF (breite DIV 2)>y THEN
                    j := breite DIV 2
                ELSE
                    j := y;
                FOR i:=1 TO j DO
                    IF i=y THEN
                        write (stern)
                    ELSE
                    IF i=(breite DIV 2) THEN
                        write (vstrich)
                    ELSE
                        write (leer)
            END;
        writeln
    END
END .
```

Übung 6.15:

```
PROGRAM geheimcd (input,output);

(* Entdeckt die in einem beliebigen Text stehende Folge H-A-L-T,     *)
(* die jedoch nicht zusammenhaengend als ein Wort angegeben zu sein *)
(* braucht.                                                          *)

CONST
    laenge = 4;
    eins = 'H'; zwei = 'A' ; drei = 'L' ; vier = 'T';
    ende = '#';

VAR
    i : integer;
    zeichen,suchen : char;
    schluss : boolean;

BEGIN
    writeln; writeln;
    writeln ('Geben Sie einen Text ein (Ende = "',ende,'"): ');
    writeln;
    i := 1;
    schluss := FALSE;
    WHILE NOT schluss DO
        BEGIN
            CASE i OF
                1: suchen := eins;
                2: suchen := zwei;
                3: suchen := drei;
                4: suchen := vier;
            END;
```

```
                  read (zeichen);
                  WHILE (zeichen<>suchen) AND (zeichen<>ende) DO
                      IF eoln THEN
                           readln
                      ELSE
                           read (zeichen);
                  IF zeichen=suchen THEN
                      IF i=4 THEN
                          BEGIN
                              writeln; writeln;
                              write ('Folge ',eins,'-',zwei,'-',drei,'-',vier);
                              writeln (' aufgefunden!');
                              writeln ('Damit machen wir Schluss...');
                              schluss := TRUE
                          END
                      ELSE
                          i := i+1
                  ELSE
                      BEGIN
                          writeln; writeln;
                          writeln ('Das war das Textende.');
                          writeln ('Die gesuchte Folge trat im Text nicht auf!');
                          schluss := TRUE
                      END
              END;
              writeln; writeln
END .
```

Übung 6.16:

Der Strichpunkt (;) nach THEN bedeutet, daß die IF-Anweisung keinerlei Wirkung hat. Er schließt sie mit einer „leeren Anweisung" ab, so daß der folgende durch BEGIN und END begrenzte Block immer abgearbeitet wird.

Kapitel 7: Prozeduren und Funktionen

Übung 7.1

```
PROGRAM nzeichen (input,output);

(* Uebernimmt ein Zeichen und eine Zahl n von der Tastatur und druckt *)
(* dann eine Zeile mit n Wiederholungen des Zeichens aus.             *)

VAR
     ende,korrekt : boolean;
     zeichen : char;

PROCEDURE druckezeile;

     (* Uebernimmt die Angaben von der Tastatur, ueberprueft sie und *)
     (* druckt die Zeile aus.                                        *)
```

```
CONST
    breite = 80;

VAR
    i,n : integer;
BEGIN
    writeln; writeln;
    write ('Geben Sie das auszudruckende Zeichen an: ');
    read (zeichen);
    writeln;
    REPEAT
        korrekt := TRUE;
        write ('Geben Sie die Anzahl der Wiederholungen an: ');
        readln (n);
        IF (n<1) OR (n>breite) THEN
            BEGIN
                writeln;
                write ('Das ist auf einer Zeile nicht moeglich. ');
                writeln ('Bitte korrigieren.');
                korrekt := FALSE
            END;
        writeln;
    UNTIL korrekt;
    writeln ('Das ergibt die Zeile:');
    FOR i:=1 TO n DO
        write (zeichen);
    writeln; writeln
END; (* druckezeile *)

BEGIN (* nzeichen *)
    ende := FALSE;
    WHILE NOT ende DO
        BEGIN
            druckezeile;
            REPEAT
                korrekt := TRUE;
                write ('Noch eine Zeile (J/N)? ');
                read (zeichen);
                writeln;
                IF (zeichen<>'J') AND (zeichen<>'N') THEN
                    BEGIN
                        write ('Wie bitte? ');
                        korrekt := FALSE
                    END
                ELSE
                    IF zeichen='N' THEN
                        ende := TRUE
            UNTIL korrekt
        END
END .
```

Übung 7.2:

```
PROGRAM zeilen10 (input,output);

(* Uebernimmt zehn Zeichen von der Tastatur und druckt zehn Zeilen *)
(* mit je einem der Zeichen aus, wobei die Zeilen nacheinander et- *)
(* was eingerueckt werden.                                         *)

CONST
    leer = ' ';

VAR
    z0,z1,z2,z3,z4,z5,z6,z7,z8,z9 : char;
    ende : boolean;

PROCEDURE lieszeichen;

    (* Uebernimmt die zehn Zeichen von der Tastatur. *)

    FUNCTION zeichen : char;

        (* Unterdrueckt alle eingegebenen Leerzeichen und liefert *)
        (* das erste sichtbar druckende Zeichen zurueck.          *)

        VAR
            eingabe : char;

        BEGIN
            REPEAT
                read (eingabe)
            UNTIL eingabe<>leer;
            zeichen := eingabe
        END; (* zeichen *)

    BEGIN (* lieszeichen *)
        writeln ('Geben Sie zehn Zeichen an (Leerschritte zaehlen nicht):');
        z0 := zeichen;
        z1 := zeichen;
        z2 := zeichen;
        z3 := zeichen;
        z4 := zeichen;
        z5 := zeichen;
        z6 := zeichen;
        z7 := zeichen;
        z8 := zeichen;
        z9 := zeichen;
    END; (* lieszeichen *)
```

```
PROCEDURE druckezeilen;

    (* Druckt jedes der eingegebenen Zeichen zehnmal auf einer *)
    (* eigenen Zeile aus und rueckt dabei die Zeilen immer um   *)
    (* einen Schritt weiter ein.                                *)

    VAR
        einzug : integer;

    PROCEDURE drucke (zeichen : char);

        (* Druckt das angegebene Zeichen zehnmal auf einer Zeile aus. *)

        (* Beachten Sie, dass wir hier den Parameter mit "zeichen"    *)
        (* benennen koennen, ohne mit der Funktion "zeichen" von oben *)
        (* in Konflikt zu kommen, da diese lokal zu "lieszeichen" de- *)
        (* klariert und somit nur dort bekannt ist.                   *)

        VAR
            i : integer;

        PROCEDURE einruecken;

            (* Druckt so viele Leerzeichen aus, wie in "einzug" ange- *)
            (* geben ist. Zaehlt die (hier globale!) Variable "einzug" *)
            (* fuer die naechste Zeile um Eins weiter. (Ein erwuensch- *)
            (* ter Seiteneffekt, der auf die Prozedur "druckezeilen"   *)
            (* beschraenkt bleibt.)                                    *)

            VAR
                i : integer; (* Schleifenzaehler muessen immer lokal sein.*)

            BEGIN
                FOR i:=1 TO einzug DO
                    write (leer);
                einzug := einzug + 1;
            END; (* einruecken *)

        BEGIN (* drucke *)
            einruecken;
            FOR i:=1 TO 10 DO
                write (zeichen);
            writeln;
        END; (* drucke *)

    BEGIN (* druckezeilen *)
        einzug := 0;
        writeln;
        drucke (z0);
        drucke (z1);
        drucke (z2);
```

```
            drucke (z3);
            drucke (z4);
            drucke (z5);
            drucke (z6);
            drucke (z7);
            drucke (z8);
            drucke (z9);
            writeln;
      END; (* druckezeilen *)

PROCEDURE endanfrage;

      (* Fragt beim Benutzer an, ob noch ein Durchlauf durchzufuehren ist *)
      (* und setzt die Flagge "ende" auf TRUE, falls nicht.               *)

      VAR
            antwort : char;
            korrekt : boolean;
      BEGIN
            REPEAT
                  korrekt := TRUE;
                  write ('Noch einmal (J/N)? ');
                  read (antwort);
                  writeln;
                  IF (antwort<>'J') AND (antwort<>'N') THEN
                        BEGIN
                              writeln;
                              write ('Wie bitte? ');
                              korrekt := FALSE
                        END
                  ELSE
                        IF antwort='N' THEN
                              ende := TRUE
            UNTIL korrekt;
      END; (* endanfrage *)

BEGIN (* zeilen10 *)
      ende := FALSE;
      REPEAT
            lieszeichen;
            druckezeilen;
            endanfrage
      UNTIL ende;
      writeln; writeln
END . (* zeilen10 *)
```

Übung 7.3:

```
PROGRAM zeitumw (input,output);

(* Wandelt eine in Sekunden vorgegebene Zeitangabe in Sekunden, *)
(* Minuten, Stunden und Tage um.                                *)

CONST
    sek = 60;
    min = 60;
    std = 24;

VAR
    zeit,sekunden : real;
    tage,stunden,minuten : integer;
    ende: boolean;

PROCEDURE umwandeln;

    (* Wandelt den Wert von "zeit" in "tage", "stunden", "minuten" *)
    (* "sekunden" um.                                              *)

    FUNCTION wert (faktor : integer) : real;

        (* Liefert den sich aus dem "faktor" ergebenden Teilwert der *)
        (* "zeit" und passt den Wert von "zeit" der naechsten Umwand- *)
        (* lungsstufe an.                                            *)

        VAR
            t : real;

        BEGIN
            t := zeit/faktor;
            zeit := trunc(t);
            wert := (t-zeit) * faktor
        END; (* wert *)

    BEGIN (* umwandeln *)
        sekunden := wert(sek);
        minuten  := trunc(wert(min));
        stunden  := trunc(wert(std));
        tage     := trunc(zeit);
    END; (* umwandeln *)

PROCEDURE uebernehmen;

    (* Uebernimmt die Zeitangabe von der Tastatur. *)
```

```
BEGIN
    writeln; writeln;
    write ('Geben Sie die umzuwandelnde Zeit in Sekunden an: ');
    read (zeit);
    writeln
END; (* uebernehmen *)

PROCEDURE ausdrucken;

    (* Druckt die umgewandelte Zeitangabe aus. *)

    PROCEDURE endung (wert : real; plural : char);

        (* Druckt die angegebene Pluralendung, wenn "wert" ungleich *)
        (* Eins (bei zweistelliger Genauigkeit) ist.                 *)

        BEGIN
            IF NOT (abs(wert-1.0)<0.01) THEN
                write (plural)
        END; (* endung *)

    BEGIN
        write ('Das sind ',tage:0,' Tag');
        endung (tage,'e');
        write (', ',stunden:0,' Stunde');
        endung (stunden,'n');
        write (', ',minuten:0,' Minute');
        endung (minuten,'n');
        write (' und ',sekunden:0:2,' Sekunde');
        endung (sekunden,'n');
        writeln ('.');
        writeln;
    END; (* ausdrucken *)

PROCEDURE endanfrage;

    (* Fragt beim Benutzer an, ob noch ein Durchlauf durchzufuehren ist *)
    (* und setzt die globale Flagge "ende" auf TRUE, falls nicht.       *)

    (* Beachten Sie, dass wir diese Prozedur standardisiert haben. In   *)
    (* dieser Form laesst sie sich in der Mehrzahl der Programme ver-    *)
    (* wenden. Es handelt sich hierbei um einen typischen Kandidaten     *)
    (* fuer eine Prozedur- und Funktionsbibliothek.                     *)

    VAR
        antwort : char;
        korrekt : boolean;
```

```
    BEGIN
        REPEAT
            korrekt := TRUE;
            write ('Noch einmal (J/N)? ');
            read (antwort);
            writeln;
            IF (antwort<>'J') AND (antwort<>'N') THEN
                BEGIN
                    writeln;
                    write ('Wie bitte? ');
                    korrekt := FALSE
                END
            ELSE
                IF antwort='N' THEN
                    ende := TRUE
        UNTIL korrekt;
    END; (* endanfrage *)

BEGIN (* zeitumw *)

    (* Beachten Sie, wie einfach sich das Hauptprogramm durch den  *)
    (* umfassenden Einsatz von Prozeduren gestaltet. Man sieht mit *)
    (* einem Blick, was geschehen soll.                            *)

    ende := FALSE;
    REPEAT
        uebernehmen;
        umwandeln;
        ausdrucken;
        endanfrage;
    UNTIL ende;
    writeln; writeln
END .
```

Übung 7.5:
G1 und G2 sind globale Variable. Von ihnen kann nur G2 in VARWERT und in GELTUNG verwendet werden. G1 wird in GELTUNG neu als lokale Variable deklariert und kann daher nur in VARWERT verwendet werden.

Übung 7.8:
Dieses Programm kehrt einen eingetippten Text um.

Kapitel 9: Felder

Übung 9.2:

```
PROGRAM zahlwort (input,output);

(* Gibt zu den Zahlworten EINS bis ZEHN die entsprechenden Zahlen aus. *)

CONST
    leer = ' ';
    wortlaenge = 6;
    maxworte = 10;


TYPE
    wortindex = 1..wortlaenge;
    wort = ARRAY [wortindex] OF char;
    woerter = array [1..maxworte] OF wort;


VAR
    zahlen : woerter;
    zahl : wort;
    ende : boolean;


PROCEDURE initialisieren;

    (* Baut das Feld "zahlen" auf. *)

    VAR
        i,j : integer;

    BEGIN
        FOR i:=1 TO maxworte DO
            FOR j:=1 TO wortlaenge DO
                zahlen [i,j] := leer;
        zahlen [1,1] := 'E'; zahlen [1,2] := 'I'; zahlen [1,3] := 'N';
        zahlen [1,4] := 'S';

        zahlen [2,1] := 'Z'; zahlen [2,2] := 'W'; zahlen [2,3] := 'E';
        zahlen [2,4] := 'I';

        zahlen [3,1] := 'D'; zahlen [3,2] := 'R'; zahlen [3,3] := 'E';
        zahlen [3,4] := 'I';

        zahlen [4,1] := 'V'; zahlen [4,2] := 'I'; zahlen [4,3] := 'E';
        zahlen [4,4] := 'R';

        zahlen [5,1] := 'F'; zahlen [5,2] := 'U'; zahlen [5,3] := 'E';
        zahlen [5,4] := 'N'; zahlen [5,5] := 'F';
```

```
        zahlen [6,1] := 'S'; zahlen [6,2] := 'E'; zahlen [6,3] := 'C';
        zahlen [6,4] := 'H'; zahlen [6,5] := 'S';

        zahlen [7,1] := 'S'; zahlen [7,2] := 'I'; zahlen [7,3] := 'E';
        zahlen [7,4] := 'B'; zahlen [7,5] := 'E'; zahlen [7,6] := 'N';

        zahlen [8,1] := 'A'; zahlen [8,2] := 'C'; zahlen [8,3] := 'H';
        zahlen [8,4] := 'T';

        zahlen [9,1] := 'N'; zahlen [9,2] := 'E'; zahlen [9,3] := 'U';
        zahlen [9,4] := 'N';

        zahlen [10,1] := 'Z'; zahlen [10,2] := 'E'; zahlen [10,3] := 'H';
        zahlen [10,4] := 'N'
    END; (* initialisieren *)


PROCEDURE uebernehmen;

    (* Uebernimmt ein Zahlwort (in Grossbuchstaben) von der Tastatur *)
    (* in die globale Variable "zahl".                              *)

    VAR
        i : integer;
        eingabe : char;

    BEGIN
        FOR i:=1 TO wortlaenge DO
            zahl [i] := leer;
        writeln; writeln;
        writeln ('Geben Sie ein Zahlwort zwischen EINS und ZEHN ein');
        write ('(benutzen Sie dabei ausschliesslich Grossbuchstaben): ');
        i := 1;
        WHILE (i<=wortlaenge) AND (NOT eoln) DO
            BEGIN
                read (eingabe);
                zahl [i] := eingabe;
                i := i + 1
            END;
        writeln; writeln
    END; (* uebernehmen *)


PROCEDURE zahlsuchen;

    (* Vergleicht das Feld "zahl" mit den Teilfeldern in "zahlen" *)
    (* und meldet, um welches Zahlwort es sich handelt.          *)

    VAR
        i : integer;
        gefunden : boolean;
```

```
    BEGIN
        gefunden := FALSE;
        i := 1;
        REPEAT
            IF zahl=zahlen[i] THEN   (* Wir vergleichen hier Felder! *)
                gefunden := TRUE;
            i := i + 1
        UNTIL gefunden OR (i>maxworte);
        IF gefunden THEN
            writeln ('Dazu gehoert die Nummer ',i-1:0,'.')
        ELSE
            writeln ('Diese Zahl kenne ich nicht!');
        writeln
    END; (* zahlsuchen *)
FUNCTION beendet : boolean;
    (* Eine alternative Form der Endanfrage, die den Vorteil hat, dass  *)
    (* sie keine globalen Variablen benoetigt. Liefert TRUE falls been- *)
    (* det, FALSE zum Weitermachen.                                     *)

    VAR
        antwort : char;
        korrekt : boolean;

    BEGIN
        REPEAT
            korrekt := TRUE;
            write ('Noch einmal (J/N)? ');
            read (antwort);
            writeln;
            IF (antwort<>'J') AND (antwort<>'N') THEN
                BEGIN
                    writeln;
                    write ('Wie bitte? ');
                    korrekt := FALSE
                END
            ELSE
                IF antwort='N' THEN
                    beendet := TRUE
                ELSE
                    beendet := FALSE
        UNTIL korrekt;
    END; (* endanfrage *)

BEGIN (* zahlwort *)
    initialisieren;
    REPEAT
        uebernehmen;
        zahlsuchen
    UNTIL beendet;
    writeln; writeln;
END . (* zahlwort *)
```

Übung 9.5:

```
PROGRAM namen (input,output);

(* Uebernimmt zehn Namen von der Tastatur und druckt sie sortiert *)
(* wieder aus.                                                     *)

CONST
   leer = ' ';
   komma = ',';
   namlaenge = 15;
   vorname = 18;
   maxlaenge = 32;
   namanzahl = 10;

TYPE
   namindex = 1..namanzahl;
   wortlaenge = 1..maxlaenge;
   wort = ARRAY [wortlaenge] OF char;
   feld = ARRAY [namindex] OF wort;

VAR
   namfeld : feld;

PROCEDURE uebernehmen;

   (* Liest zehn Namen in das Feld "namfeld" ein. *)

   VAR
      i : integer;

   PROCEDURE initialisieren;

      (* Initialisiert "namfeld" wie folgt:                      *)
      (*    Platz 1 bis namlaenge: Leerzeichen                   *)
      (*    Platz namlaenge+1: Komma (trennt Nach- und Vornamen) *)
      (*    Rest bis maxlaenge: Leerzeichen                      *)

      VAR
         i,j : integer;

      BEGIN
         FOR i:=1 TO namanzahl DO
            BEGIN
               FOR j:=1 TO maxlaenge DO
                  namfeld [i,j] := leer;
               namfeld [i,namlaenge+1] := komma
            END
      END; (* initialisieren *)
```

```
PROCEDURE holname (n,i,grenze : integer);

    (* Holt von der Tastatur einen Namen ab i bis grenze *)
    (* in namfeld [n].                                    *)

    VAR
        eingabe : char;

    BEGIN
        write (' (max. 15 Buchstaben): ');
        read (eingabe);

        WHILE (i<grenze) AND (NOT eoln) DO
            BEGIN
                namfeld [n,i] := eingabe;
                i := i + 1;
                read (eingabe)
            END;
        IF eoln THEN
            readln
        ELSE
            BEGIN
                namfeld [n,i] := eingabe;
                writeln
            END
    END; (* holname *)

PROCEDURE liesname (n : integer);

    (* Uebernimmt den n-ten Namen von der Tastatur. *)

    BEGIN
        write ('Nachname');
        holname (n,1,namlaenge);
        write ('Vorname');
        holname (n,vorname,maxlaenge);
        writeln; writeln
    END; (* liesname *)

BEGIN (* uebernehmen *)
    initialisieren;
    writeln; writeln;
    writeln ('Geben Sie die zu sortierenden Namen ein.');
    writeln ('Verwenden Sie moeglichst nur Grossbuchstaben.');
    writeln;
    FOR i:=1 TO namanzahl DO
        BEGIN
            writeln (i:0,'. Person');
            liesname (i)
        END
END; (* uebernehmen *)
```

```
PROCEDURE sortieren;

    (* Sortiert den Inhalt von "namfeld" mit einem einfachen *)
    (* Bubble-Sort-Algorithmus.                              *)

    VAR
        i,j : integer;
        tausche : wort;
        ausgetauscht : boolean;

    BEGIN
        REPEAT
            ausgetauscht := FALSE;
            FOR i:=1 TO namanzahl-1 DO
                BEGIN
                    j := 1;
                    WHILE (namfeld[i,j] = namfeld[i+1,j]) AND
                        (j<maxlaenge) DO
                        j := j+1;
                    IF namfeld[i,j] > namfeld[i+1,j] THEN
                        BEGIN
                            tausche := namfeld [i];
                            namfeld [i] := namfeld [i+1];
                            namfeld [i+1] := tausche;
                            ausgetauscht := TRUE
                        END
                END
        UNTIL NOT ausgetauscht
    END; (* sortieren *)

PROCEDURE ausdrucken;

    (* Druckt "namfeld" aus. *)

    VAR
        i,j : integer;
        warkomma : boolean;

    BEGIN
        writeln; writeln;
        writeln ('Die Namen lauten in sortierter Folge:');
        writeln;
        FOR i:=1 TO namanzahl DO
            BEGIN
                warkomma := FALSE;
                FOR j:=1 TO maxlaenge DO
                    BEGIN
                        IF (namfeld[i,j]=leer) AND warkomma THEN
                            BEGIN (* Nachkommaleerschritt drucken *)
                                write (leer);
                                warkomma := FALSE
                            END
```

```
                              ELSE
                              IF namfeld[i,j]=komma THEN
                                  BEGIN
                                      write (komma);
                                      warkomma := TRUE
                                  END
                              ELSE
                              IF namfeld[i,j]<>leer THEN
                                  write (namfeld[i,j])
                      END;
                  writeln;
              END;
          writeln; writeln;
      END; (* ausdrucken *)

FUNCTION beendet : boolean;

    (* Liefert TRUE falls beendet, FALSE zum Weitermachen. *)

    VAR
        antwort : char;
        korrekt : boolean;

    BEGIN
        REPEAT
            korrekt := TRUE;
            write ('Noch einmal (J/N)? ');
            read (antwort);
            writeln;
            IF (antwort<>'J') AND (antwort<>'N') THEN
                BEGIN
                    writeln;
                    write ('Wie bitte? ');
                    korrekt := FALSE
                END
            ELSE
                IF antwort='N' THEN
                    beendet := TRUE
                ELSE
                    beendet := FALSE
        UNTIL korrekt;
    END; (* beendet *)

BEGIN (* namen *)
    REPEAT
        uebernehmen;
        sortieren;
        ausdrucken
    UNTIL beendet;
    writeln; writeln
END . (* namen *)
```

Übung 9.6:

```
PROGRAM saetze (input,output);

(* Uebernimmt einen Satz und druckt die in ihm vorkommenden Worte *)
(* in geordneter Folge aus.                                       *)

CONST
    wortlaenge = 30;
    satzlaenge = 30;
    leer = ' ';
    komma = ',';
    punkt = '.';

TYPE
    wortumfang = 1..wortlaenge;
    satzumfang = 1..satzlaenge;
    wort = ARRAY [wortumfang] OF char;
    woerter = ARRAY [satzumfang] OF wort;

VAR
    satz : woerter;
    maxlaenge : integer;

PROCEDURE uebernehmen;

    (* Uebernimmt von der Tastatur maximal 30 Woerter in das globale *)
    (* Feld "satz". Dabei zaehlt als Wort alles, was durch Leerzei-  *)
    (* chen, durch Kommas oder durch einen Punkt abgegrenzt wird.    *)
    (* Das Satzende wird durch einen Punkt bezeichnet.               *)

    (* Die Anzahl der uebernommenen Woerter wird in der globalen     *)
    (* Variablen "maxlaenge" vermerkt.                               *)

    VAR
        i : integer;
        fertig : boolean;

    PROCEDURE initialisieren;

        (* Fuellt das Feld "satz" mit Leerzeichen. *)

        VAR
            i,j : integer;

        BEGIN
            FOR i:=1 TO satzlaenge DO
                FOR j:=1 TO wortlaenge DO
                    satz [i,j] := leer
        END; (* initialisieren *)
```

```
PROCEDURE lieswort (n : integer);

    (* Uebernimmt das n-te Wort des Felds "satz". *)

    VAR
        i : integer;
        eingabe : char;

    FUNCTION erstzeichen : char;

        (* Liefert das erste Zeichen von der Tastatur, das kein *)
        (* Leerzeichen ist.                                     *)

        VAR
            zeichen : char;

        BEGIN
            REPEAT
                read (zeichen);
                IF eoln THEN
                    readln
            UNTIL zeichen<>leer;
            erstzeichen := zeichen
        END; (* erstzeichen *)

    BEGIN (* lieswort *)
        i := 1;
        eingabe := erstzeichen;
        WHILE (eingabe<>leer) AND (eingabe<>komma) AND
              (eingabe<>punkt) AND (i<wortlaenge) DO
            BEGIN
                satz [n,i] := eingabe;
                i := i+1;
                read (eingabe);
                IF eoln THEN
                    readln

            END;
        IF (eingabe=punkt) THEN
            fertig := TRUE
        ELSE
        IF (eingabe<>leer) AND (eingabe<>komma) THEN
            BEGIN
                satz [n,i] := eingabe;

    (* Es ist zwar unwahrscheinlich, aber falls doch ein Wort *)
    (* mit mehr als 30 Zeichen eingegeben werden sollte, dann *)
    (* muss verhindert werden, dass der Rest als neues Wort   *)
    (* angesehen wird:                                        *)
```

```
                    WHILE (eingabe<>leer) AND (eingabe<>komma) AND
                        (eingabe<>punkt) DO
                    BEGIN
                        read (eingabe);
                        IF eoln THEN
                            readln
                    END;
                IF (eingabe=punkt) THEN
                        fertig := TRUE
            END
    END; (* lieswort *)

BEGIN (* uebernehmen *)
    initialisieren;
    fertig := FALSE;
    i := 1;
    writeln;
    writeln ('Satz:');

    REPEAT
        lieswort (i);
        i := i + 1
    UNTIL fertig OR (i>satzlaenge);
    maxlaenge := i-1;
    writeln; writeln
END; (* uebernehmen *)

PROCEDURE sortieren;

    (* Sortiert den Inhalt von "satz" mit einem einfachen *)
    (* Bubble-Sort-Algorithmus.                           *)

    VAR
        i,j : integer;
        tausche : wort;
        ausgetauscht : boolean;

    BEGIN
        REPEAT
            ausgetauscht := FALSE;
            FOR i:=1 TO maxlaenge-1 DO
                BEGIN
                    j := 1;
                    WHILE (satz[i,j] = satz[i+1,j]) AND
                        (j<wortlaenge) DO
                        j := j+1;
                    IF satz[i,j] > satz[i+1,j] THEN
```

```
                        BEGIN
                            tausche := satz [i];
                            satz [i] := satz [i+1];
                            satz [i+1] := tausche;
                            ausgetauscht := TRUE
                        END
                END
            UNTIL NOT ausgetauscht
    END; (* sortieren *)

PROCEDURE ausdrucken;

    (* Druckt den Inhalt von "satz" bis zu "maxlaenge" Woertern *)
    (* in zwei Spalten nebeneinander aus.                       *)

    VAR
        i,j : integer;
        laenge : integer;

    BEGIN
        laenge := (maxlaenge+1) DIV 2;
        FOR i:=1 TO laenge DO
            BEGIN
                FOR j:=1 TO wortlaenge DO
                    write (satz[i,j]);
                IF i+laenge<=maxlaenge THEN
                    BEGIN
                        write (' ! ');
                        FOR j:=1 TO wortlaenge DO
                                write (satz[i+laenge,j])
                    END;
                writeln
            END;
        writeln; writeln
    END; (* ausdrucken *)

FUNCTION beendet : boolean;

    (* Liefert TRUE falls beendet, FALSE zum Weitermachen. *)

    VAR
        antwort : char;
        korrekt : boolean;

    BEGIN
        REPEAT
            korrekt := TRUE;
            write ('Noch einmal (J/N)? ');
            read (antwort);
            writeln;
            IF (antwort<>'J') AND (antwort<>'N') THEN
```

```
                  BEGIN
                      writeln;
                      write ('Wie bitte? ');
                      korrekt := FALSE
                  END
              ELSE
                  IF antwort='N' THEN
                      beendet := TRUE
                  ELSE
                      beendet := FALSE
          UNTIL korrekt;
      END; (* endanfrage *)

BEGIN (* saetze *)
    writeln; writeln;
    writeln ('Geben Sie einen Satz von maximal 30 Woertern ein.');
    writeln ('Benutzen Sie dabei moeglichst nur Grossbuchstaben');
    writeln ('oder nur Kleinbuchstaben.');
    writeln ('Als Satzzeichen sind nur Komma und Punkt erlaubt,');
    writeln ('wobei ein Punkt den Satz abschliesst.');
    REPEAT
        uebernehmen;
        sortieren;
        ausdrucken
    UNTIL beendet;
    writeln; writeln
END . (* saetze *)
```

Übung 9.7:

```
PROGRAM bzaehlen (input,output);

(* Uebernimmt einen beliebigen Text und zaehlt die dort vorkommenden *)
(* Buchstaben.                                                        *)

CONST
    ende = '#';

TYPE
    buchstaben = 'A'..'Z';
    buchstfeld = ARRAY [buchstaben] OF integer;

VAR
    zaehler : buchstfeld;

PROCEDURE initialisieren (VAR anzahl : buchstfeld);

    (* Setzt den Inhalt der Variablen "anzahl" auf Null. *)
```

```
(* Beachten Sie, dass wir hier im Gegensatz zu den vorigen Programmen *)
(* das zu veraendernde Feld nicht unmittelbar als globale Variable     *)
(* "zaehler" verwenden, sondern als Variablenparameter "anzahl"        *)
(* uebergeben haben. Das verbessert die Sicherheit bei Programmaende-  *)
(* rungen.                                                             *)

VAR
    i : char;

BEGIN
    FOR i:='A' TO 'Z' DO
        anzahl[i] := 0;
END; (* initialisieren *)

PROCEDURE uebernehmen (VAR anzahl : buchstfeld);

(* Uebernimmt eine Eingabe von der Tastatur bis zum vereinbarten *)
(* Endzeichen "ende" und zaehlt die im Text vorkommenden Buch-   *)
(* staben. Dabei werden Kleinbuchstaben in Grossschreibung umge- *)
(* wandelt.                                                      *)

VAR
    eingabe : char;

FUNCTION gross (zeichen : char) : char;

    (* Untersucht, ob es sich bei dem "zeichen" um einen Klein- *)
    (* buchstaben handelt, und wandelt ihn in Grossschreibung   *)
    (* um. Alle anderen Zeichen werden nicht veraendert.        *)

    BEGIN
        IF (ord(zeichen)>=ord('a')) AND (ord(zeichen)<=ord('z')) THEN
            gross := chr(ord(zeichen) - ord('a') + ord('A'))
        ELSE
            gross := zeichen
    END; (* gross *)

FUNCTION zuzaehlen (zeichen : char) : boolean;

    (* Untersucht, ob es sich bei dem in der globalen Variablen *)
    (* "zeichen" stehenden Zeichen um einen Buchstaben handelt. *)
    (* Liefert TRUE, falls ja, sonst FALSE.                     *)

    BEGIN
        IF (ord(zeichen)>=ord('A')) AND
           (ord(zeichen)<=ord('Z'))
        THEN
            zuzaehlen := TRUE
        ELSE
            zuzaehlen := FALSE
    END; (* zuzaehlen *)
```

```
    BEGIN (* uebernehmen *)
        writeln;
        writeln ('Text:');
        read (eingabe);
        WHILE NOT eof AND (eingabe<>ende) DO
            BEGIN
                IF eoln THEN
                    readln;
                eingabe := gross(eingabe);
                IF zuzaehlen(eingabe) THEN
                    anzahl[eingabe] := anzahl[eingabe] + 1;
                read (eingabe)
            END;
        writeln; writeln
    END; (* uebernehmen *)

PROCEDURE ausdrucken (VAR anzahl : buchstfeld);

    (* Druckt den Inhalt von "anzahl" in zwei Spalten nebeneinander  *)
    (* aus.                                                           *)

    VAR
        i,j : char;

    BEGIN
        writeln; writeln;
        writeln ('In diesem Text traten die Buchstaben wie folgt auf:');
        writeln;
        FOR i:='A' to 'M' DO
            BEGIN
                j := chr(ord(i)+13);   (* Das ergibt die zweite Spalte *)
                write (i:6,':',anzahl[i]:6);
                write (j:6,':',anzahl[j]:6);
                writeln
            END;
        writeln; writeln
    END; (* ausdrucken *)

FUNCTION beendet : boolean;

    (* Liefert TRUE falls beendet, FALSE zum Weitermachen. *)

    VAR
        antwort : char;
        korrekt : boolean;
    BEGIN
        REPEAT
            korrekt := TRUE;
            write ('Noch einmal (J/N)? ');
            read (antwort);
            writeln;
```

```
              IF (antwort<>'J') AND (antwort<>'N') THEN
                  BEGIN
                      writeln;
                      write ('Wie bitte? ');
                      korrekt := FALSE
                  END
              ELSE
                  IF antwort='N' THEN
                      beendet := TRUE
                  ELSE
                      beendet := FALSE
          UNTIL korrekt;

      END; (* endanfrage *)

BEGIN (* bzaehlen *)
    writeln; writeln;
    write ('Geben Sie einen beliebig langen Text ein, der durch "');
    writeln (ende,'"');
    writeln ('abgeschlossen werde muss.');
    REPEAT
        initialisieren (zaehler);
        uebernehmen (zaehler);
        ausdrucken (zaehler)
    UNTIL beendet;
    writeln; writeln
END . (* bzaehlen *)
```

Übung 9.8:

```
PROGRAM grenzen (input,output);

(* Uebernimmt eine Folge ganzer Zahlen und ermittelt daraus die groesste *)
(* und die kleinste Zahl und druckt anschliessend deren Anzahl aus.      *)

CONST
    zahl = 1;
    anz = 2;

VAR
    minint : integer;
        (* Diese Deklaration ist notwendig, weil die verwendetete *)
        (* Pascal-Version nur MAXINT kennt.                        *)
    ogrenze,ugrenze : ARRAY [1..2] OF integer;
    eingabe : integer;
    ende : boolean;
```

```
BEGIN
    (* Initialisierungen *)
    minint := -maxint;
    ogrenze[zahl] := minint; ogrenze[anz] := 0;
    ugrenze[zahl] := maxint; ugrenze[anz] := 0;
    ende := FALSE;
    writeln; writeln;
    write ('Geben Sie eine Folge ganzer Zahlen zwischen ',minint:0);
    writeln (' und ',maxint:0,' ein.');
    write ('Beenden Sie die Eingabe durch eine Null auf einer ');
    writeln ('eigenen Zeile.');
    writeln;
    read (eingabe);
    WHILE NOT ende AND NOT eof DO
        BEGIN
            IF eingabe>ogrenze[zahl] THEN
                BEGIN
                    ogrenze[zahl] := eingabe;
                    ogrenze[anz] := 1
                END
            ELSE
                IF eingabe=ogrenze[zahl] THEN
                    ogrenze[anz] := ogrenze[anz] + 1;
            IF eingabe<ugrenze[zahl] THEN
                BEGIN
                    ugrenze[zahl] := eingabe;
                    ugrenze[anz] := 1
                END
            ELSE
                IF eingabe=ugrenze[zahl] THEN
                    ugrenze[anz] := ugrenze[anz] + 1;
        IF eoln THEN
            BEGIN
                readln;
                read (eingabe);
                IF (eingabe=0) AND eoln THEN
                    ende := TRUE
            END
        ELSE
            read (eingabe)
    END;
    writeln; writeln;
    write ('Die groesste eingegebene Zahl war ',ogrenze[zahl]:0);
    writeln (', die ',ogrenze[anz]:0,' mal vorkam.');
    write ('Die kleinste eingegebene Zahl war ',ugrenze[zahl]:0);
    writeln (' und kam ',ugrenze[anz]:0,' mal vor.');
    writeln; writeln
END .
```

Übung 9.9:

```
PROGRAM woerterbuch (input,output);

(* Baut ein deutsch-englisches Woerterverzeichnis auf und uebersetzt *)
(* auf dieser Grundlage deutschsprachige Eingaben ins Englische.     *)

CONST
    leer = ' ';
    maxverzlaenge = 10;
    maxwortlaenge = 20;
    ende = '#';

TYPE
    wortlaenge = 1..maxwortlaenge;
    verzlaenge = 1..maxverzlaenge;
    wort = ARRAY [wortlaenge] OF char;
    verzeichnis = ARRAY [verzlaenge] OF wort;

VAR
    deutsch,englisch : verzeichnis;
    schluss : BOOLEAN;

PROCEDURE initialisiere (VAR feld : verzeichnis);

    (* Schreibt Leerzeichen in alle Eintraege des uebergebenen Felds. *)

    VAR
        i,j : integer;

    BEGIN
        FOR i:=1 TO maxverzlaenge DO
            FOR j:=1 TO maxwortlaenge DO
                feld[i,j] := leer
    END; (* initialisiere *)

PROCEDURE lieswortin (VAR eintrag : wort);

    (* Uebernimmt ein Wort von der Tastatur und schreibt es in das *)
    (* uebergebene Feld ein.                                       *)

    (* Setzt die globale Variable "schluss" auf TRUE, falls das    *)
    (* Zeichen "ende" empfangen wurde.                             *)

    VAR
        i : integer;
        eingabe : char;

    FUNCTION gross (zeichen : char) : char;
```

```
    (* Untersucht, ob es sich bei dem "zeichen" um einen Klein- *)
    (* buchstaben handelt, und wandelt ihn in Grossschreibung    *)
    (* um. Alle anderen Zeichen werden nicht veraendert.         *)

    BEGIN
        IF (ord(zeichen)>=ord('a')) AND (ord(zeichen)<=ord('z')) THEN
            gross := chr(ord(zeichen) - ord('a') + ord('A'))
        ELSE
            gross := zeichen
    END; (* gross *)

FUNCTION erstzeichen : char;

    (* Liefert das erste Zeichen von der Tastatur, das kein *)
    (* Leerzeichen ist.                                     *)

    VAR
        zeichen : char;

    BEGIN
        REPEAT
            read (zeichen);
            IF eoln THEN
                readln
        UNTIL zeichen<>leer;
        erstzeichen := zeichen
    END; (* erstzeichen *)

BEGIN (* lieswortin *)
    eingabe := erstzeichen;
    i := 1;
    WHILE (i<maxwortlaenge) AND (eingabe<>ende) AND NOT eoln DO
        BEGIN
            eintrag[i] := gross (eingabe);
            i := i + 1;
            read (eingabe)
        END;
    IF eoln THEN
        readln
    ELSE
        writeln;
    IF eingabe<>ende THEN
        eintrag[i] := eingabe
    ELSE
        schluss := TRUE
END; (* lieswortin *)


PROCEDURE verzaufbauen (VAR dt,engl : verzeichnis);

    (* Uebernimmt die Wortpaare und traegt sie in das Verzeichnis ein. *)
```

```
VAR
    i : integer;

BEGIN
    initialisiere (dt);
    initialisiere (engl);
    writeln; writeln;
    write ('Zunaechst muss ein Verzeichnis von ',maxverzlaenge:0);
    writeln (' Woertern aufgebaut werden.');
    writeln ('Geben Sie diese im folgenden ein.');
    writeln;
    FOR i:=1 TO maxverzlaenge DO
        BEGIN
            writeln (i:2,'. Wort:');
            write ('Deutsch: ':20);
            lieswortin (dt[i]);
            write ('Englisch: ':20);
            lieswortin (engl[i])
        END;
    writeln; writeln
END; (* verzaufbauen *)

PROCEDURE auswerten (dt,engl : verzeichnis);

    (* Uebernimmt ein deutsches Wort von der Tastatur und druckt  *)
    (* die englische Entsprechung aus, falls diese vorhanden ist. *)

VAR
    eingabe : wort;
    i : integer;

PROCEDURE drucke (ausgabe : wort);

    (* Druckt das uebergebene Feld aus. *)

    VAR
        i : integer;

    BEGIN
        write ('Das englische Wort dazu ist ');
        FOR i:=1 TO maxwortlaenge DO
                IF ausgabe[i]<>leer THEN
                    write (ausgabe[i]);
        writeln ('.');
    END; (*drucke *)

PROCEDURE uebersetze (begriff : wort;quelle,ziel : verzeichnis);
```

```
(* Hier wird die eigentliche Uebersetzung vorgenommen: Der *)
(* "begriff" wird im Verzeichnis "quelle" nachgeschlagen.  *)
(* Falls dort gefunden, wird der im Verzeichnis "ziel" un- *)
(* ter demselben Index stehende Begriff ausgedruckt. Soll- *)
(* te der Begriff nicht vorliegen, dann wird "unbekannt"   *)
(* ausgedruckt.                                            *)

VAR
     i : integer;
BEGIN
     i := 0;
     REPEAT
          i := i + 1;
     UNTIL (i>maxverzlaenge) OR (begriff=quelle[i]);
     IF i>maxverzlaenge THEN
          writeln ('Dieses Wort steht nicht im Verzeichnis.')
     ELSE
          drucke (ziel[i]);
END; (* uebersetze *)

BEGIN (* auswerten *)
     schluss := FALSE;
     write ('Sie koennen jetzt deutsche Woerter ins Englische ');
     writeln ('uebersetzen lassen.');
     writeln;
     REPEAT
          FOR i:=1 TO maxwortlaenge DO
               eingabe[i] := leer;
          write ('Geben Sie ein deutsches Wort an (Ende: ',ende,'): ');
          lieswortin (eingabe);
          IF NOT schluss THEN
                    uebersetze (eingabe,dt,engl);
          UNTIL schluss;
          writeln; writeln
     END; (* auswerten *)

BEGIN (* woerterbuch *)
     verzaufbauen (deutsch,englisch);
     auswerten (deutsch,englisch)
END .
```

Übung 9.10:

```
PROGRAM ueberssatz (input,output);

(* Baut ein deutsch-englisches Woerterverzeichnis auf und uebersetzt *)
(* auf dieser Grundlage deutschsprachige Eingaben ins Englische.     *)

(* Dieses Programm baut auf dem aus Uebung 9.9 auf und verdeutlicht, *)
(* wie man ein modular aufgebautes Programm ohne Verlust an Ueber-   *)
(* sichtlichkeit modular erweitern kann.                             *)

CONST
    leer = ' ';
    ende = '.';
    maxverzlaenge = 10;
    maxwortlaenge = 20;
    maxsatzlaenge = 10;
    zeilenlaenge  = 79;

TYPE
    wortlaenge = 1..maxwortlaenge;
    verzlaenge = 1..maxverzlaenge;
    satzlaenge = 1..maxsatzlaenge;
    wort = ARRAY [wortlaenge] OF char;
    verzeichnis = ARRAY [verzlaenge] OF wort;
    satz = ARRAY [satzlaenge] OF wort;

VAR
    vorgabe : satz;
    deutsch,englisch : verzeichnis;
    schluss : BOOLEAN;

PROCEDURE initialisiere (VAR feld : verzeichnis;anzahl : integer);

    (* Schreibt Leerzeichen in alle Eintraege des uebergebenen Felds. *)

    (* Die Prozedur ist gegenueber der vorigen Loesung verallgemei-  *)
    (* nert worden und kann jetzt Felder mit beliebig vielen Woertern *)
    (* bearbeiten, deren "anzahl" uebergegeben wird.                  *)

    VAR
        i,j : integer;

    BEGIN
        FOR i:=1 TO anzahl DO
            FOR j:=1 TO maxwortlaenge DO
                feld[i,j] := leer
    END; (* initialisiere *)

PROCEDURE lieswortin (VAR eintrag : wort);
```

```
(* Uebernimmt ein Wort von der Tastatur und schreibt es in das *)
(* uebergebene Feld ein.                                        *)

(* Setzt die globale Variable "schluss" auf TRUE, falls das     *)
(* Zeichen "ende" empfangen wurde.                              *)

(* Gegenueber der vorigen Version wurde noch die Moeglichkeit   *)
(* hinzugefuegt, ein eingegebenes Zeichen wieder zu loeschen.   *)

VAR
    i : integer;
    loeschen,eingabe : char;

FUNCTION gross (zeichen : char) : char;

    (* Untersucht, ob es sich bei dem "zeichen" um einen Klein- *)
    (* buchstaben handelt, und wandelt ihn in Grossschreibung   *)
    (* um. Alle anderen Zeichen werden nicht veraendert.        *)

    BEGIN
        IF (ord(zeichen)>=ord('a')) AND (ord(zeichen)<=ord('z')) THEN
            gross := chr(ord(zeichen) - ord('a') + ord('A'))
        ELSE
            gross := zeichen
    END; (* gross *)

FUNCTION erstzeichen : char;

    (* Liefert das erste Zeichen von der Tastatur, das kein *)
    (* Leerzeichen ist.                                     *)

    VAR
        zeichen : char;

    BEGIN
        REPEAT
            read (zeichen);
            IF eoln THEN
                readln
        UNTIL zeichen<>leer;
        erstzeichen := zeichen
    END; (* erstzeichen *)

FUNCTION endzeichen (zeichen : char) : boolean;

    (* Testet, ob es sich bei dem uebergebenen Zeichen um eine *)
    (* Wortgrenze ("leer" oder "ende") handelt. Liefert TRUE,  *)
    (* falls ja, sonst FALSE.                                  *)
```

```
      BEGIN
          IF (zeichen=leer) OR (zeichen=ende) THEN
              endzeichen := TRUE
          ELSE
              endzeichen := FALSE
      END; (* endzeichen *)

  BEGIN (* lieswortin *)
      loeschen := chr(8); (* Rueckwaertsschritt zur Eingabeedierung *)
                          (* kann wegen der Funktion in der Defini- *)
                          (* tion nicht als Konstante angegeben     *)
                          (* werden!                                *)
      eingabe := erstzeichen;
      i := 1;
      WHILE (i<maxwortlaenge) AND
            (NOT endzeichen(eingabe)) AND NOT eoln DO
          BEGIN
              IF (eingabe=loeschen) AND (i<>1) THEN
                  BEGIN
                      i := i - 1;
                      eintrag[i] := leer
                  END
              ELSE
                  BEGIN
                      eintrag[i] := gross (eingabe);
                      i := i + 1
                  END;
              read (eingabe)
          END;
      IF eoln THEN
          readln;
      IF NOT endzeichen(eingabe) THEN
          eintrag[i] := gross(eingabe)
      ELSE
          IF eingabe=ende THEN
              schluss := TRUE
  END; (* lieswortin *)

PROCEDURE verzaufbauen (VAR dt,engl : verzeichnis);

    (* Uebernimmt die Wortpaare und traegt sie in das Verzeichnis ein. *)

    VAR
        i : integer;
```

```
    BEGIN
        initialisiere (dt,maxverzlaenge);
        initialisiere (engl,maxverzlaenge);
        writeln; writeln;
        write ('Zunaechst muss ein Verzeichnis von ',maxverzlaenge:0);
        writeln (' Woertern aufgebaut werden.');
        writeln ('Geben Sie diese im folgenden ein.');
        writeln;
        FOR i:=1 TO maxverzlaenge DO
            BEGIN
                writeln (i:2,'. Wort:');
                write ('Deutsch: ':20);
                lieswortin (dt[i]);
                write ('Englisch: ':20);
                lieswortin (engl[i]);
                writeln
            END;
        writeln; writeln
    END; (* verzaufbauen *)

PROCEDURE auswerten (dt,engl : verzeichnis);

    (* Uebernimmt einen deutschen "Satz" von der Tastatur und druckt   *)
    (* die englische Entsprechung aus, soweit diese vorhanden ist.      *)

    VAR
        eingabe : satz;
        i,spalten,woerter : integer;


    PROCEDURE uebersetze (begriff : wort;quelle,ziel : verzeichnis;
                          VAR zeile : integer);

        (* Hier wird die eigentliche Uebersetzung vorgenommen: Der *)
        (* "begriff" wird im Verzeichnis "quelle" nachgeschlagen.   *)
        (* Falls dort gefunden, wird der im Verzeichnis "ziel" un-  *)
        (* ter demselben Index stehende Begriff ausgedruckt. Soll-  *)
        (* te der Begriff nicht vorliegen, dann wird "???" ausge-   *)
        (* druckt.                                                  *)
        (* Der Ausdruck wird so formatiert, dass die Zeilenbreite   *)
        (* nirgends ueberschritten wird.                            *)

        VAR
            i : integer;

        PROCEDURE drucke (ausgabe : wort);

            (* Druckt das uebergebene Feld aus. *)

            VAR
                i : integer;
```

```
      BEGIN
          FOR i:=1 TO maxwortlaenge DO
                  IF ausgabe[i]<>leer THEN
                          write (ausgabe[i])
      END; (*drucke *)

PROCEDURE testplatz (umfang : integer;VAR belegt : integer);

      (* Untersucht, ob in "belegt" noch Platz fuer "umfang"      *)
      (* Zeichen (und ein Leerzeichen) ist. Druckt ein Leerzei-  *)
      (* chen aus, falls ja und setzt "belegt" entsprechend      *)
      (* weiter. Andernfalls wird ein Zeilenende gedruckt und    *)
      (* "belegt" auf "umfang" zurueckgesetzt.                    *)

BEGIN
    IF belegt+umfang+1>zeilenlaenge THEN
        BEGIN
            writeln;
            belegt := umfang
        END
    ELSE
        BEGIN
            write (leer);
            belegt := belegt + umfang + 1
        END
END; (* testplatz *)

FUNCTION laenge (objekt : wort) : integer;

    (* Ermittelt die Zahl der in Wort zu druckenden Zeichen. *)

    VAR
        i : integer;

    BEGIN
        i := 0;
        REPEAT
            i := i + 1
        UNTIL (objekt[i]=leer) OR (i=maxwortlaenge);
        laenge := i
    END; (* laenge *)
BEGIN
    i := 0;
    REPEAT
        i := i + 1;
    UNTIL (i>maxverzlaenge) OR (begriff=quelle[i]);
    IF i>maxverzlaenge THEN
```

```
                  BEGIN
                      testplatz (3,zeile);
                      write ('???')
                  END
              ELSE
                  BEGIN
                      testplatz (laenge(ziel[i]),zeile);
                      drucke (ziel[i])
                  END
      END; (* uebersetze *)
  BEGIN (* auswerten *)
      schluss := FALSE;
      initialisiere (eingabe,maxsatzlaenge);
      writeln; writeln;
      writeln ('Geben Sie einen deutschen Satz an (Ende: ',ende,'): ');
      writeln;
      i := 1;
      REPEAT
          lieswortin (eingabe[i]);
          i := i+1
      UNTIL schluss OR (i>maxsatzlaenge);
      woerter := i - 1;
      writeln;
      spalten := 0;
      FOR i:=1 TO woerter DO
              uebersetze (eingabe[i],dt,engl,spalten);
      write ('.');
      writeln; writeln

  END; (* auswerten *)

FUNCTION beendet : boolean;

  (* Liefert TRUE falls beendet, FALSE zum Weitermachen. *)

  VAR
      antwort : char;
      korrekt : boolean;

  BEGIN
      REPEAT
          korrekt := TRUE;
          write ('Noch einen Satz (J/N)? ');
          read (antwort);
          writeln;
          IF (antwort<>'J') AND (antwort<>'N') THEN
```

```
                    BEGIN
                        writeln;
                        write ('Wie bitte? ');
                        korrekt := FALSE
                    END
                ELSE
                    IF antwort='N' THEN
                        beendet := TRUE
                    ELSE
                        beendet := FALSE
            UNTIL korrekt;
        END; (* beendet *)

BEGIN (* woerterbuch *)
    verzaufbauen (deutsch,englisch);
    write ('Sie koennen jetzt deutsche "Saetze" ins Englische ');
    writeln ('uebersetzen lassen.');
    writeln ('Geben Sie dazu die Woerter durch Leerzeichen getrennt ein,');
    writeln ('und schliessen Sie den Satz durch "',ende,'" ab.');
    writeln;
    REPEAT
        auswerten (deutsch,englisch)
    UNTIL beendet;
    writeln; writeln
END .
```

Übung 9.12:

```
PROGRAM matmult (input,output);

(* Multipliziert zwei von der Tastatur uebernommene Matrizen *)

CONST
    groesse = 5;    (* Wir betrachten hier nur quadratische *)
                    (* Matrizen, deren Groesse hier festge- *)
                    (* legt ist.                            *)

TYPE
    matrix = ARRAY [1..groesse,1..groesse] OF integer;

VAR
    mkand,mkator,    (* Zu multiplizierende Matrizen *)
    produkt :        (* Produktmatrix *)
                matrix;

PROCEDURE initialisiere (VAR mat : matrix);

    (* Fuellt die angegebene Matrix mit dem Wert Null. *)

    VAR
        i,j : integer;
```

```
    BEGIN
        FOR i:=1 TO groesse DO
            FOR j:=1 TO groesse DO
                mat[i,j] := 0;
    END; (* initialisiere *)

PROCEDURE uebernimm (VAR mat : matrix; n : integer);

    (* Uebernimmt die Werte fuer Matrix n von der Tastatur *)

    VAR
        i,j : integer;

    BEGIN
        writeln;
        writeln ('Geben Sie die ',n:0,'. Matrix ein:');
        FOR i:=1 TO groesse DO
            BEGIN
                write (i:8,'. Zeile: ');
                FOR j:=1 TO groesse DO
                    read (mat[i,j]);
                writeln
            END
    END; (* uebernimm *)

PROCEDURE drucke (mat : matrix);

    (* Druckt die uebergebene Matrix aus. *)

    VAR
        i,j : integer;

    BEGIN
        writeln; writeln;
        write ('Das Ergebnis lautet: ');
        FOR i:=1 TO groesse DO

            BEGIN
                IF i<>1 THEN
                    write ('                           ');
                FOR j:=1 TO groesse DO
                    write (mat[i,j]:6);
                writeln
            END;
        writeln
    END; (* drucke *)

PROCEDURE multipliziere;

    (* Multipliziert die Matrix "mkand" mit der Matrix "mkator" *)
    (* und legt das Ergebnis in der Matrix "produkt" ab.         *)
```

```
    VAR
        i,j,k : integer;

    BEGIN
        initialisiere (produkt);
        FOR i:=1 TO groesse DO
            FOR j:=1 TO groesse DO
                FOR k:=1 TO groesse DO
                    produkt[i,j] := produkt[i,j] + mkand[i,k] * mkator[k,j];
    END; (* multipliziere *)

FUNCTION beendet : boolean;

    (* Liefert TRUE falls beendet, FALSE zum Weitermachen. *)

    VAR
        antwort : char;
        korrekt : boolean;

    BEGIN
        REPEAT
            korrekt := TRUE;
            write ('Noch eine Multiplikation (J/N)? ');
            read (antwort);
            writeln;
            IF (antwort<>'J') AND (antwort<>'N') THEN
                BEGIN
                    writeln;
                    write ('Wie bitte? ');
                    korrekt := FALSE
                END
            ELSE
                IF antwort='N' THEN
                    beendet := TRUE
                ELSE
                    beendet := FALSE
        UNTIL korrekt;
    END; (* beendet *)

BEGIN (* matmult *)
    writeln; writeln;
    write ('Das Programm gestattet die Multiplikation zweier ganzzahliger ');
    writeln (groesse:0,'x',groesse:0,'-Matrizen.');
    writeln;
    REPEAT
        uebernimm (mkand,1);
        uebernimm (mkator,2);
        multipliziere;
        drucke (produkt)
    UNTIL beendet;
    writeln; writeln
END . (* matmult *)
```

Übung 9.13:

```
PROGRAM korrektur (input,output);

(* Prueft anhand eines vorher eingegebenen Verzeichnisses nach, ob *)
(* die Woerter in einem Text richtig geschrieben sind.              *)

(* Beachten Sie, dass das Verzeichnis (im Rahmen des verfuegbaren   *)
(* Speicherplatzes) durch Veraendern der Konstanten "verzlaenge"    *)
(* beliebig gross gemacht werden kann. Das Programm ist so entwor-  *)
(* fen, dass es den Kern eines praktisch einsetzbaren Textueber-    *)
(* pruefungsprogramms bilden kann.                                  *)

(* Zur Erweiterung kann man beispielsweise das Verzeichnis beim     *)
(* Programmstart von einer Datei laden (s. Kapitel 11) und, falls   *)
(* die FLagge "veraendert" gesetzt wurde, sie zum Schluss des Pro-  *)
(* gramms neu sortieren und in eine neue Datei schreiben. Auf die-  *)
(* se Weise, evtl. noch ergaenzt um die Moeglichkeit, Woerter aus   *)
(* dem Verzeichnis zu entfernen und Teilverzeichnisse anzulegen,    *)
(* erhaelt man ein fast professionelles Textueberpruefungsprogramm,*)
(* das beispielsweise bei der Programmerstellung eine unschaetzba-  *)
(* re Hilfe bietet. Weitere Erweiterungsmoeglichkeiten bietet der   *)
(* Einsatz von Mengen (Kapitel 12) bei der Ueberpruefung der je-    *)
(* weiligen Wortgrenzen. Ausserdem kann die Korrekturprozedur bei-  *)
(* spielsweise dahingehend verbessert werden, dass man versehent-   *)
(* lich zusammengeschriebene Woerter wieder auftrennt oder ein un-  *)
(* bekanntes Wort durch mehrere bekannte ersetzt. Schliesslich      *)
(* und endlich kann man Entscheidungen darueber einbauen, ob ein    *)
(* Wort ueberhaupt getestet werden soll (bei Programmen testet man  *)
(* sinnvollerweise nur die Woerter ausserhalb von Kommentaren),     *)
(* oder man kann bestimmte Wort- und Zeichenfolgen verlangen bzw.   *)
(* verbieten.                                                       *)

(* All dies erfordert die Kenntnis des gesamten Pascal-Aufbaus, so  *)
(* dass Sie diese Uebung hier auch den folgenden Kapiteln zugrun-   *)
(* delegen koennen.                                                 *)

CONST
    leer = ' ';
    ende = '#';
    wortlaenge = 20;
    verzlaenge = 10;
    worteprozeile = 20;

TYPE
    wortindex = 1..wortlaenge;
    verzindex = 1..verzlaenge;
    zeilenindex = 1..worteprozeile;
    wort = ARRAY [wortindex] OF char;
    verzeichnis = ARRAY [verzindex] OF wort;
    zeilentyp = ARRAY [zeilenindex] OF wort;
```

```
VAR
    laenge,verzende : integer;
    verz : verzeichnis;
    zeile : zeilentyp;
    veraendert,schluss,erstlauf : boolean;

PROCEDURE initialisiere (VAR feld : wort);

    (* Fuellt das uebergebene "feld" mit Leerzeichen *)

    VAR
        i : integer;

    BEGIN
        FOR i:=1 TO wortlaenge DO
                feld[i] := leer;
    END; (* initialisiere *)
(********************************************************)
(*   Allgemein benoetigte Prozeduren und Funktionen    *)
(********************************************************)

PROCEDURE machgross (VAR objekt : wort);

    (* Wandelt den Inhalt von "objekt" in Grossschreibung um. *)

    VAR
        i : integer;

    BEGIN
        FOR i:=1 TO wortlaenge DO
            IF (ord(objekt[i])>=ord('a')) AND
               (ord(objekt[i])<=ord('z')) THEN
                  objekt[i] := chr(ord(objekt[i])-ord('a')+ord('A'))
    END; (* machgross *)

FUNCTION ja : boolean;

    (* Uebernimmt ein Zeichen von der Tastatur und prueft nach, ob es *)
    (* sich um ein "J" bzw. "j" oder um ein "N" bzw "n" handelt. Im   *)
    (* ersten Fall wird TRUE, im zweiten FALSE zuruckgeliefert.       *)

    VAR
        antwort : char;
        korrekt : boolean;
```

```
BEGIN
    REPEAT
        korrekt := TRUE;
        write (' (J/N)? ');
        read (antwort);
        IF eoln THEN
            readln
        ELSE
            writeln;
        IF (antwort='J') OR (antwort='j') THEN
            ja := TRUE
        ELSE
        IF (antwort='N') OR (antwort='n') THEN
            ja := FALSE
        ELSE
            BEGIN
                write ('Wie bitte');
                korrekt := FALSE
            END
    UNTIL korrekt
END; (* ja *)


(**********************************)
(*   Wort- und Verzeichniseingabe   *)
(**********************************)

PROCEDURE lieswortin (VAR feld : wort);

    (* Uebernimmt ein Wort von der Tastatur in das angegebene "feld" *)
    (* und setzt die globale Variable "schluss" auf TRUE, falls ein  *)
    (* "ende"-zeichen auftritt.                                      *)

    VAR
        i : integer;
        eingabe : char;

    FUNCTION erstzeichen : char;

        (* Liefert das erste nicht leere Zeichen, das eingetippt wurde. *)

        VAR
            eingabe : char;

        BEGIN
            REPEAT
                read (eingabe);
                IF eoln THEN
                    readln
            UNTIL eingabe<>leer;
            erstzeichen := eingabe
        END; (* erstzeichen *)
```

```
BEGIN (* lieswortin *)
    initialisiere (feld);
    i := 1;
    eingabe := erstzeichen;
    WHILE NOT eoln AND NOT eof AND (i<wortlaenge) AND
          (eingabe<>leer) AND (eingabe<>ende) DO
        BEGIN
            feld[i] := eingabe;
            i := i+1;
            read (eingabe)
        END;
    IF eof OR (eingabe=ende) THEN
        schluss := TRUE
    ELSE
    IF i=wortlaenge THEN
        feld[i] := eingabe;
END; (* lieswortin *)

PROCEDURE verzaufbauen;

(* Uebernimmt die in das Verzeichnis aufzunehmenden Woerter. *)

VAR
    i : integer;
BEGIN
    writeln; writeln;
    writeln ('Geben Sie jetzt die Woerter ein, mit denen der Text');
    writeln ('spaeter verglichen werden soll. Gross- oder Klein-');
    writeln ('schreibung spielt dabei keine Rolle.');
    writeln ('Sie koennen die Eingabe mit "',ende,'" abbrechen, wenn');
    writeln ('Sie nicht den ganzen Platz auf einmal nutzen wollen.');
    writeln;
    i := 1;
    REPEAT
        write (i:0,'. Wort: ');
        lieswortin (verz[i]);
        IF verz[i,1]<>leer THEN (* nur nichtleere Eintraege nehmen *)
            BEGIN
                machgross (verz[i]);
                i := i + 1
            END;
        IF eoln THEN
            readln
        ELSE
            writeln
    UNTIL schluss OR (i>verzlaenge);
    verzende := i - 1;
    laenge := i - 1;
    sortiere(1,verzende);
    writeln; writeln
END; (* verzaufbauen *)
```

```
PROCEDURE ergaenzeum (objekt : wort);

    (* Ergaenzt das Verzeichnis um das angegebene Objekt, falls noch *)
    (* Platz vorhanden ist, und setzt die "veraendert"-Flagge auf    *)
    (* TRUE. Wenn kein Platz mehr ist, wird nur eine Fehlermeldung    *)
    (* ausgegeben.                                                    *)

    VAR
        i : integer;

    BEGIN
        IF laenge=verzlaenge THEN (* kein Platz mehr uebrig *)
            BEGIN
                writeln;
                writeln ('Das Verzeichnis ist voll: Nichts angefuegt!');
                writeln
            END
        ELSE (* Objekt am Verzeichnisende anfuegen und Platz melden *)
            BEGIN
                laenge := laenge+1;
                FOR i:=1 TO wortlaenge DO
                    verz[laenge,i] := objekt[i];
                writeln;
                machgross (verz[laenge]);
                IF laenge=verzlaenge THEN
                    writeln ('Damit ist das Verzeichnis voll!')
                ELSE
                    BEGIN
                        write ('Im Verzeichnis ist jetzt noch Platz fuer ');
                        write (verzlaenge-laenge:0);
                        IF verzlaenge-laenge=1 THEN
                            writeln (' Wort.')
                        ELSE
                            writeln (' Woerter.')
                    END;
                writeln;
                veraendert := TRUE
            END
    END; (* ergaenzeum *)

(*****************)
(*   Sortieren   *)
(*****************)

FUNCTION groesser (wort1,wort2 : wort) : boolean;

    (* Liefert TRUE, falls das erste der beiden Worte groesser als *)
    (* das andere ist, sonst FALSE.                                *)

    VAR
        i : integer;
```

```
BEGIN
    i := 1;
    WHILE (i<wortlaenge) AND (wort1[i]=wort2[i]) DO
        i := i+1;
    IF (i<=wortlaenge) AND (wort1[i]>wort2[i]) THEN
        groesser := TRUE
    ELSE
        groesser := FALSE
END; (* vergleiche *)

FUNCTION kleiner (wort1,wort2 : wort) : boolean;

    (* Liefert TRUE, wenn das erste Wort kleiner als das zweite ist, *)
    (* sonst FALSE.                                                   *)

    BEGIN
        kleiner := groesser(wort2,wort1)
    END; (* kleiner *)

PROCEDURE sortiere (erster,letzter : integer);

    (* Sortiert den Verzeichnisinhalt mit einem Qicksort- Algorithmus. *)
    (* Die Sortierung zahlt sich bei der Suche nach einem Eintrag be-  *)
    (* sonders bei laengeren Listen aus, da der der Zugriff gegenueber *)
    (* der linearen Suche betraechtlich beschleunigt wird.            *)

    VAR
        e,l,m : integer;
        abwaerts : boolean;

    PROCEDURE tausche (VAR wort1, wort2 : wort);

        (* Vertauscht die beiden Woerter *)

        VAR
            i : integer;
            temp : wort;

    BEGIN
        FOR i:=1 TO wortlaenge DO
            temp[i] := wort1[i];
        FOR i:=1 TO wortlaenge DO
            wort1[i] := wort2[i];
        FOR i:=1 TO wortlaenge DO
            wort2[i] := temp[i]
    END;

PROCEDURE ausmitten (vorn,hinten : integer);

    (* Sucht einen mittleren Wert im zu sortierenden "verz" und *)
    (* setzt ihn an dessen Anfang.                              *)
```

```
VAR
    mitte : integer;
    sfeld : ARRAY [1..3] OF wort;
    i : integer;
    ausgetauscht : boolean;
BEGIN
    mitte := (vorn + hinten) DIV 2;
    FOR i:=1 TO wortlaenge DO
        sfeld[1,i] := verz[vorn,i];
    FOR i:=1 TO wortlaenge DO
        sfeld[2,i] := verz[mitte,i];
    FOR i:=1 TO wortlaenge DO
        sfeld[3,i] := verz[hinten,i];
    REPEAT (* sfeld sortieren *)
        ausgetauscht := FALSE;
        FOR i:=1 TO 2 DO
            IF groesser(sfeld[i],sfeld[i+1]) THEN
                BEGIN
                    tausche (sfeld[i],sfeld[i+1]);
                    ausgetauscht := TRUE
                END
    UNTIL ausgetauscht=FALSE;
    IF sfeld[2]=verz[mitte] THEN
        tausche(verz[vorn],verz[mitte])
    ELSE
    IF sfeld[2]=verz[hinten] THEN
        tausche(verz[vorn],verz[hinten]);
END; (* ausmitten *)

BEGIN (* sortiere *)

    IF erster<letzter THEN BEGIN
        ausmitten (erster,letzter);
        abwaerts := TRUE;
        e := erster;
        l := letzter;
        m := erster;
        WHILE l>e DO
            BEGIN
                IF abwaerts THEN
                    BEGIN
                        WHILE NOT kleiner(verz[l],verz[m]) AND (l>m) DO
                                l := l-1;
                        IF l>m THEN
                            BEGIN
                                tausche(verz[l],verz[m]);
                                m := l
                            END;
                        abwaerts := FALSE
                    END
                ELSE
```

```
                        BEGIN
                            WHILE NOT groesser(verz[e],verz[m]) AND (e<m) DO
                                    e := e + 1;
                            IF e<m THEN
                                BEGIN
                                    tausche(verz[e],verz[m]);
                                    m := e
                                END;
                            abwaerts := TRUE
                        END
                END;
            sortiere(erster,m-1);
            sortiere(m+1,letzter)
        END
    END; (* sortiere *)

(*****************************************)
(*    Textueberpruefung und -korrektur    *)
(*****************************************)

FUNCTION inliste (vorn,hinten : integer; VAR objekt : wort) : boolean;

    (* Hier wird die eigentliche, sortierte Verzeichnisliste mit  *)
    (* einem binaeren Suchalgorithmus durchsucht. Das geschieht    *)
    (* aehnlich wie beispielsweise beim Suchen in einem Lexikon:   *)
    (* Der zu durchsuchende Bereich wird in zwei Haelften aufge-   *)
    (* teilt. Liegt das gesuchte Objekt an der Aufteilungsstelle, *)
    (* dann ist alles in Ordnung. Sonst wird untersucht, in wel-  *)
    (* cher der beiden Haelften es liegt und diese dann nach dem- *)
    (* selben Prinzip erneut durchsucht, bis entweder das Objekt  *)
    (* gefunden oder der Bereich nicht mehr aufteilbar ist.        *)

    (* Die Funktion liefert TRUE, falls das Objekt vorliegt, an-  *)
    (* dernfalls FALSE.                                            *)

    VAR
        i,mitte : integer;

    BEGIN
        IF hinten-vorn<3 THEN
            BEGIN (* Elemente unmittelbar testen *)
                inliste := FALSE;
                FOR i:=vorn TO hinten DO
                    IF verz[i]=objekt THEN
                        inliste := TRUE
            END
        ELSE
            BEGIN
                mitte := (vorn + hinten) DIV 2;
                IF verz[mitte]=objekt THEN
                    inliste := TRUE
```

```
             ELSE (* in einem der Teilbereiche weitersuchen *)
                  IF groesser(verz[mitte],objekt) THEN
                         inliste := inliste(vorn,mitte-1,objekt)
                  ELSE
                         inliste := inliste(mitte+1,hinten,objekt)
             END
     END; (* inliste *)

FUNCTION inzusatz (objekt : wort) : boolean;

     (* Durchsucht die am Verzeichnisende neu angelegte Liste. *)
     (* Liefert FALSE, wenn diese leer ist oder wenn das Ob-   *)
     (* jekt nicht vorliegt. Andernfalls wird TRUE zurueckge-  *)
     (* liefert.                                                *)

     VAR
         i : integer;

     BEGIN
         inzusatz := FALSE;
         i := verzende + 1;
         IF laenge>verzende THEN
             BEGIN
                 WHILE (i<laenge) AND (verz[i]<>objekt) DO
                     i := i+1;
                 IF verz[i]=objekt THEN
                     inzusatz := TRUE
             END
     END; (* inzusatz *)

FUNCTION richtig (objekt : wort) : boolean;

     (* Sucht in dem Verzeichnis nach dem vorgegebenen Objekt. Falls *)
     (* es dort vorliegt, wird TRUE, sonst FALSE zurueckgeliefert.   *)

     BEGIN
         machgross (objekt);
         IF inliste(1,verzende,objekt) THEN
             richtig := TRUE
         ELSE
             richtig := inzusatz(objekt)
     END; (* richtig *)


PROCEDURE textpruefen;

     (* Liest den Text Zeile fuer Zeile ein und ueberprueft jede Zeile *)
     (* Wort fuer Wort. Falls ein Wort nicht im Verzeichnis gefunden   *)
     (* wird, kann der Benutzer entscheiden, ob er es korrigieren will *)
     (* und ob das - evtl. korrigierte - Wort in das Verzeichnis mit   *)
     (* aufgenommen werden soll.                                        *)
```

```
VAR
    i : integer;

PROCEDURE zeiletestenbis (grenze : integer);

    (* Prueft nacheinander die in der Zeile bis zur gegebenen *)
    (* Grenze stehenden Woerter und fuehrt die passenden Ope- *)
    (* rationen durch.                                        *)

    VAR
        i,j : integer;
        zeilekorrigiert : boolean;

    PROCEDURE korrigiere (VAR objekt : wort);

        (* Gestattet die Korrektur einer falschen Eingabe und, wenn *)
        (* das korrigierte Wort nicht in der Liste ist, auf Wunsch  *)
        (* seine Aufnahme in die Liste.                             *)

        VAR
            i : integer;
            vielleichteinfuegen : boolean;


        BEGIN
            vielleichteinfuegen := TRUE;
            writeln;
            FOR i:=1 TO wortlaenge DO (* Drucke objekt *)
                IF objekt[i]<>leer THEN
                    write (objekt[i]);
            writeln (' nicht im Verzeichnis gefunden.');
            write ('Wollen Sie es korrigieren');
            IF ja THEN
                BEGIN
                    write ('Geben Sie die richtige Form an: ');
                    lieswortin (objekt);
                    IF eoln THEN
                        readln
                    ELSE
                        writeln;
                    zeilekorrigiert := TRUE;
                    vielleichteinfuegen := NOT richtig(objekt)
                END;
            IF vielleichteinfuegen THEN
                BEGIN
                    write ('Soll das Wort in das Verzeichnis ');
                    write ('aufgenommen werden');
                    IF ja THEN
                        ergaenzeum (objekt)
                END
        END; (* korrigiere *)
```

```
    BEGIN (* zeiletestenbis *)
        zeilekorrigiert := FALSE;
        FOR i:=1 TO grenze DO
            IF NOT richtig (zeile[i]) THEN
                korrigiere (zeile[i]);
        IF zeilekorrigiert THEN
            BEGIN
                writeln;
                writeln ('Die korrigierte Zeile lautet: ');
                FOR i:=1 TO grenze DO
                    BEGIN
                        FOR j:=1 TO wortlaenge DO
                            IF zeile[i,j]<>leer THEN
                                write (zeile[i,j]);
                        write (leer)
                    END;
                writeln; writeln
            END
    END; (* zeiletestenbis *)
BEGIN (* textpruefen *)
    schluss := FALSE;
    writeln; writeln;
    write ('Geben Sie jetzt den zu testenden Text Zeile fuer Zeile ');
    writeln ('ein.');
    writeln ('Das Textende muessen Sie mit "',ende,'" kennzeichnen.');
    writeln;
    write ('Tippen Sie dabei jede Zeile erst, wenn auf dem linken ');
    writeln ('Rand ">>>" erscheint!');
    writeln;
    REPEAT
        write ('>>> ');
        i := 1;
        REPEAT
            lieswortin (zeile[i]);
            IF zeile[i,1]<>leer THEN
                i := i + 1
        UNTIL eoln OR schluss OR (i>worteprozeile);
        IF NOT eoln AND NOT schluss THEN
            BEGIN
                writeln;
                writeln ('*** Zeile ist voll, bitte warten ***')
            END;
        IF eoln THEN
            readln
        ELSE
            writeln;
        zeiletestenbis (i-1)
    UNTIL schluss;
    writeln; writeln
END; (* textpruefen *)
```

```
(************************)
(*   Programmabschluss   *)
(************************)

FUNCTION keinweitererdurchgang : boolean;

    (* Fordert vom Benutzer eine Entscheidung ueber einen weiteren *)
    (* Programmdurchgang an. Liefert TRUE, falls keiner mehr ge-   *)
    (* wuenscht wird, sonst FALSE                                  *)
    BEGIN
        writeln; writeln;
        writeln ('Noch ein Durchgang');
        keinweitererdurchgang := NOT ja
    END; (* keinweitererdurchgang *)

(*********************************************************************)
(***                    Hauptprogramm                          ***)
(*********************************************************************)
BEGIN (* Korrektur *)
    writeln; writeln;
    writeln ('***** T E X T U E B E R P R U E F U N G *****');
    writeln; writeln;
    writeln ('Mit diesem Programm koennen Sie einen Text anhand eines');
    writeln ('vorher eingegebenen Woerterverzeichnisses auf seine Rich-');
    writeln ('tigkeit ueberpruefen.');
    writeln;
    erstlauf := TRUE;
    REPEAT
        schluss := FALSE;
        IF erstlauf THEN
            verzaufbauen
        ELSE
            BEGIN
                write ('Wollen Sie ein neues Verzeichnis anlegen');
                IF ja THEN
                    verzaufbauen
            END;
        textpruefen;
        IF veraendert THEN
            BEGIN
                write ('Wollen Sie das Verzeichnis neu sortieren');
                IF ja THEN
                    BEGIN
                        verzende := laenge;
                        sortiere (1,verzende)
                    END
            END;
        erstlauf := FALSE;
    UNTIL keinweitererdurchgang
END . (* Korrektur *)
```

Kapitel 10: Verbunde und Varianten

Übung 10.2:

```
PROGRAM geburtstage (input,output);

(* Speichert Namen und Geburtstage und gibt sie alphabetisch nach *)
(* Alter sortiert aus.                                            *)

(* Beachten Sie in diesem Programm die Handhabung einer Datei-    *)
(* endemeldung von der Tastatur (eof). Normalerweise kann man ei- *)
(* ne solche Dateiendmeldung nicht mehr veraendern. Alle folgen-  *)
(* den Tastaturabfragen liefern nur noch Leerzeichen, d.h. die    *)
(* Tastatureingabe ist fuer den Rest des Programms blockiert. Das *)
(* sicherste in einem solchen Fall ist es, die gesamte Operation  *)
(* abzubrechen, wie wir es hier programmiert haben.               *)

CONST
    leer = ' ';
    punkt = '.';
    ende = '#';
    loeschkode = 8; (* ASCII-Kode der Rueckwaertstaste "backspace" *)
    maxnamlaenge = 15;
    maxnamanzahl = 20;
    null = 48; (* Wert der Ziffer 0 im ASCII-Kode *)
    neun = 57; (* Wert der Ziffer 9 im ASCII-Kode *)
    schirmlaenge = 24; (* Anzahl der Zeilen auf dem Bildschirm *)


TYPE
    namtyp = ARRAY [1..maxnamlaenge] OF char; (* legt einen Namen fest *)
    person = RECORD (* legt die Personendaten fest *)
        vorname : namtyp;
        name : namtyp;
        tag,monat,jahr : integer
        END;
    personenfeld = ARRAY [1..maxnamanzahl] OF person;

VAR
    verz : personenfeld;
    verzende,menuenr,menuebefehl : integer;
    menue : char;
    schluss,programmende : boolean;

PROCEDURE initialisiere (VAR feld : namtyp);

    (* Fuellt das uebergebene Feld mit Leerzeichen. *)

    VAR
        i : integer;
```

```
    BEGIN
        FOR i:=1 TO maxnamlaenge DO
            feld[i] := leer;
    END; (* initialisiere *)

PROCEDURE machgross (VAR objekt : namtyp);

    (* Wandelt den Inhalt von "objekt" in Grossschreibung um. *)

    VAR
        i : integer;

    BEGIN
        FOR i:=1 TO maxnamlaenge DO
            IF (ord(objekt[i])>=ord('a')) AND
               (ord(objekt[i])<=ord('z')) THEN
                  objekt[i] := chr(ord(objekt[i])-ord('a')+ord('A'))
    END; (* machgross *)

PROCEDURE warte;

    (* Fordert vom Benutzer eine Bestaetigung zum Weitermachen an. *)

    VAR
        eingabe : char;


    BEGIN
        write ('Druecken Sie irgendeine Taste zum Weitermachen: ');
        read (eingabe);
        IF eoln THEN
            readln
        ELSE
            writeln
    END; (* warte *)


PROCEDURE schirmloeschen;

    (* Loescht den Bildschirm, indem eine passende Anzahl von Leer- *)
    (* zeilen ausgedruckt wird. Wenn Sie die Moeglichkeit haben,    *)
    (* mit besonderen "Steuerbefehlen" den Bildschirm Ihres Geraets *)
    (* unmittelbar zu loeschen, sollten Sie diese Moeglichkeit un-  *)
    (* bedingt ausnutzen und diese Prozedur hier umschreiben.       *)

    VAR
        i : integer;

    BEGIN
        FOR i:=1 TO schirmlaenge DO
            writeln;
    END; (* schirmloeschen *)
```

```
PROCEDURE sortieren;

    (* Sortiert das Verzeichnis nach den Datumsangaben. Dabei wird die *)
    (* Tatsache ausgenutzt, dass sich jedes Datum unter Beibehaltung    *)
    (* der natuerlichen Zeitfolge als Zahl in der Form                  *)
    (*      Jahr * 10000 + Monat * 100 + Tag                            *)
    (* schreiben laesst. Ist diese Zahl groesser als die eines anderen *)
    (* Datums, dann bedeutet das, dass das zugehoerige Ereignis spae-  *)
    (* ter liegt.                                                       *)

    VAR
        datum1,datum2 : real;   (* Da die verwendete Pascal-Version nur *)
                                (* ganze Zahlen bis 32767 kennt, mues-  *)
                                (* sen wir hier auf reelle Zahlen aus-   *)
                                (* weichen. In anderen Versionen moegen *)
                                (* ganze Zahlen genuegen.                *)
        i : integer;
        ausgetauscht : boolean;

    FUNCTION zeitpunkt (eintrag : person) : real;

        (* Berechnet die numerische Entsprechung des im "eintrag" *)
        (* festgehaltenen Datums.                                 *)

        VAR
            rjahr : real;

        BEGIN
            WITH eintrag DO
                BEGIN
                    rjahr := jahr;  (* Wir muessen im reellen Bereich  *)
                                    (* rechnen, da "jahr"*10000 die     *)
                                    (* Grenze der ganzen Zahlen ueber- *)
                                    (* schreitet.                       *)
                    zeitpunkt := rjahr*10000 + monat*100 + tag
                END
        END; (* zeitpunkt *)


    PROCEDURE tausche (VAR eintrag1,eintrag2 : person);

        (* Tauscht die beiden Eintraege gegeneinander aus. *)

        VAR
            temp : person;

        BEGIN
            temp := eintrag1;
            eintrag1 := eintrag2;
            eintrag2 := temp
        END; (* tausche *)
```

```
BEGIN (* sortieren *)
    writeln; writeln;
    write ('Das Feld wird sortiert.');
    REPEAT
        ausgetauscht := FALSE;
        write ('.'); (* Arbeit nach aussen bestaetigen *)
        datum1 := zeitpunkt(verz[1]);
        FOR i:=1 TO verzende-1 DO
            BEGIN
                datum2 := zeitpunkt(verz[i+1]);
                IF datum1>datum2 THEN
                    BEGIN
                        tausche (verz[i],verz[i+1]);
                        ausgetauscht := TRUE
                    END;
                datum1 := datum2 (* bereitet naechsten Durchgang vor *)
            END
    UNTIL NOT ausgetauscht;
    writeln; writeln
END; (* sortieren *)


PROCEDURE liesin (VAR eintrag : person; VAR nummer : integer);

    (* Uebernimmt einen Eintrag von der Tastatur und fuehrt die noetigen *)
    (* Ueberpruefungen durch. Zaehlt den Index "nummer" weiter, falls    *)
    (* der Eintrag gueltig ist.                                          *)

    (* Beachten Sie, dass der Verbund "eintrag" hier als globale Variab- *)
    (* le fuer alle eingeschachtelten Funktionen und Prozeduren verwen-  *)
    (* det wird. Das macht das Programm uebersichtlicher, als wenn wir   *)
    (* die betreffenden Teile unabhaengig voneinander mit ausdruckli-    *)
    (* cher Paramteruebergabe geschrieben haetten.                       *)


    VAR
        vollstaendig : boolean;

    FUNCTION erstzeichen : char;

        (* Wartet auf das erste nichtleere Zeichen von der Tastatur. *)

        VAR
            eingabe : char;

        BEGIN
            REPEAT
                read (eingabe)
            UNTIL (eingabe<>leer) OR eoln OR eof;
            erstzeichen := eingabe
        END; (* erstzeichen *)
```

```
PROCEDURE lieswortin (VAR feld : namtyp);

    (* Hier erfolgt die eigentliche Namensuebernahme. Dabei koennen *)
    (* Eingabefehler durch Eingabe des zum "loeschkode" gehoerenden *)
    (* Zeichens korrigiert werden.                                   *)

    VAR
        i : integer;
        loeschen,eingabe : char;

    BEGIN
        loeschen := chr(loeschkode);
        initialisiere (feld);
        i := 1;
        eingabe := erstzeichen;
        WHILE NOT eoln AND NOT eof AND (i<maxnamlaenge) AND
              (eingabe<>leer) AND (eingabe<>ende) DO
            BEGIN
                IF (eingabe=loeschen) AND (i>1) THEN
                    BEGIN
                        i := i - 1;
                        feld[i] := leer
                    END
                ELSE
                    BEGIN
                        feld[i] := eingabe;
                        i := i + 1
                    END;
                read (eingabe)
            END;
        IF eoln THEN
            readln
        ELSE
            writeln;
        IF eof OR (eingabe=ende) THEN
            schluss := TRUE
        ELSE
        IF i=maxnamlaenge THEN
            feld[i] := eingabe;
    END; (* lieswortin *)

PROCEDURE liesnamen;

    (* Uebernimmt den Namen in das Eintragsfeld. Setzt die globale *)
    (* Flagge "schluss" auf TRUE, falls das Zeichen "ende" ueber-  *)
    (* nommen wurde.                                                *)

    BEGIN
        WITH eintrag DO
```

```
        BEGIN
            write ('Vorname: ':15);
            lieswortin (vorname);
            machgross (vorname);
            IF NOT schluss THEN
                BEGIN
                    write ('Name: ':15);
                    lieswortin (name);
                    machgross (name)
                END
        END
    END; (* liesnamen *)

FUNCTION wert (feld : namtyp; VAR index : integer) : integer;

    (* Wandelt die im uebergebenen "feld" ab dem "index" vorgefun- *)
    (* denen Ziffern in eine ganze Zahl um. Fuehrende Leerzeichen   *)
    (* und Punkte werden unterdrueckt. Die Umwandlung bricht ab,    *)
    (* wenn entweder keine Ziffer vorliegt oder das Feld ausge-     *)
    (* schoepft ist. Liefert Null, wenn keine Ziffer aufgefunden    *)
    (* wurde.                                                       *)

    (* Beachten Sie, dass "index" als variabler Parameter ueberge- *)
    (* ben ist. Das ermoeglicht den wiederholten Aufruf der Um-     *)
    (* wandlungsfunktion zur Auswertung aufeinanderfolgender Teil-  *)
    (* felder.                                                      *)

    VAR
        element,temp : integer;
        mehrziffern : boolean;

    BEGIN
        index := index - 1; (* bereitet die folgende Schleife vor *)
        REPEAT
            index := index + 1
        UNTIL (index=maxnamlaenge)
            OR (feld[index]<>leer) AND (feld[index]<>punkt);
        IF (feld[index]<>leer) AND (feld[index]<>punkt) THEN
            mehrziffern := TRUE
        ELSE
            mehrziffern := FALSE;
        temp := 0;
        WHILE mehrziffern AND (index<=maxnamlaenge) DO
            BEGIN
                element := ord(feld[index]);
                IF (element>=null) AND (element<=neun) THEN
                    BEGIN
                        temp := 10 * temp + element - null;
                        index := index + 1
                    END
```

```
                    ELSE
                         mehrziffern := FALSE
               END;
          wert := temp
     END; (* wert *)

PROCEDURE machdatum (dat : namtyp);

     (* Formt das als Zeichenkette in ueblicher Schreibweise ueber- *)
     (* gebene Datum in die drei Zahlenwerte "tag", "monat" und      *)
     (* "jahr" um.                                                   *)

     VAR
         i: integer;

     BEGIN
         i := 1;
         WITH eintrag DO
             BEGIN
                 tag := wert (dat,i);
                 monat := wert (dat,i);
                 jahr := wert (dat,i);
                 IF (jahr>0) AND (jahr<100) THEN
                     jahr := jahr + 1900
             END
     END; (* machdatum *)

FUNCTION schaltjahr : boolean;

     (* Liefert TRUE, falls es sich bei dem betreffenden Jahr um *)
     (* ein Schaltjahr handelt, sonst FALSE.                     *)

     (* Beachten Sie die Kuerze dieser Funktion. Man haette sie  *)
     (* auch unmittelbar in den aufrufenden Programmteil aufneh-  *)
     (* men koennen. Durch die Benennung als "schaltjahr" wird    *)
     (* jedoch viel deutlicher, was geschieht.                    *)

     BEGIN
         schaltjahr := (eintrag.jahr MOD 4 = 0)
     END; (* schaltjahr *)

FUNCTION datumrichtig : boolean;

     (* Ueberprueft die Datumsangabe und liefert TRUE, falls in *)
     (* Ordnung, sonst FALSE.                                    *)
```

```
BEGIN
    datumrichtig := TRUE; (* Annahme: alles in Ordnung *)
    WITH eintrag DO
        IF (jahr=0) OR (monat<1) OR (monat>12) OR (tag<1) THEN
            datumrichtig := FALSE
        ELSE
        CASE monat OF
                    2 : IF schaltjahr THEN
                            BEGIN
                                IF tag>29 THEN
                                    datumrichtig := FALSE
                            END
                        ELSE
                            IF tag>28 THEN
                                datumrichtig := FALSE;

            4,6,9,11 : IF tag>30 THEN
                            datumrichtig := FALSE;

        1,3,5,7,8,10,12 : IF tag>31 THEN
                            datumrichtig := FALSE
        END
    END; (* datumrichtig *)

PROCEDURE liesdatum;

    (* Uebernimmt das Datum in den vorgegebenen Eintrag. Falls *)
    (* Schluss der Eingabe befohlen wird und das Datum nicht    *)
    (* korrekt uebernommen ist, wird die "vollstaendig"-Flagge  *)
    (* auf FALSE gesetzt.                                       *)

VAR
    temp : namtyp;
    korrekt : boolean;

BEGIN
    REPEAT
        korrekt := TRUE;
        write ('geboren am: ':15);
        lieswortin (temp);
        IF schluss THEN
            vollstaendig := FALSE;
        machdatum (temp);
        IF NOT datumrichtig THEN
            BEGIN
                korrekt := FALSE;
                write ('Das Datum ist nicht richtig angegeben, ');
                writeln ('bitte wiederholen:')
            END
    UNTIL korrekt OR schluss;
END; (* liesdatum *)
```

```
    BEGIN (* liesin *)
        vollstaendig := TRUE;
        liesnamen;
        IF schluss THEN
            vollstaendig := FALSE
        ELSE
            liesdatum;
        IF vollstaendig THEN
            nummer := nummer + 1
    END; (* liesin *)

PROCEDURE verzaufbauenab (anfang : integer);

    (* Baut das Verzeichnis der Namen und Geburtsdaten auf. Die im   *)
    (* Verzeichnis genutzte Laenge wird in "verzende" festgehalten.   *)
    (* Durch den Parameter "anfang" ist es moeglich, ein bereits an-  *)
    (* gefangenes Verzeichnis zu ergaenzen.                           *)

    VAR
        i : integer;

    BEGIN
        writeln; writeln;
        write ('Sie koennen jetzt maximal ',maxnamanzahl-anfang+1:0);
        writeln (' Namen und Geburtstage eingeben, wobei die');
        write ('Datumsangaben in der ueblichen Form "tag.monat.jahr" ');
        writeln ('zu schreiben sind.');
        write ('Als Vereinfachung koennen Sie bei Jahresangaben aus ');
        writeln ('diesem Jahrhundert');
        write ('das "19" weglassen. Es wird dann (ausser bei 1900) ');
        writeln ('automatisch ergaenzt.');
        writeln ('(Die Jahresangabe 0 wird als Fehler behandelt.)');
        writeln;
        write ('Sie koennen die Liste jederzeit durch Eingabe von "');
        writeln (ende,'" abbrechen.');
        write ('(Ein angefangener Eintrag wird dann nicht mehr ');
        writeln ('uebernommen.)');
        writeln; writeln;
        schluss := FALSE;
        i := anfang; (* Dieser Index wird von "liesin" weitergezaehlt! *)
        REPEAT
            writeln (i:0,'. Eintrag:');
            liesin (verz[i],i)
        UNTIL schluss OR (i>maxnamanzahl);
        verzende := i-1;
        sortieren;
        writeln; writeln;
    END; (* verzaufbauenab *)

PROCEDURE loeschen;
```

```
(* Entfernt einen oder mehrere Eintraege aus dem Verzeichnis. *)
(* Dies geschieht in zwei Stufen. In der ersten werden die    *)
(* Nummern der zu loeschenden Eintraege uebernommen, und die  *)
(* zugehoerigen Eintraege durch ein "#" markiert. Im zweiten  *)
(* werden die so markierten Eintraege dadurch geloescht, dass *)
(* die jeweils nachfolgenden Eintraege im Verzeichnis einen   *)
(* Platz nach unten geschoben werden.                         *)

VAR
     i,j,hinten : integer;

BEGIN
     writeln; writeln;
     write ('Geben Sie die Nummern der zu loeschenden Eintraege ');
     writeln ('auf jeweils einer');
     writeln ('eigenen Zeile an.');
     writeln ('Eine Null beendet die Loeschoperationen.');
     writeln;
     REPEAT
          write ('Nummer des zu loeschenden Eintrags (Ende = 0): ');
          readln (i);
          IF i<>0 THEN
               IF i>verzende THEN

                    BEGIN
                         write ('Das Verzeichnis hat nur ');
                         writeln (verzende:0,' Eintraege!');
                    END

               ELSE
                    verz[i].name[1] := '#';
     UNTIL i=0;
     hinten := verzende; (* Da wir im folgenden das "verzende" *)
                         (* staendig den Gegebenheiten neu     *)
                         (* anpassen, muessen wir fuer die     *)
                         (* Schleife den Startwert in einer    *)
                         (* anderen Variablen angeben!         *)
     FOR i:=hinten DOWNTO 1 DO (* von hinten her loeschen *)
          IF verz[i].name[1]='#' THEN
               BEGIN (* einen Eintrag loeschen *)
                    FOR j:=i TO verzende-1 DO
                         verz[j] := verz[j+1];
                    verzende := verzende-1
               END;
     writeln; writeln;
END; (* loeschen *)

PROCEDURE verzdrucken;

(* Druckt das Verzeichnis in folgender Form aus:              *)
(*        <Nr>. <Tag.Monat.Jahr>:  <Vorname Name>             *)
```

```
VAR
    i : integer;

PROCEDURE druckeeintrag (eintrag : person);

    (* Druckt den uebergebenen "eintrag" aus.                              *)

    VAR
        i : integer;

    BEGIN
        write('. ');
        WITH eintrag DO
            BEGIN
                write (tag:0,'.');
                write (monat:0,'.');
                write (jahr:0,': ');
                FOR i:=1 TO maxnamlaenge DO
                    IF vorname[i]<>leer THEN
                        write (vorname[i]);
                write (leer);
                FOR i:=1 TO maxnamlaenge DO
                    IF name[i]<>leer THEN
                        write (name[i]);
                writeln
            END
    END; (* druckeeintrag *)

BEGIN (* verzdrucken *)
    writeln; writeln;
    writeln ('Folgende Geburtsdaten waeren somit zu merken:');
    writeln;

    FOR i:=1 TO verzende DO
        BEGIN
            write (i:2);
            druckeeintrag (verz[i])
        END;
    writeln;
    warte
END; (* verzdrucken *)
```

```
(* Das folgende Hauptprogramm besteht zum groessten Teil aus der Befehls- *)
(* uebernahme anhand eines "Menues", aus dem der Benutzer verschiedene    *)
(* Moeglichkeiten auswaehlen kann. Beachten Sie dabei, wie man ein sol-   *)
(* ches Menue den jeweiligen Gegebenheiten anpassen kann.                 *)
```

```
BEGIN (* geburtstage *)
    schirmloeschen;
    writeln ('****** G E B U R T S T A G S V E R Z E I C H N I S  ******');
    writeln; writeln;
    write ('Mit diesem Programm koennen Sie Ordnung in die Geburtstags');
    writeln ('termine Ihrer');
    write ('Freunde, Bekannten, Verwandten oder wessen auch immer ');
    writeln ('bringen.');
    write ('Geben Sie ein, wer Ihnen gerade einfaellt. Das Programm wird ');
    writeln ('die Liste nach');
    writeln ('Geburtstagen sortieren und auf Anforderung anzeigen.');
    writeln; writeln;
    verzende := 0;
    programmende := FALSE;
    REPEAT
        menuenr := 1;
        writeln ('Sie haben jetzt folgende Moeglichkeiten:');
        writeln;
        IF verzende<maxnamanzahl THEN
            BEGIN
                writeln (menuenr:6,': Etwas eingeben');
                menuenr := menuenr + 1
            END;
        IF verzende>0 THEN
            BEGIN
                writeln (menuenr:6,': Etwas loeschen');
                menuenr := menuenr + 1;
                writeln (menuenr:6,': Alles anzeigen lassen');
                menuenr := menuenr + 1
            END;
        writeln (menuenr:6,': Das Programm abbrechen');
        writeln;
        write ('Geben Sie die Nummer Ihrer Wahl an: ');
        read (menue);
        IF eoln THEN
            readln;
        IF eof THEN
            BEGIN
                writeln;
                writeln ('Ende der Tastatureingabe befohlen:');
                writeln ('     Das Programm wird damit abgebrochen...');
                programmende := TRUE
            END;
        menuebefehl := ord(menue)-null;

        IF verzende=maxnamanzahl THEN
            BEGIN
                menuebefehl := menuebefehl+1;
                IF menuebefehl=1 THEN
                    menuebefehl := 0
            END;
```

```
      IF (verzende=0) AND (menuebefehl>1) THEN
          menuebefehl := menuebefehl + 2;
      IF (menuebefehl>=1) AND (menuebefehl<=4) THEN
          BEGIN
              schirmloeschen;
              CASE menuebefehl OF
                  1 : verzaufbauenab (verzende+1);
                  2 : loeschen;
                  3 : verzdrucken;
                  4 : programmende := TRUE
              END
          END;
      IF NOT programmende THEN
          schirmloeschen
  UNTIL programmende;
  writeln; writeln
END . (* geburtstage *)
```

Kapitel 11: Dateien

Übung 11.3:

```
PROGRAM zeilendrucken (input, output, drucktext);

(* Druckt den Inhalt der Eingabedatei mit Abstaenden von einer, zwei   *)
(* oder drei Zeilen aus und numeriert die ausgedruckten Zeilen durch.  *)

(* Demonstriert den Einsatz von Textdateien, von Zeichenketten (string) *)
(* und von EXIT (zur Abbruchbehandlung).                               *)

(* "text" entspricht "FILE OF char"                                    *)
(* "string" entspricht "ARRAY of char", laesst sich aber einfacher     *)
(*          handhaben und bietet (hier UCSD-aehnliche) Spezialfunktio- *)
(*          nen fuer Sonderaufgaben.                                   *)
(* "EXIT" bricht die gerade vorliegende Prozedur, Funktion oder das    *)
(*        Hauptprogramm ab, je nachdem, wo es befohlen wurde. Sein Ein-*)
(*        satz verringert unnoetige Schachtelungen von IF-THEN-Anwei-  *)
(*        sungen, ohne GOTO verwenden zu muessen.                      *)

CONST
    zeilenbreite = 79; (* Eine Spalte weniger als die maximal moegliche *)
                       (* Zeilenbreite, um einen automatischen Zeilen-  *)
                       (* vorschub zu unterdruecken.                    *)
    kopfbreite = 66;   (* Zeilenbreite - Platz fuer die Seitenangabe.   *)
    seitenlaenge = 24;
    kopfraum = 2;
    datnamlaenge = 14;
    leer = ' ';
    ende = '#';
    resetfehler = 255; (* Systemspezifischer Fehlerkode bei RESET *)
```

```
VAR
    drucktext : text;
    dateiname : string [datnamlaenge];
    datfehler : integer;
    erstdurchgang,schluss : boolean;

FUNCTION ja : boolean;

    (* Uebernimmt ein Zeichen von der Tastatur und prueft nach, ob es  *)
    (* sich um ein "J" bzw. "j" oder um ein "N" bzw "n" handelt. Im     *)
    (* ersten Fall wird TRUE, im zweiten FALSE zuruckgeliefert.         *)

    (* Bei "eof" wird die globale Variable "schluss" auf TRUE gesetzt   *)
    (* und FALSE zurueckgeliefert.                                      *)

    VAR
        antwort : char;
        korrekt : boolean;

    BEGIN
        ja := FALSE;  (* Bei "schluss" den Wert FALSE liefern. *)
        IF schluss THEN
            exit;
        REPEAT
            korrekt := TRUE;
            write (' (J/N)? ');
            read (antwort);
            IF eof THEN
                BEGIN
                    schluss := TRUE;
                    exit
                END;
            IF eoln THEN
                readln
            ELSE
                writeln;
            IF (antwort='J') OR (antwort='j') THEN
                        ja := TRUE
            ELSE
            IF (antwort<>'N') AND (antwort<>'n') THEN
                BEGIN
                    write ('Wie bitte');
                    korrekt := FALSE
                END
        UNTIL korrekt
    END; (* ja *)

PROCEDURE warte;

    (* Fordert vom Benutzer eine Bestaetigung zum Weitermachen an. *)
```

```
VAR
    eingabe : char;

BEGIN
    write ('Druecken Sie irgendeine Taste zum Weitermachen ');
    write ('(abbrechen: "',ende,'"): ');
    read (eingabe);
    IF eof OR (eingabe=ende) THEN
        schluss := TRUE;
    IF eoln THEN
        readln
    ELSE
        writeln
END; (* warte *)

PROCEDURE dateidefinieren;

    (* Legt den externen Dateinamen fest und eroeffnet die Eingabedatei. *)

    (* Beachten Sie, dass es sich hierbei um eine systemspezifische Pro-  *)
    (* zedur handelt, die je nach Pascal-Version anders abgefasst werden  *)
    (* muss.                                                              *)

VAR
    temp : string[datnamlaenge];

BEGIN
    REPEAT
        write ('Auszudruckende Datei (Abbruch: "',ende,'"');
        IF NOT erstdurchgang THEN
            write (', alter Name: "<"');
        write ('): ');
        readln (temp);
        IF (temp=ende) OR eof THEN
            BEGIN
                schluss := TRUE;
                exit
            END;
        IF erstdurchgang THEN
            dateiname := temp
        ELSE
            IF temp<>'<' THEN
                dateiname := temp;
        ASSIGN (drucktext,dateiname); (* Hier wird die Beziehung *)
                                      (* zwischen dem externen   *)
                                      (* "dateinamen" und der    *)
                                      (* internen Datei "druck-  *)
                                      (* text" hergestellt.      *)
```

```
                RESET (drucktext);
                datfehler := ioresult;  (* Wir muessen das Ergebnis der   *)
                                        (* Dateieroeffnung hier geson-    *)
                                        (* dert festhalten, da "ioresult" *)
                                        (* durch das "writeln" die Feh-   *)
                                        (* lermeldung veraendert und da-  *)
                                        (* mit die Schleifenendbedingung  *)
                                        (* verfaelscht wuerde.            *)
            IF datfehler=resetfehler THEN
                writeln ('Datei nicht gefunden. Bitte wiederholen:')
            ELSE
                IF eof(drucktext) THEN
                    BEGIN
                        writeln; writeln;
                        writeln ('Die Datei ist leer.');
                        writeln;
                        schluss := TRUE;
                        exit
                    END
        UNTIL datfehler<>resetfehler
    END;
PROCEDURE dateidrucken;

    (* Druckt den Inhalt des "drucktexts" mit einem vom Benutzer   *)
    (* vorgegebenen Zeilenabstand zwischen 1 und 3 aus. Dabei wird *)
    (* jeder Seite auf Wunsch eine Kopfzeile vorangestellt. Ferner *)
    (* koennen die Seiten bei Bedarf numeriert werden. Die Druck-  *)
    (* operation selbst laesst sich nach jeder vollen Seite abbre- *)
    (* chen.                                                       *)

    VAR
        kopfzeile : string[kopfbreite];
        druckzeichen : char;
        seitennummer, zeilennummer : integer;
        spalte,zeile,zeilenabstand,zeilenlaenge : integer;
        hatkopf,snumerieren,znumerieren,erstezeile : boolean;

    PROCEDURE kopffestlegen;

        (* Uebernimmt die im Ausdruck benoetigte Kopfzeile. *)

        VAR
            temp : string[kopfbreite];

        PROCEDURE auffuellen;

            (* Fuellt die globale Variable "kopfzeile" rechts mit *)
            (* Leerzeichen auf.                                   *)

            BEGIN
                WHILE length(kopfzeile)<kopfbreite DO
```

```
                    kopfzeile := concat (kopfzeile,leer);
          END; (* auffuellen *)

     BEGIN (* kopffestlegen *)
          write ('Welchen Namen wollen Sie dem Ausdruck geben ');
          writeln ('(Kopfzeile:');
          write ('kein Kopf: nur RETURN; Dateiname: "&"; Abbruch: "');
          write (ende,'"');
          IF NOT erstdurchgang THEN
               write (', alter Kopf: "<"');
          writeln (')?');
          readln (temp);
          IF (temp=ende) OR eof THEN
               BEGIN
                    schluss := TRUE;
                    exit
               END;
          IF (length(temp)=0) OR
             NOT erstdurchgang AND (temp='<') THEN
               hatkopf := FALSE
          ELSE
               hatkopf := TRUE;
          IF temp='&' THEN
               kopfzeile := dateiname
          ELSE
               IF erstdurchgang THEN
                    kopfzeile := temp
               ELSE
                    IF temp<>'<' THEN
                         kopfzeile := temp;
          auffuellen;
          writeln;
          write ('Sollen die Seiten numeriert werden');
          IF ja THEN
               BEGIN
                    snumerieren := TRUE;
                    write ('Nummer der ersten Seite: ');
                    readln (seitennummer)
               END
          ELSE
               snumerieren := FALSE;
          writeln;
     END; (* kopffestlegen *)


PROCEDURE zeilenfestlegen;

     (* Uebernimmt die fuer den Ausdruck notwendigen Zeilenangaben. *)
```

```
      BEGIN
         REPEAT
            write ('Zeilenabstand (1, 2 oder 3): ');
            readln (zeilenabstand);
            IF (zeilenabstand<1) OR (zeilenabstand>3) THEN
               writeln ('Dieser Abstand ist nicht moeglich.');
         UNTIL (zeilenabstand>=1) AND (zeilenabstand<=3);
         write ('Sollen die Zeilen numeriert werden');
         IF ja THEN
            BEGIN
               znumerieren := TRUE;
               zeilennummer := 1;
               zeilenlaenge := zeilenbreite - 6
            END
         ELSE
            BEGIN
               znumerieren := FALSE;
               zeilenlaenge := zeilenbreite
            END
      END; (* zeilenfestlegen *)

PROCEDURE kopfdrucken;

   (* Druckt die Kopfinformation aus und setzt den Zeilenzaehler *)
   (* "zeile" neu.                                               *)

   BEGIN
      zeile := 1;
      erstezeile := TRUE;
      IF snumerieren THEN
         BEGIN
            write (kopfzeile);
            writeln (' Seite ',seitennummer:0);
            writeln;
            seitennummer := seitennummer + 1;
            zeile := zeile + 2
         END
      ELSE
         IF hatkopf THEN
            BEGIN
               writeln (kopfzeile);
               writeln;
               zeile := zeile +2
            END
   END; (* kopfdrucken *)

PROCEDURE neueseite;

   (* Schliesst die alte Seite ab, wartet auf einen Benutzerbe- *)
   (* fehl zum Weitermachen und druckt die Kopfinformation aus.  *)
```

```
    BEGIN
        WHILE zeile<seitenlaenge DO (* Seitenende anfahren *)
            BEGIN
                writeln;
                zeile := zeile + 1
            END;
        warte;
        IF NOT schluss THEN
            kopfdrucken
    END; (* neueseite *)

PROCEDURE neuezeile;

    (* Sorgt fuer den richtigen Zeilenvorschub, druckt die Zeilen- *)
    (* nummer aus, wenn noetig, zaehlt die Zeileninformationen      *)
    (* weiter und leitet bei Bedarf eine neue Seite ein.            *)

    VAR
        i : integer;

    BEGIN
        spalte := 1;
        IF zeile+zeilenabstand>seitenlaenge-1 THEN
            neueseite;
        IF schluss THEN
            exit;
        IF erstezeile THEN (* kein Zeilenvorschub *)
            erstezeile := FALSE
        ELSE
            BEGIN
                FOR i:=1 TO zeilenabstand DO
                    writeln;
                zeile := zeile+zeilenabstand
            END;
        IF znumerieren THEN
            BEGIN
                write (zeilennummer:4,': ');
                zeilennummer := zeilennummer + 1
            END
    END; (* neuezeile *)

BEGIN (* dateidrucken *)
    kopffestlegen;
    IF schluss THEN
        exit;
    zeilenfestlegen;
    IF schluss THEN
        exit;
    kopfdrucken;
    neuezeile;
    REPEAT
        IF NOT eof(drucktext) AND eoln(drucktext) THEN
```

```
                    BEGIN
                        readln(drucktext);
                        neuezeile
                    END
                ELSE
                IF NOT eof(drucktext) THEN
                    BEGIN
                        read (drucktext,druckzeichen);
                        IF (spalte<=zeilenlaenge) THEN
                            (* nur die auf die Zeile passenden Zeichen drucken *)
                            BEGIN
                                write (druckzeichen);
                                spalte := spalte + 1
                            END
                END
            UNTIL schluss OR eof(drucktext);
            IF eof(drucktext) THEN
                BEGIN
                    WHILE zeile<seitenlaenge DO
                        BEGIN
                            writeln;
                            zeile := zeile+1
                        END;
                     write ('Dateiende. ');
                     warte
                END
    END; (* dateidrucken *)

FUNCTION keinweitererdurchgang : boolean;

    (* Liefert TRUE, falls das Programm abgebrochen werden soll, *)
    (* sonst FALSE.                                               *)

    BEGIN
        write ('Noch eine Datei drucken');
        IF ja THEN
            keinweitererdurchgang := FALSE
        ELSE
            keinweitererdurchgang := TRUE
    END; (* keinweitererdurchgang *)


BEGIN (* zdrucken *)
    writeln; writeln;
    writeln ('******** T E X T D A T E I   D R U C K E N   ********');
    erstdurchgang := TRUE;
    schluss := FALSE;
    REPEAT
        writeln; writeln;
        dateidefinieren;
        IF schluss THEN
```

```
            BEGIN
                writeln; writeln;
                writeln ('Programm abgebrochen...');
                writeln; writeln;
                exit
            END;
        dateidrucken;
        IF eof THEN
            BEGIN
                writeln; writeln;
                writeln ('Programm abgebrochen...');
                writeln; writeln;
                exit
            END;
        IF schluss THEN
            BEGIN
                writeln; writeln;
                writeln ('Dateiausdruck abgebrochen.');
                writeln; writeln
            END;
        erstdurchgang := FALSE;
        schluss := FALSE;
    UNTIL keinweitererdurchgang;
    writeln; writeln
END . (* zeilendrucken *)
```

Übung 11.7:

```
PROGRAM aufteilen (input, output, eingabe, schulden, ueberschuss);

(* Liest die Datei "eingabe" und kopiert die in ihr enthaltenen Daten *)
(* je nach "schulden" oder "ueberschuss" in die betreffenden Teilda-  *)
(* teien.                                                             *)

CONST
    ende = '#';
    fehler = 255;              (* systemabhaengige Dateimeldungen *)
    ok = 0;

TYPE
    kundenstruktur = RECORD
        name : STRING [20];    (* Oder "ARRAY [1..20] OF char", dann *)
        nummer : integer;      (* sind allerdings die Zuweisungen    *)
        betrag : real;         (* komplizierter (FOR-Schleifen).     *)
        schluessel : integer;
        strasse : STRING [25];
        plz : integer;
        ort : STRING [20]
    END;
```

```
VAR
    kunde : kundenstruktur;
    eingabe : FILE OF kundenstruktur;
    schulden,ueberschuss : text;
    datfehler : integer; (* Systemspezifische Anzeige der Dateifunktion *)
                         (* bei "close". Entspricht "ioresult".         *)
    schluss : boolean;


    (* Beachten Sie, dass die Datei "eingabe" als Grundelemente Ver- *)
    (* bunde vom Typ "kundenstruktur" enthaelt, waehrend es sich bei *)
    (* den beiden anderen Dateien um "text"-Dateien handelt, die im  *)
    (* Gegensatz zur Eingabedatei unmittelbar ausgedruckt werden     *)
    (* koennen (z.B. zur automatischen Briefadressierung).           *)

PROCEDURE dateibestimmen;

    (* Uebernimmt den externen Namen der zu bearbeitenden Datei und *)
    (* eroeffnet die Dateien.                                       *)

    (* Es handelt sich hier um eine systemabhaengige Prozedur, die  *)
    (* von Pascal-Version zu Pascal-Version anders abgefasst werden *)
    (* muss. In unserem Fall handelt es sich um CP/M-Dateien, fuer  *)
    (* die wir folgende Bezeichnungen vereinbaren (dabei ist <name> *)
    (* der in dieser Prozedur hier vom Benutzer angeforderte Name): *)
    (*      interner Dateiname              externer Dateiname      *)
    (*          eingabe                        <name>.DAT           *)
    (*          schulden                       <name>.SCH           *)
    (*          ueberschuss                    <name>.UEB           *)


    VAR
        dateiname : STRING [8];


    BEGIN
        REPEAT
            write ('Name der zu bearbeitenden Datei (Abbruch: "');
            write (ende,'"): ');
            readln (dateiname);

            IF (dateiname=ende) OR eof THEN
                BEGIN
                    schluss := TRUE;
                    exit
                END;
            assign (eingabe,concat(dateiname,'.DAT'));
            reset (eingabe);
            datfehler := ioresult;
            IF datfehler=fehler THEN
                writeln ('Datei nicht gefunden. Bitte wiederholen:')
            ELSE
                IF eof(eingabe) THEN
```

```
                    BEGIN
                        writeln ('Datei ist leer.');
                        exit
                    END
        UNTIL datfehler<>fehler;
        assign (schulden,concat(dateiname,'.SCH'));
        assign (ueberschuss,concat(dateiname,'.UEB'));
        rewrite (schulden);
        IF ioresult<>ok THEN
            BEGIN
                writeln ('Diskette oder Directory voll.');
                schluss := TRUE;
                exit
            END;
        rewrite (ueberschuss);
        IF ioresult<>ok THEN
            BEGIN
                writeln ('Diskette oder Directory voll.');
                schluss := TRUE;
            END
    END; (* dateibestimmen *)

PROCEDURE schreibindatei (VAR datei : TEXT);

    (* Schreibt eine Aufzeichnung in die angegebene Datei.           *)

    (* Beachten Sie, dass wir hier mit ganzen Zeichenketten (STRINGs) *)
    (* arbeiten. Das ist in der vorliegenden Version bei "text"-Da-   *)
    (* teien moeglich. In den meisten anderen Faellen muessten wir    *)
    (* "ARRAY [1..n] OF char" benutzen, womit die Schreibanweisungen  *)
    (* in FOR-Schleifen wie folgt zu aendern waeren:                  *)
    (*      statt                 waere zu programmieren              *)
    (*      write (datei,name)    FOR i:=1 TO 20 DO                   *)
    (*                                write (datei,name[i]);          *)

BEGIN
    WITH kunde DO
        BEGIN
            writeln (datei,name);
            writeln (datei,strasse);
            writeln (datei);
            write (datei,plz);
            write (datei,' ');
            writeln (datei,ort);
            writeln (datei); writeln (datei); writeln (datei)
        END
END; (* schreibindatei *)
```

```
PROCEDURE dateiabarbeiten;

    (* Liest die Eingabedatei und kopiert sie den Regeln gemaess *)
    (* in die Ausgabedateien. Setzt "schluss" auf TRUE, wenn ein *)
    (* Schreibfehler in eine der beiden Ausgabedateien aufgetre- *)
    (* ten ist. (Bei dieser systemabhaengigen Fehlermeldung ist  *)
    (* in der Regel die Diskette oder das Verzeichnis (directory)*)
    (* voll.)                                                    *)

    BEGIN
        writeln;
        writeln ('Datei wird bearbeitet:');
        WHILE NOT eof(eingabe) DO
            BEGIN
                kunde := eingabe^;
                IF kunde.name=ende THEN (* Zusaetzliche Endmarkierung *)
                    exit;                (* da die eof-Bedingung in    *)
                                         (* CP/M-Dateien nicht aus-    *)
                                         (* reicht (ausser bei text-   *)
                                         (* Dateien).                  *)
                write (kunde.schluessel:2);
                    (* Dient nur zur Meldung an den Benutzer, dass das *)
                    (* Programm arbeitet. Kann ohne weiteres entfallen.*)
                IF kunde.schluessel=0 THEN
                    schreibindatei (schulden)
                ELSE
                    schreibindatei (ueberschuss);
                IF ioresult<>ok THEN
                    BEGIN
                        writeln ('Diskette oder Directory voll.');
                        schluss := TRUE;
                        exit
                    END;
                get (eingabe)
            END
    END; (* dateiabarbeiten *)

FUNCTION ja : boolean;

    (* Uebernimmt ein Zeichen von der Tastatur und prueft nach, ob es *)
    (* sich um ein "J" bzw. "j" oder um ein "N" bzw "n" handelt. Im   *)
    (* ersten Fall wird TRUE, im zweiten FALSE zuruckgeliefert.       *)

    (* Bei "eof" wird die globale Variable "schluss" auf TRUE gesetzt *)
    (* und FALSE zurueckgeliefert.                                    *)

    VAR
        antwort : char;
        korrekt : boolean;
```

```
BEGIN
    ja := FALSE;  (* Bei "schluss" den Wert FALSE liefern. *)
    IF schluss THEN
        exit;
    REPEAT .
        korrekt := TRUE;
        write (' (J/N)? ');
        read (antwort);
            IF eof THEN
                BEGIN
                    schluss := TRUE;
                    exit
                END;
            IF eoln THEN
                readln
            ELSE
                writeln;
            IF (antwort='J') OR (antwort='j') THEN
                        ja := TRUE
            ELSE
            IF (antwort<>'N') AND (antwort<>'n') THEN
                BEGIN
                    write ('Wie bitte');
                    korrekt := FALSE
                END
        UNTIL korrekt
    END; (* ja *)


BEGIN (* aufteilen *)
    writeln; writeln;
    writeln ('******   K U N D E N D A T E I   A U F T E I L E N   ******');
    writeln; writeln;
    schluss := FALSE;
    REPEAT
        dateibestimmen;
        IF schluss THEN
            BEGIN
                writeln;
                writeln ('Programm abgebrochen...');
                writeln; writeln;
                exit
            END;
        dateiabarbeiten;
        writeln; writeln;
        IF schluss THEN
            BEGIN
                purge (schulden);
                purge (ueberschuss);
                writeln ('Ausgabedateien entfernt.')
            END
```

```
    ELSE
        BEGIN
            close (schulden,datfehler);
            close (ueberschuss,datfehler);
            IF datfehler=fehler THEN
                BEGIN
                    purge (schulden);
                    purge (ueberschuss);
                    writeln ('Diskette oder Verzeichnis voll');
                    writeln ('Ausgabedateien entfernt.')
                END
            ELSE
                writeln ('Aufteilung abgeschlossen.')
        END;
    writeln; writeln;
    schluss := FALSE;
    write ('Wollen Sie noch eine andere Datei aufteilen')
UNTIL NOT ja;
writeln; writeln
END . (* aufteilen *)
```

Kapitel 12: Mengen

Übung 12.3:

```
PROGRAM paare (input, output,paardatei);

    (* Eine Art Heiratsvermittlungsprogramm: Eine Liste von Personen mit *)
    (* Alters-, Geschlechts- und Haarfarbenangabe wird in der "paardatei"*)
    (* gefuehrt. Diese Datei kann nach den verschiedenen Personenmerkma- *)
    (* len ausgewertet und fuer jede beliebige Person nach passenden     *)
    (* Partnern gesucht werden.                                          *)

    (* Demonstriert die Datenueberpruefung und -verarbeitung mit Hilfe   *)
    (* von Mengen und die Auswertung mehrfacher Benutzerbefehle. Ausser- *)
    (* dem wird eine Methode zur Fehlermeldung bei Eingabefehlern vorge- *)
    (* stellt.                                                           *)

    (* Wir machen hier intensiven Gebrauch von einer Erweiterung der     *)
    (* CASE-Anweisung, die mit Hilfe von ELSE die in der Fallunterschei- *)
    (* dung nicht abgedeckten Moeglichkeiten zu behandeln gestattet. An- *)
    (* dere Pascal-Versionen verwenden statt des ELSE ein "otherwise"    *)
    (* oder aehnliches. Sollte eine derartige Moeglichkeit nicht beste-  *)
    (* hen, dann muss vor der CASE-Anweisung der Bereich des Arguments   *)
    (* besonders getestet werden, wie wir es bisher getan haben.         *)
```

```
CONST
    fehler = 255;    (* Systemabhaengige Konstanten fuer Dateioperationen *)
    ok = 0;
    loeschkode = 8;  (* ASCII-"backspace" zur Eingabekorrektur *)
    ende = '#';
    leer = ' ';
    komma = ',';
    pfeil = '<';
    alles = '*';
    ausser = '%';
    schirmlaenge = 24;
    maxlaenge = 20;
    maxeingabe = 79;
    maxanzahl = 10;
    maxdatei = 11; (* maxanzahl + 1 *)

TYPE
    kennzeichen = (maennlich,weiblich,
                   j18,j20,j25,j30,j40,j50,
                   ohne,weiss,grau,blond,dunkelblond,rot,schwarz);
    merkmale = SET OF kennzeichen;
    kette = ARRAY [1..maxlaenge] OF char;
    person = RECORD
        name : kette;
        eigenschaften : merkmale
    END;
    datei = FILE OF person;

VAR
    paardatei : datei;
    paarfeld : ARRAY [1..maxdatei] OF person;
    eingabe : ARRAY [1..maxeingabe] OF char;
    eingegeben,zusuchen : merkmale;
    alle,allgeschl,alljahr,allhaar : merkmale;
    dateilaenge,eingabelaenge : integer;
    datenveraendert,eingabefehler : boolean;
    loeschzeichen,wahl : char;
(*****************************************************************************)
(***                    Hilfsfunktionen und -prozeduren                  ***)
(*****************************************************************************)
FUNCTION gross (zeichen : char) : char;

    (* Wandelt das uebergebene Zeichen in Grossschreibung um.          *)

    BEGIN
        ·IF zeichen IN ['a'..'z'] THEN
            gross := chr(ord(zeichen)-ord('a')+ord('A'))
        ELSE
            gross := zeichen
    END; (* gross *)
```

```
FUNCTION wert (VAR pos : integer) : integer;

    (* Wandelt die in der "eingabe" als ASCII-Ziffern angegebene Zahl   *)
    (* in eine ganze Zahl um. Fuehrende Leerzeichen und Kommas werden    *)
    (* ignoriert. Die Umwandlung bricht mit dem ersten Zeichen ab, das   *)
    (* keine Ziffer ist. Die Operation beginnt ab "pos" und laeuft ma-   *)
    (* ximal bis "eingabelaenge".                                        *)

    VAR
        temp : integer;

    BEGIN
        temp := 0;
        WHILE (pos<eingabelaenge) AND
            ((eingabe[pos]=leer) OR (eingabe[pos]=komma)) DO
            pos := pos + 1;
        WHILE (pos<eingabelaenge) AND (eingabe[pos] IN ['0'..'9']) DO
            BEGIN
                temp := 10*temp + ord(eingabe[pos])-ord('0');
                pos := pos + 1
            END;
        IF eingabe[pos] IN ['0'..'9'] THEN
            BEGIN
                temp := 10*temp + ord(eingabe[pos])-ord('0');
                pos := pos + 1
            END;
        wert := temp
    END; (* wert *)


FUNCTION ja : boolean;

    (* Uebernimmt ein Zeichen von der Tastatur und prueft nach, ob es   *)
    (* sich um ein "J" bzw. "j" oder um ein "N" bzw "n" handelt. Im     *)
    (* ersten Fall wird TRUE, im zweiten FALSE zurueckgeliefert.        *)

    VAR
        antwort : char;
        korrekt : boolean;

    BEGIN
        REPEAT
            korrekt := TRUE;
            write (' (J/N)? ');
            read (antwort);

            IF eoln THEN
                readln
            ELSE
                writeln;
            IF (antwort='J') OR (antwort='j') THEN
                    ja := TRUE
```

```
            ELSE
            IF (antwort='N') OR (antwort='n') THEN
                        ja := FALSE
            ELSE
               BEGIN
                  write ('Wie bitte');
                  korrekt := FALSE
               END
        UNTIL korrekt
   END; (* ja *)

PROCEDURE warte;

   (* Fordert vom Benutzer eine Bestaetigung zum Weitermachen an. *)

   VAR
        eingabe : char;

   BEGIN
        write ('Druecken Sie irgendeine Taste zum Weitermachen: ');
        read (eingabe);
        IF eoln THEN
            readln
        ELSE
            writeln
   END; (* warte *)

PROCEDURE schirmloeschen;

   (* Loescht den Bildschirm, indem eine passende Anzahl von Leer- *)
   (* zeilen ausgedruckt wird. Wenn Sie die Moeglichkeit haben,    *)
   (* mit besonderen "Steuerbefehlen" den Bildschirm Ihres Geraets *)
   (* unmittelbar zu loeschen, sollten Sie diese Moeglichkeit un-  *)
   (* bedingt ausnutzen und diese Prozedur hier umschreiben.       *)

   VAR
        i : integer;

   BEGIN
        FOR i:=1 TO schirmlaenge DO
            writeln;
   END; (* schirmloeschen *)

PROCEDURE machmenge (VAR menge : merkmale; aenderung : merkmale;
                     entfernen : boolean);

   (* Entfernt aus der "menge" die "aenderung", falls "entfernen" be- *)
   (* fohlen wurde. Andernfalls wird die "aenderung" in die "menge"   *)
   (* eingefuegt.                                                     *)
```

```
BEGIN
    IF entfernen THEN
        menge := menge - aenderung
    ELSE
        menge := menge + aenderung
END; (* machmenge *)

(*****************************************************************************)
(***                   Mengenelemente ausdrucken                         ***)
(*****************************************************************************)

PROCEDURE druckemenge (objekt : merkmale);

    (* Druckt die Bezeichnernamen der im "objekt" enthaltenen Elemente. *)

    BEGIN
        IF maennlich IN objekt THEN write ('maennlich ');
        IF weiblich IN objekt THEN write ('weiblich ');
        IF j18 IN objekt THEN write ('18 bis 20 Jahre ');
        IF j20 IN objekt THEN write ('20 bis 25 Jahre ');
        IF j25 IN objekt THEN write ('25 bis 30 Jahre ');
        IF j30 IN objekt THEN write ('30 bis 40 Jahre ');
        IF j40 IN objekt THEN write ('40 bis 50 Jahre ');
        IF j50 IN objekt THEN write ('50 bis 65 Jahre ');
        IF ohne IN objekt THEN write ('keine Haare ');
        IF weiss IN objekt THEN write ('weisshaarig ');
        IF grau IN objekt THEN write ('grauhaarig ');
        IF blond IN objekt THEN write ('blond ');
        IF dunkelblond IN objekt THEN write ('dunkelblond ');
        IF rot IN objekt THEN write ('rothaarig ');
        IF schwarz IN objekt THEN write ('schwarzhaarig ')
    END; (* druckemenge *)

(*****************************************************************************)
(***                        Dateioperationen                             ***)
(*****************************************************************************)

    (* Beachten Sie, dass wir auch hier wieder den Schwierigkeiten des    *)
    (* CP/M-Betriebssystems, in nicht zeichenorientierten Dateien das     *)
    (* Dateiende genau zu bestimmen, dadurch Rechnung tragen, dass wir    *)
    (* ausdruecklich eine "Schlussmarke" aufzeichnen. Dies ist eine sy-   *)
    (* stemabhaengige Notwendigkeit und kann in anderen Pascal-Systemen   *)
    (* entfallen.                                                         *)

PROCEDURE dateibestimmen;

    (* Uebernimmt den externen Namen der zu bearbeitenden Datei und te-   *)
    (* stet, ob sie bereits vorhanden ist.                                *)

    (* Es handelt sich hier um eine systemabhaengige Prozedur, die von    *)
    (* Pascal-Version zu Pascal-Version anders abgefasst werden muss.     *)
```

```
    VAR
        dateiname : STRING [8];

    BEGIN
        write ('Name der zu bearbeitenden Datei: ');
        readln (dateiname);
        assign (paardatei,concat(dateiname,'.DAT'));
        reset (paardatei);
        IF ioresult=fehler THEN
            writeln ('Die Datei ist neu.');
    END; (* dateibestimmen *)

PROCEDURE schreibdaten;

    (* Schreibt die Daten aus dem "paarfeld" in die "paardatei" aus und *)
    (* kennzeichnet das Ende durch eine besondere Endaufzeichnung.       *)

    VAR
        i,datfehler : integer;

    BEGIN
        IF dateilaenge=0 THEN
            BEGIN
                writeln; writeln;
                writeln ('Es liegen keine aufzuzeichnenden Daten vor!');
                exit
            END;
        paarfeld[dateilaenge+1] := paarfeld[dateilaenge];
        paarfeld[dateilaenge+1].name[1] := ende; (* schlussmarke setzen *)
        rewrite (paardatei);
        FOR i:=1 TO dateilaenge+1 DO
            BEGIN
                paardatei^ := paarfeld[i];
                put (paardatei);
                IF ioresult<>ok THEN
                    BEGIN
                        writeln; writeln;
                        writeln ('Datei oder Directory sind voll!');
                        writeln ('Nichts aufgezeichnet.');
                        purge (paardatei);
                        exit
                    END
            END;
        close (paardatei,datfehler);  (* Daten auf der Diskette sichern *)
        IF datfehler=fehler THEN    (* (systemabhaengige Operation)    *)
            BEGIN
                writeln; writeln;
                writeln ('Datei oder Directory sind voll!');
                writeln ('Nichts aufgezeichnet.');
                purge (paardatei);
            END
```

```
          ELSE
              writeln ('Daten sind aufgezeichnet.');
          writeln
      END; (* schreibdaten *)

PROCEDURE liesdaten;

    (* Liest die Daten von der "paardatei" in das "paarfeld" ein. *)

    VAR
        i : integer;
        dateiende : boolean;

    BEGIN
        dateilaenge := 0;
        reset (paardatei);
        IF ioresult=fehler THEN exit;
        i := 1;
        dateiende := FALSE;

        WHILE NOT eof(paardatei) AND NOT dateiende DO
            BEGIN
                paarfeld[i] := paardatei^;
                IF paarfeld[i].name[1]=ende THEN
                    dateiende := TRUE
                ELSE
                    BEGIN
                        i := i + 1;
                    .  get (paardatei)
                    END
            END;
        dateilaenge := i - 1
    END; (* liesdaten *)

(*****************************************************************************)
(***                        Suchmenge erstellen                        ***)
(*****************************************************************************)

PROCEDURE aufbereiten;

    (* Setzt die vom Benutzer uebernommene Befehlskette in eine Menge   *)
    (* von Eigenschaften um.                                            *)

    VAR
        letzter : integer;
        befehl : char;
        klasse,ausnehmen,allessuchen : boolean;
        nichtgefunden : boolean;

    PROCEDURE holbefehl;
```

```
(* Ermittelt in der "eingabe" das naechste Wort und legt dessen  *)
(* erstes Zeichen in der globalen Variablen "befehl" ab. Falls    *)
(* das Wort mit einem Doppelpunkt abgeschlossen ist, wird "klas-  *)
(* se" auf TRUE, sonst auf FALSE gesetzt. Wenn die ersten Zei-    *)
(* chen "ALL" oder "AUS" (unabhaengig von der Schreibung) lau-    *)
(* ten, dann wird das Zeichen fuer "alles" bzw "ausser" in "be-   *)
(* fehl" abgelegt. Der Zaehler "letzter" wird auf das erste Zei-  *)
(* chen nach dem betreffenden Wort gesetzt. Ist die "eingabe"     *)
(* abgearbeitet, so wird "leer" in "befehl" zurueckgeliefert.     *)

VAR
    wert : string [3];

FUNCTION buchstabe : boolean;

    (* Liefert TRUE, wenn "letzter" in "eingabe" auf einen Buch-  *)
    (* staben zeigt, sonst FALSE.                                 *)

    BEGIN
        buchstabe := eingabe[letzter] IN ['A'..'Z','a'..'z']
    END; (* buchstabe *)

FUNCTION zeichen : boolean;

    (* Liefert TRUE, wenn "letzter" in "eingabe" auf einen Buch-  *)
    (* staben oder eine Ziffer zeigt, sonst FALSE.                *)

    BEGIN
        zeichen := eingabe[letzter] IN ['A'..'Z','a'..'z','0'..'9']
    END; (* zeichen *)


BEGIN (* holbefehl *)
    klasse := FALSE;
    wert := '';
    WHILE (letzter<eingabelaenge) AND NOT zeichen DO
        letzter := letzter + 1;
    IF NOT zeichen THEN
        befehl := leer
    ELSE
        BEGIN
            befehl := eingabe[letzter];
            WHILE (letzter<eingabelaenge) AND buchstabe DO
                BEGIN
                    wert := concat(wert,gross(eingabe[letzter]));
                    letzter := letzter + 1
                END;
            IF buchstabe THEN
                letzter := letzter + 1
            ELSE
                IF eingabe[letzter]=':' THEN
```

```
                    BEGIN
                        klasse := TRUE;
                        letzter := letzter + 1
                    END;
                IF length(wert)>3 THEN
                    wert := copy(wert,1,3);
                IF wert='ALL' THEN
                    befehl := alles;
                IF wert='AUS' THEN
                    befehl := ausser
        END
    END; (* holbefehl *)
PROCEDURE zeigort;

    (* Bestandteil der Fehlerbehandlung. Druckt die Eingabezeile    *)
    (* aus und setzt an der durch "letzter" gegebenen Position ei-  *)
    (* nen Pfeil darunter.                                          *)

    VAR
        i : integer;

    BEGIN
        writeln;
        FOR i:=1 TO eingabelaenge DO
            write (eingabe[i]);
        writeln;
        FOR i:=1 TO letzter-1 DO
            write (leer);
        writeln (pfeil);
        writeln
    END; (* zeigort *)

PROCEDURE meldefehler (nummer : integer);

    (* Druckt den zur "nummer" gehoerenden Fehlertext und zeigt den *)
    (* Fehlerort. "eingabefehler" wird auf TRUE gesetzt.            *)

    BEGIN
        writeln;
        CASE nummer OF
            1 : writeln ('Muss aelter als 17 Jahre sein.');
            2 : writeln ('Muss juenger als 66 Jahre sein.');
            3 : BEGIN
                    write ('Den Befehl "',befehl,'" gibt es in dieser ');
                    writeln ('Befehlsklasse nicht!')
                END;
            4 : writeln ('Die Klasse "',befehl,'" gibt es nicht.');
            5 : writeln ('Hier muss eine Klasse stehen.')
        END;
        zeigort;
        eingabefehler := TRUE
    END; (* meldefehler *)
```

```
(***********************************************************************)
(***                    Befehlsentschluesselung                     ***)
(***********************************************************************)

     (* Entschluesselt die Woerter der Befehlszeile ab "letzter" bis *)
     (* entweder zum Ende der Zeile oder einer neuen Klassendefini-  *)
     (* tion. Die Ergebnisse werden dem Stand der Flaggen "ausnehmen"*)
     (* gemaess in die Menge "zusuchen" eingearbeitet.               *)

PROCEDURE testeklasse (modus : char);

     VAR
          temp,all : merkmale;
          ausnahme : boolean;

     PROCEDURE holgeschlecht;

          BEGIN
               CASE befehl OF
                   'M','m' : machmenge (temp,[maennlich],ausnahme);
                   'W','w' : machmenge (temp,[weiblich],ausnahme)
               ELSE
                       nichtgefunden := TRUE
               END
          END; (* holgeschlecht *)

     PROCEDURE holhaarfarbe;

          BEGIN
               CASE befehl OF
                   'O','o' : machmenge(temp,[ohne],ausnahme);
                   'W','w' : machmenge(temp,[weiss],ausnahme);
                   'G','g' : machmenge(temp,[grau],ausnahme);
                   'B','b' : machmenge(temp,[blond],ausnahme);
                   'D','d' : machmenge(temp,[dunkelblond],ausnahme);
                   'R','r' : machmenge(temp,[rot],ausnahme);
                   'S','s' : machmenge(temp,[schwarz],ausnahme)

               ELSE
                       nichtgefunden := TRUE
               END
          END; (* holhaarfarbe *)

     PROCEDURE holalter;

          VAR
               jahr : integer;

          BEGIN
               IF befehl IN ['0'..'9'] THEN
```

```
            BEGIN
                jahr := wert(letzter);
                IF jahr<18 THEN
                    meldefehler (1)
                ELSE IF jahr<20 THEN
                    machmenge (temp,[j18],ausnahme)
                ELSE IF jahr<25 THEN
                    machmenge (temp,[j20],ausnahme)
                ELSE IF jahr<30 THEN
                    machmenge (temp,[j25],ausnahme)
                ELSE IF jahr<40 THEN
                    machmenge (temp,[j30],ausnahme)
                ELSE IF jahr<50 THEN
                    machmenge (temp,[j40],ausnahme)
                ELSE IF jahr<66 THEN
                    machmenge (temp,[j50],ausnahme)
                ELSE
                    meldefehler (2)
            END
        ELSE
            nichtgefunden := TRUE
END; (* holalter *)
BEGIN (* testeklasse *)
    temp := [];
    CASE modus OF
        'G','g' : all := allgeschl;
        'A','a' : all := alljahr;
        'H','h' : all := allhaar
    END;
    ausnahme := FALSE; nichtgefunden := FALSE;
    holbefehl;
    WHILE NOT klasse AND (befehl<>leer) DO
        BEGIN
            CASE befehl OF
                alles : temp := all;
                ausser : BEGIN
                            temp := all;
                            ausnahme := TRUE
                         END
            ELSE
                CASE modus OF
                    'G','g' : holgeschlecht;
                    'A','a' : holalter;
                    'H','h' : holhaarfarbe
                END
            END;
            IF nichtgefunden THEN
            BEGIN
                meldefehler (3);
                exit
            END;
```

```
                        holbefehl
                END;
            machmenge (zusuchen,temp,ausnehmen)
        END; (* testeklasse *)

    BEGIN (* aufbereiten *);
        zusuchen := [];
        ausnehmen := FALSE;
        letzter := 0;
        holbefehl;
        IF befehl=alles THEN
            BEGIN
                zusuchen := alle;
                holbefehl;
                IF befehl=ausser THEN
                    BEGIN
                        ausnehmen := TRUE;
                        holbefehl
                    END
            END
        ELSE
            IF befehl=ausser THEN
                BEGIN
                    zusuchen := alle;
                    ausnehmen := TRUE;
                    holbefehl
                END;
        WHILE befehl<>leer DO
            BEGIN
                IF klasse THEN
                    IF befehl IN ['G','g','A','a','H','h'] THEN
                        testeklasse (befehl)
                    ELSE
                        BEGIN
                            meldefehler (4);
                            exit
                        END
                ELSE
                    BEGIN
                        meldefehler (5);
                        exit
                    END
            END
    END; (* aufbereiten *)


(***************************************************************************)
(***           Eingeben, Loeschen und Suchen in den Daten            ***)
(***************************************************************************)

PROCEDURE lieseingabe (VAR ort : integer);
```

```
(* Uebernimmt von der Tastatur eine Eingabe und legt sie in dem *)
(* Feld "eingabe" ab.                                           *)

VAR
    anfang : integer;
    zeichen : char;

BEGIN
    anfang := ort;
    WHILE (ort<=maxeingabe) AND NOT eoln DO
        BEGIN
            read (zeichen);
            IF zeichen<>loeschzeichen THEN
                BEGIN
                    eingabe[ort] := zeichen;
                    ort := ort + 1
                END
            ELSE
                BEGIN
                    IF ort>anfang THEN
                        ort := ort - 1;
                    eingabe[ort] := leer
                END
        END;
    IF ort>maxeingabe THEN
        BEGIN
            writeln;
            writeln ('Eingabepuffer ist voll!');
            writeln
        END
    ELSE
        BEGIN
            readln;
            eingabe[ort] := leer;
            ort := ort + 1
        END
END; (* lieseingabe *)

PROCEDURE eingeben;

    (* Uebernimmt vom Benutzer die Personenmerkmale und fuegt sie in   *)
    (* das "paarfeld" ein, sofern dort noch Platz ist.                 *)

VAR
    i : integer;
    zeichen : char;

BEGIN
    IF dateilaenge=maxanzahl THEN
```

```
    BEGIN
        writeln;
        writeln ('Die Datei ist bereits voll!');
        writeln;
        exit
    END;
dateilaenge := dateilaenge + 1;
FOR i:=1 TO maxlaenge DO
    paarfeld[dateilaenge].name[i] := leer;
writeln;
write ('Name: ');
i := 1;
WHILE (i<=maxlaenge) AND NOT eoln DO
    BEGIN
        read (zeichen);

        IF zeichen<>loeschzeichen THEN
            BEGIN
                paarfeld[dateilaenge].name[i] := zeichen;
                i := i+1
            END
        ELSE
            BEGIN
                IF dateilaenge>1 THEN
                    i := i - 1;
                paarfeld[dateilaenge].name[i] := leer
            END
    END;
IF i<=maxlaenge THEN
    paarfeld[dateilaenge].name[i] := ende;
IF eoln THEN
    readln
ELSE
    writeln;
REPEAT
    eingabe[1] := 'G'; eingabe[2]:=':';
    i := 3;
    write ('Geschlecht (m/w): ');
    lieseingabe(i);
    eingabe[i] := 'A'; eingabe[i+1] := ':';
    i := i + 2;
    write ('Alter (Jahre): ');
    lieseingabe(i);
    eingabe[i] := 'H'; eingabe[i+1] := ':';
    i := i + 2;
    write ('Haarfarbe ');
    write ('(ohne,weiss,grau,blond,dunkelblond,rot,schwarz): ');
    lieseingabe(i);
    eingabelaenge := i - 1;
    eingabefehler := FALSE;
    aufbereiten;
```

```
                    IF eingabefehler THEN
                        writeln ('Bitte wiederholen Sie die Angaben.');
                UNTIL NOT eingabefehler;
                paarfeld[dateilaenge].eigenschaften := zusuchen;
                datenveraendert := TRUE
        END; (* eingeben *)

PROCEDURE loeschen;

    (* Uebernimmt eine Nummer und entfernt das zugehoerige Element aus  *)
    (* dem "paarfeld".                                                   *)

    VAR
        ort,i : integer;
    BEGIN
        IF dateilaenge=0 THEN
            BEGIN
                writeln;
                writeln ('Die Datei ist leer!');
                writeln;
                exit
            END;
        REPEAT
            write ('Nummer des zu loeschenden Eintrags (nichts=0): ');
            readln (ort);
            IF ort=0 THEN
                BEGIN
                    writeln;
                    writeln ('Nichts geloescht.');
                    writeln;
                    exit
                END;
            IF (ort<1) OR (ort>dateilaenge) THEN
                writeln ('Diesen Eintrag gibt es nicht. Nochmal...');
        UNTIL (ort>0) AND (ort<=dateilaenge);
        FOR i:=ort TO dateilaenge-1 DO
            paarfeld[i] := paarfeld[i+1];
        dateilaenge := dateilaenge - 1;
        datenveraendert := TRUE;
        writeln
    END; (* loeschen *)

PROCEDURE drucke (nummer : integer; eintrag : person);

    (* Druckt die angegebenen Informationen auf einer Zeile aus. *)

    VAR
        i : integer;

    BEGIN
        i := 1;
        WITH eintrag DO
```

```
            BEGIN
                write (nummer:3,'. ');
                WHILE (i<maxlaenge) AND (name[i]<>ende) DO
                    BEGIN
                        write (name[i]);
                        i := i + 1;
                    END;
                IF name[i]<>ende THEN
                    write (name[i]);
                write (': ');
                druckemenge (eigenschaften);
                writeln
            END
    END; (* drucke *)

PROCEDURE ausdrucken;

    (* Druckt den Inhalt des "paarfelds" aus.                        *)

    VAR
        i : integer;

    BEGIN
        writeln;
        IF dateilaenge=0 THEN
            writeln ('Die Datei ist leer.')
        ELSE
            FOR i:=1 TO dateilaenge DO
                drucke (i,paarfeld[i]);
        writeln;
        warte
    END; (* ausdrucken *)

PROCEDURE suchen;

    (* Uebernimmt einen Satz von Eigenschaften und druckt alle passenden *)
    (* Elemente des "paarfelds" aus.                                 *)

    VAR
        i : integer;
        nichtsgefunden : boolean;

    BEGIN
        IF dateilaenge=0 THEN
            BEGIN
                writeln ('Die Datei ist leer.');
                warte;
                exit
            END;
```

```
      writeln ('Geben Sie die Eigenschaften an, nach denen gesucht werden');
      writeln ('soll. Dazu wird jeweils die Klasse (Geschlecht, Alter,');
      writeln ('Haarfarbe), unmittelbar gefolgt von einem Doppelpunkt');
      writeln ('gebraucht, der beliebig viele Eigenschaften dieser Klasse');
      writeln ('folgen koennen. Der erste Buchstabe genuegt bei all diesen');
      writeln ('Angaben.');
      writeln ('Komplexe Suchoperationen koennen mit den Operatoren "alle"');
      writeln ('und "ausser" erleichtert werden. Hier zaehlen jeweils die');
      writeln ('drei ersten Buchstaben.');
      writeln;
      REPEAT
          writeln ('Geben Sie hier die Eigenschaften an: ');
          eingabefehler := FALSE;
          i := 1;
          lieseingabe(i);
          eingabelaenge := i - 1;
          aufbereiten;
          IF eingabefehler THEN
              writeln ('Bitte wiederholen Sie die Eingabe.');
      UNTIL NOT eingabefehler;
      nichtsgefunden := TRUE;
      writeln; writeln;
      write ('Fuer: ');
      druckemenge (zusuchen);
      writeln;
      FOR i:=1 TO dateilaenge DO
          IF paarfeld[i].eigenschaften <= zusuchen THEN
              BEGIN
                  drucke (i,paarfeld[i]);
                  nichtsgefunden := FALSE
              END;
      IF nichtsgefunden THEN
          writeln ('Nichts passendes gefunden.');
      writeln;
      warte
  END; (* suchen *)
PROCEDURE paarungen;

  (* Sucht die zu einer Person im Verzeichnis passenden Partner auf *)

  VAR    .
      ort,i : integer;
      nichtsgefunden : boolean;

  BEGIN
      IF dateilaenge=0 THEN
          BEGIN
              writeln ('Die Datei ist leer.');
              warte;
              exit
          END;
```

```
        write ('Geben Sie die Nummer der Person an, fuer die ein ');
        writeln ('Partner gesucht werden soll.');
        REPEAT
            write ('Nummer des Eintrags (nichts=0): ');
            readln (ort);
            IF ort=0 THEN
                BEGIN
                    writeln;
                    writeln ('Suche abgebrochen.');
                    writeln;
                    exit
                END;
            IF (ort<1) OR (ort>dateilaenge) THEN
                writeln ('Diesen Eintrag gibt es nicht. Nochmal...');
        UNTIL (ort>0) AND (ort<=dateilaenge);
        writeln;
        writeln ('Fuer:');
        drucke (ort,paarfeld[ort]);
        writeln;
        zusuchen := paarfeld[ort].eigenschaften;
        IF maennlich IN zusuchen THEN
            zusuchen := zusuchen - [maennlich] + [weiblich]
        ELSE
            zusuchen := zusuchen - [weiblich] + [maennlich];
        nichtsgefunden := TRUE;
        FOR i:=1 TO dateilaenge DO
            IF paarfeld[i].eigenschaften=zusuchen THEN
                BEGIN
                    drucke (i,paarfeld[i]);
                    nichtsgefunden := FALSE
                END;
        IF nichtsgefunden THEN
            writeln ('Nichts passendes gefunden.');
        writeln;
        warte
    END; (* paarungen *)

BEGIN (* paare *)
    loeschzeichen := chr(loeschkode);
    allgeschl := [maennlich,weiblich];
    alljahr := [j18,j20,j25,j30,j40,j50];
    allhaar := [ohne,weiss,grau,blond,dunkelblond,rot,schwarz];
    alle := allgeschl + alljahr + allhaar;
    schirmloeschen;
    writeln ('******** N a m e n   u n d   E i g e n s c h a f t e n ******');
    writeln;
    dateibestimmen;
    liesdaten;
    writeln;
    datenveraendert := FALSE;
```

```
REPEAT
    writeln ('Sie haben jetzt folgende Moeglichkeiten:');
    writeln;
    writeln ('E(intrag in das Verzeichnis aufnehmen)');
    writeln ('L(oeschen eines Eintrags)');
    writeln ('A(usdrucken aller Verzeichniseintraege)');
    writeln ('S(uchen nach bestimmten Eigenschaften)');
    writeln ('P(aare zusammenstellen)');
    writeln ('B(eenden des Programms und Speichern der Daten)');
    writeln;
    write ('Geben Sie den Anfangsbuchstaben Ihrer Wahl an: ');
    read (wahl);
    IF eoln THEN
        readln
    ELSE
        writeln;
    CASE wahl OF
        'E','e' : BEGIN
                      schirmloeschen;
                      eingeben;
                      schirmloeschen
                  END;
        'L','l' : BEGIN
                      schirmloeschen;
                      loeschen;
                      ausdrucken;
                      schirmloeschen
                  END;
        'A','a' : BEGIN
                      schirmloeschen;
                      ausdrucken
                  END;
        'S','s' : BEGIN
                      schirmloeschen;
                      suchen
                  END;
        'P','p' : BEGIN
                      schirmloeschen;
                      paarungen
                  END;
        'B','b' : BEGIN
                      IF datenveraendert THEN
                          schreibdaten;
                      writeln; writeln;
                      exit
                  END
```

```
        ELSE
            BEGIN
                writeln;
                writeln ('Befehl nicht gefunden.');
                writeln; writeln
            END
        END
    UNTIL FALSE; (* Schleife laeuft "ewig" *)
END . (* paare *)
```

Kapitel 13: Zeiger und Listen

Übung 13.2:

```
PROGRAM termine (input,output,termindatei);

(*********************************************************************)
(* Fuehrt ein Terminbuch, das Datum, Zeit und Beschreibung von *)
(* Terminen festhaelt. Man kann Termine eingeben, loeschen und *)
(* anzeigen lassen.                                            *)
(*********************************************************************)

CONST
    schirmlaenge = 24; (* Anzahl der auf dem Schirm darstell- *)
                       (* baren Zeilen.                       *)
    maxlaenge = 80;
    anforderung = 'Geben Sie einen Befehl an: ';

TYPE
    zeiger = ^eintrag;
    eintrag = RECORD
        datum : real;
        zeit : integer;
        beschr : string [maxlaenge];
        naechster : zeiger
    END;
    termin = RECORD
        datum : real;
        zeit : integer;
        beschr : string [maxlaenge];
    END;

VAR
    termindatei : FILE OF termin;
    ersteintrag,geaendert,schluss : boolean;
    anfang : zeiger;
```

```
PROCEDURE loeschen;

(* Entfernt einen Eintrag aus der Terminliste *)

    VAR
        i,entfernen : integer;
        entf,eintr : zeiger;

    BEGIN
        IF (anfang=NIL) THEN
            writeln ('Es liegt zur Zeit kein Termin vor.')
        ELSE BEGIN
            write ('Nummer des zu loeschenden Termins: ');
            readln (entfernen);
            IF (entfernen<1) THEN
                writeln ('Diesen Eintrag gibt es nicht.')
            ELSE BEGIN
                IF (entfernen=1) THEN
                    BEGIN
                        entf := anfang;
                        anfang := anfang^.naechster;
                        dispose (entf);
                        geaendert := TRUE
                    END
                ELSE BEGIN
                    eintr := anfang;
                    i := 1;

                    WHILE (eintr<>NIL) AND (i<entfernen-1) DO
                        BEGIN
                            eintr := eintr^.naechster;
                            i := i + 1
                        END;
                    IF eintr=NIL THEN
                        writeln ('Diesen Eintrag gibt es nicht.')
                    ELSE BEGIN
                        entf := eintr^.naechster;
                        eintr^.naechster := entf^.naechster;
                        dispose (entf);
                        geaendert := TRUE
                    END
                END
            END
        END
    END; (* loeschen *)

PROCEDURE einfuegen (neueintrag : zeiger);

(* Fuegt einen neuen Eintrag in die Terminliste an passender *)
(* Stelle ein.                                               *)
```

```
VAR
    eintr,davor : zeiger;
    eingefuegt : boolean;

PROCEDURE einordnen (hinter,neu : zeiger);

(* Ordnet den neuen Eintrag durch Umdefinieren der Zeiger *)
(* in die Liste ein.                                      *)

    BEGIN
        IF hinter=NIL THEN
            BEGIN (* Die Liste ist leer. *)
                neu^.naechster := anfang;
                anfang := neu
            END
        ELSE
            BEGIN
                neu^.naechster := hinter^.naechster;
                hinter^.naechster := neu
            END;
        geaendert := TRUE
    END; (* einordnen *)

FUNCTION spaeter (eintr1, eintr2 : zeiger) : boolean;

(* Stellt aus den Daten und Zeiten fest, welcher der beiden *)
(* Eintraege spaeter liegt. Liefert TRUE, falls der erste,  *)
(* FALSE, falls der zweite Eintrag spaeter liegt.           *)

    BEGIN
        IF eintr1^.datum = eintr2^.datum THEN
            spaeter := eintr1^.zeit > eintr2^.zeit
        ELSE
            spaeter := eintr1^.datum > eintr2^.datum
    END; (* spaeter *)

BEGIN (* einfuegen *)
    IF anfang=NIL THEN
        einordnen (NIL,neueintrag) (* Die Liste ist leer. *)
    ELSE
        BEGIN
            eintr := anfang;
            davor := NIL;
            REPEAT
                IF spaeter (neueintrag,eintr) THEN
                    BEGIN (* Eintrag liegt spaeter, weitersuchen *)
                        eingefuegt := FALSE;
                        davor := eintr;
                        eintr := eintr^.naechster
                    END
                ELSE
```

```
                          BEGIN
                             eingefuegt := TRUE;
                             einordnen (davor,neueintrag)
                          END
                     UNTIL (eintr=NIL) OR eingefuegt;
                     IF NOT eingefuegt THEN
                             einordnen (davor, neueintrag)
              END
   END; (* einfuegen *)

PROCEDURE eingeben;

(* Uebernimmt einen neuen Termin vom Benutzer und fuegt ihn *)
(* in die Liste ein.                                        *)

   VAR
        neueintrag : zeiger;
        minute,stunde,tag,monat,jahr : integer;
        fehleingabe : boolean;

   FUNCTION packdatum (tag,monat,jahr : integer) : real;

   (* Komprimiert die drei Einzelangaben "tag", "monat" und *)
   (* "jahr" zu einer einzigen ganzen Zahl in der Form      *)
   (* JJMMTT, wobei JJ die Stellen mit der Jahres-, MM die  *)
   (* mit der Monats- und TT diejenigen mit der Tagesangabe *)
   (* sind. Das hat den Vorteil, dass man verschiedene Da-  *)
   (* tumsangaben mit einer einzigen Operation miteinander  *)
   (* vergleichen kann.                                     *)

   (* Im Prinzip wuerde fuer die komprimierte Form eine gan-*)
   (* ze Zahl genuegen. Da die hier verwendete Pascal-Ver-  *)
   (* sion aber nur ganze Zahlen bis maximal 32767 zulaesst,*)
   (* liefert "packdatum" eine reelle Zahl, in der der ma-  *)
   (* ximal moegliche Wert 991231 noch ohne Stellenverlust  *)
   (* darstellbar ist.                                      *)

      VAR
          rtag,rmonat,rjahr : real;

          (* Das sind die reellwertigen Entsprechungen der *)
          (* Parameter "tag", "monat" und "jahr".          *)

      BEGIN
          IF  (tag<1) OR (tag>31) OR
              (monat<1) OR (monat>12) OR
              (jahr<0) OR (jahr>99) THEN
```

```
            BEGIN
                write ('Eingabefehler bei: ');
                IF (tag<1) OR (tag>31) THEN
                    write ('Tag, ');
                IF (monat<1) OR (monat>12) THEN
                    write ('Monat, ');
                IF (jahr<0) OR (jahr>99) THEN
                    write ('Jahr');
                writeln;
                fehleingabe := TRUE
            END
        ELSE
            fehleingabe := FALSE;
            rtag := tag; rmonat := monat; rjahr := jahr;
            (* Wir muessen im reellen Bereich arbeiten. *)
            packdatum := rjahr*10000 + rmonat*100 + rtag
    END; (* packdatum *)

FUNCTION packzeit (stunde,minute : integer) : integer;

(* Hat eine aehnliche Aufgabe wie "packdatum". Der maxi- *)
(* mal moegliche Wert der gepackten Zahl betraegt hier   *)
(* 2359, weshalb eine ganze Zahl zur Darstellung dient.  *)

    BEGIN
        IF  (stunde<0) OR (stunde>23) OR
            (minute<0) OR (minute>59) THEN
            BEGIN
                write ('Eingabefehler bei: ');
                IF (stunde<0) OR (stunde>23) THEN
                    write ('Stunde, ');
                IF (minute<0) OR (minute>59) THEN
                    write ('Minute');
                writeln;
                fehleingabe := TRUE
            END
        ELSE
            fehleingabe := FALSE;
            packzeit := stunde*100 + minute
    END; (* packzeit *)

BEGIN (* eingeben *)

    new (neueintrag); (* Ein neues Listenelement schaffen *)
    neueintrag^.naechster := NIL;  (* und initialisieren. *)
```

```
        IF ersteintrag THEN
            BEGIN
                writeln ('Geben Sie das Datum in der Form');
                writeln ('        Tag  Monat  Jahr');
                writeln ('als ein- oder zweistellige Zahlen an.');
                writeln ('Trennen Sie dabei die Zahlen durch Leerschritte,');
                writeln ('auf keinen Fall aber durch Punkte!');
                writeln ('        12.10.83  ist FALSCH');
                writeln ('        12 10 83  ist RICHTIG');
                writeln
            END;
        REPEAT
            write ('Geben Sie das Termindatum an: ');
            readln (tag,monat,jahr);
            neueintrag^.datum := packdatum (tag,monat,jahr)
        UNTIL NOT fehleingabe;
        writeln;
        IF ersteintrag THEN
            BEGIN
                writeln ('Geben Sie die Zeit in der Form');
                writeln ('        Stunde  Minute');
                writeln ('als ein- oder zweistellige Zahlen an.');
                write   ('Trennen Sie dabei die Zahlen ');
                writeln ('auf keinen Fall durch Punkte!');
                writeln ('        17.41  ist FALSCH');
                writeln ('        17 41  ist RICHTIG');
                writeln
            END;
        REPEAT
            write ('Geben Sie die Uhrzeit des Termins an: ');
            readln (stunde,minute);
            neueintrag^.zeit := packzeit (stunde,minute)
        UNTIL NOT fehleingabe;
        writeln;
        writeln ('Beschreiben Sie den Termin auf maximal einer Zeile:');
        readln (neueintrag^.beschr);
        einfuegen (neueintrag);
        ersteintrag := FALSE
    END; (* eingeben *)

PROCEDURE liestermine;

(* Liest die in der "termindatei" festgehaltenen Termine und *)
(* baut aus ihnen eine Terminliste auf.                       *)

    VAR
        eintr : zeiger;
```

```
BEGIN
    anfang := NIL;
    reset (termindatei);
    IF eof(termindatei) THEN (* Es liegt noch keine Datei *)
        schreibtermine         (* vor: Leerdatei anlegen.   *)
    ELSE
        WHILE (termindatei^.datum<>0) DO
            BEGIN
                new (eintr);
                eintr^.datum := termindatei^.datum;
                eintr^.zeit := termindatei^.zeit;
                eintr^.beschr := termindatei^.beschr;
                eintr^.naechster := NIL;
                einfuegen (eintr);
                get (termindatei)
            END
END; (* liestermine *)

PROCEDURE schreibtermine;

(* Schreibt die Terminliste neu in die "termindatei" ein. *)

    VAR
        eintr : zeiger;
        schreibergebnis : integer; (* Systembedingte Variable zur *)
                                   (* Anzeige moeglicher Fehler   *)
                                   (* beim Schliessen der Datei.  *)
    BEGIN
        rewrite (termindatei);
        eintr := anfang;
        WHILE eintr<>NIL DO
            BEGIN
                termindatei^.datum := eintr^.datum;
                termindatei^.zeit := eintr^.zeit;
                termindatei^.beschr := eintr^.beschr;
                put (termindatei);
                IF ioresult<>0 THEN
                    BEGIN
                        writeln ('*** SCHREIBFEHLER ***');
                        exit
                    END;
                eintr := eintr^.naechster;
            END;
        termindatei^.datum := 0; (* Schlussmarkierung schreiben *)
        termindatei^.zeit := 0;
        termindatei^.beschr := '';
        put (termindatei);
        close (termindatei,schreibergebnis);
        IF schreibergebnis=255 THEN
            writeln ('*** DISKETTE ODER VERZEICHNIS VOLL ***')
    END; (* schreibtermine *)
```

```
PROCEDURE datumdrucken (datum : real);

(* Dekodiert die Datumsangabe und druckt sie aus. *)

    VAR
        tag,monat,jahr : integer;
        rjahr,rmonat : real;

    BEGIN
        jahr := trunc (datum/10000);
        rjahr := jahr;
        monat := trunc ((datum - rjahr*10000)/100);
        rmonat := monat;
        tag := trunc (datum - rjahr*10000 - rmonat*100);
        write (tag:2,'.',monat:2,'.',jahr:2)
    END; (* datumdrucken *)

PROCEDURE zeitdrucken (zeit : integer);

(* Dekodiert die Zeitangabe und druckt sie aus. *)

    VAR
        stunde,minute : integer;

    BEGIN
        stunde := zeit DIV 100;
        minute := zeit MOD 100;
        write (stunde:2,':',minute:2)
    END; (* zeitdrucken *)

PROCEDURE auslisten;

(* Druckt den Inhalt der Terminliste aus. Dabei wird immer *)
(* maximal ein Schirmbild auf einmal gefuellt und dann auf *)
(* einen Befehl zum Weitermachen gewartet.                 *)

    VAR
        eintr : zeiger;
        nummer,zeile,i : integer;

    PROCEDURE warte;

    (* Gibt eine Meldung aus und wartet auf einen Befehl  *)
    (* zum weitermachen.                                  *)

        VAR
            wartbefehl : string [maxlaenge];

        BEGIN
            write ('* * *  Zum Weitermachen RETURN druecken  * * *');
            readln (wartbefehl)
        END; (* warte *)
```

```
BEGIN (* auslisten *)
    FOR i:=1 TO schirmlaenge DO
        writeln; (* Schirm loeschen *)

    zeile := schirmlaenge DIV 2;
    IF anfang=NIL THEN
        writeln ('Zur Zeit liegt kein Termin vor.')
    ELSE
        BEGIN
            eintr := anfang;
            nummer := 0;
            WHILE eintr<>NIL DO
                BEGIN
                    zeile := zeile - 1;
                    IF zeile=0 THEN
                        BEGIN
                            warte;
                            zeile := schirmlaenge DIV 2
                        END;
                    nummer := nummer + 1;
                    write (nummer:5,'. am ');
                    datumdrucken (eintr^.datum);
                    write (' um ');
                    zeitdrucken (eintr^.zeit);
                    writeln (' Uhr:');
                    writeln (eintr^.beschr);
                    eintr := eintr^.naechster
                END;
            zeile := zeile - 1;
            IF zeile= 0 THEN
                warte;
            writeln ('>>> Das waren alle Termine. <<<')
        END
END; (* auslisten *)

PROCEDURE helfen;

(* Listet die verfuegbaren Befehle mit Kurzbeschreibungen aus. *)

    BEGIN
        writeln;
        writeln ('Folgende Befehle stehen zur Verfuegung:');
        writeln ('  A: Anzeigen der vorliegenden Termine.');
        writeln ('  B: Beenden der Sitzung und Speichern der Termine');
        writeln ('     auf der Diskette.');
        writeln ('  E: Eingabe eines Termins mit Datum, Uhrzeit und');
        writeln ('     einer maximal einer Zeile langen Beschreibung.');
        writeln ('  L: Loeschen eines Termins durch Angabe seiner Nummer.');
        writeln ('  ?: Ausdrucken dieser Befehlsliste hier.');
        writeln
    END; (* helfen *)
```

```
PROCEDURE befehl;

(* Uebernimmt ein Befehlszeichen vom Benutzer, wertet es aus und    *)
(* leitet die zugehoerige Prozedur ein. Setzt die globale Variable  *)
(* "schluss" auf den Wert TRUE, falls "beenden" befohlen wurde.     *)

    VAR
        befohlen : char;
        befehlok : boolean;

    BEGIN
        befehlok := FALSE;
        REPEAT
            write (anforderung);
            read (befohlen);
            writeln;
            IF befohlen IN ['?','A','a','B','b','E','e','L','l'] THEN
                BEGIN
                    CASE befohlen OF
                        '?'    : helfen;
                        'A','a': auslisten;
                        'B','b': BEGIN
                                    schreibtermine;
                                    schluss := TRUE
                                 END;
                        'E','e': eingeben;
                        'L','l': loeschen
                    END;
                    befehlok := TRUE
                END
            ELSE
                writeln ('??? Befehl unbekannt. Bitte wiederholen.')
        UNTIL befehlok;
    END; (* befehl *)

BEGIN (* termine *)
    assign (termindatei,'TERMINE.DAT');
    liestermine;
    schluss := FALSE;
    ersteintrag := TRUE;
    writeln;
    writeln ('*********** T E R M I N K A L E N D E R ***********');
    writeln; writeln;
    writeln ('Geben Sie ein Fragezeichen (?) ein, wenn Sie einen');
    writeln ('Befehl vergessen haben sollten.');
    writeln;
    REPEAT
        befehl
    UNTIL schluss;
END . (* termine *)
```

Stichwortverzeichnis

Fundstellen, an denen Genaueres zu dem angegebenen Stichwort steht, sind mit einem Stern (*) nach der Seitenzahl gekennzeichnet. Auf Bilder wird mit einem „B" nach der Seitenzahl verwiesen. Programme werden durch ein „P" nach der Seitenzahl angegeben.

Die SYBEX-Bibliothek

Pascal

GRUNDKURS IN PASCAL BAND 2
von K. H. Rollke − Mit diesem Buch wird der Pascal-Grundkurs aus der Reihe SYBEX Informatik abgerundet. Für Lehrer, Schüler, Teilnehmer an Pascal-Kursen, Studenten und Autodidakten. 224 Seiten, mit Abb., Best.-Nr. **3061** (1985), Lehrerbegleitheft Best.-Nr. **3090**

DAS TURBO PASCAL BUCH
von Karl-Hermann Rollke − Sie lernen die Arbeitsweise des Turbo-Editors und des Systems kennen und werden mit Programmierkonzepten, Daten- und Kontrollstrukturen für den Programmfluß vertraut gemacht. 288 Seiten, mit Abbildungen, Best.-Nr.: **3608** (1985)

DAS ARBEITSBUCH ZU TURBO PASCAL
von Karl Udo Bromm u.a. − Der Autor, ein erfahrener Pädagoge, vermittelt dem mit Turbo Pascal arbeitenden Leser eine Fülle wertvoller Routinen zu den unterschiedlichsten Themenbereichen für Schule, Hobby und Beruf. 440 Seiten, ca. 60 Abb., Best.-Nr. **3629** (1987)

EINFÜHRUNG IN PASCAL MIT TURBO PASCAL
von Rodnay Zaks − Der Sybex-Longseller liegt jetzt in einer an Turbo Pascal angeglichenen Version vor, die den Nutzen für an der Sprache Pascal Interessierte nochmals wesentlich erhöhen wird. 464 Seiten, ca. 140 Abb., Best.-Nr. **3645** (1986)

RATGEBER TURBO PASCAL
von Christoph Hesselmann − Das sichere Nachschlagewerk mit kurzem Zugriff auf Detail-Informationen für den schnellen und komfortablen Pascal-Dialekt. Mit vielen Suchhilfen, Querverweisen und Beispielen ist der Ratgeber ein hilfreicher Begleiter für die tägliche Programmier-Arbeit unter Turbo Pascal. Ca. 350 Seiten, Best.-Nr. **3308** (1987)

GRUNDKURS IN TURBO PASCAL, Band 1
von Karl-Hermann Rollke − Der „Grundkurs in Pascal", dessen Konzept dem SYBEX-Erfolgsautor Karl-Hermann Rollke als Grundlage für sein neues Werk diente, hat sich seit seinem Erscheinen zu einem Schwerpunkt-Titel in der schulischen Informatik-Ausbildung entwickelt. Der Autor entwickelte dieses Werk für Turbo Pascal weiter, um der Situation an bundesdeutschen Schulen Rechnung zu tragen, die ihre technische Ausstattung allmählich auf die 16-bit-Welt und die dafür verfügbaren Software-Werkzeuge ausrichten. In Band 1 lernen Lehrer, Schüler, Studenten und Autodidakten die Grundlagen von Turbo Pascal kennen und entwerfen die ersten Programme. Dabei unterstützen Übungen und Beispiele den Lernprozeß. 296 Seiten, mit Abb., Best.-Nr. **3697** (1987), Lehrerbegleitheft Best.-Nr. **3508** (1987)

Assembler

PROGRAMMIERUNG DES Z80
von Rodnay Zaks − ein umfassendes Nachschlagewerk zum Z80-Mikroprozessor − jetzt in einer durch Lösungen ergänzten Ausgabe. 2., erweiterte Ausgabe. 640 Seiten, 176 Abbildungen, Best.-Nr.: **3099** (1985)

Z80 ANWENDUNGEN
von J. W. Coffron − vermittelt alle nötigen Anweisungen, um Peripherie-Bausteine mit dem Z80 zu steuern und individuelle Hardware-Lösungen zu realisieren. 296 Seiten, 204 Abbildungen, Best.-Nr.: **3037** (1984)

PROGRAMMIERUNG DES 6502 mit 6510/65C02/65SC02

von Rodnay Zaks − Programmierung in Maschinensprache mit dem Mikroprozessor 6502 und anderen Mitgliedern der 65xx Familie, von den Grundkonzepten bis hin zu fortgeschrittenen Informationsstrukturen. 3. überarbeitete und erweiterte Ausgabe. 440 Seiten, 170 Abbildungen, Best.-Nr.: **3600** (1985)

FORTGESCHRITTENE 6502-PROGRAMMIERUNG

von Rodnay Zaks − hilft Ihnen, schwierige Probleme mit dem 6502 zu lösen, stellt Ihnen Maschinenroutinen zum Arbeiten mit einem Hobbyboard vor. 288 Seiten, 140 Abbildungen, Best.-Nr.: **3047** (1984)

PROGRAMMIERUNG DES 8086/8088

von J. W. Coffron − lehrt Sie Programmierung, Kontrolle und Anwendung dieses 16-Bit-Mikroprozessors; vermittelt Ihnen das notwendige Wissen zu optimaler Nutzung Ihrer Maschine, von der internen Architektur bis hin zu fortgeschrittenen Adressierungstechniken. 312 Seiten, 107 Abbildungen, Best.-Nr.: **3050** (1984)

PROGRAMMIERUNG DES 68000

von C. Vieillefond − macht Sie mit dem 32-bit-Prozessor von leistungsstarken Rechnern wie Macintosh, Amiga, ATARI ST und Sinclair QL vertraut; erläutert die Struktur des 68000, den Aufbau des Speichers, die Adressierungsarten und den Befehlssatz. 456 Seiten, 150 Abb., Best.-Nr. **3060** (1985)

DAS 80186 Handbuch

von Klaus-Dieter Thies Das umfassende Handbuch zum 80186 Mikroprozessor. Alles über Prozessor-Architektur, Befehlssatz, Systemkonfigurationen und Programmierung; mit vielen Anwendungs-Beispielen. 336 Seiten, Best.-Nr. **3625** (1986)

PROGRAMMIERUNG DES 80286

von C. Vieillefond, der Autorin des erfolgreichen SYBEX-Werks „Programmierung des 68000". In bewährter Art führt sie in den leistungsfähigen 16-bit-Prozessor und seine Peripherie ein; dabei werden Hardware- und Software-Aspekte gleichermaßen berücksichtigt. Mit einer umfassenden Beschreibung des Befehlsvorrates und 17 Beispielprogrammen von Assembler- Anwendungen. 512 Seiten, ca. 110 Abb., Best.-Nr. **3668** (1987)

Andere Programmiersprachen

ERFOLGREICH PROGRAMMIEREN MIT C

von J. A. Illik − ein unentbehrliches Handbuch für jeden, der mit der universellen Sprache C erfolgreich programmieren will. Aussagekräftige Beispiele, auf verschiedenen Mini- und Mikrocomputern getestet. 408 Seiten, Best.-Nr.: **3055** (1984)

GRUNDKURS IN LOGO

von Karin und Karl-Heinz Hauer − eine umfassende LOGO-Einführung aus der SYBEX Informatik Reihe für Lehrer und Schüler der Sekundarstufe II, Studenten, Hobbyprogrammierer und Autodidakten. 224 Seiten, zahlr. Abb., Best.-Nr. **3088** (1986), Lehrerbegleitheft Best.-Nr. **3089**

C − EINE EINFÜHRUNG

von Bruce H. Hunter − Das ideale Buch für den Einsteiger in die Programmiersprache C, speziell für Anwender, die von BASIC auf den leistungsfähigen Compiler umsteigen wollen. 296 Seiten, ca. 12 Abb., Best.-Nr. **3632** (1986)

C REFERENZ-HANDBUCH

von Olaf Hartwig − Lernen Sie, sich mit der höheren − zunehmend auch auf Rechnern der unteren Preisklasse eingesetzten − Programmiersprache C neue Möglichkeiten auf Ihrem Computer zu erschließen. Der Autor, der sich bereits mit mehreren Büchern über C als Spezialist für diese Sprache ausgewiesen hat, legt hier ein Standardwerk vor, das durch seine Vollständigkeit und klar gegliederte Konzeption rasch Freunde gewinnen wird. Unter anderem geht er ausführlich auf diese Themen ein: Lexikalische Elemente von C; C-Sprachelemente; die Run-Time-Library; Tips & Tricks zu C. Ein Anhang mit vielen weiterführenden Informationen rundet das Werk ab. Ca. 300 Seiten, mit Abb., Best.-Nr. **3503** (1987)

EINFÜHRUNG IN TURBO PROLOG
von Carl Townsend − Der Einstieg in die Programmiersprache Turbo Prolog und damit in den Themenbereich der Künstlichen Intelligenz. Anhand von Beispielen zeigt der Autor Wege zur Entwicklung von Expertensystemen auf, die die Leistungsfähigkeit von Turbo Prolog veranschaulichen. Eine ideale Arbeitshilfe für Programmierer, die sich mit den Techniken der KI vertraut machen wollen. Detailliert präsentiert der Autor alle wichtigen Aspekte von Turbo Prolog − von der Installation des Systems über strukturierte Programme bis zum Entwurf von Programmen, die unabhängig vom Entwicklungssystem ablauffähig sind. 328 Seiten, ca. 35 Abb., Best.-Nr. **3680** (1987)

Spezielle Geräte

Apple

ARBEITEN MIT DEM MACINTOSH
von N. Hesselmann − alles über den leistungsfähigen Apple-Rechner mit einer Erläuterung wichtiger kommerzieller Software-Pakete und deren Einsatz, Anleitung zur Programmierung in Microsoft-BASIC. Viele konkrete Anwendungs-Beispiele. 416 Seiten, 320 Abb., Best.-Nr. **3080** (1984)

DAS ProDOS HANDBUCH
von Karen und Timothy Rice − Anfänger und Fortgeschrittene lernen alles Wissenswerte über das starke Betriebssystem für Apple und Apple-Kompatible. 272 Seiten, 29 Abbildungen, Best.-Nr. **3617** (1985)

Atari

DAS ATARI PROFIBUCH
von Julian Reschke und Andreas Wiethoff − Das richtige Buch für Sie, wenn Sie einen Atari 400, 800, 600 XL, 800 XL oder 130 XE besitzen. 296 Seiten, mit Abbildungen, Best.-Nr. **3605** (1986)

ATARI ST − ARBEITEN MIT GEM, Bd. 1: DIE AES-BIBLIOTHEK
von Gerd Sender − Anhand einer Vielzahl von Beispielen wird gezeigt, wie der unter der Sprache C programmierende ATARI-Besitzer sich die AES-Bibliothek eröffnen und zunutze machen kann. 320 Seiten, 36 Abb., Best.-Nr. **3626** (1987). Eine Programm-Diskette ist im Buch integriert und enthält die vorgestellten Programme und Unterroutinen.

ATARI ST − ARBEITEN MIT GEM, Bd. 2: DIE VDI-BIBLIOTHEK
von Holger Danielsson/Andreas Volkmann − Der ATARI-ST-Nutzer wird anhand einer Vielzahl kleiner C-Routinen mit dem Aufruf der VDI-Bibliothek von GEM und der Einbindung in eigene Programme bekannt gemacht. 240 Seiten, ca. 48 Abb., Best.-Nr. **3627** (1986), Mit integrierter Programm-Diskette, die Programme und Unterroutinen enthält.

ATARI ST − DAS FLOPPY ARBEITSBUCH
von Frank Aumann, Peter Maier, Ralf Stöpper mit Programm-Diskette − Wichtige Hintergrund-Informationen über die Floppy-Laufwerke und deren Funktionen. Die Power-Disk enthält eine Fülle nützlicher unter GEM ablauffähiger Programme. Die wichtigsten Module der Programme sind als Quell-Listings (in C oder Assembler) im Buch enthalten. 168 Seiten, ca. 24 Abb., plus Diskette, Best.-Nr. **3642** (1986)

DAS ATARI ST GRAFIKBUCH (incl. Diskette)
von Michael Kofler − Der Autor erläutert die grafischen Fähigkeiten der ATARI ST-Computer und führt anhand einer Vielzahl von BASIC-Programmen in die Programmierung zwei- und dreidimensionaler Grafiken sowie bewegter grafischer Objekte ein. Alle Programmbeispiele werden durch Original-Bildschirmkopien dokumentiert. 272 Seiten, ca. 120 Abb.,+ 8 Vierfarb-Seiten, mit integrierter Programm-Diskette, Best.-Nr. **3673** (1987)

ATARI ST PROFIBUCH

von H.-D. Jankowski / J. Reschke / D. Rabich − Ein Buch, das jeder ST-Besitzer griffbereit haben sollte. Hier erhalten Sie geballtes Anwenderwissen zu Ihrem System: der ATARI ST Speicherplan, BIOS-Routinen, XBIOS-Routinen, GEMDOS-Routinen, AES-Routinen, VDI-Routinen. Mit Anwendungs-Beispielen und vielen Praxis-Tips. Die Autoren − bekannt durch ihr Profibuch zu den 8-bit-Systemen von ATARI − bürgen für kompetentes Fachwissen. Verstärkt durch einen exzellenten Hardware-Kenner, haben Sie ihr umfassendes Knowhow zu den ATARI ST-Systemen zusammengetragen und für Sie übersichtlich dokumentiert. Ca. 360 Seiten, mit Abb., Best.-Nr. **3501** (1987)

ATARI ST − PROGRAMMIEREN IN MASCHINENSPRACHE

von Christian Nieber − Der Autor führt in leicht verständlicher Art in die Entwicklung von Maschinensprache-Routinen für die ST-Systeme ein. Er erläutert den Aufbau und die Funktionsweise des Mikroprozessors MC 68000 sowie dessen Befehlssatz und Adressierung. Weitere Schwerpunkte sind die Programmierung von Grafik & Sound und die GEMDOS-, BIOS- und XBIOS-Routinen. Alle wichtigen Funktionen werden anhand von kleinen, in Assembler entworfenen Routinen erläutert, die nach der Einbindung in die Benutzeroberfläche des ATARI ST lauffähig sind. 432 Seiten, ca. 100 Abb., Best.-Nr. **3678** (1978)

GEM PROGRAMMIER-HANDBUCH

von Phillip Balma / William Fitler − Angesprochen sind alle Nutzer von Systemen, auf denen GEM implementiert ist: dazu gehören der ATARI ST, IBM PC sowie der starke Schneider PC − und zu diesen kompatible Rechner. Nützliche Programm-Beispiele dokumentieren die wichtigen Lernschritte. Nach der Lektüre können Sie nachvollziehen, wie Sie Objekte, Fenster, Dialogboxen und andere Utilities aufrufen und in eigene Programme einbauen. Mit einer Übersicht über die VDI- und AES-Routinen, einer Einführung in den Gebrauch des Resource Construction sowie dem Source Code für das im Buch enthaltene Zeichenprogramm. Ca. 550 Seiten, 54 Abb., Best.-Nr. **3692** (1987)

PROGRAMM-ENTWICKLUNG MIT GFA-BASIC

inklusive Grafikprogramm PowerPaint

von Klaus Löffelmann − Wenn Sie sich in die professionelle Programmierung unter GFA-BASIC ganz praktisch einführen lassen wollen − Klaus Löffelmann hat für Sie ein Anwendungs-Paket mit Mehrfachnutzen geschaffen: Anhand eines sehr komfortablen Grafikprogramms (PowerPaint) weiht er Sie schrittweise in die Geheimnisse der Programm-Entwicklung mit GFA-BASIC unter der Benutzer-Oberfläche GEM ein. Dabei ist nicht nur das vollständige Listing des Programms ein zentraler Buchteil − PowerPaint wird auf der integrierten Diskette direkt mitgeliefert. Natürlich hat der Autor neben dieser handfesten Praxisunterweisung weder eine leicht verständliche Einführung in GFA-BASIC noch eine ausführliche Befehlsreferenz vergessen − teilweise mit umfangreichen Beispielprogrammen, die ebenfalls auf der Diskette enthalten sind. Lernen − entwickeln − anwenden: So erschließen Sie sich die Möglichkeiten von GFA-BASIC richtig. Ca. 350 Seiten + Programm-Diskette, Best.-Nr. **3510** (1987)

GFA-BASIC Referenz-Handbuch

Michael Kofler − In diesem umfangreichen Arbeits- und Nachschlagewerk finden Sie wirklich alle zum Programmieren notwendigen Informationen gebündelt. Dabei ist die logisch geordnete Befehlsliste nur ein Bestandteil des Buches; zusätzlich werden schwer bedienbare Befehle und Funktionen sehr ausführlich beschrieben, wobei der Autor sinnvolle Beispiele hinzugefügt hat. Außerdem gibt er zusätzliche Informationen über Programmiertechniken; damit Probleme bei der GEM-Programmierung (die auch beschrieben werden) Ihre Arbeit nicht unnötig verzögern, bietet Michael Kofler Ihnen direkt die zur Lösung erforderlichen Kenntnisse über das Betriebssystem. Highlights sind u. a. die Verwendung der RSC-Dateien und eine Fensterverwaltung mit Beispielprogramm. Erfahren Sie, was Ihr Rechner mit GFA-BASIC tatsächlich leisten kann! 536 Seiten, zahlr. Abb. Best.-Nr. **3555** (1987).

Commodore

AMIGA PROGRAMMIER-HANDBUCH

von Robert A. Peck − Direkt am Rechner führt der Autor Sie Schritt für Schritt in die Geheimnisse der Amiga-Programmierung ein. Zunächst gibt er einen Überblick über die Systemorganisation: AmigaDOS, die Benutzeroberfläche Intuition, Sound, Grafik-Animation und Peripherie-Anschluß. Dann geht er zu den Feinheiten über: Systemroutinen zur Programmierung superber Grafiken, zur Animation und Überwachung der Peripherie-Bausteine; eine detaillierte Beschreibung der DOS-Funktionen und des File-Handlings; Einführung in die Multitasking-Technik; vollständige Anleitung für Compiler und Text-Editor. Das alles wird mit vielen in Amiga-C geschriebenen Beispiel-Programmen demonstriert, die Sie sonst vergeblich suchen. Ca. 420 Seiten, mit Abb., Best.-Nr. **3520** (1987)

DAS C 128 BUCH

von Larry Greenly u. a. − **Commodores Originalbuch-Handbuch für Programmierer.** Mehr brauchen Sie nicht, um den leistungsfähigen Commodore PC 128 schnell kennen zu lernen und direkt sicher für Ihre Aufgabenstellungen nutzen zu können. 880 Seiten, Best.-Nr. **3618** (1986)

COMMODORE 128 STARDATEI

von Toni Schwaiger, dem Autor des Textverarbeitungs-Pakets Commodore 128 Star-Texter. Ein leistungsfähiges und komfortables Dateiverwaltungs-Programm der Profiklasse mit Trainingsbuch, natürlich voll kompatibel zu StarTexter. Diskette + Trainingsbuch, Best.-Nr. **3420** (1987)

COMMODORE 128 STARPAINTER

von Heino Hansen und Elmar Sonnenschein. Das bedienerfreundliche Grafikprogramm der vielen Möglichkeiten, mit dem Sie professionelle Grafiken auf Ihrem C 128 erstellen. Den reibungslosen Einstieg ermöglicht das ausführliche Trainingsbuch. Diskette + Trainingsbuch, Best.-Nr. **3422** (1987)

IBM PC

DAS HANDBUCH FÜR IBM PC UND KOMPATIBLE

von Horst Bodemann − Das Buch für Besitzer IBM-Kompatibler Rechner, die eine zusammenfassende Information über ihr System, das Betriebssystem MS-DOS, EDLIN und die Arbeit mit GW-BASIC suchen. 368 Seiten, 56 Abb., Best.-Nr. **3633** (1986)

IBM PC UND KOMPATIBLE : EINFÜHRUNG IN WORDSTAR

von Arthur Naiman − Der SYBEX-Longseller „Einführung in WordStar" hilft jetzt auch den Anwendern von IBM PC und Kompatiblen, Wordstar mit MailMerge für Ihre Textverarbeitung optimal zu nutzen. Die an den IBM PC und Kompatible angepaßte Version wurde durch Informationen über die Anpassung von Druckern oder die individuelle Veränderung von Programmparametern ergänzt. 288 Seiten, ca. 40 Abb., Best.-Nr. **3648** (1987)

IBM PC UND KOMPATIBLE − TOOLS IN MASCHINENSPRACHE

von Alan R. Miller − Eine dokumentierte und kommentierte Sammlung wertvoller in Maschinen-Sprache geschriebener Programm-Module, die die tägliche Arbeit erleichtern helfen; dazu Informationen über die Hardware, die ROM-BIOS-Interrupts sowie die Betriebssystem-Versionen 2 und 3 des PC-DOS; acht Anhänge bieten u.a. den vollständigen Befehlssatz des 8086/8088 und eine Übersicht über die Assemblerkommandos sowie die DOS-21-Funktionen. Ca. 350 Seiten, ca. 120 Abb., Best.-Nr. **3671** (1987)

STARKONTOR PC: TEXTVERARBEITUNG

von Reinhold Krumscheid − Das bedienerfreundliche Textverarbeitungsprogramm für IBM PC und Kompatible − auch für weniger geübte Anwender leicht zu nutzen. Durch die einfache Funktionswahl aus dem Hauptmenü (über Cursortasten oder durch direkte Eingabe des Anfangsbuchstabens) ist ein in hohem Maße ergonomisches Editieren, Formatieren und Umbrechen von Texten möglich. Mit direkter Anzeige von Textattributen auf dem Bildschirm und Installationsmodul für IBM- oder EPSON-kompatible Drucker. Diskette + Trainingsbuch, Best.-Nr. **4004** (1987)

STARKONTOR PC: DATEIVERWALTUNG

von Stephan A. Horvath/Markus Weidemann – Das leistungsfähige und komfortable Dateiverwaltungs-Programm für die Nutzer eines IBM PC oder kompatiblen Rechners aus dem StarKontor-Paket. Diskette + Trainingsbuch, Best.-Nr. **4005** (1987)

STARKONTOR PC: ADRESSVERWALTUNG

von Stephan A. Horvath/Markus Weidemann – Das bedienerfreundliche Adreßverwaltungsprogramm für IBM PC und Kompatible: Jede Adresse mit frei editierbarer Infodatei; bequemes Suchen nach unterschiedlichen Kriterien sowie logischen Verknüpfungen; leichtes Korrigieren und Editieren bestehender Felder; schnittstellenkompatibel zum Fakturier- wie auch zum Textverarbeitungsprogramm der StarKontor-Serie. Diskette + Handbuch, Best.-Nr. **4010** (1986)

STARKONTOR PC: FAKTURIERUNG

von Stephan A. Horvath/Markus Weidemann –Nutzer eines IBM PC oder kompatiblen Rechners lösen ihre Fakturierungsaufgaben im Betrieb effizienter mit diesem komfortablen und bedienerfreundlichen Programm; schnittstellenkompatibel zur StarKontor-Adreßverwaltung sowie Artikel- und Lagerverwaltung. Diskette + Handbuch, Best.-Nr. **4011** (1986)

STARKONTOR PC – FINANZBUCHHALTUNG

von U. Werner – Ein äußerst komfortables und leistungsfähiges Programm, das alles bietet, was Sie für Ihre FiBu benötigen: vom frei definierbaren Kontenrahmen über die Bilanz nach EG-Richtlinien, Erstellen des Anlagen-Spiegels, Buchen im Dialog mit automatischer Gegenbuchung oder Stapelbuchung, dem frei wählbaren periodischen Abschluß, Offene-Posten-Liste, Mahnprotokoll mit Mahnvorschlägen, Summen- und Saldenlisten bis hin zu Umsatzsteuer-Voranmeldung, Vorsteuer-/MwSt-Buchen und der betriebswirtschaftlichen Auswertung. Noch effizienter wird das Programm durch die Schnittstelle zur StarKontor PC Adreßverwaltung, die Ihre Kunden-Adressen enthält. Und der Clou: Die StarKontor PC FiBu ist mandantenfähig. Software mit Handbuch, Best.-Nr. **4012** (1987)

STARKONTOR PC: ARTIKEL- UND LAGERVERWALTUNG

von Stephan A. Horvath/Markus Weidemann – Ein weiterer Schwerpunkt der betrieblichen Verwaltungsarbeit, die Artikel- und Lagerverwaltung, läßt sich mit dem entsprechenden Programm der StarKontor PC-Reihe einfacher und effektiver gestalten. Auf einem IBM PC oder Kompatiblen und mit dem gewohnten StarKontor-Komfort. Mit Schnittstelle zum StarKontor Fakturierprogramm. Diskette + Trainingsbuch, Best.-Nr. **4013**(1986)

STARKONTOR PC: LOHN UND GEHALT

von Stephan A. Horvath/Markus Weidemann – Mit dem Lohn- und Gehaltsprogramm wird die StarKontor-Serie richtig rund. Nutzer eines IBM PC oder Kompatiblen machen sich damit unabhängig von externen Beratern. Wegen der hohen Bedienerfreundlichkeit auch ohne profunde Vorkenntnisse direkt nutzbar. Diskette + Trainingsbuch, Best.-Nr. **4014** (1987)

STARKONTOR PC-DOS MANAGER

von Stephan A. Horvath/Markus Weidemann erleichtert allen Anwendern den Umgang mit ihrem PC, die den umfangreichen und teilweise nicht unkomplizierten Befehlssatz parat haben wollen. Die wichtigsten Operationen – wie Kopieren von Dateien oder Disketten, Formatieren, Abruf von Inhaltsverzeichnissen u.v.m. – werden menügesteuert ausgewählt und aktiviert. Diskette + Trainingsbuch, Best.-Nr. **4015** (1986)

DAS TURBO BASIC BUCH

von Gerd Kebschull − Wenn Sie gerade mit Turbo BASIC zu arbeiten beginnen oder von MS-/GW-BASIC auf diesen kompatiblen und erheblich schnelleren BASIC-Compiler umsteigen wollen, sind Sie mit diesem umfassenden Handbuch richtig bedient. Denn der Autor stellt Ihnen das leistungsfähige BASIC von Borland/Heimsoeth ausführlich vor. Er erläutert die Programmier-Umgebung und den Befehlssatz − natürlich garniert mit zahlreichen aussagekräftigen und schnell umsetzbaren Programm-Beispielen. Ca. 350 Seiten, ca. 40 Abb., Best.-Nr. **3511** (1987)

SYBEX RATGEBER MS-BASIC/GW-BASIC

von Horst Bodemann − Wer regelmäßig mit seinem IBM PC oder Kompatiblen arbeitet und in MS-/GW-BASIC programmieren möchte, hat mit diesem Ratgeber eine Arbeitshilfe zur Hand, die ihm viel Zeit sparen wird. Das handliche und gut strukturierte Nachschlagewerk informiert schnell und umfassend über die beiden Interpreter. Mit der kompletten Befehlsreferenz und ergänzenden Informationen, wie Betriebssystem-Umgebung, Editieren und Korrigieren von Programmen. Dabei erleichtern Erläuterungen und Beispiele das Verständnis und die praktische Umsetzung. Auch komplizierte oder selten gebrauchte Befehle lassen sich schnell auffinden − dafür sorgen zahlreiche Piktogramme und Querverweise. 520 Seiten, Best.-Nr. **3311** (1987)

DAS QUICKBASIC HANDBUCH

von Gerd Kebschull − Erfahren Sie, wie Sie den QuickBASIC-Compiler von Microsoft optimal ausnutzen − vom Start bis zum Editieren selbst geschriebener Programme. Ausführlich erläutert der Autor Funktionen und Optionen des Compilers. Angefangen mit BASIC-Grundbegriffen und den Unterschieden zum BASIC-Standard über Dateiverwaltung, Benutzerbibliothek und Unterprogramm-Techniken bis hin zum Linken von Programmen. Das Buch ist klar gegliedert und angereichert mit vielen Programmbeispielen von unterschiedlichem Umfang und Schwierigkeitsgrad. So können auch Einsteiger direkt damit beginnen, eigene Programme in QuickBASIC zu entwerfen. Ca. 320 Seiten, mit Abb., Best.-Nr. **3533** (1987)

Systemsoftware

MS-DOS HANDBUCH

von Richard Allen King − Überarbeitete Ausgabe mit Version 3.2. Das unentbehrliche Standardwerk für Anwender des Betriebssystems MS-DOS, abgerundet durch Tabellen, Zeichnungen und viele praktische Beispiele, hilft Ihnen, das Beste aus Ihrem System herauszuholen. 384 Seiten, 44 Abb., Best.-Nr. **3644** (1987)

SYBEX RATGEBER MS-DOS

von Wolfgang Höfs − Die sichere Information mit kurzem Zugriff für PC-Anwender, die ihr Betriebssystem voll ausnutzen wollen. Mit Nachschlageteil, Fallbeispielen, Piktogrammen und Querverweisen. 450 Seiten, Best.-Nr.: **3302** (1986)

Anwendungssoftware

ARBEITEN MIT LOTUS 1-2-3

von B. F. Kehlmann − die wichtigsten Anwendungsfunktionen von LOTUS 1-2-3 im Betrieb anhand praktischer Fallstudien. Überarbeitete und erweiterte Ausgabe für die deutsche LOTUS-Version, ca. 250 Seiten, mit Abb., Best.-Nr. **3643** (1987)

ARBEITEN MIT SYMPHONY

von Douglas Cobb − Ein umfassendes Standardwerk für professionelle Anwender mit der Version 1.2. Für den Kenner von Symphony werden alle Erweiterungen von Symphony 1.2 deutlich und schnell erkennbar herausgearbeitet. 872 Seiten, 420 Abb., Best.-Nr. **3095** (1986)

ARBEITEN MIT WORDPERFECT

von Susan Baake Kelly − WordPerfect setzte sich als leistungsfähiges Textverarbeitungs-Programm schnell am Markt durch und erfreut sich auch hierzulande wachsender Beliebtheit. Kompetent und Schritt für Schritt wird der Leser in die Arbeitsumgebung des Softwarepaketes eingeführt. Die Autorin hat das Arbeitsbuch so angelegt, daß sowohl Starter wie auch erfahrene Anwender daraus ihren Nutzen ziehen können. Das Werk ergänzt in hervorragender Weise das Handbuch, wobei auch spezielle Themen detailliert erläutert werden: Datensicherung, Verknüpfen von Texten, Sortier- und Auswahl-Operationen, Rechnen im Text, Benutzen von Macros und der Umgang mit dem Rechtschreib-Korrekturprogramm. Informative Anhänge machen das Arbeitsbuch komplett. 376 Seiten, mit Abb., Best.-Nr. **3690** (1987)

SYBEX RATGEBER dBASE III

von Gerhard Renner − Das Nachschlagewerk zu dBase III für alle, die sich mit ihrer Software auskennen, aber ganz schnell Detail-Informationen benötigen. Übersichtlicher Nachschlageteil mit Piktogrammen und Querverweisen. 432 Seiten, Best.-Nr. **3300** (1986)

EINFÜHRUNG IN dBASE III PLUS

von Robert Cowart − Eine kompakte und leicht lesbare Einführung in die Arbeitsumgebung und den Umgang mit dBASE III PLUS; für alle, die das Programm noch nicht besitzen und sich schnell und vollständig informieren möchten, was dBASE III PLUS alles für sie erledigen kann; und für jene, die gerade mit dBASE III PLUS beginnen und einen ganz unbeschwerten Einstieg suchen. Viele leicht nachvollziehbare Beispiele unterstützen den Lernprozeß. Auch wenn Sie mit Computern und Anwendungsprogrammen bislang weniger vertraut sind, werden Sie nach der Lektüre eigene Anwendungen formulieren und mit dBASE III PLUS realisieren können. Ca. 260 Seiten, 55 Abb., Best.-Nr. **3553** (1987)

**Fordern Sie ein Gesamtverzeichnis
unserer Verlagsproduktion an:**

SYBEX-VERLAG GmbH	SYBEX INC.	SYBEX
Vogelsanger Weg 111	2021 Challenger drive, NBR 100	6−8, Impasse du Curé
4000 Düsseldorf 30	Alameda, CA 94501, USA	75018 Paris
Tel.: (02 11) 61 802-0	Tel.: (4 15) 523-8233	Tel.: 1/4203-95-95
Telex: 8 588 163	Telex: 287 639 SYBEX UR	Telex: 211.801 f